臺灣政經史系列第二輯01 陳天授主編

元華文創

Four Centuries of Criticism in Zen
Buddhism of East Asia

東亞現代批判
禪學思想四百年

從當代臺灣本土觀察視野的研究開展及其綜合性解説
A Study of its Development and Comprehension, from the Perspective of Contemporary Taiwan

第一卷

從明末到明治到當代臺灣的四百年新視野，

首次被長歷史跨距的系統性與批判性開展，

針對東亞現代批判禪學思想的本土原創性深描。

江燦騰 —— 著

一部溫故知新的批判禪學思想著作：
略論江著從明末「社會禪」到東亞現代「批判禪學思想」的相關歷程

張崑將

臺灣師範大學東亞系教授兼國際與社會科學院副院長

　　我的專業是近代東亞儒學思想與日本武士道文化研究，特別是從中日儒學思想比較起家，再漸次擴及到朝鮮與越南的東亞儒學比較。因此，一方面我不是東亞現代批判禪學思想的專家，雖偶而觸及東亞儒佛思想的論諍，但也實非佛學研究專家，要為本書寫序，實超出我的專業。但承作者厚愛，或許考量我一向站在近代東亞思想比較的視野看問題，能給本書提出不一樣的清新觀點，故不揣淺陋，忝為寫序。

　　首先，如作者在導論中所說：「近三十多年，本書作者已陸續發表對於明清民國佛教思想史論研究、討論過關於近代中國佛教思想的開展與爭辯、也對日本殖民統治時期的臺灣新禪學運動、也出版過戰後臺灣漢傳佛教發展史和戒嚴以來當代臺灣本土佛教的多元開展新貌等，已有十餘種相關著作。因而，才能逐漸具備構想全書體系初步輪廓的相關外在條件。」

　　因此，本書幾乎彙集了作者一生有關佛教思想史的著作精華，扣緊「現代批判禪學思想」之主題，在空間上橫跨東亞區域，在時間上縱貫四百年來的現象，使得「現代批判禪學思想」這個現象，跨越了日本學者在 1980 年代提出的「批判佛教」。

　　所謂「批判佛教」係指日本學者及一些西方學者探討與反省戰前佛教界遷就統治階級利益，從而轉向國家主義造成「偽佛教」、「偽禪學」的佛教現象，動搖佛教信仰的根本性問題，學界將之稱為「批判佛教」的研究。

　　但作者「現代批判禪學思想」的視角並不侷限於這個戰爭時代，而是將當代「東亞批判禪學思想」這個獨特課題的時間軸遠溯到四百年前的明代佛教現象，空間軸則延伸到日本與臺灣的批判禪學現象，作者彷如要帶領讀者進入穿越時空的太空梭，既縱貫又橫攝地以時空交錯方式，清楚交代東亞批判禪學的來龍去脈。

　　並且，據我所知，作者早在 2006 年於大陸出版其《晚明佛教改革史》一書時，即提到他的研究與日本學者荒木見悟教授著作，[1]特別是《憂國烈火禪：禪僧覺浪道盛之苦鬥》一書的密切關連性。[2]

　　不過，作者又認為，有關明代禪宗史的研究，若以現在的學術觀點，來重新分類和檢討，迄今為止，雖可分為四種。[3]而以日本學者荒木見悟所代表的

---

[1]　荒木見悟：《佛教と儒教》（東京：研文出版，1993），已由大陸杜勤等譯出，名為《佛教與儒教》（鄭州：中州古籍出版社，2005）。另外，荒木的《中國心學の鼓動と佛教》（福岡：中國書店，1995）一書，最近將由臺灣學者廖肇亨翻譯出版。江燦騰即受上述著作的影響。

[2]　荒木見悟的《憂國烈火禪：禪僧覺浪道盛之苦鬥》一書（以下簡稱《憂國烈火禪》，東京：研文出版）其實是成於 1990 年，也就是荒木老先生年近九秩高齡的力作。並且，根據這本書的後記，早在二十幾年前（1972）年，荒木先生已經有關於覺浪道盛（1592-1659）的小文章。換言之，荒木先生早就長期注意覺浪道盛這位處於憂國之世而又具烈火性格的禪僧，尤其是荒木先生經歷過太平洋戰爭，美軍轟炸日本，甚至親證長崎核爆，歷經子喪妻傷，滿目瘡痍後的日本，他之所以會注意到晚明這位剛性烈火的禪僧，應不無其個人人生的投射。

[3]　江燦騰的分類論述及說明如下：「若以現在的學術觀點，再來重新分類和檢討的話，則迄今為止，有關明代禪宗史的研究，除一般傳統式的通史撰寫或佛門人物的介紹之外，在類型上，較具現代學術性的代表者及其相關研究型態的區別，約可分為四種。第一種，就是以日本學者荒木見悟所代表的，關於傳統禪思想或陽明學與禪學交涉的精深廣博鑽研，而其所開拓的主題之多、範圍之廣，在當代，可謂已罕有其匹，令人歎為觀止！不過，他在寫法上和表達上，主要仍沿習傳統模式，創新處不大。第二種，是以日本學者長谷部幽蹊的明清佛教教團史研究和其相關係譜的資料整理為代表，他也堪稱此領域的『百科學者』。第三種是以臺灣新一代曾留日的廖肇亨博士為代表，其大量研究，是以無中心的多元禪文化之綜合交涉為主，與當代歐美的新文化研究，有其異曲同工之妙。……至於第四種類型，就是由我所代表的，其特色是，綜合政治經濟和社會思想的多層面視角，針對明代佛教社會中，較長期的禪宗事業發展基礎及其經營困境，提出清楚、具體、有根據和有問題意識的

第一種，雖是關於傳統禪思想或陽明學與禪學交涉的精深廣博鑽研，並且儘管在主題的開拓上出類拔粹，極為高明，但在論述的表達形式方面，則其多半仍依循傳統模式，而少有突破。

反之，以臺灣學者論述風格作為代表的他，雖被歸類為第四種，但其特色是，「綜合政治經濟和社會思想的多層面視角，針對明代佛教社會中，較長期的禪宗事業發展基礎及其經營困境，提出清楚、具體、有根據和有問題意識的相關實例透視，以了解其歷史存在及其持續發展的各種可能面向，來提供今人有興趣者之參考」，所以是與荒木氏所代表的日本撰述風格有別的。

再者，特別值得一提的是，作為代表臺灣學者撰述風格之一的江燦騰（1946-），學界習知他是臺灣佛教史研究的權威，因他在攻讀博士階段，早已名聞學界，而其所著《臺灣近代佛教的變革與反思》（東大，2003），以及《晚明佛教改革史》（廣西師範大學出版社，2006），可說是他的臺灣與明末佛教研究的雙璧。

而此兩書都是作者走過生命垂死的抗癌經驗後之研究成果：[4] 前書是新思考和辛勤寫作的最新產品，後書《晚明佛教改革史》則是將積累多年之力著集結後，改寫而出版。

另外，在臺灣學界有不少熟悉作者的研究及個性的人都知道，要讓作者佩服的研究者，海內屈指可數，甚至於許多有名的禪學研究專家，也都在其批判射程之內。但是，我發現有一個例外，那就是荒木見悟先生。

因為根據作者《晚明佛教改革史》的自序中，提及他是如何透過荒木氏深邃的思考問題，以幫忙自己尋求問題的思考方式，並且看到荒木氏出版《憂國烈火禪》，情緒激昂到不能自已，推崇此書可與陳援庵先生的《清初僧諍記》

相關實例透視，以瞭解其歷史存在及其持續發展的各種可能面向，來提供今人有興趣者之參考。而本書全部內容，就是此一成果的最完整呈現。……」引自江燦騰，《晚明佛教改革史》（桂林：廣西師範大學出版社，2006）大陸版序。

[4] 江燦騰於 1996 年在臺大歷史研究所攻讀博士之際，爆發「多發性骨髓癌」，瀕臨猝死邊緣，幸獲救治，迄今仍需靠藥物控制。

在精神上彼此呼應。

　　但，無論荒木與陳援庵二氏的著作，他們都一致關心那時代禪僧憂國濟世的胸懷與精神，所以我姑且以「社會禪」稱之，因而作者長期以來所關注的佛教研究，同樣也是偏重「社會禪」。至於什麼是「社會禪」呢？

　　其實，我們可以用作者的話來說，就是「禪的實踐是有社會性的」（自序），意即「社會禪」概念，是將佛教（乃至任何宗教）作為國家、社會和地方有機體的一部份，彼此互動交流，參與社會改革或是自己本身是個改革運動家，絕不是自滿於佛理的世界而不聞世事，也不單是只作為靜態的木乃伊供人解剖。

　　簡言之，所謂「社會禪」，即是「動態的」、「參與的」、「積極入世的」。

　　再者，據我所知，在日本，禪學長期與武士相結合，也呈現所謂「武士禪」(もののふ禪)的特色；而在中國動盪不安的時代，也有禪師提出類似「武士禪」的概念，如宋代大慧宗杲提出「菩提心即忠義心」，世間法即出世法，二者融為一體。晚明甚至也有，朝宗通忍（？-1648）所說的「軍旅便是佛法」。[5]

　　荒木見悟（1917-）嘗指出，晚明這種把禪悟與人倫一體化的大慧宗杲禪風現象，與國運衰微、民生困苦，以及因戰爭、瘟疫導致四野死屍的狀態有關。晚明甚至出現朱子學者陳幾亭（1585-1645）所說「禪家之作用，近於霸」的風潮，紫柏達觀（1543-1603）即被稱為「霸禪」者，這都與大慧禪的活躍型態有關。[6]

　　而荒木氏之所以會提出「憂國烈火」一詞，用來代表明末覺浪道盛之禪法，更與當時他所遭遇到那種堪稱天崩地裂般的大動盪時代密不可分。因此，正如荒木氏在其書中所指出的那樣，晚明「社會禪」的勃興，其實是從明代中期陽明學興盛以來，即一直存在的現象。所以，反映在陽明的良知說方面，便同樣具有救急藥或催命符的兩面刃性質，乃至明末時期佛教叢林改革所衍生的相

---

[5] 朝宗通忍禪師有關軍旅佛法的記載，參《朝宗通忍語錄》，收入藍吉富主編：《禪宗全書・語錄部第 22 卷》（臺北：彌樂出版社，1989），卷十，〈復沈司馬〉，頁 23。

[6] 荒木見悟：《陽明學の位相》（東京：研文出版社，1992 年），頁 248-250。

關批判禪學思想，之所以顯著趨向社會化的時代現象亦然。

因而，當時所用於叢林改革新特效藥，同樣也曾產生兩種不同情形：一種是效果之有無會很明顯，另一種即是其所產生的副作用，亦不可避免。於是，明末禪門，便在這股新思潮之下，也出現二派不同改革路線，一種是穩健派如雲棲袾宏（1535-1615）講「禪淨一致」之說，企圖遏止霸禪等世俗化之禪的現象；而另一種激進派如憨山德清（1546-1623）與紫柏達觀等，則不惜捲入現實政權之爭，來從事叢林改革。

於是，根據上述狀況，若用來對照時，我們便可以看到荒木氏《憂國烈火禪》的主人公，是覺浪道盛禪師，而江氏《晚明佛教改革史》的核心人物，則是憨山德清禪師。但是，二書作者都指出：晚明佛教高僧，均仍寄望國家或王權體制，可以為紛亂的時代有所作為；並且，不僅如萬曆三高僧（憨山、紫柏、雲棲）如此，其他如稍後時期的蕅益智旭（1599-1655）、永覺元賢（1578-1657）、湛然圓澄（1561-1626）等，都同樣有這個傾向。[7] 因此，荒木氏在分析晚明佛教現象時，即曾提及：霸禪、武士禪、忠義禪、怨禪、烈火禪等等，皆屬他所謂的「社會禪」。而本書作者，其所特關注明末佛教人物的叢林改革，則更是討論明末「社會禪」的當代實踐狀況。

所以，本書的前期是強調明末叢林改革的「社會禪」時代特質，然後再進一步提煉，並建構成本書的——東亞現代「批判禪學」思想四百年的形成史新詮釋體系。因此本書的彙集，就我個人的觀察，實具有以下重大的學術意義：

---

[7] 相關的論點，可參荒木見悟原著・周賢博譯：《近世中國佛教的曙光：雲棲袾宏之研究》（臺北：慧明文化出版社，2001），頁84-88。

一、用歷史學角度研究「東亞現代批判禪學思想」發展史的意義而言

　　本書回溯「東亞現代批判禪學思想」的源流至四百年前的明末論諍。揭開了長期以來只糾纏於近代批判禪學思想的見樹不見林之狀態，並且明清之際大量的流亡僧，進入日本也牽動日本佛教界的發展，故溯源到明末批判禪學思想大諍變的發展，是理之所至、事之當然。

　　更重要的是，作者因是歷史學出身，有著歷史學家考察的敏銳度，這是一般只注意佛教哲學或思想集中在知識菁英階層所向來欠缺的視角。

　　因為一個宗教團體，無論其內部的階層組織、運作模式的變革或是在外部的社會地位與影響，都脫離不了當代時空政治、經濟與社會的脈絡因素，也攸關佛門能否維持其「根源性」與「純粹性」的重大課題，因此作者為何特重宗教的「世俗化」或「社會化」這個現象，發現明末何以「禪」、「淨」兩宗獨盛，高僧輩出的同時，不免也出現佛教或禪學的轉向，這當然也與「批判禪學」的催生有莫大的關係。

　　因此作者會特別注意明末禪僧對於正法抉擇大爭辯、大變革的社會時空基礎，細膩地看出在這個特定的歷史時空環境如何醞釀出批判禪學有關知識論，窺探二者的辯證關係。

二、從復活及重新評估一些「批判禪學」的思想家而言

　　作者在本書重新評估幾位幾乎已被學界忘了的佛學或禪學人物及其作品，如戰前忽滑谷快天所著《禪學批判論》原創性的重要性。

　　作者由忽滑谷快天《武士宗教》的出版，追溯胡適與鈴木大拙長期有關禪

學思想史的激辯，胡適固然開啟了禪學學術的研究典範，但作者敏銳觀察到胡適的方法論受到忽滑早期的《禪學思想史》啟發有關，從而引起日本學者柳田聖山與山內舜雄重新評估忽滑谷快天批判禪學的重要性。沒有作者這個抽絲剝繭的洞見觀察，恐怕忽滑谷快天還繼續埋沒在學術界的探究視野中。

三、從臺灣本土觀察擴及東亞視野的批判禪學思想交涉而言

　　如作者書名附標題所點出的──「從當代臺灣本土觀察視野的研究」，這種從臺灣作為觀察的視野，往往能洞見東亞文化思想匯流的交涉史，因為臺灣在近代發展史中本具豐富的東亞文化交流特色，如作者所說新舊兼容的「雙源匯流」（1949 年以前為「前源流」，1949 以後為「後源流」）現象並逐漸「逆中心互動傳播」到源流中。如實言之，無論是前後源流，中國源流是大宗，但因臺灣受日本殖民統治，日本文化也摻雜在這兩個前後源流中，可說是小宗，這就是臺灣「雙源匯流」之所以帶有複雜的東亞性之緣故。

　　一般臺灣做佛教史研究並不擅長從東亞視野看臺灣，缺乏宏觀的歷史視野，但作者能將臺灣佛教史研究，提出宏觀的方法論並帶出東亞視野且得到國外學者的重視，堪稱不易。

　　由於本書係從舊瓶中裝出新酒，讓我想起孔子所說：「溫故知新，可以為師矣。」我將「溫故知新」挪來對作者這本書進行兩個衍義：一個是從自己苦思的研究中再更挖到更深層的新東西，另一個是從別人的研究啟發中，發展出更深更新的東西。

　　前者的「溫故知新」是指三、四十年前，作者不常用「批判禪學」這個學術用語，即便偶爾用，也不成系統，縱使作者每篇有關佛教現象或佛教史的研究中都有「批判禪學」的意味，但今天用「批判禪學」，將之當成方法論，貫

穿過去三、四十年來的研究成果，擲地有聲，既推陳又出新。

後者的「溫故知新」是指作者從事研究禪學史研究是受到胡適與鈴木大拙的長期筆戰而啟發，不知不覺「加入」了他們的筆戰，並挖出胡適先生的禪學思想批判確曾受日本曹洞宗學者忽滑谷快天的影響，才對神會的研究有突破，於是一個幾乎在學界被埋沒的忽滑谷快天，因為作者的發現，重新評估當代的批判禪學思想論諍。

本書的「溫故知新」很鮮明帶領我們從書中第一部一開始就探討明末禪僧對於正法抉擇大爭辯的現實歷程溯源，作者從明末罕被注意到的曹洞宗重要禪師湛然圓澄（1516-1626）的《慨古錄》新史料中，發現濃厚的批判禪學思想味道，所謂：「去古日遠，叢林之規掃地盡矣。佛日將沉，僧寶殆滅，吾懼三武之禍，且起於今日也。能無嘆乎？」顯然作者透過禪學內部深層吶喊而敏銳觀察到具有原滋原味的「批判禪學」，透過湛然和尚的深層吶喊，感受到佛門受到國家嚴重滲透，社會高度世俗化，以及佛門本身嚴重腐敗化的多重因素，縱然有明末四大高僧看似禪學再興，但透過此書全面性地檢討叢林弊端，使得禪林的舊問題有了新意義的詮釋，作者在此嗅出早期關於現代批判禪學思想的韻味，並打開他鋪陳此後四百年來批判禪學的原點與脈絡的緊密連結關係，並由此擴散到東亞區域中，做一比較宏觀地橫攝且縱貫的現代性批判禪學思想之考察。

其實，任何學問都是「溫故」才能「知新」，學術創新不會憑空而來，任何一篇論文一定是在陳年史料中，被作者的洞見觀察，窺出嶄新的解釋與意義，彷如孟子所說「掘井汲泉」一樣，一旦泉挖得夠深，愈發現其源泉不斷，新發現、新意義便如湧泉而出。作者本書透過「東亞現代批判禪學思想」這樣主軸概念的重構，不但讓學界耳目一新，又如湧泉活水，當給當代東亞佛教思想史學界增添另一個里程碑。

序江著《東亞現代批判禪學思想四百年》一書的理性批判詮釋學

劉宇光

復旦大學哲學學院副教授

2020 年 8 月中旬，收到江燦騰教授的電郵，邀請我為他超過四十萬言的臺灣佛教史新作《東亞現代批判禪學思想四百年：從當代臺灣本土觀察視野的研究開展及其綜合性解說》撰寫〈序言〉。筆者的主要研究領域，首先是唯識、中觀等偏印藏論書的經院佛學；其次是佛教在現代脈絡下與國家政權和社會之間的關係，近數年皆以泰、緬、大馬等佛教為例作研究。

因此無論東亞佛教的禪學思想或臺灣佛教史，其實都不是我的學術專長，與作者江教授研究方向重合的範圍有限。

然而，當我接到江教授的邀請時，稍作考慮即答應了誠邀。因為個人在中國大陸大學從事教、研工作多年後，想借此拜讀大作《東亞現代批判禪學思想四百年》之機會，回頭重新認識臺灣佛教，尤其循某種思想史角度進入議題。雖然與江教授的研究之間的共通範圍有限，但在其眾多論著中，這是第四部拜讀的江教授著作。

對於有欠耐性的讀者來說，驟眼看去，此書諸章的部份議題，可能有人會認為：既然作者在其先前的著作中，似都已有相當論述，則何故作舊地重遊？而且，這部書的諸多議題之間，似乎並不是像一般學者，當其從事某某議題四百年史的討論時，通常所會直接採取的，那種以順時序的前後歷史因果關係，來貫串相關論述的作法。

於是，這些欠耐性的讀者，就會因此覺得本書作者，更像地理學家對沉積

岩多層地質的考古發掘那樣，對於其論述全書各章的過程中所出現的時序先後，似乎也並未提出相關的歷史因果的可能性關聯解釋，而只是像在提供一種呈現單線、直接而明確的詮釋框架而已。至於其間可能性的因與果兩者關係，也同樣似乎無論其關係的隱顯、主從、單複、正反等，也同樣都可能令其無有固定連結模式可循的理解困難。

　　然而，誠如本書作者所指出的，如果沒有他先前的諸多研究作為本書的論述結構基礎，即難以有此書現在的此一詮釋體系之出現。我們據此可知，此書諸章，除了為江教授根據本身各相關議題的先前研究成果，再作進一步跟進，或更新理解外，另一個重要的作用，就是此次他直接將一個橫跨近四百年之久的諸多事例與議題上，改為放在其內含的重要主題：以臺灣佛教史舞台，作為其全書第二卷各章的論述歸宿。

　　此從其書名副標題「從當代臺灣本土觀察視野的研究開展及其綜合性解說」，亦可一目了然。因而，其間不同歷史階段、事態及議題，所疊積出來的環節之間，自然就不會是以直線的緊密邏輯因果關係來呈現。

　　如此一來，全書各章的連結當中，也隨之出現彼此間的斷、續因果關係，甚或出現不少處，是以隔代交錯等複雜情況來呈現。不用說，這顯然對於初讀者，的確會增加閱讀或理解其全書論述邏輯結構上的不少困難度。

　　但，我們此處，更要關心的問題，其實是必須繼續追問：能夠貫穿全書各章之間一系列各自性質迥異的事態與議題之那道軸線是什麼？這才是瞭解作者論述其全書時的核心詮釋文本之所在。

　　因而，我們在追溯其具有一系列性質迥異的事態與議題的那道線時，便可以將觀察視角，轉至其間所源自不同版本與形態的「理性」探討依據。對於此一指涉之另一同義詞，若改用作者自己的話來說，即是其書題上的「批判」一詞。

　　我們根據作者自己在其導論中的相關說明，可知其運用此書題上的「批判」一詞，其實是源自西方的觀念時所採納的意思。因而，實際上「批判」就

是「理性」最主要的活動方式之一，於是作者在其全書各章，便是透過重新審視好些既定認知的相關歷史淵源、沿革變化，及成素結構，而梳理其被遺忘與遮蔽的原委，並借此為其他的理解，或據以開拓出其全書主題的指涉空間，以作為其引導論述主軸線的前提之用。

然而，即便如是，作者並没有將「批判」或「理性」作單一的理解，小没有將這些成份視為與佛教的禪宗思想或修煉方法論。質言之，他其實只是處在完全對立不相容的關係中，卻没有將之等同為所謂傳統與現代之間對立的東亞佛教變奏來詮釋。所以其「批判」一詞，在其全書諸章主題內，即出現各有其不同色彩，並可簡單將其梳理為以下數點：

首先，所謂「批判」雖然借用自西方，但並非用以劃分佛教思想內、外與否的判準，即使傳統的佛教思想內，亦存在佛教局內的批判能力與理性傳統，第二、三章所述明末佛教因明與知識論的重現，所試圖形成的新風，即為一例。之後數章，當其論及日治時代受日本僧侶教育影響的多位臺籍僧人時，作者對當時佛教及其觀念的重新檢討，實際上也不是直接來自完全現代世俗意義下的理性與批判，卻是源於日本明治維新之後，曹洞禪宗等佛教教派以知識與教育為載體對傳統所作的檢討，其制度化的平臺則是來自曹洞宗駒澤大學。

另一類例子則是佛教透過與齋教、帶有一貫道背景的現代禪等佛教淵源的民間佛教的批判性對話，重新彰顯佛教的理性。除了無論是純屬傳統漢傳，和多少帶有現代影響日本佛教的兩類局內理性與批判，漢傳和日本的佛教均同樣得面對現代世俗理性的查考，這包括從歷史學、哲學等學術理性，到政治理性，甚至某種實用主義式的工具理性皆作出詢問。

所以，在佛教內、外理性批判下，明清以來，被目作近乎不需置疑的禪思想，在臺灣的佛教史上，其實一直遇到四方八面的提問，並迫其面對疑問，而難以完全處身於「超越理性」的安逸與平靜。

其次，理性作為批判的學理能力是一回事，但在具體的臺灣佛教歷史身上，它是如何出現，卻往往是另一性質的問題。雖然其間不乏偶然的因素，但

實際每多與現實的政治有直接或間接的關係。

扼言之，前述在不同時期，為臺灣佛教禪思想帶來衝擊的不同版本理性與批判，其實多與臺灣歷史上不同政權的更替，所帶來的知識體系和意識形態有著「密切但卻是間接」的關係。換言之，其指涉不同版本的理性，其實是搭多次政權更替之便車進場。

然而，在這一問題上，作者透過審慎的分析指出，與一般完全訴諸意識形態分析時的預設，略顯稍異的是，這當兩者（政權更替與佛教思想變革）之間的相互關係，其實並不全都只是：直接、必然及刻意而嚴密的全盤規劃，所衍生出來的辯證發展。作者在書中舉出相當多的例子，說明只是出於新政權與新佛教組織之間，雙方另有算盤與詮釋目的，故其內在矛盾的存在，甚至出現無心插柳柳成蔭的狀況，也很有可能是出自新政權與新佛教組織之間，彼此偶然選擇結果。

因而簡單來說，本書作者在其書中，一旦涉及有關理性、知識及批判時，往往便會先行詳細專章論述，相關思想的變革，且無可例外的，其必須搭著不同政權的便車進場，才有可能。但，作者又接著指出：這並不表示不同政權與佛教想知識的批判之間，一定都具有直接、徹底而刻意，如指使臂般的指揮鍊關係；而後者常常是，對外來政權行使殖民或類殖民統治，作意識形態反映時會有的不期而遇的新內涵出現。

但，為何會這樣呢？這其實涉及歷史發展現時的多樣性與異質性之間的相互辯證發展問題。所以，以下我們即以書中所涉及的日治時期的例子作說明。

根據書中詳盡解說，當時來自日本本土的曹洞、臨濟及真宗的來臺發展，最初雖是搭著日本政府拓殖臺灣之便車進場，但初期配合官方軍事行動的任務結束後，各宗仍選擇在臺繼續發展，則本質上並非官方當局的「早有預謀」，而是來臺的日本佛教各宗基於需要在臺開拓新的佈教區，以解決其在日本國內因面臨現代化衝擊所遭遇的宗教壓縮，才有其後續的在臺多方經營。

但，也因此，在臺佈教之初日本教派之間充滿競爭，甚至於日本佛教與日本殖民政府之間，同樣也是彼此相礙。

再者，根據書中所述，我們同樣也可以清楚地知道，當時日本佛教各派在臺持續進行日本佛教殖民大業的一環時，其實已是進入第二階段各宗設立在臺「開教使」之後的事了。而且，日本佛教在當時，雖在表面上好像是在執行殖民主義的宗教政策，當中甚至還包括參與教授日文或提供獎學金給予一些曾涉身武裝抗日的臺灣本土民間教派，以便借助宗教教育來協助官方所欲達成的政治收編等目的。

然而，各宗在上述的配合官方作為的幕後，往往又衍生出其與官方政治算盤不同方向的新殖民主義「辯證」開展。此即在其透過教育所作的收編過程中，也同時性地培養出更具現代視野與能力的在地性反抗。

即以書中論及留學駒澤大學的臺僧為例，彼等初期都是殖民主義教育的「辯證」產物。可是，之後因其長期置身被殖民統治下的現實政治環境中，並深受其影響，於是逐漸衍生出在其反殖民立場的社會改革運動，甚至更進一步體現在其名副其實的左翼佛教思想的陳述與具體行為上。

而彼等的這一立場，其實比單純反殖民行為或論述，更可以令我們更洞察到其中存在的，現代殖民主義背後的特質，即資本主義制度。

於是，我若再進一步追溯影響其思想左傾的根源，則其實在本屬執行殖民主義宗教政策的日本曹洞宗及其駒澤大學知識新傳統內，本來就有其反抗的源頭。當時最著名的典型例子，就是有一位曹洞宗僧內山愚童，因其發動農民抗稅，而依大逆罪處決，因而留學駒澤的部份臺僧的左翼傾向，正是對此的共鳴與伸延。

所以，批判與理性雖是搭著殖民統治等，所謂不同政權更替的便車進場，其間固然不全是出於殖民主義的有計劃預謀，而且即使是在其有預謀的規劃內，也不見得不會發生殖民主義的「辯證」。於是，從殖民主義政策出發的深刻同化企圖，之後就有可能反而變質成了培養其反抗者的最主要溫床。

因而，根據以上所述，我們便可清楚知道其間所存在的多元性與異質性的歷史現實發展。我們甚至還可據以推論：貫串此書諸章主題的「理性」或「批判」背後，所輾轉牽連的知識與政治的關係，並不只是循上而下的政權角度，同時也包括自下而上，同樣依諸類理性或作直接抗爭，或虛與委蛇地作周旋的受壓制者角度。

第三，本書的立論是以「東亞為視野，但以臺灣為立足點」。這與時下漢傳佛教研究更常見的「以中國為視野，以中國為立足點」的角度相映成趣。誠如前段指出，政權的更替間接促成理性、批判及宗教思想等觀念的更替，但觀念與政權不同的，是政權的更替是替代性，但理性與宗教思想的更替很多時候不是替代性的，卻是疊積性，即不單雜然前陳，卻也可隔代遺傳。

而這些來自不同歷史階段與地域背景的漢傳佛教，乃至不同教派與智思傳統的日本佛教，皆共同沉積成臺灣佛教在禪學思想上的成份與養份。

然而，臺灣並非完全只是沒有自己取向的被動受飼者，卻是在不同時期逐漸消化與沉澱這諸多元素，形成雖然同屬最廣義漢傳佛教，甚或東亞佛教(East Asian Buddhism) 一環。但據其歷史、文化、地緣及宗教的構成而言，已明顯異別於「更典型」的主流漢傳佛教，特徵之一即在其前述多層理性的「批判」或拷問下，所逐漸透出，但仍在開衍中的可能新貌。

正是處在邊緣與夾縫上，比中心板塊更具迴轉的需要與反思的條件，這一特質甚至具有在思想上推撞因巨大而難以轉身與自拔的板塊之先機與潛質。事實上這在廣義的東亞佛教，臺灣並非唯一例子。姑且先莫論日、韓、越等已另成文字的傳統，即使仍然同屬華文世界，筆者曾深入分析的現代馬來西亞「南方漢傳佛教」便與臺灣佛教在最寬闊的漢傳佛教世界中，有著異曲同工之妙，能夠對所立足的土地、社會及傳統有所本，則落地生根即落葉歸根，當他鄉是故鄉時，又何患花果飄零之有？

畢竟即使古典中國文化而言，亦強調「諸夏」之說，意即漢文化從來都不應是定於一尊的，漢文化如是，漢傳佛教亦然。

　　最後，以臺灣佛教禪學思想四百年的批判史為主題的此一著作，固然可視為作者江燦騰教授在學術海洋佈網 30 年時機成熟之際的其中一個收網步伐，但另一方面其實也在不知不覺間，為臺灣佛教思想研究打開了另一張網。

　　過去近十年筆者透過系統研讀及多次深入田野，探討上座部佛教在面對現代從知識、價值到制度的衝擊時是如何作回應，雖然略涉緬甸與斯里蘭卡，但主例集中在泰國，而時段與臺灣佛教差異有限，均是 19-20 世紀，背景亦多相類近之處，其佛教內、外的僧、俗宗教知識群體前後歷百有餘年的批判與回應，堪足與此書所述的臺灣佛教思想批判史相互發明。

　　經江教授此書等研究的梳理，臺灣佛教的研究之視野，除繼續深化與日、中兩傳的交織探索外，其實亦是時候讓臺灣佛教的研究與議題，走進國際佛教及國際佛教學術，像日本佛教、韓國佛教、馬來西亞佛教般，以其自身的獨特傳統和經歷，與漢傳以外更廣濶的佛教文明，檢視彼此在現代世界中可相互發明與砥礪之處，而江教授的《東亞現代批判禪學思想四百年》其實就是可嘗試走出這一步的跑道。

民國 109 年 9 月 24 日，文山

致謝辭

本書的書名與討論的主題內容，都是之前少有學者提及的。但，在此領域學術研究中，能有真正原創性論述出現，並在邏輯思辨上足以成立，則是本書作者近四十年多來，最想達成的崇高目標。

因此，不同於當代日本佛教學者，近二十年來所出現並在北美學術圈被熱烈討論過一陣子的「批判佛教」論述模式，本書另行提出有關「東亞現代批判禪學四百年」成立史的新論述模式。

但，目前本書內容的思辨邏輯，是否能真正確立？則有待出版後，必然會面臨來自各方面學界與不同學者的對其嚴格檢驗。

這正與任何正規運動比賽一樣，所有激烈比賽後的最後優勝者，都必然是在完全遵守運動規則的情況下，才會被終審裁判無異議的確認其比賽有效性。所以，本書的內容也不例外，一定得通過類似的學術檢驗才算數。

不過，此處要對書名中的「東亞現代」一詞，略作說明。事實上，本書在此處的用法，只包含有二層含義：

一、論述的東亞地理範圍，只限中國大陸、日本與臺灣三地而已。

二、東亞中的現代性，雖與源自歐美的現代思潮有關，但本書的歷史時段，特別指涉近四百年的現代思潮影響而已。

因此，本書中的「東亞現代」，並不能嚴格對照目前臺灣官方教材新課綱中的「東亞」概念涵義。為何呢？

事實上，據我的理解，臺灣教育部新十二年國教中的社會科的課綱，所稱謂的「東亞」，其實是一個正在演變中的廣義新區域概念。

因為，若要牽涉臺灣的歷史視野與現狀歷史，就一定要包括東北亞與東南亞的區域，以及中國大陸與臺灣地區，所以這是西太平洋諸國的連帶概念，其

背後則是近代世界史視野下的新東亞現代概念。而與其相關的本土性、現代性、當代性與新區域性，就構成我們目前教科書新課綱的「東亞」相關概念及其內涵。

可是，由於本書的主題，只是著重討論「批判禪學思想四百年」而已，既然議題已有所限定，自然不會全面涉及上述近代世界史視野下的「新東亞」現代概念，而是只涉及局部性的有限範圍而已。

最後，本書能夠順利出版，必須感謝的人，真是太多了。像已故的柳田聖山教授、荒木見悟教授、聖嚴法師、水月法師、慧嶽法師、張忠棟教授、曹永和教授、賴鵬舉醫師、黃有興先生、于凌波先生等，過去都是曾大力幫忙過我的。另外，我在博碩士階段以及之後迄今，則有藍吉富教授、王見川博士、松金公正博士、野口善敬教授、張珣教授、楊儒賓教授、林鎮國教授、葛兆光教授、邱敏捷教授、侯坤宏教授、釋依觀比丘尼、闞正宗教授、華敏慧大德等，以及來自社會各界的多種獎學金贊助等，都是讓我能持續進行本書相關探討的最大助緣。我在此都特致上感謝之意。

不過，就最近的情況來說，首先要感謝陳添壽教授的慧眼獨具，願意讓本書納入其主編的叢書系列之一。並且，元華文創的前蔡佩玲總編輯、現任遇總編輯、李欣芳主編、陳欣欣編輯等這幾位，也是我要再三感謝她們的。至於特別為本書撰寫序文介紹的張崑將教授、劉宇光教授，更是我要衷心禮敬的！彼等實堪稱我生平論學的少數知音。

當然，本書出版前，日本現任駒澤大學佛教學部石井公成教授的數次來函指教，以及提供多份關參考資料，也是讓我銘記在心的。

目　次

一部溫故知新的批判禪學思想著作：略論江著從明末「社會禪」到東亞現代「批判禪學思想」的相關歷程／張崑將

序江著《東亞現代批判禪學思想四百年》一書的理性批判詮釋學／劉宇光

致謝辭

本書導言

一、本書並非什麼？及其為何不是？

　　本書的書名與討論的主題，並非傳統東亞靜坐的功夫論之探討，[1]而是討論有關近四百年來，東亞現代批判禪學思想的形成史，包括各階段時代的歷史社會基礎，以及作為各階段時代的主要批判禪學知識學發展的類型，或其具有代表性知識社群及其具代表性個別人物。

　　根據上述，本書主張，東亞現代批判禪學思想本身的論述，其實是關於東

---

[1]　對於此一領域，近年來有二本非常有深度且內容多元的優質著作，值得參考。其一是，楊儒賓、馬淵昌也、艾皓德合編：《東亞的靜坐傳統》(臺北：臺灣大學出版中心，2012 年)出版，此書的內容，因為是一本曾召開過「東亞的靜坐傳統國際研討會」會議論文之結集。全書共收有論文十五篇，「以儒、釋、道為序，展開對三教靜坐工夫的討論；首尾覆以跨地域、跨時代的綜述，包括對東亞靜坐類型的釐分，以及儒家靜坐法研究成果的回顧。在儒家的討論方面，其內容涵蓋中、日、韓三國古今知識人的靜坐理論與工夫實踐。對佛教靜坐的探索，介紹有歷代高僧大德對治昏沉之方，以及天臺、禪宗、密宗的坐禪法門。與道教相關者，則論及了其靜坐方式發展至唐宋的精緻化過程、丹田觀念的流變，以及韓國人對道教修煉要訣的容受與轉化等議題」。並且，此書是由多位不同專長學者所撰述。然而，全書的研究意圖，著要是「在梳理靜坐行為及其義涵的同時，也可啟示東亞身體觀與思想史研究的新視角」。以上內容特質，若拿來對照本書，則本書只是靠作者一人獨自完成，並且前者內容，根本不涉及現代批禪學想以外的其他議題，所以它與本書之間，兩者實具有根本性分岐的迥異論述特質。其二是，中嶋隆藏：《靜坐：實踐與歷史》(新竹市：清華大學出版中心，2011 年)出版。中嶋隆藏，一九四二年十月出生於日本宮城縣若柳町。師從東北大學教授金谷治先生，專研中國古代中世思想、儒佛道三教思想交流以及日本漢學史。本書意圖是，透過各種參考文獻，將靜坐的世間傳說內容，加以一一求證，使得原先「以區辨街談巷議之常識與學者成見的正確與否，從而確切得當地把握『靜坐』之意涵。且在追溯論及『靜坐』之行為舉止來的各樣見解之際，也將得以一窺廣為流傳在漢字文化圈的人們之間的身心觀及自然觀，究竟具備了怎樣的特徵」。此書早於前者出版一年，單獨著述，可是書中對於大陸出現的靜坐名家的著作：陳攖寧、指極居士、南懷瑾、世界紅卍字會，以及近代日本的靜坐名家著作：釋宗演、鈴木大拙、岡田虎次郎，都納入討論，則是前者各家未涉及。可是，其中，像南懷瑾、鈴木大拙，雖也是本書中的討論人物，但與本書論述的角度，天差地別，因此也和本書的論述內容，具有根本性分岐的迥異論述特質。

亞現代批判禪學思想的詮釋學或東亞現代批判禪學思想變革史的歷史社會知識學論述，而非東亞所有傳統或現代流行的禪修方法論介紹。因此本書本質上，就具有批判的歷時性又兼具共時性兩者的——從傳統末期到當代臺灣本土——現代批判禪學思想形成史的新詮釋性質。[2]

　　而本書名所用的批判兩字的用語意涵，是源自康德(1724-1804)三大批判理論(《純粹理性批判》、《實踐理性批判》、《判斷力批判》)意義下的現代批判禪學思想的批判意涵，所以它非通常意義使用下的批評意涵，當然也非其貶義的意涵，而是一種對於東亞近四百年來，各時代所呈現的批判禪學思想的歷史階段形成史的相關檢視意涵。

　　但這樣的用法，並非肇始於本書，而是早在 1893 年，即由日本明治維新中期，一位當時著名佛教哲學家及激烈批判者，井上圓了(1858-1919)，所著《禪宗哲學序論》一書，所開啟的。[3]

　　而他當時，也是這類以正統哲學詮釋的先驅型「禪宗哲學」著作的唯一著作——這當然與井上圓了其人是，東京帝大哲學系畢業，曾有留德的國外經驗，專業為德國哲學領域有關，——所以，他是直接採用康德(1724-1804)主要的三大批判理論(《純粹理性批判》、《實踐理性批判》、《判斷力批判》)的不同範疇知識，先將整個佛教哲學也同樣區分為主智、主意、主情三類。[4]

　　不過，有關禪宗哲學的相關論述，他主要仍是根據華嚴禪，來詮釋其相關禪宗經典思想或公案禪思想。

---

[2] 林鎮國教授的三本當代性力作：《辯證的行旅》(臺北：立緒出版社，2002 年)、《空性與現代性》(臺北：立緒出版社，2004 年)、《空性與方法：跨文化佛教哲學十四論》(臺北：政大出版社，2012 年)。這三本優質力作，都是本書作者非常佩服的新論述，因其最能與國際佛教學術潮流接軌，因此成為本書作者平素治學的重要資訊來源，而且，彼此也經常對此交換意見。儘管如此，本書的內容有八成以上，仍是林教授上述三本力作，尚未觸及的。所以，本書的全部構想，基本上是原創性的。

[3] 井上圓了著：《禪宗哲學序論》（東京：哲學書院，1893 年）。

[4] 井上圓了著：《禪宗哲學序論》，頁 113。

　　因此，1902 年，井上又出版《禪宗哲學大意與真宗哲學大意》一書。[5]但，其禪宗哲學內容，仍大致地維持其原樣，無大變動之處。

　　並且，上述的井上氏之以先歷史後哲學的論述編排方式，及其相關的詮釋概念，之後也確曾反映於：1913 年由忽滑谷快天(1867-1934)所出版的《武士的宗教》一書，有關全書編排順序及其書內的詮釋概念之中。

　　因此，傳統後期華嚴禪的現代詮釋學出現，可以說基本上構成明治維新時期的現代批判哲學的基底。於是，根據這樣一個東亞現代批判禪學思想的既成事實，本書作者再根據自己先前研究的認知[6]——

　　如果，再進一步將傳統後期華嚴禪思想的當代詮釋，提早到明末時期，則將是又構成另一種認知的大辯論模式。

　　然後，再將其研究年限往下延伸到 2005 年之後的臺灣本土佛教的大事件，即臺灣本土佛教界相繼宣佈成立的新「宗派」，相當有新聞性，也頗能引發社會上一些關心者，想去一探其背後究竟的強烈動機。

　　當時，第一個先創立者，是著名的聖嚴博士比丘(1931-2009)。因他曾於 2005 年 10 月 21 日，在其法鼓山落成大典之後，接著便正式宣布成立了「中華禪法鼓宗」。而此一時機，恰在一代佛學大師印順導師，於 2005 年 6 月 4 日過世之後，才四個多月而已。

　　但也同時，開啟了當代臺灣佛教界，逐漸進行其「去印順化」的契機。此外，隨即也逐漸加劇了，當代臺灣各道場之間，對社會宗教資源之爭取和新策略之相繼採用。

　　所以，2006 年 12 月 16-17 日時，總部在臺灣東部花蓮地區的著名「慈濟功德會」，正式宣佈「慈濟宗」的成立。而這其實也可以視為對上述新狀況的「證嚴式回應」。因此，有必要對其創立的相關周邊問題，進行解析。

5　井上圓了著：《禪宗哲學大意與真宗哲學大意》(東京：四聖堂，1902 年)。

6　見江燦騰著：《晚明佛教叢林改革與佛學諍變之研究：以憨山德清的改革生涯為中心》(臺北：新文豐出版公司，1990 年)，以及江燦騰著：《晚明佛教改革史》(桂林：廣西師範大學出版社，2006 年)。

再加上，近三十多年，本書作者已陸續發表對於明清民國佛教思想史論研究、[7]討論過關於近代中國佛教思想的開展與爭辯、[8]也對日本殖民統治時期的臺灣新禪學運動、[9]出版過戰後臺灣漢傳佛教發展史[10]和戒嚴以來當代臺灣本土佛教的多元開展新貌等，[11]已有十餘種相關著作。[12]因而，才能逐漸具備構想全書體系初步輪廓的相關外在條件。

可是，作為全書論述體系的核心引爆點，同時也是作為全書論述體系的內在有機連接點，仍有極大的不足，有待補強。此種情況，就是大家熟知的一句成語：「萬事俱備，只欠東風」的真實寫照。

二、本書是什麼？為何是？以及如何做？

因而，本書讀者若問：本書是什麼？為何是？以及如何完成全書構想？對這幾個非常切中要點的關鍵問題，本書作者在此的詳細回答如下。

我們認為，最重要的是：

一、本書作者能在歷經三十年之久的長期努力之後，終於能超越當今研究

---

[7] 江燦騰：《明清民國教思想論》(北京：中國社會科學出版社，1996)。

[8] 江燦騰：《中國近代佛教思想的爭辯與發展》(臺北：南天書局，1998)。

[9] 江燦騰：《日據時期臺灣佛教文化發展史》（臺北：南天書局，2001 年）

[10] 江燦騰主編：《戰後臺灣漢傳佛教發展史：從雙源匯流到逆中心互動傳播的開展歷程》(臺北：五南出版社，2011)。

[11] 江燦騰：《臺灣本土佛教：戒嚴以來的開展多元與新貌》(臺北：臺灣商務印書館，2014)。

[12] 著作：《臺灣佛教百年史之研究（1895–1995）》（臺北：南天書局，1997 年）、《臺灣當代佛教》（臺北：南天書局，2000 年）、《日據時期臺灣佛教文化發展史》（臺北：南天書局，2001 年）、《新視野下的臺灣近現代佛教史》(北京：中國社會科學出版社，2006 年)、《臺灣佛教史》(臺北：五南圖書出版股份有限公司，2009 年)、《當代臺灣心靈的透視：從雙源匯流到逆中心互動傳播的開展歷程》(臺北：秀威資訊，2019 年)，以及主編《跨世紀的新透視：臺灣新竹市 300 年佛教文化史導論》(臺北：前衛出版，2019 年)、主編《臺灣民眾信仰中的兩性海神：海神媽祖與海神蘇王爺的現代當代變革與敘事》(臺北：前衛出版社，2019 年)等。

東亞現代禪學思想的相關學者，率先首次復活日本現代著名禪學思想家、東亞現代批判禪學思想的特別是關鍵人物：忽滑谷快天的原創性《禪學批判論》的重要性。

　　二、本書作者能重新解析，曾將東亞現代批判禪學思想，傳至西方世界的先驅性著作：忽滑谷快天的英文著作，*The Religion Of The Samurai: A Study Of Zen Philosophy And Disciplinc In China And Japan*（《武士的宗教：中日禪宗哲學及其學科探討》）。因其早於 1913 年就在英國倫敦市 LUZAC & CO.出版社問世。而且在此在此一英文版自序的開頭，忽滑谷快天就宣稱，此書是英文第一本有關日語發音的 Zen(禪)在英國或歐洲地區的著作。

　　三、之後，根據這個線索，本書作者發現：當初忽滑谷快天將此書正標題以「武士的宗教」作標榜，可能是企圖仿效新渡戶稻造(1862-1933)在 1899 年於美國出版《武士道》一書之後，大獲成功的可羨經驗，[13]所以才將內容其實是有關「中日禪宗哲學及其學科探討」當副標題。

　　四、可是，忽滑谷快天此書的主要內容，並非全與與日本武士道有關。因其全書內容為：1.導言。2.第一章：中國禪宗史。3.第二章：日本禪宗史。4.第三章：宇宙是禪的聖典。5.第四章：佛陀，宇宙精神。6.第五章：人的本性。7.第六章：開悟。8.第七章：生活。9.第八章：修心與參禪。10.附錄：《原人論》英譯。[14]

　　其中提到日本武士道與禪的關係，只在第二章日本禪宗史全部十三節內

---

[13] 日本學者研究忽滑谷快天著作後，也有略似的看法。見山內舜雄著：《續道元禪的近代化：忽滑谷快天之禪學及其思想(駒澤大學建學史)》（東京：慶友社，2009 年），頁 100。可是，為何忽滑谷快天要效法新渡戶稻造的寫法呢？此因在此之前，東亞的日本武士道精神文化史的國際研究，是以新渡戶稻造(1862-1933)於 1899 年出版的英文著作《武士道》為其開端，其書出版後，迅即風行世界各國，且歷久不衰。可是，這和其書是運用基督教化的變相武士道特殊筆法有關，其後又得力於明治時代皇軍在日俄戰爭的艱難戰爭獲勝之高度國際軍譽有關，所連當時的美國老羅斯福總統，都好奇地大量買來自讀和送人，一時傳為美談，並喧騰於國際間。所以，忽滑谷快天要效法的對象，就是新渡戶稻造的《武士道》於西方快速大成功的傳播範例，所以其禪學思想是和日本武士的禪修精神鍛練相掛鈎的，故其英文禪學著作，才會以《武士的宗教》(The Religion of Samurai) 命名。

[14] 忽滑谷快天著，林錚顗中譯版：《武士的宗教：中國與日本的禪學》，頁 275-300。

容中，第五至第十三節才約略提到而已。[15]其餘全無關武士道或武士與禪的解說。所以，這是內容與書名出入很大的誤導主題，雖有副標題加以限定，仍不足使讀者完全被說服的堅強理由。這可以對照之後，鈴木大拙同類型禪學著作的書名標示來看，就更顯然。

因為類似的內容，日後幾乎也同樣在鈴木大拙於 1938 年，出版其作為日本官方文部省囑託、在歐美宣揚代表日本精神特色的英文版《禪與日本文化》，[16]以抵消或抗衡之前來自中國的林語堂（1895-1976），作為中日戰爭時期的國際文化宣傳推手，其英文名著《吾國與吾民》於 1935 年 3 月，在美國由賽珍珠（1892-1973）夫婦所主持的約翰.戴爾公司出版後，大獲成功的巨大國際影響力。

五、可是，儘管當時鈴木的《禪與日本文化》一書，曾以兩章的內容：第三章專論日本武士道，第四章專論日本劍道與禪，卻未在其書名上顯示是關於武士道或武士的宗教這樣的字眼，而是放在日本文化的大架構下來陳述。[17]由此可見，1899 年新渡戶稻造的《武士道》、1913 年忽滑谷快天的《武士的宗教》和 1938 年鈴木大拙的《禪與日本文化》：這三本英文書，前後彼此之間事實上存在相互辯證關係。

六、然而，1899 年新渡戶稻造的《武士道》、和 1938 年鈴木大拙的《禪與日本文化》出版後都大獲成功，長期風靡世界各國：唯獨 1913 年忽滑谷快天的《武士的宗教》一書，出版後西方學界反應冷淡，甚至遭到瑞士著名分析心理學家榮格(1875-1961)與德國著名新教哲學家魯道夫・奧托(1869-1937)的相繼批評。而此兩位大學者批評，重點有二：一是引用太多西方著名類似的概念來詮釋，二是忽滑谷快天講「開悟」概念及其「自體」精神狀況，是源自其

---

[15] 忽滑谷快天著，林錚顗中譯版：《武士的宗教：中國與日本的禪學》，頁 60-80。

[16] 參考西谷啟治編：《回想鈴木大拙》（東京：春秋社，1975 年），頁 437-439。

[17] 此處參照陶剛中譯本：《禪與日本文化》（臺北：桂冠圖書，1997 年，初版三刷），頁 25-44；頁 45-70。

體悟的「宇宙性之佛，亦即生命意識之全體」，所以顯然過於理智詮釋了。[18]

　　反之，鈴木大拙在其禪學著作中，一直是用大量有趣卻充滿懸疑與機智反應的臨濟禪公案例子，以及極力強調禪的開悟不可思議，很難用語言描述的精神覺醒，因而受到容格與奧托兩者的激賞。[19]

　　但，上述這樣的批評觀點，如今依舊有說服力嗎？以及有關忽滑谷快天當年寫作或出英文版《武士的宗教》的成書背景為何？或當其長期置身明治時代進化論新潮長居主流趨勢下的強烈環境影響時，他又將如何對其多層面吸納？乃至他又是如何地將其抉擇並據以建構其禪學批判論的新詮釋體系等？

　　七、於是，本書論述的核心問題點出現了。亦即，中國近代著名批判禪學思想史研究者胡適博士的初期研究，眾所皆知，由於他對鈴木禪學著作的嚴厲批評，之後引起他與鈴木大拙之間的長期激辯，並引發後續的深遠影響。[20]

---

[18] 參考楊儒賓譯，榮格著：《東洋冥想心理學：從易經到禪》（臺北：商鼎出版社，1993 年），頁 158-163。但此批評，並不意味其了解：忽滑谷快天所講「開悟」概念及其「自體」精神狀況，是「宇宙性之佛，亦即生命意識之全體」的講法，與其來自明治時期（1868-1915）的宗教學新思潮影響下的學術史發展史意義，或者有關忽滑谷快天所講「開悟」概念及其「自體」精神狀況，其所涉及的新批判禪學相關詮釋意涵。因而對此，本文稍後將有近一步的解析。

[19] 鈴木大拙在其一度曾非常成功的英文著作《禪與日本文化》一書中，雖廣引有極力誘導傳統武士奮勇為主忘我「狂死」之嫌的《葉隱聞書》典故，也生動的將和西班牙鬥牛士的勇於狂熱殉死相類比。但，此一不當的類比，隨後，也同樣在西方，遭到強烈的批判。反之，他用心英譯日本禪僧澤庵所談「禪劍一如」的名著《不動智》等書，因其與最高境界的武士道超越生死之念精神修養有關，所以迄今仍在西方享有盛譽和擁有不少讀者。而這與其在當代西方所面臨的沾染軍國主義禪學思想的強烈負面批判，恰成一鮮明的正反比。見 Victoria, Daizen. Zen at war / Brian Daizen Victoria 1939- Lanham, Md. : Rowman & Littlefield Publishers, c20062nd ed.

[20] 龔雋在〈胡適與近代型態禪學史研究的誕生〉一文中提到：「如果我們要追述現代學術史意義上的禪學史研究，則不能不說是胡適開創了這一新的研究典範。」見龔雋，《中國禪學研究的入門》(上海：復旦大學出版社，2009)，頁 7-8。有關這方面的研究史回顧，有兩篇較完整的論文，可供參考：（一）莊美芳：〈胡適與鈴木論禪學案：從臺灣學界的回應談起〉，1998 年 1 月撰，打字未刊稿，共十一頁。（二）邱敏捷，〈胡適與鈴木大拙〉，收錄於鄭志明主編：《兩岸當代禪學論文集》（嘉義：南華大學宗教文化研究中心，2000 年 5 月），頁 155–178。此外，邱敏捷在另一篇論文中，又提到說：「首先，陳之藩於 1969 年 12 月 9 日在中央副刊上發表〈圖畫式與邏輯式的〉（《中央副刊》，1969 年 12 月 9 日，第 9 版）；翌年底，楊君實也撰文〈胡適與鈴木大拙〉（《新時代》10 卷 12 期，1970 年 12 月，頁 41）。1972 年元月，英人韓巴壺天對「禪公案」的詮釋。此外，針對鈴木大拙的禪學觀點有所批判，並就「禪公案」提出詮釋觀點的代表人物應首推巴壺天（1905–

可是，早於鈴木禪學著作之前的忽滑谷快的博士學位著作、兩冊版的《禪學思想史》[21]，從古印度的瑜珈思想、原始佛教禪學思想、中國佛教史上從漢末到清代的批判禪學思想史論述，難道與胡適博士的初期研究沒有任何關聯嗎？

七、我們知道，日本學者柳田聖山在 1974 年，就曾收集胡適生平關於禪學研究的相關論文、講詞、手稿、書信等，編成相當完整且深具參考價值的《胡適禪學案》，由臺灣的正中書局出版。[22]

在同書中，還附有柳田本人所撰的一篇重要研究論文〈胡適博士與中國初期禪宗史之研究〉將胡適一生的禪學研究歷程、學術影響和國際學界交流等重

1987）。他與當時之釋印順有所交往，其在「禪公案」的論著對後輩晚學產生不少影響作用。巴氏認為「禪」是可以理解的，他不苟同鈴木大拙《禪的生活》（Living by Zen）所提「禪是非邏輯的、非理性的、完全超乎人們理解力範圍」的觀點。6 他指出：「自從日人鈴木大拙將禪宗用英文介紹到歐美以後，原是最冷門的東西，竟成為今日最熱門的學問。不過，禪宗公案是學術界公認為最難懂的語言，參究瑞福（Christmas Humphieys）蒐集鈴木大拙有關禪的七篇文章，編為《Studies inZen》，由孟祥森譯，臺北志文出版社以《禪學隨筆》列為新潮文庫之一發行問世。鈴木大拙的〈禪——答胡適博士〉，即係書中一篇。從此以後，鈴木大拙的禪學作品，自日文或英文本相繼譯成中文版。半載後，《幼獅月刊》特刊出「鈴木大拙與禪學研究專輯」，除了將上述的楊文載入外，又有邢光祖的〈鈴木大拙與胡適之〉。再過一個月，胡適用英文寫的〈中國的禪——它的歷史和方法〉由徐進夫譯出，刊在《幼獅月刊》總號 236 號。至此，胡適與鈴木大拙兩人所辯難的問題，才漸為國內學者所關注，陸陸續續地出現了回應性的文章。1973 年朱際鎰〈鈴木大拙答胡適博士文中有關禪非史家所可作客觀的和歷史性的考察之辨釋〉、1977 年錢穆〈評胡適與鈴木大拙討論禪〉、1985 年傅偉勳〈胡適、鈴木大拙、與禪宗真髓〉、1992 年馮耀明〈禪超越語言和邏輯嗎——從分析哲學觀點看鈴木大拙的禪論〉，以及夏國安〈禪可不可說——胡適與鈴木大拙禪學論辯讀後〉等數篇，均是回應胡適與鈴木大拙論辯而發。」見邱敏捷：〈巴壺天對「禪公案」的詮釋〉，《臺大佛學研究》第十六期(臺北：臺灣大學文學院佛學研究中心，民 97 年 12 月)，頁 230-231。

[21] 忽滑谷快天：《禪學思想史》（東京：玄黃社，1924、1925 年），分上下兩卷出版。

[22] 對於柳田此書在當代研究的資料使用價值，其不可代替姓，可由大陸新銳學者龔雋的如下的相關比較後，仍肯定之評語看出：「胡適禪學研究的著述，柳田聖山所編之《胡適禪學案》是比較早系統收錄的，但是近年中國大陸在整理出版胡適文集時，發現了更多胡適禪學案》所未曾收錄的有關資料，其中以姜義華主編的《胡適文集‧中國佛教史》(北京：中華書局，1997 年)與《胡適全集》第九卷，由樓宇列整理的『哲學‧宗教』卷中所收最為詳細，不過，這兩文集所收諸篇亦略有出入，應互為補充。此外，**關於胡適禪學英文佛學論文，仍以《胡適禪學案》收集較全**，所以最好是將此三種資料結合參證。」見龔雋和陳繼東合著：《中國禪學研究入門》，2003 年，頁 14。

要事蹟，都作了細密而清楚的分析。[23]這是關於此一研究主題的極佳作品。

可以說，透過《胡適禪學案》一書的資料和介紹的論文，即不難掌握了理解關於胡適禪學研究的詳細情形。

八、可是，在柳田的資料和論文中，仍遺漏不少相關資料。例如胡適和忽滑谷快天的著作關聯性，柳田都沒有作系統的交代。為了彌補此一缺憾，所以之前，我曾撰文討論過此一重要的關鍵課題。[24]

九、其後，柳田本人看到我的著述之後，也認同和幾度曾在其著作中引用，[25]並實際曾對日本曹洞宗的學者產生重估久被忘懷和屢遭學界貶抑的忽滑谷快天之國際禪學者的應有地位。[26]

亦即，是由於我論證胡適在研究出其確曾受忽滑谷快天的影響，才對神會的研究有突破。這也就是為何胡適雖較矢吹慶輝(1879-1939)的發現敦煌的新禪學文獻為晚，卻能發現矢吹慶輝所沒看出的神會問題。

其關鍵的轉折點，就是由於胡適從忽滑谷快天最重要的相關新書《禪學思想史》的論述資料線索和問題意識的提供，才能促其因而發現了神會與南北禪宗之爭的問題提示所致。[27]

十、其後，由於柳田在日本佛教界研究禪宗史的泰斗崇高地位，所以他兩度引述我關於忽滑谷快天對胡適影響的長段談話，又被日本學者山內舜雄在其著的《道元の近代化》〈第一章道元近代化過程〉中，分別照引。

---

[23] 柳田聖山：〈胡適博士與中國初期禪宗史之研究〉，載《胡適禪學案》(臺北：中正書局，1974)，頁 5-26。

[24] 對於此問題，我曾發表〈胡適禪學研究在中國學界的發展與爭辯〉，收在我的《現代中國佛教史新論》（高雄：淨心文教基金會，1994）一書。本文就是對此前文的內容所進行的修訂和和在資料上的最新大量增補。

[25] 柳田本人在晚年完全接受我的看法，特別在他的巨著《禪佛教研究——柳田聖山集第一卷》（東京：法藏館，1999），其長篇的〈作者解題〉的頁674，680，兩度引述我的看法，並明白註明是根據我書中的看法。

[26] 此因滑谷快天的著作，在敦煌文獻發現後，似乎被大大的貶低其影響力。

[27] 對於我過去的此一論述的最新修訂，請參看我在本章以下所提供的新資料證據之補強和相關的最新說明。

在同書中，山內舜雄接著又論述說：是該重估忽滑谷快天的應有崇高學術地位，乃至為其過世百年編全集以為紀念的時候了。[28]

十一、此外，由於大陸著名學者葛兆光教授對我的討論忽滑谷快天與胡適的論點，也有部份質疑，又提到我應重視清末沈增植的《海日樓劄叢》關於楞伽宗、法如碑漢神會的資料。[29]

十二、於是，本書作者為了徹底回應葛兆光教授的相關質疑，因而開始有了撰寫：從明末傳統華嚴禪思想的當代詮釋作為論述的開端，中間是大清帝國統治時期的過渡階段，之後視野轉為聚焦於日本明治維新時期所出現的，華嚴禪新詮狀況，特別是關鍵人物：忽滑谷快天的原創性《禪學批判論》的問世年代，及其後續的相關影響(如上所述)。

十三、最後由 2005 年之後的臺灣本土佛教的大事件，即臺灣本土佛教界相繼宣佈成立的新「宗派」，所以將其研究年限往下延伸到當代臺灣本土。因而，才有本書：《東亞現代批判禪學思想四百年——從當代臺灣本土觀察視野的研究開展及其綜合性解說》的詮釋體系建構。

三、有關本書的自我學術定位及其詮釋體系的綜合概要 解說

本書作者雖然已作了上述整個構想歷程的詳細解說，可是為了避免本書讀者對於本書的書名或其論述內容，產生不必要的誤解，或者導致其原先購書

---

[28]　山內舜雄：《道元の近代化》（東京：大藏出版社、2001），頁 54-55。

[29]　當代著名學者葛兆光對於我論忽滑谷快天對胡適影響的看法，說他「不盡同意」，可是沒有直接說明原因何在？他又說我「沒有注意到沈增植《海日樓劄叢》關於楞伽宗、法如碑漢神會的資料，是一缺憾。」見氏撰〈序〉，載江燦騰著：《新視野下的臺灣佛教近現代史》（北京：中國社會科學出版社，2006），頁 2。

目的的期待落空，所以事先在此鄭重提醒初次接觸本書的讀者們以下數點：

其一、本書既非純粹的東亞現代禪宗史，更非近四百年來的東亞現代禪宗通史，而是由東亞現代各種主題與關涉對象兩者結合所建構而成原創性著作。

其二、本書全書內容，除導言之外，是分成二卷十六章而呈現；並且本書的歷史分期，並非以東亞的國別史為依準，而是從東亞現代批判禪學近四百年來形成的前後階作為分期的考量。

其三、因此，從明代萬曆朝後期到日本明治維新時代之前，是屬於傳統批判禪學知識論的爭辯時期。當中以大清帝國統治時期作為過渡階段。

其四、至於東亞現代批判禪學思想，則是先從日本開端，而後逐漸先影響日本殖民統治下的臺灣本土的新佛教知識社群，乃至民國之後的部分大陸地區相關學者與教界人。

其五、作為本書當中的關鍵人物，是忽滑谷快天博士和胡適博士兩者，而非鈴木大拙博士。因而，鈴木大拙過去曾一度享譽世界、盛極一時非思辨直觀禪學，在本書中卻只是一個非主流的被批判對象。

他所宣稱超越人類意識的非思辨直觀開悟體驗，仍只是人類意識產生者。因而，若用來宣稱其為禪宗真理與最高體驗，則只是自欺欺人的空口言說而已。

不過，這本非本書的標新立異，而是他在當代的命運就是如此。[30]

其六、再者，本書認為，若只是強調將自我主體意識，透過最高級冥想程序而完全融入，在絕對同一性的意識大海，使自我意識處於完全消解狀態，則像這樣的自證內在冥想境界，即類似透過麻醉方式，讓感覺暫時完全喪失一樣，既非言說可及，但也只是意味著，在認知腦神經中一片留白似的無內容寧靜而已。

因而，類似上述這樣的自我意識狀態，本質上可以說毫無具備歷史特質的

---

[30] 林鎮國：〈禪學在北美的發展與重估：以鈴木禪與京都禪為主要考察範圍〉，國科會專案研究計畫成果，編號：892411H004019.pdf，頁3-5。

禪學思想史之內涵可言，更不用說要論其具有時代特質的批判性了。

　　其七、除此之外，由於從當代臺灣本土觀察視野，來的開展本書的全部研究及其綜合性解說，因此在全書比重上，自然對於當代臺灣本土現代批判禪學思想形成史特別重視。但，從一方面看，則是在當代日本批判禪學思潮之外，另闢一個全新的研究角度。

　　其八、本書並不重視印度原始佛教的禪觀如何？因為任何只強調基本教義派的正統性思維，才是唯一正確和有效的詮釋法的主張，其實都無助於其後所擬探索的形成史之相關詮釋。亦即歷史的後續變化，其實是歷史的常態。

　　其九、二十世紀後期至二十一世紀初期，是反直覺思維與重新檢討非理性思維的有效性思維的，當代進行式新階段。恰好本書的完成正值此時代，所以特別將東亞現代批判禪學思想作為全書論述主軸。本書並沒有超越時代思維，而是在時代新思潮中進行詮釋。

四、本書詮釋系的各章節概要提示

（一）在本書的「第一卷」中，共有七章，分別是

　　第一章〈東亞傳統後期禪學知識論大變革的歷史社會基礎：促成明末禪僧對於正法抉擇大爭辯的現實歷程溯源〉、第二章〈明末傳統華嚴禪學知識論與佛教邏輯的大爭辯（上）〉、第三章〈明末傳統華嚴禪學知識論與佛教邏輯的大爭辯（下）〉、第四章〈過渡階段：清代臺灣新竹在地漢族傳統佛教與齋教概況〉、第五章〈日本治時期臺灣新佛教開展的歷史社會基礎：日臺宗教同化的困境對於臺灣現代禪思想發展的相關衝擊歷程〉、第六章〈戰前現代東亞禪學思想西傳的先驅性著作〉：〈關於忽滑谷快天著《武士的宗教：中國與日本的禪學》的學術史溯源問題〉、第七章〈戰前東亞現代批判禪學思想的日華交

涉現象考察。

（二）在本書的「第二卷」中，共有九章，分別是：

　　第八章〈戰前首屆東亞佛教大會的互動傳播及其新舊思潮衝擊〉、第九章〈戰前臺灣現代批判禪學實踐運動與禪儒知識社群的衝突：一個佛教馬丁路德(林德林禪師)的時代悲劇〉、第十章〈戰前林秋梧的新批判禪學思想及其巨大衝擊〉、第十一章〈戰前新竹客籍禪藝僧張妙禪與獅頭山金剛禪寺派的崩裂〉。第十二章〈戰後臺灣現代批判禪學思想變革的歷史社會基礎：從「雙源匯流」[31]

---

[31] 此一「雙源匯流」的詮釋觀念，是參考楊儒賓教授的原始說明，其要點可摘錄如下：「(前略)一、在臺灣紀念中華民國百年，有極特殊的歷史背景。在民國 34（1945）年以前，臺灣在法理上不稱中華民國，它與中華民國是平行的發展線。民國 38（1949）年以後，臺灣屬於中華民國，但作為原來中華民國地理主體的中國大陸卻另立政權，從國際的政治觀點看，『中國』這個概念分裂了，『中華民國』與國際政治認定的『中國』也是平行發展的兩條線，『中華民國』的實質內涵反而與『臺灣』高度重疊。百年的『中華民國』具有複雜曲折的內涵，其領土、人民、國際承認各方面都歷經急遽的變遷。這種複雜的結構是中國境內其他地區罕見的，這也是『中華民國—臺灣』最特殊的構造。『中華民國—臺灣』的複雜內涵在百年人文學術的傳承上，反應的更加突顯，臺灣的學術異於其他華人地區者，在於此島嶼的學術源頭不是單元的，它明顯的具有中、日兩國的源頭。二、作為滿清帝國最早進入現代化的一個省，這個島嶼的成員基本上是由漢人與少數原住民組成的，其原始的學術表現不可能不奠立在以漢文化為主軸的基盤上展開的；但身為最早被編入日本帝國的這塊殖民地，其殖民母國乃是近現代歐美地區外最早也是最成功仿效現代學術體制的國家，所以臺灣的現代性學術機制也不可能不受到日本強烈的塑構。1895 年臺灣被併入日本後，臺灣被迫的參加了日本的現代化行程，這種殖民地現代化的規模極大，其變遷是結構性的，學術的現代化是其中極重要的一環。論及人文學科的現代化，1928 年成立的臺北帝國大學是個指標性的事件，在此之前，帝國日本在語言調查、人種調查、風俗習慣調查方面雖已投進不少人力物力，但直到爭議中的臺北帝國大學成立後，整個現代學術的機制才有明顯的座標作用。三、到了 1949，隨著史無前例的大移民蜂擁而至，也隨著史無前例的大量文化學術機構渡海而來，學術生態丕變，臺灣學界不可能不重新接上 1949 之前中國大陸的學術傳承。四、而中國大陸的人文學術研究在十九世紀至二十世紀之交建構現代的學術機制時，通常也會參考日本的經驗，至少在草創時期，我們明顯的看到現代日本學制的影響。中國在十九世紀末後有股「以日本為師」的風潮，它給現代中國人文學術的傳承烙下極深的印痕。然而，現代日本在打造現代性的國家、國民、學術時，它所憑藉的思想資源往往來自於傳來的中國文化，比如朱子學提供的概念系統，即以曲折的方式進入了現代學術術語之林。臺灣處在中、日兩大政治勢力交鋒的前緣，它的歷史命運很明顯的深深烙上中、日兩國文化的影響，但臺灣人文學界的兩個源頭卻遠比字面所示的要複雜。五、雙源頭的概念之複雜遠不僅在源頭處的『中』、『日』兩詞語的文化內涵互文指涉，更在於 1949 之後的『中華民國—臺灣』的人文學術發展迥異於以往的階段。(後略)」轉引自 2010 年國科會「百年人文傳承大展計畫」的〈摘要〉說明。此外，文中各項

到「逆中心互動」[32]的開展歷程〉、第十三章〈戰後胡適與鈴木大拙對臺灣現
代批判禪學思想的新衝擊〉、第十四章〈戰後海峽兩岸提倡傳統應用禪學的代
表性人物南懷瑾：一位精明的現實主義者〉、第十五章〈解嚴以後當代臺灣「現
代禪在家教團」的崛起及其頓挫轉型〉、第十六章〈解嚴後當代臺灣新創立的
兩大宗派之歷程觀察及其反思：「中華禪『法鼓宗』與『慈濟宗』的「去印順
化」真相〉。

在上述的兩卷十六章中，其分期依據及每一卷各章的全部討論意圖及內
容，概要來說，就是本導論開頭兩段所言。不過，本書各章的章名都很長，那
是意在精確標示各章的詮釋要點，並顯示出各章之間是呈現歷史性與共時性
兼具的有機體系建構。因此雖知根據學術研究的著述慣例，通常若類似本書這
樣的學術研究專書，則幾乎每一章都會略作簡單的說明，以助讀者的容易理
解。

但本書並不對其仿效，主要原因是全書及各部的內容重點，都如以上所概
括，加上讀者在每一章前面都有很詳細的相關導論，除非本導論是另行發表於
其他期刊上，否則就會顯得過於重複而冗長。

本書的各章主要來源，除取材作者本身的博碩士論文之外，[33]最主要的是
曾歷經三階段的前期演進史。第一階段是作者首次於 1996 年，在大陸北京中
國社會科學出版社出版的《明清民國教思想論》。第二階段是 1998 年，在臺

的編號，是原文所無，由本文作者，自行添加的，以助讀者了解。

[32] 「逆中心互動傳播」新詮釋概念的形成，所指涉的真正內涵或其精確的定義所在，是意指：現代性
臺灣本土的「漢傳佛教」，從其早期只是處於「邊陲性的被動接納(無主體性的依賴)」階段開始，其間
由於政權的多次鼎革，曾歷經不同型態的「在地轉型」之相關變革歷程後，再逐漸又開展為屬於我們
「當代階段(解嚴以來)」的已然「多元創新」局面。而此一逆向互動傳播狀況，正如當代大批臺商的分
批大舉西進大陸，並將其「臺灣經驗」充分發揮一樣，原為明清移墾臺灣地區的「邊陲佛教」，如今也
逐漸展開其逆向「舊中心 (大陸地區)」各地的新一波「反傳播(互動交流)現象」。

[33] 碩士論文是，《晚明佛教叢林改革與佛學諍變之研究：以憨山德清的改革生涯為中心》(臺北：新文
豐出版公司，1990 年)，博士論文是，《日據時期臺灣佛教文化發展史》(臺北：南天書局，2001
年)

灣南天書局所出版的《中國近代佛教思想的爭辯與發展》。第三階段是 2008年，在臺灣博揚出版社出版的《聖域踏尋：近代漢傳佛教史的考察》(現已售完絕版)。至於第四階段，就是本書現在內容的新建構。

至於為何要如此？因為正如黑格爾(1770-1831)在晚年所自述的，他雖贊同柏拉圖（西元前 427-347）所說，他的《對話錄》曾修訂過七次，黑格爾本人則認為，若有可能應該繼續不斷地再修訂七十次也不嫌多。可是，黑格爾才說過這些話沒多久，就因在柏林染霍亂而突然逝世，堪稱宿志未酬，空留遺恨，令人惋惜！叔本華(1788-1860)則幸能及時逃離，才有後來幾十年的時光，來不斷地增補其年輕時的代表性著作，堪稱幸運之極！

而本書作者的我，今年(2020)已快七十五歲了，又曾多次罹患致命重症，雖也幸能在臺灣現代進步的醫療體系下的有效治療，一次又一次的死裡逃生。所以，如今既已是處在苟延殘喘的有生之年後期，則會將畢生心血最一次的重新建構與詮釋，自是理所當然。

同時，讀者也可以對照之前作者的各階段的著述內容，就可以了解本書現在的新面貌，又是如何逐漸蛻變過來的。

第一章　東亞傳統後期禪學知識論大變革的社會基礎：促成明末禪僧對於正法抉擇大爭辯的現實歷程溯源

一、前言

本書讀者，既已從本書導言中，大致了解本書的全書構想演進歷程，以及近四百年來東亞現代批判禪學思想的研究學術史，並且也應能知道：作者為何要從當代臺灣本土觀察視野的開展研究、以及進行全書內容綜合性解說。於是，從本章開始，便正式邁入全書各章的議題論述，直到第二卷最後一章(第十六章)為止。

因而，本章既是全書正是開頭的第一章，理當針對促成明末禪僧對於正法抉擇大爭辯的現實歷程溯源進行探討，以便了解東亞傳統後期禪學知識論大變革的社會基礎是什麼？因為後者是前者的寄生環境，正如所有的歷史事件都與特定的歷史時空環境有關一樣。若後者一旦時過境遷，則前者的歷史出現樣態與相關時地物的知識學內涵也將有所不同，可見兩者是互為辯證發展的歷史有機體生態，無法互相分離。

不過，對於詮釋本章作者的我來說，最初之所以起心動念，想要一探陌生的明末時代，有關佛教叢林的生態以及當時所盛行的前往山西五臺山朝聖求法修禪的問題，是源自於年輕時曾有一度非常著迷：當時在臺灣南港擔任中央研究院長的胡適博士(1891-1962)對於禪宗歷史的演講，當時堪稱是最轟動的

社會新聞之一。

　　之後，我找來在臺灣出版的《胡適選集》認真閱讀時，無意中讀到以下的相關記載，立刻對我產生一陣強烈的心靈衝擊，並影響我日後研究明末禪宗改革史以及發現很大規模的禪學思想大辯論。於是，我在臺灣大學歷史研究所碩士班的畢業論文，就撰寫了下述的主題——

　　1928 年春天，以研究中國唐禪宗史聞名於世的胡適博士，在佛教的聖地之一的廬山旅遊時，曾大為慨嘆起明末的佛教改革事業，還語帶嘲諷地提到以下這段話：

> ……莊嚴偉大的寺廟已僅存破屋草庵了；深山勝地的名剎，已變作上海租界馬路上的「下院」了；憨山（1546-1623），蓮池（1535-1615）的中興事業也只是空費了一番手足，終不能挽回已成的敗局……。中古宗教是過去的了。[1]

　　胡適博士的這段批評，是我日後撰臺大碩士論文的導火線之一。不過，胡適博士對明末佛教人物的批評，非僅此而已。[2]所以問題點，並不在胡適批評之多寡？或其是否讓人難堪？

　　而是，正可藉其對昔盛今衰之嘲諷，重新來思考：（一）此一批評所引發的明代新佛教史的課題，若在今日的佛教史研究者眼裡，他將如何重新審視四百多年前活躍在明末時期的佛教現象？（二）或者，到底在今昔之變的歷史現

---

[1] 見胡適：〈廬山遊記〉，收在《胡適文存》第 3 集，卷 2（台北：遠東圖書公司，1952 年），頁 149-50。

[2] 在《胡適手稿》第 8 集中，他引用明代沈德符的《萬曆野獲編》卷 2，《僧家考課》條，說：「憨師每至佛寺，登大雄殿說法，及受諸供養禮拜，俱南面正坐。寺僧以大被遮蔽三世尊像，設座，如『地方官長，游宴庵觀之禮。』以及提到：『憨山的名剎「署名奇大，坿闊部大老。」』然後識評說：這正是宋濂在明初說的『殆猶仕官而至將相，為人情至榮，無復有所增加』的心理。」（原書，頁 150）。

象中，能否有一較清晰的詮釋視角來掌握？

於是，在回顧晚近中國佛教史的研究中，就可以發現：以日本佛教學者為首的著作，如阿部肇一(1928-2014)的《中國禪宗史之研究——政治社會史的考察》[3]和牧田諦亮(1912-2011)的《民眾與佛教》[4]、乃至道端良秀(1903-？)的《中國佛教史之研究——中國民眾之容受》、永井政之的（1946-）《中國禪宗教團與民眾》[5]等，都已將視野，朝向社會廣大民眾階層如何接納佛教的實態研究。

而明末的佛教信仰形態，在中國近世儒學思想高漲的環境中，如何調整與適應的問題，不只是佛教僧侶的巨大時代挑戰，也是民眾和儒家官僚，在生活中，或政策上，實際要面對的一個問題。

※

誠如牧田諦亮所言：「中國二千年佛教史發展，考慮推動中國佛教史的因素，假如無法確實了解其僅由極少數的僧侶在指導，而實際靠幾近無數的庶民大眾以其信仰之力護持佛教的這一事實，真正的中國佛教史是無從成立的。」[6]

他同時也批評，假如檢視明代佛教史的研究，有明 276 年(1368-1644)間，代表佛教史的人物，只是雲栖袾宏(1535-1615)、紫柏真可（1543-1603）、憨山德清(1546-1623)、蕅益智旭（1599-1655）這四位大師；然而，關於支持這些大師布教活動的庶民佛教信仰之實況，卻未被重視。[7]

3　阿部肇一：《中國禪宗史之研究》（東京：研文出版社，1986 年，增訂版）。

4　此書收在中村元、笠原一男、金岡秀友合編的《亞洲佛教史・中國編II》（東京：佼成出版社，1976 年）。台灣的天華出版社已中譯，收在《中國佛教發展史》（上）（台北：天華出版社，1984 年），第 2 編《中國民俗的佛教》，頁 385-591。

5　道端良秀的《中國佛教史之研究——中國民眾之容受》於 1979 年，由京都的平樂寺書店出版。至於永井的書，則是 2003 年東京市的內山書店出版。

6　見牧田諦亮：〈謝肇淛之佛觀〉中國佛教史研究之一提言〉收在《東洋學術研究》，卷 14，第 5 號（東京：東洋哲學研究所，1975 年），頁 213。

7　牧田諦亮：前引文，頁 3

　　牧田氏本人所撰寫的《謝肇淛之佛教觀》[8]，就是以萬曆 3 年（1602）的
一位進士謝肇淛（在杭）在筆記小說《五雜俎》，卷 8，「人部」4 的資料[9]，
來探討當時庶民佛教信仰狀況。另外他也提到了《金瓶梅》小說中的部份佛教
資料[10]。

　　總之，相對於出家僧侶，庶民佛教信仰，已逐漸獲得佛教學者的重視。

※

　　但是，這樣的研究，除了資料上的取捨外，其實已涉及「世俗化」的問題。
而所謂「世俗化」，主要指政治、社會、經濟、文藝、思想等為宗教所帶來的
影響，或則與宗教關係有極大幅度的變化。阿部肇一曾特別在《中國禪宗史》
裡，討論過這個問題[11]。

　　根據阿部氏的講法，此一問題，曾由瑪克斯·穆勒（Max Muller）和布耳
努夫（Bullnuf）的宗教的 Sakularisierung，亦即「世俗化」在比較宗教學上的
問題作過研究。但宗教的本身，其實是作為國家、社會和地方有機體，構成社
會的一大要素。

　　他以僧俗結合的必要性為例，提出了四點看法。茲摘錄前三點有關者，作
為討論的線索：

1. 「……原先宗教本身，雖是個人祈求思念的救濟（信仰）之物，但從自己本
   身脫離，進而為師傳授他人，給對方指導的場合，即出現一種教育的狀況。
   如果更進而成為集團教化的場合，便產生要如何因應社會集團的狀況或需
   要的教化手段。而布教之際，同時也相對存在信眾如何理解和信仰的狀況。

---

[8] 同註 4。

[9] 謝肇淛：《五雜俎》，收在《筆記小說大觀》第 8 編，第 6 冊（台北：新興書局，1976 年），卷 8，
「人部」4，頁 3793-818。

[10] 牧田諦亮提到《金瓶梅》第 8 回，潘金蓮的亡夫武大郎，死後百日，請報恩寺的和尚到西門慶家作
水陸法會，誦梁皇寶懺》之情形。見牧田，前引文，頁 14-17。

[11] 見阿部肇一：《中國禪宗史之研究》，頁 110-11。

因此雖有所謂師僧的全人格之接化，但上自維持宗教傳統的根源性，下至布教時的理解，都將會產生一種妥協性，亦即必然趨向於一種大眾化和世俗化。尤其宗教本身，在教義和修行方面，雖因宗教的自覺，具有高度的純粹性，但在社會上、政治上、乃至文化上，為因應人們參與，需要相互理解，也必定朝可理解的方向發展。於是研究者腦海中很自然地浮現一些必須注意的問題：此即最後在比較宗教學，須探討宗教集團的成立與其本身生活體系的社會，兩者有何關係？在研究集團時，無法不探求其社會因素的重要問題」。

2. 其次，「就宗教團體的內部之外，要考慮其相應的社會地位時，僧侶是以說「教」者，在集團化中成為職業化的存在。因此，要考慮到在那種情形下，為維持其根源性和純粹性的必要起見，也構成了寺院宗教團體內部萌生規制事項的原因。禪宗《百丈清規》的狀況，亦必須由此角度來考量其意義。

3. 再進一步說，「當此一宗教，與民族、國家、或社會民間宗教發生了信仰的關係時，愈發使得這種信仰的意義，不得不自其原本教義和根源性朝向世俗化；而且有可能反而提升其民族宗教。宗教的混合、融合、抗爭等歷史現象的因素，正好具有像這樣多元的世俗化的意義」。[12]

※

以上這三點世俗化現象及其意義的討論，雖然阿部氏，是針對唐宋禪宗史的轉型期而言[13]，但是用來觀察明末的佛教狀況，尤其顯得貼切。因為「世俗化」的轉劇，正是明末佛教的主要課題。如歸納明末的佛教特色，就會發現幾個現象：

1. 是禪、淨兩宗獨盛，而且著名的佛教高僧，往往即禪、淨雙修的提倡者和

---

[12] 見【卍續藏經】第 114 冊，頁 730，下。

[13] 見阿部肇一：《中國禪宗史之研究》第 3 章第 2 節〈南宗禪思想：中國社會史上關係〉（原著頁 109-12），以及〈第 4 節唐宋變革期的禪宗〉（原書頁 112-21）。

實踐者[14]。

2. 宗教融合的思想，非常普遍，而且有極成熟的理論詮釋[15]。

3. 經典的普及化和說理的明白、條理化，相當盛行[16]。

4. 社會的關懷和批判的角度，極為深刻和激烈[17]。

5. 自覺性地作整個佛教前途反省和建議的著作[18]，亦紛紛出現。

6. 與異教對抗和教內學術辯論，都構成極大的風波[19]。

7. 叢林改革，往往伴隨叢林規約的制定[20]。

※

　而從這 7 點的內容來看，無法不承認：明末的叢林問題，就是佛教朝向

---

[14] 參考望月信亨原著，釋印海中譯：《中國淨土教理史》（台北：慧日講堂，1974 年），頁 313-47。

[15] 指憨山德清的《觀老莊影響論（一名三教源流異同論）》（台北：廣文書局，1974），頁 1-39。

[16] 所謂經典普及化，指「方冊版」【嘉興藏】的雕版印行，使「梵夾式」的繁多、笨重、改為零冊攜帶，是藏經版本的革命。見《徑山志》（台北：明文書局影印本，1980 年）卷 5，紫柏真可、密藏道開、馮夢禎、陸光祖等人的刻募大藏序文，原書，頁 425-88。面經典說理的明白、條理化，可見諸雲棲祩宏的《禪關策進》，收在《蓮池大師全集（2）》（台北：中華佛教文化館，1983 年，再版），頁 1999-2092；《彌陀疏鈔》，《蓮池大師全集》（1）》，頁 785-1394。或憨山德清的《憨山夢遊集》共 4 冊（台北：新文豐出版公司，1983 年，再版）。紫柏真可的《紫柏尊者全集》，收在【卍續藏經】第 127 冊，頁 89-154。智旭的《靈峰蕅益宗論（上）（下）》，收在荒木見悟，岡田武彥合編，【和刻影印近世漢籍叢刊】第 11、15 冊（京都，中文出版，1972）。以上這些書的特色，是不賣弄玄虛，或以禪門語錄的花招惑人，而是指點清楚，說理曉暢，使讀者容易理解

[17] 例如德清在《憨山老人自敘年譜》（台北：新文豐出版公司，《憨山老人夢遊全集（4）》）提到在嶺南時，如何阻止太監以採礦之名搜刮民眾之財的事。原書，頁 2952-54。另紫柏真可為礦稅之事及刻藏奔走，後死於「妖書之案」。見錢謙益，〈紫柏尊者別集序〉，收在【卍續藏經】第 127 冊，頁 89。以及德清〈徑山達觀禪師塔銘〉，收在《憨山老人夢遊全集（2）》卷 27，頁 1054-613。以及湛然圓澄的《慨古錄》，收在【卍續藏經】第 114 冊，頁 725-34。

[18] 如湛然圓澄的《慨古錄》；祩宏的《竹窗隨筆》、《竹窗 2 筆》、《竹窗 3 筆》，收在《蓮池大師全集（3）（4）》，頁 3623-4120。

[19] 關於異教的問題，可參考本第 4 節第 2、3 項的討論。

[20] 諸如祩宏的《雲棲共住規約》，載《蓮池大師全集（4）》，頁 4795-946；德清的《曹溪寶林禪堂十方常住清規》，載《憨山老人夢遊全集（4）》，卷 52，頁 2853-67；密藏道開的〈楞嚴寺規約〉，收在《密藏開禪師遺稿》（台北：新文豐出版公司，1988 年，台一版），【嘉興大藏經】第 23 冊，頁 33-37。

「世俗化」時，所引起的種種現象。

雖然，郭朋(1920-2004)在《明清佛教》[21]裡，批評明末佛教，在禪學上，沿襲前輩[22]、思想上，邏輯不清、[23]而禪學明白化，雖然可取，卻是衰落的象徵。[24]

此看法，誠然有其部份依據，假如就明末時期，特有的政治、社會和經濟的狀況來考量時，郭氏的視野，即暴露出對時代特色的缺乏認識，未能掌握佛教「世俗化」的這一學術特質。

※

不過，在探討明末的叢林問題時，要舉實例的話，最好還是透過當時的佛教社會活動家，如憨山德清的佛教事業來追蹤。

此即本章，以他的改革個案，來分析的主因。

因他的佛教生涯，涉及到甚多政治、經濟、外教[25]、禪法自修、叢林改革

---

21 郭朋：《明清佛教》（福建人民出版社，1982 年）。另本書之評論，見拙作〈評介郭朋著《明清佛教》〉，收在《人間淨土的追尋》（台北：稻鄉出版社，1989 年），頁 249-62。

22 例如他批評笑嚴德寶說：「明代，凡談禪宗，必稱笑嚴，彷彿德寶已達到了當時禪宗的最高水平，而從他處處以「念禪」來叫人這一情況來看，則德寶的造詣和「悟境」適足以表明他不過是禪宗確已到了末流的一個代表而已！」見《明清佛教》，頁 70。郭朋的批評，充滿了可笑的意見，他認為德寶以「念」代「參」是「很大的修正」，但卻是「每況愈下」；又說「在世界觀上，德寶卻完全繼承了自惠能以來的觀點。……禪宗「頓教」思想的理論基礎，便是這一世界觀。而德寶，則完全承襲了這一思想。」見《明清佛教》，頁 73。他對「參公案」和「念佛法門」的融會使用，可以說相當陌生。其實這正是永明延壽以來，逐漸被禪門使用的禪淨雙修法。故沿襲是事實，但並非什麼大修正。他又批評另一位晚明的重要禪師密雲圓悟說：「他對於『心佛眾生，3 無差別』的『卑之無甚高論』，卻又只是『教內正傳』的老調。可見圓悟的『悟境』，並不是怎樣的高呀！」見原書，頁 80。

23 郭朋喜歡在晚明的禪宗語錄找邏輯，挑毛病。如原頁 82，說圓悟「真是混亂的邏輯，荒唐的思想」；頁 231，說「德清的這種邏輯混亂，乃是他那種禪僧氣質的反應」——因德清將阿賴耶識說成「真妄、迷悟之根，生死凡聖之本」。按：這是思想詮釋的用語之別，與邏輯無關。頁 271，又批評智旭「在表達他的真如緣起論的唯心主義世界觀的時候，是並不那麼講究邏輯性的」。其他不一一列舉。總之，郭朋總是以自己的角度在看問題，而非試圖從晚明的用語方式來理解。

24 此 1 批評，見郭朋原書，頁 100 和頁 105-06。主要是指三峰滿月法藏的禪學而言。

25 按德清的生涯中，「外教」是指羅教、道教和儒家。

和三教融合的問題等，是一理想的探討線索。

故選定他，可使問題單純化。

但，在另一方面，為了補充德清以外的改革類型和問題點，也有必要同時處理相關的佛教史料或其他明代人物類型，以作為對照，方可比較出其中的差異性。

正如近代語言學家所說的，語言學家只懂一種語言，是類同不懂語言，故進行比較，也近代宗教學研究上最悠久的傳統之一。本章也是如此處理本素材。

而其中，本章所用的問題提示重要佛教文獻，是明末禪僧湛然圓澄所撰的《慨古錄》之批評，以作為指引本章的問題點之用。

※

或許，有人會問：有關明末四大師的生平及思想，皆已有專門著作討論過[26]，彼等所見之問題和資料，難道不足以涵蓋嗎？為何要用湛然圓澄的《慨古錄》之批評？

其實，此一問題會如此提出，是因為四大師是當時最具代表性的人物，彼等之問題，實與明末佛教問題重疊，所以往往即以為其相關文獻，也可涵蓋一切討論範圍。

其實不然，若有新史料的發掘，同樣可使舊問題，有了新意義。

例如本章，將大量引述過去罕被引用的《慨古錄》[27]——明末一位曹洞宗

---

[26] 按關於雲棲袾宏，可參考於君芳的博士論文：The Renewal of Buddhism in China: Chu-hung and the Late Ming Synthesis New York Columbia University Press, 1981.徐頌鵬的德清研究之博士論文：A Buddhist Leader in Ming China: The Life and Thought of Han-Shan Te-ching The Pennsylvania State Univertsity Press, 1979。紫柏真可，可參考釋果祥著《紫柏大師研究——以生平為中心》（台北：中華佛學研所，1987 年）。蕅益智旭，則有張聖嚴的博士論文，《明末中國佛教の研究》（東京：山喜房佛書林，1975 年）。

[27] 按此書收在【卍續藏經】第 114 冊，頁 725-34。依我所見，只有忽滑谷快天在《禪學思想史（下）》（東京：玄黃社，1925 年），頁 702-04；以及荒木見悟在〈《雲門湛然語錄》解題〉，收在荒木見悟，岡田武彥主編【和刻影印近世漢籍叢刊】第十冊（京都：中文出版社，1973），頁 1，稍有提

重要禪師湛然澄（1516-1626）[28]所銳意提出的批評文獻。

因他在書中能全面性地檢討叢林弊端，並用今昔對照的方式加以評述。雖然全書頁數無多[29]，但值得配合其他材料[30]來討論。

※

不過，也由於《慨古錄》僅敘述了其中的問題點，卻未詳述較前期和較多面的變化狀況，所以，本章為了有助於此一背景的發展狀況之了解，故增補其他材料。

於是，透過歸納相關材料後，針對各種問題點，分別討論其宗教政策、寺院經濟、社會轉型、異教競爭，以及禪學的沒落等背景。

如此一來，其書中的問題，不但脈絡清晰可解；同時也為叢林日後改革運動的種種措施，提供了原因說明，以及所以如此的合理解釋。

《慨古錄》之所以值得重視，即在問題是可證明的這一點。故以下先就《慨古錄》的內容，分類摘述；而後，再針對問題點，提出合理的背景解釋。

二、《慨古錄》所見的明末叢林諸問題

關於明末叢林的問題，到底圓澄在《慨古錄》中，有何驚人之見呢？圓澄在書中，自稱是「無名叟」[31]，可能是心存顧忌，卻又不能沉默不說，於是，

到罷了。

[28] 湛然圓澄的生平，見〈會稽雲門湛然禪師行狀〉一文，則為丁元公所撰，皆附於《湛然圓澄禪師語錄》，卷8，載卍續藏經》第126冊，頁309-16。

[29] 此書共計18頁。按【卍續藏經】每頁分上下兩欄，如按一般算法，是36頁。

[30] 如《金陵梵刹志》（台北：明文書局，1980年），共53卷，分4冊；明各朝實錄》等資料，詳本文第3、4節的討論時，所摘引。

[31] 見湛然圓澄，《慨古錄》，收在【卍續藏經】第114冊，頁726上。一開頭，他即說：「丁未（1607）季夏之望，無名叟喟然而嘆。」但〈湛然禪師慨古錄序〉（同原書，頁725，上）則指出是圓澄作

才隱名埋姓借古諷今，並慨嘆今（明末時期）不如昔。可是，圓澄到底為何而「慨古」呢？

他一開始，即提到「去古日遠，叢林之規掃地盡矣。佛日將沉，僧寶殆滅，吾懼三武之禍，且起於今日也。能無嘆乎？」。[32]

按：此書撰於萬曆 35 年（1607），在萬曆三大師中，已有紫柏真可於前 4 年（1603）因「妖書案」[33]死於牢獄中；再前一年，則是李卓吾（1527-1602）的自殺獄中。[34]

李卓吾（1927-1602）雖和四大師無往來，但當時他被社會公認為佛教的大名人和紫柏並稱[35]；因此，這二件牢災之死，震驚了各界[36]。

此外，德清被流戌在嶺南，多年未歸；且德清在曹溪祖庭的復興事業，進行得頗為艱辛。加上圓澄本人的親聞目睹，故感慨良多。

※

荒木見悟在〈《雲門湛然語錄》解題〉[37]中說：「他（圓澄）對墮落教界

品：〈序〉為祁承業所撰。

[32] 同前註。

[33] 德清在《徑山達觀可禪師塔銘》提到：「癸卯秋（1603），……居無何，忽「妖書」發，震動中外，忌者乘間劾師，師竟以是罹難。」見《憨山老人夢遊集（2）》卷 27，頁 1413。此事是《明史》的大案，在明沈德符的《萬曆野獲編補遺》卷 3，刑部・癸卯妖書中，曾評論此「妖書」是指《續憂危竑議》，因涉及鄭貴妃欲更立己子福王為太子事，引起甚大風波；另外沈德符在《萬曆野獲編》卷 27，《釋道・紫柏禍本》中則提到，因紫柏在致友人書裡，批評神宗不該反對慈聖太后建佛寺，是不孝，結果，信被發現，遂被以「交通禁掖」而致死罪。收在《筆記小說大觀》第 6 冊（台北：新興書局，1976 年），頁 690-91。在《明史・郭正域傳》，卷 226（台北：鼎文出版社，1982），總頁 5947-48，亦有「妖書」的詳情敘述。

[34] 李卓吾之死，見拙作〈李卓吾的生平與佛教思想〉，收在拙著《人間淨土的追尋》，頁 92-93。

[35] 沈德符：《萬曆野獲編》卷 27，《筆記小說大觀》第 6 冊，頁 691。

[36] 除了沈德符書頁 690-92，曾提及外；在《湛然圓澄的禪宗或問》一書，收於荒木見悟，岡田武彥編，【和刻影印近世漢籍叢刊】（京都：中文出版社，1973 年），第十冊，附有〈達觀和尚招映傳〉，記載著：「達觀老人遭橫於癸卯之季冬，而眾議駭然。或謂其道力之未全；或謂其我慢之招得；或謂其定業之難逃。……」可見此事，對叢林僧徒衝擊之大！（原著，總頁 8273-78）。

[37] 見荒木見悟，岡田武彥編：【和刻影印近世漢籍叢刊】第十冊，頁 1。

之烏煙瘴氣，滿懷危機之感，乃為復興叢林，濟度眾生，以浙東為傳教據點。……圓澄號『沒用』，又號『散木』，作為一個墨守禪規的弘通者，自謂『山僧自愧，不能談禪』、『山僧不解佛法』，此語雖謙虛，但也在透露決不與世同流合污；只有俗世之無用，或偏屈而被常人睥睨相看之人，才能實踐不尋常的攝化行動。」[38]

但，實際上，圓澄與當代儒學名流周海門（1547-1629）、陶石簣、陶石梁、葛寅亮[39]、陳懿典、黃輝、祁承業等交情甚篤，相互切磋[40]。

因此，他是所謂力主維持宗教「根源性」和「純粹性」的禪者；同時又開啟著一扇與儒家溝通之門，顯示其亦能考慮社會參與和相互理解的需要問題。

（一）關於朝廷佛教政策之不當者

根據書中的回答，其心目中的叢林問題，有如下述：官方久不開戒壇，僧品揀別無由《慨古錄》提到：太祖將禪教、瑜伽開為二門[41]。禪門受戒為度；應門（案：即瑜伽僧）納牒為度。自嘉靖間（案：時在 1566）迄今（1607）50 年，不開戒壇。而禪家者流，無可憑據，散漫四方。致使玉石同焚，金銅莫辨[42]。

---

[38] 同上。

[39] 按葛寅亮即《金陵梵剎志》的作者，對晚明佛教寺院史料，提供了官方的重要檔案（見原書，卷 49-53）。

[40] 可參考丁元公撰：〈會稽雲門湛然禪師行狀〉，載《湛然圓澄禪師語錄》，卷 8，收在【卍續藏經】第 126 冊，頁 313-16。

[41] 按洪武 24 年（1391），太祖在《申明佛教榜冊》中規定：將佛教分為禪、講、瑜伽三類，分別居住不同寺院。禪、講不得外出；因瑜伽是為人作法會，故可應俗家之請。所謂「二門」，即指禪、講一類；瑜伽為一類。見《金陵梵剎志》，卷 2，《欽錄集》（明文書局版，第 1 冊），頁 232。又，幻輪編著：《釋鑑稽古略續集》（台北：新文豐出版公司，1975 年），頁 215，亦載此事。

[42] 見【卍續藏經】第 114 冊，頁 731 下。

（二）官方以收銀代替考試度僧，造成僧品蕪雜泛濫

對於此點，《慨古錄》說法是：

「……先代之度僧，必由考試。中式者與之給牒披剃。」

「今時度僧，立例上銀。」[43]

「……致使無名之流，得以潛之。然則此之流類，滿於天下。」[44]

（三）官方禁講經論，使非法之徒得以惑眾

《慨古錄》說：「漢明帝時，佛法東來。……自後歷代帝王，共隆此道，凡名山巨剎，莫不皆由降敕建造。其名僧碩德，素為一眾所推。……其間領眾之多，每至千百而上，未當以為疑也。今日叢林眾滿百餘，輒稱紅蓮白蓮之流，一例禁之。臻使吾教之衰，莫可振救。」

又說「夫紅蓮白蓮之教，本皆俗人，於沙門何預？其所有書籍，多暗昧之言，不可與人知者。釋氏之典，皆前代聖王，選人翻譯，敕賜之藏。沙門講演，必登堂升眾，四眾同聞。與彼夜聚曉散私相傳習者，迥然不同。而皆同類禁絕，豈不悲夫」。[45]

但，非僅此而已，在指責官方皆禁絕出家與在家的大型團體（百人以上）的集會和講演之後，《慨古錄》更提出一個嚴重的社會治安問題。

即書中認為，如禁講佛法，則將使一些不知禮法、不講因果的「無名之徒」，更失去控制，容易淪為被野心家利用的「鷹犬」和「狼虎」。

---

[43] 晚明出家，在穆宗隆慶六年（1572），朝廷規定：只要繳 5 兩銀給戶部，即可獲度牒。見李東陽等撰，申時行等《重修大明會典》，卷 104，禮部 62，《僧道》（台北：新文豐出版公司、1976 年），頁 1576 上。

[44] 見【卍續藏經】第 114 冊，頁 729 上。

[45] 按此問題，是因嘉靖 45 年為防堵白蓮教的泛濫，又怕僧眾複雜，混足其中，故御史鮑承蔭奏准將僧尼戒壇嚴禁，不許說法，管制遊方等。

（四）僧官制度受制於儒，而使僧官和住持人選不當

對於此點，《慨古錄》說法，是由於下述原因：

1. 「太祖制僧錄司官八員，曰：左右善世、左右闡教、左右覺義、左右紀錄；乃至僧綱、僧會。洞明道學德性可推者，莫堪此職。奈何至柔之教，受制於儒者之門」。[46]

2. 「……致使真正高賢，蔑視如介，棄而勿顧。不肖之徒，或上銀請納，或囑托人情，曾何知節義廉恥？乞尾哀憐，效顰模範，又何嘗諳宗律教乘」？[47]

換言之，由於儒家官僚的壓制，僧官和住持的人選所決定的條件，是靠鑽營和人際關係，與品德、才學無關。

這樣一來，官方更可藉口控制叢林的管理體系，而使一些真正有節操和才學的賢能之士，羞與一般無德無學之輩為伍。顯見僧官受制於儒家官僚，流弊甚大。

（五）官府違規課稅、勒索

《慨古錄》說：「太祖於試度之外立例：納度上銀五兩[48]，則終身免其差役。超然閑散，官府待以賓禮。今則不然。納度之後，有田當差，有人當丁，迎官接府，祈晴請雨，集儀拜牌，過於亭長。夫欲遠累出家，而不知反增其累

---

[46] 按太祖設僧官時，中央最高的左右善世，不過正六品，隸屬於禮部。僧官的排場等同欽天監。可參考金陵梵剎志》，卷 2，《欽錄集》，頁 207。不過明初，起碼僧事僧官管，不受一般官僚管。代宗景泰 5 年（1454），因度牒考試舞弊，朝廷遣給事中、御史、禮部官員各一，會同考試，於是僧官自治之權從此失去。見《英宗實錄》，卷 243，「景泰 5 年秋 7 月辛亥」條。轉引間野潛龍，《明代文化史研究》（京都：同朋舍，1979 年），頁 295-97。

[47] 見【卍續藏經】第 114 冊，頁 730 上、下。

[48] 圓澄認為「瑜伽僧」是繳銀五兩，得度牒，故稱之為「內牒」。但此說查無史料依據。龍池清在明代に於ける賣牒》一文，《東方學報》（東京，卷 11 期 2，1940 年），頁 289，曾指出這是成化年間才出現的現象。

也。且俗人當里長，子姓百十，皆止一戶，更無二役。僧家則不然，毋論一人二人，以及千百，皆人人上納，似又不如俗人之安省也。又俗人納農民者，則以優免，終則就仕成家。而不知僧者何所圖？而上銀納光頭役使耶？若遲緩不納，則星牌火急催進，過於他役。」[49]亦即出家，反而受累更多！

（六）寺產被侵占、僧人被辱，而官方未善盡保護之責

《慨古錄》先說：「爾來邊餉[50]所急，朝廷差官督內，人皆不肯。」[51]但，為何官方要用度牒籌餉，即遭僧人婉拒呢？

《慨古錄》亦明白指出，其原因在於：

> 自明太祖以來，對各寺院皆有賜額優免，因此僧無「乞食之憂」。
> 且獲度牒後「終身優免」，官方也善為對待，關津通行無阻。
> 如受俗人謳辱，俗人定遭處罰。
> 且寺田不准買賣，不會遭盜用或私占，如有與受，罪屬強占。
> 以上《欽錄集》皆有明白記載。[52]

但，這一切全變了。「田產為勢豪所占，而官府不之究。僧為俗人所辱，而官府不之護。產罄寺廢，募緣度日，將何內牒？稍有俗置新產，有田當役，有人當丁，原同百姓，何更要內牒耶？」

況乎內牒之後，祈晴請雨，集儀拜牌，迎官接府，反增其累。如點名不

---

[49] 見【卍續藏經】第 11 冊，頁 742 下。

[50] 按即「遼餉」。可參考林美玲：〈晚明遼餉的研究〉（台灣大學歷史研究所碩士論文，1987 年）。

[51] 【卍續藏經】第 114 冊，頁 742 下。

[52] 指葛寅亮編撰：《金陵梵剎志》，卷 2 所載的《欽錄集》。其中資料，起自洪武 5 年（1372），至宣德 3 年（1428）。

到，則罰同有祿，列廿七祖。若為俗人所辱，不若豬狗，曾何云有祿人
員，法不應辱？何所異於俗人？丁役之外，更要內牒耶？
……高皇帝之《欽錄》猶在：高皇帝之聖旨絕之不行！既無利於僧，而
僧不肯內牒者，毋怪其然也。[53]

明末的叢林巨大變遷，於此能得其探討線索。

三、關於叢林本身之弊端者

（一）師徒之誼不洽

《慨古錄》中提到：「前輩師資之間，親於父子。今也動輒譏呵，自行不
端，學者疑憚。」「今為師徒者，一語呵及，則終身不近矣。」[54]

（二）新出家者，為自立門戶不擇手段

《慨古錄》指出：「有屑屑之徒，不知大體所關。才出家來，苟圖聲譽，
以為已任。急急於名利之場，或私創山居，或神廟家祠，男女共住；或典賃民
房，漫不可稽。」[55]

（三）出家眾中龍蛇混雜

《慨古錄》指摘說：「或為打劫事露而為僧者。或牢獄脫逃而為僧者。或
妻子鬥氣而為僧者。或負債無還而為僧者。或夫為僧而妻戴髮者，謂之雙修。

---

[53] 見【卍續藏經】第 114 冊，頁 742 頁下-43 上。
[54] 同前頁上註 5 引書，頁 721 下，和頁 741 下。
[55] 同前引書，頁 731 下。

或夫妻皆削髮，而共住庵廟，稱為住持者。或男女路遇而同住者。以至奸盜詐偽，技藝百工，皆有僧在焉。」[56]明末出家人的複雜狀況，於此可見。

（四）師資水準低落，缺乏實學真悟，而冒作權威

《慨古錄》揭發真相說：「諸方名剎，上堂普說，概之不聞。間有一二商権者，不過依經傍教而已。」「其次皆世諦流布，不足聽也。」「懸說懸談，抽釘拔楔，舉世不聞。」

「大抵叢林多有不識字者主之，其領徒不過三等：上者勸其作福；次者令其應務；再次者平交而已。……其不賢者，恐弟子處我之上，見其習學，怒云：你不老實修行，學此擬裝大漢耶？又云：學此口頭三昧奚為？何不老實修行！」

「又有一等，宗教曾不之聞，出家又且不久，便去守山，或復坐關，稱善知識，誑唬人者。」[57]

（五）雖號稱「宗師」，仍因無新意而遭譏

《慨古錄》責難說：「今之宗師依本談禪，惟講評唱，[58] 大似戲場優人。雖本欲加半字不得。學者不審皂白，聽了一遍，已謂通宗。……由是而讒：今之談宗者，實魔所持耳。」[59]類似批評，亦見之袾宏的著作。[60]

---

[56] 同前引書，頁 732 下。

[57] 同前引書，頁 734 上、下。

[58] 所謂「評唱」，指南禪的語錄公案出現後，為使其讓人易解，於是以評注或評頌的方式，對公案語錄的精要或創意之處，加以指點。此類著作，最為禪林所知的，有雲門雪竇重顯（980-1051）的《雪竇頌古》、《雪竇拈古》等 8 書，圓悟克勤（1062-1135）的《碧岩錄》等，對「公案禪」的形成影響甚大。其後大慧宗杲加以改革為「看話禪」。見本文第 5 節的討論。

[59] 批評談禪者為魔所攝者，可見密藏道開之批評蘭風的以禪語注羅教的《五部六冊》。見密藏的《藏逸經書標目・冰壺集》；並請參考本文第 4 節羅教的討論部份。

[60] 袾宏在《竹窗二筆》裡，曾批評「語錄」的模仿者說：「若但剽竊模擬，且饒日久歲深，口滑舌便，儼然與古人亂真，亦只是剪口之花，畫紙之餅，成得什麼邊事。」載《蓮池大師全集（4）》，頁

（六）為謀衣食，而行為失檢

《慨古錄》提到幾種：

甲、入外道屠膾之家者。「……今之沙門，毋論神廟天祠，乃至人家享堂，苟衣食可足，皆往住焉。是非不懼來生，為其徒黨眷屬。但云，火燒眉毛，且圖眼下無事。」[61]

乙．妄學古意而當街跪乞者。「……今時有等為法師者，不體古意，妄意效顰，嚴整法服，跪街乞錢。學者持樂吹打，人不以為恥，彼以為得志。」[62]

丙．為謀衣食，不擇身份拜人為父母。「……今之流輩，毋論富貴貧賤，或妓女丐婦，或大士白衣，但有衣食可資，拜為父母。棄背至親，不顧廉恥，作忤逆罪。在名教中，逆之大逆；在佛教中，割愛出家，當為何事。」[63]

丁．為得供養，即無學首座[64]，亦作樣欺人。「……今之首座，不通一經，不認一字，師承無據。但有幾家供養，辦得幾擔米，設得幾堂供，便請為之。所言發揮蘊奧，勘驗學者，斥為閑事；一味不言，是其談柄。」[65]總之，謀生

3801。又說：「今人心未妙悟，而資性聰利，辭辯捷給者，窺看諸語錄中問答機緣，便能模仿，……以眩耳目。」（同上，頁3800）又識未悟認悟者說：「今學人多以東（冬）瓜印子，印自己。」（同上，頁3778）。其後袾宏甚至在《雲栖僧約》中規定一條：「妄拈古德機緣者出院。」載《竹窗3筆》，《蓮池大師全集（4）》，頁3935。

[61] 見【卍續藏經】第114冊，頁741上。

[62] 按《慨古錄》此段之批評，可由明沈德符的《萬曆野獲編‧雪浪被逐》之條見之。雪浪洪恩與德清俱出金陵報恩寺，但雪浪長於辯才，貌亦英偉，以不拘細行，故被逐出報恩寺。出寺後，汗漫江湖，曾至吳越間，士女如狂，受戒禮拜者，摩肩接踵，城郭為之罷市。雪浪有侍者數人，皆韶年麗質，被服紈綺，即內衣亦必紅紫，幾同煙粉之飾。（見原書，卷27，頁3870-71）。

[63] 晚明的佛教知名之士如李卓吾在其佛寺的受寡婦供養問題，以及和梅澹然女士通信之事，或慈聖太后和高僧的攀緣問題，都構成了批評者的口實。其中李卓吾為此還受彈劾。請參考拙作《李卓吾的生平與佛教思想》，收在《人間淨土的追尋》，頁117-25。

[64] 按敕修清規兩班圖云：資料來源：《禪林象器箋》第7類職位門。可見「首座」在西序中第一、第二位。前堂首座是表率叢林，分座說法，坐禪領眾，凡眾之事，皆得舉行。後堂首座，是負責後半部的事，種類悉如前堂首座。參考無著道忠：《禪林象器箋（上）》，收在藍吉富主編，【現代佛學大系（6）】（台北：彌勒出版社，1982年），頁221-28。

[65] 見【卍續藏經】第114冊，頁726下。

重於一切！

（七）對戒律無知，忽視戒律者

《慨古錄》說：「今時沙門，視叢林為戲場，眇規矩為閑事。乍入乍出，不受約束。其猶如世一人拚死，而刑政無所復施矣。」[66]

又說「今之沙門，多有傍女人住者，或有拜女人為師者，或女人為上輩，公然受沙門禮而漫不知為非者。」[67]

（八）徒弟凌辱師友者

《慨古錄》指控說：「或師範誡訓過嚴，或道友議論不合，便欲殺身以報之也。或造揭貼，或捏匿名，遍遞鄉紳檀越，誘彼不生敬信，破滅三寶。」[68]

（九）牽涉宮廷之是非者

此種特殊狀況，非關政策，也非盡關叢林弊端。評論是非，誠不易言。慨古錄》提到二種狀況：

第一種，是關於慈聖太后者。太后為神宗之生母，信佛至深，一生資助佛事耗費浩繁，萬曆朝的高僧如德清、袾宏、紫柏等人的佛教事業及影響力，皆與太后有關。

但。圓澄則批評說，「今也一女大士，略有世緣，沙門之流，百意奉承，不知其恥也」。[69]

第二種，是皇家花巨資造寺，而選童子任住持。這純然是皇家的迷信，當

---

[66] 前引書，頁 740 上。

[67] 前引書，頁 738 下。

[68] 前引書，頁 738 下-739 上。註 39：前引書，頁 741 下。

[69] 前引書，頁 737 上、下。另關於「替修」的問題，沈德符在《萬曆野獲編》卷 27，亦有批評。見原書，「主上崇異教」條，頁 3861。

時稱此種方式為「替修」。

圓澄則批評說：「**替修者**，修何謂也？經云：……將謂如來惠我三昧，無勞無修。而今始知身心本不相代[70]。如來且不能惠人三昧，童子豈能替皇上修乎？如此則荐舉者，妄立異端，空耗國本，有辜聖心，大可哀哉。」

「……夫住持之任，位侔佛祖，非三、二十年精操苦行，博煉宗乘者不能也。若愚童子住持，非唯宗教不揚，抑亦規矩不振，所費巨金，當復何圖？」[71]

可見，圓澄的著眼點，不但批評「替修」之無效用，且亦責備沙門勸人出家之不該。[72]但這些批評，已屬較高層次的問題了。

而對於上述弊端，圓澄在《慨古錄》中的建議方案，有四項：

1.定官制。2.擇住持。3.考試度。4.制游行。

可見，他是依唐人的佛教建制提出的[73]，不能說無見地。

只是明末的佛教環境，不論朝廷政策，或官僚管理，皆大異前代，如何可能靠彼等自動改善？所言者豈非落空？

因此，以下說明，可從另一方面，來探討明末何以出現《慨古錄》所言佛教弊端之由來。然後，再探討當時的叢林改革運動，又是如何進行的？

並且，在研究時，不但所進行的步驟，也必須這樣，才能對照兩者的處境與作法，到底有多大歧異之處？……

---

[70] 同前註。

[71] 按圓澄在《慨古錄》中提到：「我恐不得其人，如房融、褚遂良、許由之輩。如得其人，制之何難哉？」見前引書，頁 729 下。

[72] 同前引書，註 729 下。

[73] 同前引書，註 729 下。

四、明代佛教變革因素的解析（上）
——政經交互逆轉下的積累病源

前在面，我們曾提出「世俗化」的問題，作為理解明末佛教的線索。

接著，我們曾透過湛然圓澄的《慨古錄》，來了解官方和佛教叢林出現的各種流弊。

但是，「世俗化」的發展，在歷史環境中，是一長期持續變遷的現象，只是在某些階段由於其他因素的配合，會顯得快速或緩慢罷了。

一旦「世俗化」的變遷，有急速發展的時候，新環境的適應得當與否，和其所謂流弊問題的產生之多寡，即形成密切的因果關聯。

問題是，「世俗化」的過程中，由於前後階段的佛教處境不同，在維持原有宗教純粹性和根源性的立場來看，便被迫面對一種下降的卻與現況接近的尷尬心態和評價標準。而佛教史的性格，即取決於這種歷史情境的挑戰與回應。

因而，作為一個研究者，在了解這一發展的諸多現象與原因之間，暫時對所謂流弊問題的評論，保持一種中立的態度，毋寧是較為明智的。

況且，前述《慨古錄》所見的明末叢林問題，有很大的原因，是和出家條件巨大變化有關。

例如官方漫無限制的憑納銀，而發出家證明（度牒），致使原有的養成制度，由童行而沙彌而試經得度、而受戒為僧的這一揀擇過程，破壞無遺。

一旦大量的未符原有標準的新出家人，湧入傳統額數有限、[74]寺產定額

---

[74] 按李東陽等撰，申時行等重修的《大明會典》，卷104，禮部62，「僧道」項下說明：「凡清理寺觀。洪武二十四年（1391），令清理釋道二教，凡各府州縣寺觀，但存寬大可容眾者一所，並居之，不許雜處於外，違者治以重罪。……又令天下僧道有創立庵堂寺觀，非舊額者，悉毀之。三十五年（1402）令清理釋道二教，凡歷代以來及洪武十五年（1382）以前寺觀，有名額者，不必歸並，新創者歸並如舊。」（原書，新文豐版，頁1577）。這是寺額的歸並方面。在僧道人口方面，同書又

[75]的佛教叢林時，整個叢林的生態失去平衡，於是各種問題便跟著而來。其中最嚴重，也是最迫切的，是生活資源的取得問題。

從《慨古錄》中，已可看出：寺院經濟狀況一直在惡化，官方的掠奪，層出不窮；出家人口又激增，等於「屋漏偏逢連夜雨」，遭到雙重的耗蝕。

叢林的資源，既然不足以維持，則不論新舊出家人，都必須各自設法尋覓新的資源來補充。此即明末佛教界的共同處境，然與前期影響有關。

因而，在此，我們應按其發展的順序，先探索出官方立場對叢林的政策性影響，分析其政策考量的基準點，和後來所以產生變遷的原因。

接著，才將視角轉向寺院本身，就寺田的獲益條件之日益削弱，探討其現象和背景。

（一）宗教政策的性格轉變與度牒泛濫

何謂「宗教政策的性格」？為何會有所「轉變」？在討論此項歷史因素前，有必要先說明其意旨。

此處，所用的「宗教政策的性格」，是指原有「宗教政策」在擬定時，曾考量過時代條件及其預定達成的政策效果，才制定頒布的；若無其他時空的變遷因素，而考量的要件未變更之前，它所呈現的政策效用與宗教樣相，即可稱之。

此因歷代開國之君，在鼎革之後，在採取政治措施時，常有其政策上的考

提到「十六年（1383），定天下僧道，府不過四十人，州不過三十人，縣不過二十人。限年十四以上，二十以下，父母皆允，方許陳告有司，行鄰里勘保，然後得投寺觀，從師受業；五年後，諸經習熟，然後赴僧道錄司考試；果暗經典，始立法名給予度牒，不通者罷還為民。」（原書，頁1577，上）。可見人數受限及資格要求之嚴。

[75] 因寺產規定不許買賣，故除朝廷「欽賜田」之外，只有原有寺田，理論上無增減之可能。見葛寅亮《金陵梵刹志》卷2，《欽錄集》洪武十五年的規定。（新文豐出版公司，1987年，單冊本），頁52上。另本節後面亦有討論，請參考。

量。而一旦加以制訂後，除非特殊的狀況出現，[76]否則即垂為「祖訓」，由同朝後代君主繼續遵行。

　　因此，它不但反映了法律的效力，也往往塑造了宗教體制的樣相。

　　可是，時空的變異因素，會使當初的政策考量條件，也隨之變遷。

　　因此，基於政治功能的現實考量，乃出現宗教政策的法律規定不變，但實際上，已將政策的評估方向，加以修正或替代的情形。

　　此即謂之「宗教政策的性格轉變」。

　　湛然圓澄在《慨古錄》中曾極力批評官方的政策失當說：「高皇帝（明太祖）之《欽錄》猶在；高皇帝之聖旨絕之不行！既無利於僧，而僧不肯內牒者，毋怪其然也。」[77]

　　涉及到的，就是這種「宗教政策的性格轉變」。

　　為什麼圓澄要如此感慨呢？

　　主要是朝廷在頒發「度牒」時，並未附有當初「度牒」在政策上所保證的優待條件，例如稅賦丁役的減免，[78]寺產獨立性的維持[79]，乃至出家人格之政治保障[80]。

　　因此，「度牒」在明末時期，有如無購買力的「通貨」，其不為佛教有識

---

[76]　如明世宗嘉靖四十五年（1566）詔：「嚴禁僧尼戒壇、不許說法。……」見《大明會典》卷104，禮部62，「僧道」，（新文豐版），頁1578上。這是為防範白蓮教聚眾起事，故宗教活動被禁甚嚴。

[77]　見【卍續藏經】第114冊，頁743上。

[78]　按洪武二十七年規定：「僧人不許充當差役。」見《金陵梵刹志》卷2，《欽錄集》（新文豐本），頁63上。

[79]　按洪武二十七：「欽賜田地，稅糧全免。常住田地，雖有稅糧，仍免攤派。」同前注。又規定：「天下僧道的田土，法不許賣；僧窮寺窮，常住田土，法不許買。如似此之人，籍沒家產。」同前引書，頁53上。雖然有管制，但獨立性卻可賴以保持。

[80]　如洪武二十七年規定：「僧人不許具僧服跪公廳跪拜；若己身有犯，即預先去僧服以受擒拿；敢有連僧服跪公廳者，處以極刑。」載《金陵梵刹志》卷2，《欽錄集》（新文豐版），頁62下。雖非厚愛僧人，但起碼維持僧格及其形象。又永樂五年（1407）規定：「行腳僧道，持齋受戒，憑他結壇說法，有人阻擋，發口外為民。」保障了合法的僧人活動。同上書，頁66上。

之士所重視，乃理所當然。

而一些購買此「度牒」者，其實是利用了佛教在中國社會的潛在信仰力量，以出家人的形象，來換取社會的供養。

但是，太祖在《欽錄集》所保證的優待條件有哪些呢？

有關這一問題，和圓澄有往來的南京禮部祠祭司郎中葛寅亮，在其所撰的53卷《金陵梵剎志》中[81]，即詳列太祖的《御制集》卷一，以及包括洪武、永樂和宣德三朝的《欽錄集》卷2；而其中決定佛教政策的大方向者，無疑是出自太祖的一朝所制訂，由於已有學者討論過，[82]此處只就其政策性格和相關規定，加以說明。

太祖在三教政策上，是以儒家為主，佛道為輔。

〈三教論〉一文說：「三教除仲尼之道，祖述堯舜，率三王，刪書制典，萬世永賴，其仙佛之幽靈，暗助王綱，益世無窮，……斯世之愚人，於斯三教，有不可缺者。」[83]

因此，無論僧、道，皆設衙門管轄之，但隸屬於禮部，且官品極低[84]。

只是，佛教的事務，仍責由「僧錄司」等衙門統轄[85]，「若犯奸盜非為，但與軍民相涉，在京申禮部酌審，情重送問；在外即聽有司斷理」[86]。

可以說，雖然僧官體統和欽天監相同[87]，起碼維持了僧事僧治的最低自主

[81] 在台灣有兩種版本，明文書局的4冊本（1980年）：新文豐出版公司的為單冊本（1987年）。但兩者皆同影印民國25年金山江天寺的版本，故卷數皆同，只頁數略異，因新文豐本縮印之故也。

[82] 指石田德行：〈明代の寺莊——特に南京寺莊中心——〉，收在《東洋史論集》第7（1965年），頁153-85。本文主要史料為《金陵梵剎志》卷50-53，以及其他一些方志記載。

[83] 載金陵梵剎志》，卷1，御制集》，（新文豐版），頁50上。

[84] 可參考註46的說明。

[85] 洪武十四年（1381）規定：「在京、在外僧道衙門，專一檢束僧道，務要恪守戒律，闡揚教法。如有違犯清規，不守戒律及自相爭訟者，聽從官治，有司不許干預。」見《金陵梵剎志》，卷2《欽錄集》，（新文豐版），頁52下-53上。

[86] 同前引書，頁53上。

[87] 同前引書，頁52下。

性。

　　在寺產方面，有幾項最關鍵性的政策：寺產不許買賣。

　　洪武十五年（1382）規定：「天下僧道的田土，法不許買，僧窮寺窮；常住田土，法不許賣。如有似此之人，籍沒家產。」[88]

　　規定田租及佃農運交的義務。這是洪武十八年，針對天界寺（禪修主要寺院）的欽賜沒官田，按肥瘠分上中下 3 等，每畝規定田租及佃農各自運付的義務，還刻碑為記[89]。

　　這雖是，天界寺一寺的狀況，但假如日後連這樣的寺產，都不能維持，其他的寺產那就更不必提了。因此是一極佳的衡量指標。

　　洪武十九年，「敕天下寺院有田糧者，設砧基道人[90]，一應差役，不許僧應。」[91]。洪武二十七年（1394）規定：「欽賜田地，稅糧全免。常住田地，雖有稅糧，仍免雜派[92]。僧人不許充當差役。」[93]這一條是最大的優免條文。

　　洪武二十四年規定：僧人可「深入崇山，刀耕火種」[94]。而二十七年更規定：「禪、講二宗止守常住，篤遵本教，不許有二，亦不許散居及入市村」[95]，亦即不可能「奔走市村化緣」[96]；只瑜伽僧在「故舊檀越」請其「作善事」時，

---

[88] 同註 79。

[89] 同前引書，頁 55 上。

[90] 關於「砧基道人」設置，顧亭林：《天下郡國利病書》，卷 93，福建漳州府〈癸酉志原載寺租議〉條，提到：「舊有砧基簿，系元時遺制。其載田谷、租米、甚明。」另野口鐵郎有〈明代寺田の稅役と砧基道人〉一文，收在《佛教學》卷 14 第 2 號（1968 年 12 月），頁 17-33，對此研究甚詳，在注 25，提到《天下郡國利病書》，卷 25「江南工府」的均田法裡，也沒有「砧基簿」，亦即寺田之外，仍有設此簿者。但在明初，主要是為寺田收租的經手人之獨立，以免僧道為收租而和俗家交涉。

[91] 見《金陵梵剎志》，卷 2，《欽錄集》，（新文豐版），頁 56 上；頁 62 下。

[92] 同註 79。

[93] 同註 78。

[94] 見《金陵梵剎志》，卷 2，《欽錄集》，（新文豐版），頁 56 上；頁 62 下。

[95] 同前引書，頁 62 下。

[96] 同前註。

因出於自願，故許可收受供養。此一條無疑使經懺法事，成了經濟的主要來源之一。

在僧人行為方面，如不許有妻室[97]、不許結交官府[98]、不許「將手卷並白冊稱為題疏，所在強求人為之」，否則「處斬」或「點刺充軍」[99]，以及不許穿僧服在官廳跪拜[100]等等。

凡此種種，一方面可以說與社會隔離，可是另一方面也讓其維持「根源性」和「純粹性」。所以出家人得「度牒」必經考試，[101]避免了出家資格的太過浮濫。

但，這些規定，在有明一代，能維持多久呢？

在考慮此一「宗教政策的性格」具有多少持續性時，同時必須連帶考慮二個問題：即當初太祖認為佛教可「暗助王綱」的政策理由，在佛教和社會疏離的情況下，具有多大的可實踐性？假如答案是不大時，則必將產生替代性的政策考量。

此因，出家僧侶，一入僧籍，雖有行為上的限制，但享有雜派的、差役的優免；而假如是欽賜的寺田的話，像南京的天界寺，靈谷寺、大報恩寺等大寺院，田產廣大[102]，卻稅糧全免。

---

[97] 同前引書，頁 63 下。

[98] 同前引書，頁 63 上。

[99] 同上註。

[100] 同註 95。

[101] 考試的規定，見註 74 後半的說明。

[102] 可參考《金陵梵剎志》，卷 51-53 的記載。另詳細的各寺田地：山塘洲合計 34388 畝 1 分 2 厘。天界寺的莊園：湖塾莊田地 1700 畝 6 分 5 厘。江寧府上元縣高橋門外，溧陽莊：田 3995 畝 4 分 1 厘。江寧府溧陽縣永成鄉，高淳莊：田地 3721 畝 9 分 9 厘江寧府高淳縣永寧鄉，靖安莊：田地蕩 925 畝 9 分 3 厘。江寧府上元縣長寧縣。采石蘆洲 2797 畝 6 分。安徽省太平府當塗縣，施舍田地，田地山塘 105 畝 7 分。江寧府江寧、江浦兩縣，田地山塘洲合計 13246 畝 5 分 8 厘。報恩寺的莊園，戴子莊：田地山塘 5859 畝 7 分 3 厘。江寧府上元縣長寧鄉，真莊田地山塘 3087 畝 7 分 4 厘。江寧府上元縣長寧鄉，田地山塘，合計 8947 畝 4 分 7 厘。引自石田：〈明代の寺田〉一文，《東洋史學論集》第 7，頁 155-56。

　　如此則等於自整個社會的勞動力和土地資源中，割出一部份專屬佛教使用。道教觀田情況亦同[103]。

　　因而，佛教寺產，如要維持其獨立性，必須附帶二個條件：

　　（一）是避免出家人口的增加，超過原寺產可負荷的程度，除非有新來源，否則即需再分割社會的原有資源。

　　（二）在國家政策上維持其重要性，使政府寧願忍受國家資源的被分割，而不會放棄此一宗教政策上的預期功能。

　　特別是第二項，在中國社會裡，因儒家官僚主宰朝廷政策和影響社會的價值觀，故最有可能，因此項而損害了佛教的利益。

　　在明代，因定「朱子學」為「官學」[104]，而「朱子學」中的強烈排佛思想，自明初起，即不斷地在朝廷的議論中出現[105]。

　　然自洪武迄宣德年間，由於佛教僧侶的影響力仍在[106]，而佛教人口亦未過度增加[107]，所以其自主性的地位，勉強可維持。

　　但，實際上其將被逐漸削弱，早在永樂時期，即可窺見此一危機了[108]。

　　在另一方面，出家人的稅役優免及衣食無缺的生活，對明朝統治下的軍民

---

[103] 道士的田地稅役的規定，悉如佛教規定，所謂「僧道」並稱。見《金陵梵剎志》卷2，《欽錄集》（新文豐版），頁62下-63上。

[104] 見《明史》，卷70，《志》第46，「選舉」2（台北：鼎文書局，1982年），頁1694，提到科舉定式頒布後，考試的四書》用書，要以朱子的《集注》為主。永樂以後，則依所頒《四書五經大全》為標準本。此書的價值可參考顧亭林《日知錄》，卷20，「四書五經」條（台北：明倫出版社，1971年），頁525-26。

[105] 可參考清水泰次：〈明代に於ける佛道の取締〉，載《史學雜志》（1929年），40編2號，引明史・李仕魯傳》的排佛事件。此外可參考拙作〈道衍禪師的生平與佛教思想〉，收在《人間淨土的追尋》，頁3-56。

[106] 指姚廣孝（道衍禪師），同前註。

[107] 根據龍池清的看法，在宣德十年以前，正式剃度的僧尼人口仍在全國4萬人以內；但因禁止私度的詔令一再頒布，反映私度的情況逐漸在增加中。見龍池清：〈明代に於ける賣牒〉一文，載《東方學報》（東京：1940年），第11冊2期，頁281。

[108] 參考荒木見悟：《陽明學と佛學》（東京：第3文明社，1979年），頁26-28。

百姓來說，是可羨慕的。因此在永樂五年（1407），即於官方正式文獻中[109]，出現「軍民子弟，私披剃為僧，赴京冒請度牒」的記載[110]。

而且，雖然官方下令禁止和處罰[111]，卻仍一再出現類似的記載。[112]如此一來，私創寺院、私自剃度和自營經懺的非法僧人，也應運而生[113]。

顯然這是供需失調的結果所造成的，因此民眾和官方之間，形成禁令與犯法的相對抗。

此處，我們暫不討論民眾的需求與犯禁的問題。我們要問的是：明成祖怎樣考量他的佛教政策？其理由是否宗教上的？抑或非宗教上的？以永樂5年，成祖就拒絕禮部請求度僧的諭旨來看，純粹是財政上的，他說：

> 國家之民，服田力穡，養父母，出租賦，以供財用。僧坐食於民，何補國家？度民為僧，舊有禁令，違者必罪。[114]

因此，他對那些私自出家的處罰，也是財政上的。例如他在永樂六年（1408）6月：「命禮部，移文中外，凡軍民子弟僮奴，自削髮冒為僧者，並其父兄，送京師、發五台山輸作，畢日就北京，為民種田，及盧龍牧馬；寺主僧容留，亦發北京，為民種田」。[115]換句話說，成祖不但處分當事者，連相關

---

[109] 指《明太宗實錄》卷48，永樂五年（1407），六月條。

[110] 同前註。《明太宗實錄》，卷48，永樂五年正月條，提到：「……皇考之制，民年四十以上始聽出家。令犯禁，是不知有朝廷矣，命悉付兵部，發戍遼東、甘肅。」

[111] 見《明太宗實錄》，卷56，永樂六年六月條；卷62，永樂七年閏四月條；卷83，永樂十年五月條；卷106，永樂十五年閏五月條。

[112] 見《太宗實錄》，卷83，永樂十年五月條和卷106，永樂十五年閏五月條，對私創寺院和「俗人行瑜伽法，稱火居道士」要「殺無赦」，即知其深惡痛絕，卻禁絕不了的狀況。

[113] 見《太宗實錄》，卷52，永樂五年九月條。

[114] 見《大明會典》，卷226，「僧錄司」（新文豐版），頁297的記載。

[115] 可參考間野潛龍：《明代文化史研究》第4章第1節「明朝の武當山」，頁335-47的探討。

者亦隨同處分，加倍撈回來。

　　但是，在永樂一朝，由成祖下令撥巨款修建太和山的道觀[116]和佛教的金陵大報恩寺[117]，其動用的民力之大、耗費之多[118]，幾已影響到國家的財政平衡了，這又作何解？豈非矛盾？事實不然。

　　像此類的大寺院建造，在明朝歷代君主的記錄[119]，並不罕見。但這不能當國家政策看，而是皇帝的某種政治考量[120]，或宗教上的迷信[121]。這須以例外看待。

　　同理，要爭取新的宗教資源，如能設法和皇家攀上關係，如德清的情況[122]，也不難突破國家政策上的限制了。

　　從永樂（1403-1424）、洪熙（1425）、宣德（1426-1435）、到正統（1436-1449），可以說宗教的政策，一直在面對出家人口日增的壓力。雖然度牒頒發次數和額數，都增加不少[123]，卻依然不敷社會所需。

　　相對的，私自剃度和自創寺院的情況，也愈加惡化了[124]。站在儒家官僚的

---

[116] 據《金陵梵剎志》，卷30記載，成祖指出：「用軍民人等，勤勞其力，……一新創造，充廣殿宇，重作浮圖，比之於舊，工力萬倍。」而洪武二十一年，單是「塔」即花黃金2萬5千兩。

[117] 同前註。

[118] 可參考楊啟樵：〈明代諸帝之崇尚方術及其影響〉，收在《明代宗教》（台北：學生書局，1968年）的記載，頁204-97。

[119] 如成祖之建大報恩寺，是為紀念其母和為國家祈福。見成祖永樂十一年，〈重修報寺敕〉，《金陵梵剎志》，卷31，頁273上、下。

[120] 如英宗應太監王振之請，修大興隆寺。見《英宗實錄》，卷163，正統十三年（1448）二月條記載。

[121] 按德清在五台山建法會，藉詞為神宗祈儲，而獲慈聖太后的歡心和厚賜。見《年譜疏注》（台北：老古文化出版公司，1984年），頁46-51。

[122] 永樂時，不但少頒度牒，人數也不超一次千人以上。但正統二年（1437）以後，常有一次萬人以上發度牒，人數也不超一次千人以上。但正統二年（1437）以後，常有一次萬人以上發度牒者。見龍池清：〈明代に於ける賣牒〉，《東方學報》第11冊，頁281-82。

[123] 參考間野潛龍：《明代文化史研究》，頁288-89。

[124] 如正統十四年（1449）九月，國子監生姚顯的上書排佛；吏部聽選知縣單字亦上書排佛。同間野潛龍，前引書，頁290-91。

立場，批評出家人口增加的不當，乃至激烈排佛論的迭出[125]，亦在意料中。可是結果又如何呢？

英宗正統一朝，因太監王振的請求，曾撥巨款重修北京的大興隆寺，「既成壯麗」，「號第一叢林」[126]。

而正統 14 年（1449），當英宗在「土木堡」被瓦刺所擄時，朝臣中更有人將此事和修建大興隆寺的浪費相聯想，指責佛法護國的力量不彰[127]。照此看來，繼位的代宗（1450-1456），應該嚴格管制佛教，限制出家人口了？情況正好相反。

出家人口的增加，假如是國家財政不佳，社會經濟凋敝，才引起人民的逃避困境所引起的，則不但管制無效，在政策上為解決財政危機，往往還對此出家的強烈意願加以利用，此即開放所謂「空名度牒」的販賣額數，來換取金錢收入。

代宗景泰年間，即一連出現了許多這樣的例子[128]。換句話說，並非皇帝厚愛佛教，才讓出家人口增加，而是同樣基於財政上的需要：只是當國家富裕時，採管制方式，控制出家人口；國家窮困，則採開放方式，換取現錢收入。前者為常態作法，後者為非常態作法，其非從宗教理由來考量則一。此即「宗教性格的轉變」。

代宗景泰五年（1454），由於左闡教清讓和右善世南浦兩位僧官，涉嫌在京都正式度牒審查資格中舞弊貪污，於是禮部尚書胡濙上奏：「遣給事中、御史、禮部官各一員，公同考審。」[129]得代宗同意。明代僧官的自行審查出家資

[125] 見《廿二史劄記》卷34，《明史》，卷164，〈單宇傳〉；《英宗實錄》，卷163，正統十三年（1448）二月條。

[126] 同上註。

[127] 參考間野潛龍，前引書，頁290-98，關於「景泰の賣牒賣官」之探討。

[128] 見《廿二史劄記》卷34，《英宗實錄》，卷243，景泰五年（1454）七月條的記載。

[129] 見《明史》，卷307，列傳一九五，「佞幸」（鼎文版），頁7884-85。

　　格的自主權，此後即成歷史名詞了。

　　不過，明代佛教的急劇腐化，叢林被譏為罪惡的巢窟，是在憲宗成化年間
（1465-1487）。有兩個主要因素，使佛教成為社會的注意力的焦點，是僧繼
曉對憲宗的邪惡影響。

　　在《明史》卷 307[130]、沈德符的《萬曆野獲編》卷 5[131]、清代著名史家趙
翼（1727-1814）的《廿二史劄記》卷 34[132]，皆有評述，可見其為惡之甚。是
因氣候異變，造成江北淮揚、山東等地的嚴重水患，遍及華北、西北和東南沿
海，都需救災和賑濟飢民，於是奏准大量頒發空名度牒來換米糧和銀兩。

　　由於次數頻繁、人數眾多[133]，雖是以天災為藉口，但叢林湧入這些失控的
眾多人口，其將引發的弊端，是不難想像的。由於其中有私造度牒者、有戶內
多丁求避差役者、有因盜事發而更名換姓者、也有灶丁灶戶逃避鹽課者、也有
軍人和工匠逃役而削髮者，從社會勞動力來看，相當於流失大量生產人口；從
治安的角度來看，則可能釀成大禍[134]。

　　可是，在國家財源匱乏，而「度牒」的市場價值尚存時，朝廷的販賣「空

---

[130] 沈德符：《廿二史劄記》卷 34，萬曆野獲編》卷 6，「內臣蔣琮」。

[131] 見趙翼：〈成化嘉靖中方技授官之濫〉，《廿二史劄記》卷 34，（台北：樂天出版社，1973 年），
頁 491。

[132] 據《憲宗實錄》卷 104，成化八年（1472）五條，禮部尚書鄒幹提到「成化二年（1466）已度僧道
13 萬有奇，……」亦即成化二年的度牒頒發，已超過前此各代的數額。同實錄》卷 195，成化十五
年（1479）十月條載：「監察御史陳鼎奏：自成化二年起，至十二年，共度僧道十四萬五千餘人，
而私造度牒者，尚未知其數。……」同《實錄》259，成化二十年（1484）十二月條載：「預度天下
僧道六萬人」。同《實錄》卷 269，成化 21 年月條載：「禮部請行給度僧道 7 萬。……」總之，完
全不考慮叢林的容納量，而純從國家財政收入著眼。

[133] 在成化十五年十月，監察御史陳鼎即上奏：「……此輩游食天下，奸盜詐偽，靡所不為。使不早為
處置，大則嘯聚山林，謀為不軌；小則興造妖言，扇惑人心，為患非個。今蘇州等處，累獲強盜，
多系僧人。」轉引清水泰次，〈明代に於ける佛教の取締〉，《史學雜誌》40 編 2 號，頁 304-05。

[134] 可參考間野潛龍：《明代文化史研究》，頁 315-23。武宗一朝，雖也有正德三年（1508）賣牒二萬
道的記載，以及十二年（1517）數目不詳的賣牒換軍糧俸銀的措施（見龍池清：前引文，頁 287-88），
但政策是節制的。因正德年間並未再有其他頒發度牒的記錄，可以假定僅以上述為限。和成化年間
的濫發相較不能說沒有緊縮的情形。

名度牒」，雖如「飲鴆止渴」，一時也顧不得了。

這爛攤子，要等下一代的皇帝孝宗弘治年間（1488-1505）和再下一代的武宗正德年間（1506-1521），才逐漸試圖以延長度僧年限來緊縮[135]。

問題是：想出家的人，可等幾十年之久嗎？他們不會自行設法（私造度牒、私創寺院、私自披剃）嗎？朝廷又真能禁得了嗎？答案當然是否定的！

既然如此，到世宗嘉靖十八年（1539）乾脆准許每一名納銀十兩，以取得度牒。在兩京（南京、北京）由工部辦理；在外則由各布政司辦理。過去赴京考試請牒這一套就免了[136]。

然而，出家的條件，一旦放鬆，相對的出家環境，也就大不如前了。度牒的公定價格，隨之下跌。

嘉靖三十七年（1558）已降為每名六兩，亦即減價達四兩之多[137]。到穆宗隆慶六年（1572），據《大明會典》記載

題准：禮部印發空名度牒，通行各處問納。如有來京請給者，赴戶部納銀5兩，發號紙送禮部給牒。[138]

可見不但取得更方便，價格也再下跌為五兩了。是政策上的更開放嗎？並非如此，而是出家人的優惠利益，就如《慨古錄》所言，已改直接再從出家人身上剝削回來。政府還有什麼好損失的？「度牒」云云，只是法律規定必須具有的「身份證明」罷了。

就僧團的立場來說，法律既無規定僧侶彼此間的義務，除非自願遵守戒律，否則誰在乎誰？誰要聽誰？——從這一點來看，明初界定『暗助王綱』的政策考量，已見不到了。

---

[135] 《大明會典》，卷104，禮部62，「僧道」（新文豐版），頁1576上。

[136] 同上註。

[137] 同上註。

[138] 同註75。

無怪圓澄痛喊：「高皇帝之欽錄」猶在；高皇帝之聖旨絕之不行！」圓澄的下一句更露骨：「既無利於僧，而僧不肯內牒者，無怪其然也！」假如不是為了應付官方檢查，誰還會要那一張沒什麼利益的證明呢？況且它還為叢林招來了經濟的大危機！

（二）寺田獲益條件的削弱與叢林衰微

因明初的寺田，除了「欽賜田」之外，都是按原有的田產額，向官方登錄，然後依額放田收租，或向官方繳稅。

寺中若屬「常住田」，雖有稅糧，然田本身法律上既規定不許買賣[139]，那麼理論上寺田不會減少。如有增加，也只是「欽賜田」──皇帝給的，屬於免稅的「官田」的一類，絕無所謂「私田」的存在或變動[140]。

在這種情況下，寺田的收入除非水、旱災或蟲害，造成荒年欠收，否則在寺中人口不暴增的情況下，應可維持穩定的收入和最低限度的生活需要。

在前項「宗教政策的性格轉變」中，我們主要是根據官方文獻的整體性數字而言，對於個別寺院之狀況，則缺乏長期連續性的寺產變遷之記載。較具參考性的資料，主要是依賴《金陵梵剎志》的官方檔案[141]。

當初葛寅亮整理這些資料，其著眼點，是為明末的寺產糾紛，尋找官方的文獻記載，作為法律的依據。問題在於，金陵的大寺院，「欽賜田」甚多，別處的寺院，就不易類比了。

因此，在研究上，我們必須以個案的狀況來推測，否則在數據上無法克服其原有的缺陷。以金陵禪修最重要的大寺院天界寺為例，在《金陵梵剎志》卷50，

---

[139] 按「常住田」為寺中共有田產，非私人所有。

[140] 按《金陵梵剎志》，卷50，《各寺租額條例》，是南京禮部祠祭清吏司於萬曆三十二年（1604）十二月，由葛寅亮會同儀制司汪郎中查勘的。並附有檔案原文資料。因此其為「官方檔案」性質無疑。

[141] 此文件見（新文豐版）《金陵梵剎志》卷50，頁425；其後又載此案有關往來新舊檔案原文。

載有一則檔案是「新卷：本部（案：禮部）移咨撫院、行高淳縣議租文」[142]。

這是關於「欽賜田」的田租官司，從隆慶年間即告官爭議，直到萬曆三十四年（1606）才結案。而《慨古錄》即撰於次年。

官司的內容概述如下：

金陵天界寺在高淳縣有 3700 餘畝「欽賜田」，在明初賜予的，奉旨「應稅徭俱免」，立碑刻為證。但是，在穆宗隆慶四年（1570），被佃戶向官府檢舉，說其中有 450 畝是「民田」冒充的。縣官相信，認為寺方漏稅，罰糧 4 年。寺方當然不服，告到禮部。

但爭議期間，縣官甚至倡議：「欽賜田」應和「民田」一樣課稅。因此，公文雖擱在禮部，直到萬曆三十三年（1605）才再審理，縣官卻自行比照民田一直課稅。

在這種情況下，連天界寺這樣的大寺院也吃不消。

資料中寺方再向禮部陳情說：「官糧既重，田戶又恃遠用強，租額減短少。所入僅足完官，並無顆粒入寺」[143]。禮部派人去查寺中的循環簿》，果然歷年 3700 餘畝，皆無租糧收入。於是建議：

一、扣除成化年間以來，政府向寺方「勸糧」的額數（每畝二升）外，田戶要繳的租糧，改折銀交付。

二、取消管事的收糧僧。由田農將租糧直接繳縣官；而寺僧憑寺中印信，開收據到衙門領取。但，南京應天府都察院的官員反對上項建議，認為：既不應取消收糧僧；也不應由縣府代收。其理由如下：（一）業主是寺方，田戶並非業主，如由田戶繳交縣府，則田戶即成業主。（二）如縣官不負責任的話，田戶的糧租，寺方可能一文也拿不到。等於讓縣府有控制寺方的機會。萬曆三十四年定案後，其決議如下：

---

[142] 見《金陵梵剎志》卷 50，（新文豐版），頁 425 下。
[143] 同前頁註。

1. 將每畝折銀 1.6335 錢。3700 畝共計折銀 608 兩。

2. 管莊僧的費用，每租 1 石貼口食米的折銀計 1.7967 錢。

3. 寺方應輸官方的糧糧，計折銀 179 兩 8.78 錢，在田戶繳租銀之日，同時扣出繳官。

4. 由縣府造清冊 3 份、縣府、寺方、佃農各持一份，繳租時，各按格式填入數額繳納，並報縣官登錄。

　　在這一往返多年的訴訟中，寺方是由南京僧錄司的僧官，透過禮部的官僚體系來運作的。憑的即是《欽錄集》的太祖聖旨及碑刻的資料。這是當時各寺田中最肥沃的一塊，佃農爭田租或檢舉時，當然是有利可圖。

　　可是，縣官認為那樣肥沃的田地，為甚麼減稅那麼多？他在公文中輕蔑地提到：「緇流冗蠹，不得齒於齊民。」[144]所以他想盡辦法比照民田來課稅。租稅的公平性成了新課題。

　　撫院在公文中很直率地指摘道：「……觀各縣之「賜田」未嘗扣稅，而租反多。獨高淳之「賜田」，既擅加稅而租反少，其理可知也。……今之所以相持而不決者，豈有他端，不過以僧流可欺。即業出「欽賜」，亦不得比於齊民之恒產；而刁佃霸占已久，遂為己業。」[145]

　　雖然如此，在這個案件其實有 2 個現象，值得注意：

　　一、「賜田」在成化年間奉例：每畝征納「佃米」2 升[146]，以後成為官方的固定收入。免稅田，其實已課稅了，欽錄集》的規定，終究敵不過現實的需要。

　　二、寺方被檢舉的原因，是嘉靖十七年（1538），佃農為了日後「占田減租」，利用政府丈田的機會，共隱報 450 畝「欽賜田」，登在官簿上是 3274

---

[144] 同前引書，頁 426 上。

[145] 同前引書，頁 428 上。

[146] 同前引書，頁 408 上、下。

畝；繳租給寺方，則依照額 3725 畝交，以免露馬腳。但這些隱報的佃農皆過世後，由別人接佃；同時又輪新縣官於隆慶三年（1569）再度奉令丈田，卻發現寺田多出來。照規定，「私自買賣者盡沒官」，然而只要查寺方原始資料即知非是，因縣官對僧人有成見，才釀成大問題。

但這是唯一的問題嗎？不然，問題甚多。例如在相田寺原有「賜田」520畝餘，因「寺僧稀少，屢被盜賣」[147]；又有餘田，「悉被弘覺寺等寺僧」賤賣[148]。而天界寺在溧陽莊的寺田，因弘治年間的水荒，減收田租只徵米四斗五升，「遂因為例」；到嘉靖四十年（1561），佃農乾脆「拖租不完」[149]。

這類的官司，真是層出不窮舉不勝舉。寺田的耕種、收租，在明中業後，即成為寺方經濟來源的最大隱憂。另外，官員對寺方的揩油，亦可自《金陵梵剎志》的資料中看見：

> 凡常住不定事務，如官住到任，及撥僧祈禱之類，即在常住小費一款內。凡衙門各役費用，即在公務雜費一款內。到任祈禱，事不恒有，有亦易辦也。獨馬下錢日增無厭，今止三大寺（天界、報恩、能仁）照舊。餘寺絕無，不許分外需索分文。又本部（禮部）官到寺設席，風聞各役逼令常住添設素餅，捏稱舊規。實絕無根據。……[150]。

這樣的事，能自此禁絕嗎？值得懷疑。然而，福建方面的寺田比此更糟。根據竺沙雅章的研究[151]，原先在福建地區擁有大批寺田的寺院，因遭到地方官

---

[147] 同前引書，頁 408 上、下。
[148] 同前引書，頁 405 下。
[149] 同前引書，卷 51，《各寺公費條例》，頁 461 下。
[150] 見竺沙雅章：〈明代寺田の賦役について〉，收小野和子編：《明清時代の政治と社會》，1984 年，頁 487-511。
[151] 按竺沙雅章的提示：譚綸之法，是所謂「寺租46之法」，即寺田收入，四成歸僧，六成「入官」。每畝征收租銀為二錢，一錢二分充軍餉，八分納正賦。而譚綸此法是繼承嘉靖二十七年（1549），

的不斷剝削，已不斷地在遞減中。尤其，嘉靖四十三年（1555）時，因閩海的倭亂，需要籌措經費，福建巡按譚綸（1520-1577），便向各寺索取經費。其法，稱「寺租六四之法」，即以寺田收入，四成歸僧，六成「入官」[152]。

但在倭亂平定之後，「重稅」繼續抽取，長期下來，因無法應付「重稅」，許多寺院面臨經濟崩潰的危機；甚至僧侶棄寺逃走，田轉他有[153]。另一個後遺症是：剿倭的軍隊復員之後，除餉仍照征外，農民耕寺田，亦群起抗租不繳[154]；寺方等於遭到政府和佃農的雙重剝削：無租而增稅。其不衰微，寧有是理？但是，福建的寺院苦況，尚可以倭亂的特殊原因來理解。在無倭亂，或倭亂之前，寺產的收益就能維持嗎？

為了更深入的探討各地的狀況，以及追蹤前一項出家人口暴漲後的不良影響，我們也試舉較早的史料為例子，分析看看。宣德八年（1433）的記載：

> 廣東按察司僉事曾鼎奏：僧、道兩家，各奉其教。既已出家，自當離俗。今廣東、浙江、江西等處寺、觀田地，多在鄰近州縣，頃畝動以千計，謂之「寄莊」。止納秋糧，別無料差。而收養軍民子弟以為行僮，及匿逃軍民，代為耕作。田婦混進，無異俗居。[155]

將寺田按頃抽一頃為賑濟的傳統。同前引書，頁 503-04。

[152] 竺沙雅章提到，在嘉靖四十四年（1562）時，巡撫汪道昆（1525-1593），曾反映民眾對「丁四米八」的軍需租（每丁扣銀四分，正賦米一石扣銀八分），都感太重；而寺田每畝扣二錢，如折算租米十石的時價，每十石租米，寺方要多交七分錢，因此寺方的負擔超荷。可是這還只是開頭而已。到萬曆二十六年（1598）又開始大幅增加了。成了「二八抽徵」。用建陽縣的「充餉寺租」來比較：（一）舊額充餉銀八零二兩四錢。（二）萬曆二十六年千零九兩七錢。因此寺僧逃走以避催租，就不是新聞了。以上所述，參考竺沙雅章，前引書，頁 504-08。

[153] 此種抗租狀況，謝肇淛在〈游雪峰記〉（載《雪峰志》卷 8），有親聞的生動描寫。轉引竺沙雅章之文，頁 511。

[154] 見《仁宗實錄》，卷 100，三月《甲寅朔》之條。

[155] 林希元：《林次崖集》卷 2，《王政府言疏》所載。

這條史料鮮明生動地描繪出，明代民眾藉出家脫稅的普遍現象。僧、道合群，或男女混雜，都只是外表的一面。

其實際，在土地的漏稅和廉價勞動力的取得。外人視為奇怪或背俗，在他們，則視為理所當然。試想：若彼等不藉出家之名，可逃差役嗎？或可如此方便收納罪犯和逃稅嗎？出家既非以求解脫為目的，則彼等至多是一群剃髮的民眾而已，又何須有僧、道之分？

且離社會既遠，又何須懼世俗批評而嚴男女之別？假出家真地主，彼等之面貌，躍然紙上矣。這種史料並非孤證。再舉武宗正德年間，進士林希元的奏文來看。他向朝廷奏道：

> 南方之僧，雖於貧乏，而所圖者易，頭髮一落，田園連阡，富擬封君，坐享輕肥間。有身居僧寺，心在塵垢。陽雖削髮為僧，陰置妻生子。又有僕典僧田、營植利產。家計既立，僧籍遂除。是利其富腴然也。[156]

或許，有人會問：如果出家，都這樣容易發財，雖然，很能誘人出家為僧；可是，人一多，不是分光了嗎？誰還會想出家呢？而且，寺產既然這麼多，明代叢林弊端，怎麼可能出現？這的確是很關鍵性的質疑。不過，在實際上，並非出家人都像上述那樣容易致富。

因為資料顯示[157]：這些出家人其實大有來頭，是「富鹽匠籍人家長子」，藉出家「爭趨其利，冒禁詭籍」；並且「越州縣而為僧，不可禁遏」。

可見，彼等皆非泛泛之輩，莫怪其出家後，神通如是之大！

而叢林中有這一類的投機者存在，試問，不是相對有被剝削的出家人、或寺院存在嗎？由於叢林中面臨著，各色各樣的投機者、剝削者，因此，僧侶原

---

[156] 同上。

[157] 可參考葛寅亮：《金陵梵剎志》，卷1，《欽錄集》洪武二十七年榜示各條規定。

有的生活條件，便轉趨惡化。

　　為了適應艱辛的叢林環境，出家人被迫游離正常的僧團生活方式，轉而投向原要擺脫的紅塵世界。

　　於是，種種奇形怪狀的行為表現，也隨著層出不窮了。在彼等忽視戒律、違反戒律的背後，實存在著，現實生活的沉重壓力！

五、明代佛教變革因素的解析（中）

（一）社會風氣轉型與倫常混亂

　　在圓澄的《慨古錄》中，他提出的叢林流弊，諸如師徒情誼不洽或沙門當街跪拜、與女人為伍等。根據明初太祖的法律規定[158]，除師徒情誼不洽，是由師徒雙方自行解決外，其餘都是違犯國家禁令的。如在明初，必遭嚴厲處分。

　　但在明末的社會中，這樣的情況，既然常見於僧人的行為，則必有其社會能夠容許的意識形態存在。

　　因此明末叢林的僧風變異問題，除前節所述的一些投機者外，應該更求其大環境的社會變遷問題。

　　此一研究上的考量，並非屬於關聯性不大的因果探討，而是直接牽涉到僧與俗之間，彼此要如何對待的問題。

　　僧人在佛教裡稱「僧寶」，是傳遞佛法的主要師資，同時在遵守佛教戒律的標準上，當然也超出俗人甚多[159]。民眾對出家沙門的敬仰與供養，即深受這

---

[158] 按佛教的戒律規定，一般俗家佛教徒，須先三歸（歸依佛、歸依法、歸依僧）後守五戒（不殺生、不偷盜、不邪淫、不妄語、不飲酒）。但出家人的戒律就嚴格多了。照規定男僧要守二百五十條戒規；女尼要守大約三百五十條至五百條的戒規。詳細條文說明，請參考釋聖嚴：《戒律學綱要》（台北：天華出版社，1982 年，3 版），頁 186-207。

[159] 請參考徐泓：〈明代社會風氣的轉變〉（中央研究院第二屆國際漢學會議論文 1986 年 12 月）的附

種專業和聖潔形象之影響所致。

　　然而，這樣被尊仰為「人天師」的「僧寶」，居然在明末時期，有自毀形象的行為出現。假如不是社會的價值觀已大幅改變，豈可能頻頻出現？

　　所以，我們的問題重點，不是在爭論這種行為該與不該的標準何在？而是針對這種已經實際出現的異常行為現象，提出一種合理的解釋。

　　況且，這也是宗教世俗化發展的過程中，不能忽視的倫理規範亂與價值觀重估的行為異常現象，值得探討。

　　既然如此，則我們接著要問的是：如何契入詮釋點？用甚麼方式來追蹤？在這一問題上，其實已有徐泓教授的研究論文〈明代社會風氣的變遷〉（中央研究院，第二屆國際漢學會議論文，1986 年 12 月）可資參考。

　　茲摘述其相關的論點及資料於後：

　　1、徐教授的論文，是以明代經濟繁榮的江、浙地區為例，探討有明一代的社會風氣的變遷。他大量運用地方志書[160]的資料，來透視志書作者對當代的觀察與評價。

　　此一研究，因參考眾多志書各別記載卻出現類同的意見，即顯示並非依據局部或少數的主觀印象，來評斷當代的社會現象與價值觀，可使公信力增強，具有客觀性的優點。

　　另一方面，也同時解決當代評價意見的收集困難。可以說充分利用地方志書這方面特有的證據力。

　　2、從志書上的現象觀察和評價意見，他歸納明代社會風氣變遷，共分 3 個階段：（A）、「儉樸淳厚」「貴賤有等」的明初社會（見論文頁 1-3）。（B）、「淳厚之風少衰」的明代中期社會（見論文頁 4-9）。（C）、「華侈相高」「僭越違式」的明末社會（見論文頁 9-22）。這三個階段的變異，恰與我們在上節討

───────────────

注。其中方志的各時期版本，大多以江、浙地區為主，所反映的，是當時經濟狀況變化較大的現象。
[160] 見徐泓，前引文，頁 27。此條資料，出自弘治《吳江縣志》、乾隆《吳江縣志》。

論寺田變遷的狀況成對比。證明大環境都在變遷中，並非是佛教方面的孤立現象罷了。佛教史的學者，沒有理由對此大環境的變遷加以忽視。

3、徐教授在論文中，以極長的篇幅（頁22-33），來討論第四部份「明末社會風氣變遷的意義與影響」。而這一部份正是我們比較明末佛教僧風變異的重要參考點。

根據徐教授的精辟分析，明末社會風氣的變遷，具有下列的影響和社會史上的意義：

甲、明末「奢靡相高」的社會風氣，使社會在衣食住行各方面，不但浪費，更講究品味和排場，花樣也流行新奇多變。總之到處呈現宛若暴發戶的奢靡生活方式。

乙、社會奢靡成風，必須來自社會物力豐盛。明末因紡織業等商品經濟發達，累積了社會財富，才形成浪費風氣；但浪費風尚既開，人們觀念的改變，又使得更多的人從事商品生產與貿易，促使明末商品經濟更發達。所以也具有正面的意義。

丙、明末「奢靡相高」的社會風氣，又衝擊了原來「貴賤有等」的社會秩序。明初曾仿漢代的階級層別辦法，在房舍、服飾方面，皆有等級規定。但是明末的民眾，則不理這一套。所謂「庶人之娶，多用命服」[161]，而「男子服錦綺，女子飾金珠」[162]，男男女女都「志於尊崇富侈，不復知有明禁，群相蹈之」，將服飾規定社會等級的界限突破了。

這種外表的形式突破，正反映出舊社會的階級意識的日漸沒落，和新的平等的自我意識在抬頭，於是造成了新舊倫理規範的混亂新的平等意識，一旦蔚為風氣，社會上敬老尊賢的禮貌就少人講求：「或與先輩抗衡，甚至有遇尊長

---

[161] 這是晚明的張瀚之語，出自《松窗夢語》卷7，《風俗記》，頁13-14。參考徐泓，前引文，頁27和註147的說明。

[162] 原文出自《客座贅語》卷5，《建業風俗記》，頁31。轉引，徐泓論文，頁29和註88。

乘騎不下者」[163]。

　　此外，如平民與士大夫、奴僕與主人，甚至俳優、乞丐或囚犯等，誰也不甘居他人之下。無怪明末的學者對當時的新社會風氣，要興「紀綱凌夷」、「天崩地裂」之嘆。

　　而這樣的社會階級平等的意識，正與明嘉靖年間以來，王陽明（1472-1528）、王艮（1483-1541）及其後學所主張良知平等之義、布教平民的作法相呼應。

　　徐教授說：「奢靡相高」之風，是「以財富破壞社會等級制度」；而王陽明及其弟子則「以良知向社會等級制度挑戰」[164]。

　　對於徐教授說的上述論點，如果將其對照《慨古錄》所指責的僧風敗壞來看，兩者其實是源自同一社會意識形態；而且此意識形態變遷，還可從諸如工人罷工[165]，佃農抗租[166]，以及奴僕叛變[167]等來證明。

　　但因前輩學者，已有研究[168]，無重複詳引的必要，故此不多談。僅用思想史家李澤厚的一段話為例。

　　他說：「邏輯的遊戲不會憑空產生，它的真實基礎是歷史。為什麼陸象山的心學「末百年其說已泯然無聞，」而王陽明登高一呼則四方響應，如洪波急流，泛濫天下？為甚麼李卓吾人被囚書被焚卻使當時「大江南北如醉如狂」？

---

[163] 參考徐泓論文，頁 29。

[164] 原文出自蕭公權：《中國政治思想史》（4）（台北：中華文化出版事業委員會，1954 年），第 17 章〈王守仁與李贄〉。

[165] 參考傅衣凌：《明代江南市民經濟試探》（台北：谷風出版社，1986），第 4 章〈明代江南的紡織工業與織工暴動〉，頁 93-120。

[166] 可參考谷川道雄、森正夫編：《中國民眾叛亂史》（4），收在《東洋文庫》（419）（東京：平凡社，1983 年），III 抗租〉的部份，頁 213-394。

[167] 見《中國民眾叛亂史》（4），II 奴變〉的部份，頁 213-394。

[168] 見李澤厚：《宋明理學片論》，原載《中國社會科學》，1982 年第 1 期，後收入《中國古代思想史》（台北：谷風出版社，1986 年），頁 276。

這一切難道與明中葉以來的經濟、政治文化、社會氛圍和心理狀態的整個巨大變遷發展沒有關係嗎？[169]

因此，我們以「社會風氣的轉型和倫常混亂」一項，來為明末叢林僧風問題作注腳。

而如何重建叢林倫常秩序問題？亦構成明末叢林，改革主要目標之一。

（二）羅教的興起與教徒爭奪

羅教又名無為教，崛起於明正德、嘉靖年間，而大行於明萬曆以後的中國社會。明、清近四百多年來，以其教祖羅清的《五部六冊》為信仰的教理依據，「真空家鄉，無生父母」[170]的新宗教訊息，成了無數明、清之際新興宗教小團體的主要信仰教義和精神泉源[171]。

在宗教學者的分類中，往往將羅教視為脫胎於禪宗的民間宗教，相對於脫胎自淨土宗（彌勒系統）的白蓮教[172]。禪宗和淨土宗的影響中國民間信仰之深，由此可以概見。

但是，在這裡我們所要交代的，並非民間信仰的類型研究。

---

[169] 按清代黃育楩在其《破邪詳辯序》中，總括他查到、以及他的前任巨鹿縣知事所貯庫的「民間邪教經卷」「共 20 種」，「系刊版大字，印造成帙，經皮卷套，錦緞裝飾。經之首尾，繪就佛像。一切款式，亦與真正佛經相似。查其年限，係在萬曆、崇禎等年。閱其文詞，則妖妄悖謬，煩冗錯雜，總不離乎『真空家鄉，無生父母』之語。」見黃育楩原著，澤田瑞穗校注：《校注破邪詳辯》（東京：道教刊行會，1972 年），頁 6。

[170] 《校注破邪詳辯》，卷 3，頁 61，所謂「八字真言」：「真空家鄉，無生父母」。澤田在《校注》中提到雍正六年的「三元會空空教」和乾隆 37 年的「五葷道收元教」，在「八字真言」之後，又加了「現在如來，彌勒我主」八字。則顯然羅教的教義，又漸漸被其他教派賦予了白蓮教的色彩。不過前八字是教理的依據則無疑。

[171] 見吉岡義豐：《現代中國の諸宗教》（東京：佼成出版社，1977 年，第 3 版），頁 85。本書收在中村元，竺原一男，金岡秀友合編，亞細亞佛教史，中國編Ⅲ》。

[172] 羅教被官方大力禁止，是在清乾隆的時期；而明代則可見之《南官署牘》，卷 4，〈錄南京禮部的毀無為教告示〉，時在萬曆四十六年四月。至於明、清官方取締「邪教」的政治因素，可見諸塚本善隆：《中國近世佛教史の諸問題》（東京，大東出版社，1975 年），〈第 6 寶卷：近代中國の宗教〉，頁 212-16 的討論。

那是另一學術領域的主題。我們的著眼點，是以明末佛教叢林的惡化問題為考量，探討其宗教生態如何互動，以及其對佛教叢林的影響。

因為羅教雖脫胎自禪宗，但其在明、清的官方的宗教政策認定上，仍屬於民間非法的宗教團體，在法律上是禁止傳播的[173]。

而佛教在法律上，不但是官方許可的宗教信仰，自宋代以來，禪宗更被視為佛教在中國的主要代表，雖然其在知識份子間的影響力，因受新儒學的排佛影響，有逐漸衰微的趨勢，卻依然在明末的中國社會中，享有正統性的崇高地位。

因此，在布教者的立場而言，佛教僧侶是屬於出家集團中的權威者，常與上層的官僚知識份子交往。

相反的，羅教是流布在民間的在家集團，因受限於非出家的身份，照道理是不會影響叢林生活的。

其實不然。我們可以分析兩者的類似性和代替性，到底有怎樣的關聯性或互動關係，即可了解羅教對禪宗叢林的影響。

就類似性而言，羅教的《五部六冊》處處仿照禪宗的語氣和思想立場，例如註解《五部六冊》的蘭風及其弟子無住（案即王源靜），分別在書中自稱「臨濟正宗第 26 代」、「臨濟正宗第 27 代」[174]，而註解及補註之語，皆是用禪宗公案之語，或以禪宗立場解釋[175]。

---

[173] 見王源靜：〈補注開心法要日用家風敘〉，收在《苦功悟道寶卷補注開心法要》，卷 1（台中：民德堂翻印，1981 年，重版），頁首 5；以及《傳臨濟正宗第二十七代無住靜公行實碑》，同《苦功悟道寶卷》卷 2，頁 139-42。

[174] 在萬源道人普伸所撰的《祖經法要補注宗教會元序》中，先提到禪宗祖師宗風「接引利智」、「頓悟真常」，故云「佛事門頭不捨一法，祖家宗風不立一塵。……」然後提到「悟空老祖、化現羅翁，苦行 13 年，捨生忘死，悟徹一般威靈覺覺體，融通諸人化外風光，請諸經證盟，冊定五部六帙」。斯經也，言言見諦，句句明心，……」，「蘭風以斯經開心法要，法要內以宗判教：源靜心齋補注公案，公案中以教判宗。……」可以知道彼等的立場，是如何的類比禪宗。

[175] 見同《苦功悟道寶卷》卷 1，頁 7-8。

　　按《五部六冊》的內容結構來看，羅教教主羅清的悟道過程及其開悟後的教誨是其主幹，然而賦予羅清言論為純禪宗語氣和內容的，則是蘭風及其弟子無住的大功績，加上處處摘引佛教經句來貫串，我們可以視為唐代惠能《六祖壇經》的明代新潮版。

　　又因前者姓「盧」，故禪徒習稱「盧祖」；後者姓「羅」，故羅教徒習稱「羅祖」，兩者因發音接近，極易被視為同一人[176]。

　　為了強調其源自佛教的傳統，羅清不但自道如何由習淨土轉禪宗的過程[177]，在藉《金剛科儀》苦參一事，也看到和惠能在街上挑柴賣聽人頌《金剛經》而悟道的故事類同性[178]：因羅清也巧合在夜晚長街上聽僧侶為鄰婦之喪頌《金剛科儀》，他才接觸到《金剛經》的思想[179]。

　　但羅清深具傳奇意味的「苦參」13 年過程，雖是在證實「自性彌陀」、「佛在心中」、「心佛無二」的唯心淨土思想，卻又為實證「自性能生萬法」的「真空家鄉」[180]，於是逐漸塑造了自己另一模式的悟道實例，而成了新版的明代惠能。

　　根據蘭風的講法，羅清在臨死之前，也類似《六祖壇經》所載的自道承法

---

[176] 將羅教的創立者羅清（教內稱「羅祖」）祖同禪宗六祖事，可見 1942 年，日本於江蘇、安徽兩地調查中國秘密宗教時，即發現是「羅惠能」至黃梅的東禪寺拜「周宏忍」為師，其後「羅惠能」教弟子吃素，追求西方的淨土等。見塚本善隆：《中國近世佛教史的諸問題》，頁 216-17。假如兩者無類同性，即不可能常相提並論。

[177] 同上《苦功悟道寶卷》，卷 1，頁 33-50。

[178] 此可見惠能於韶州大梵寺講法時，向大眾所說之經過。本文參考《壇經校釋》（台北：文津出版社，1987 年），頁 4-5。

[179] 見《苦功悟道寶卷》，卷 1，頁 46。

[180] 按羅清是因父母雙亡，欲尋覓無生父母的家鄉；而後由彌陀淨土的法門中，首先想靠念佛號讓天上無生父母聽聞；因無效果，才轉參《金剛科儀》，但仍無法如此即「見性」；於是用功再苦，最後總算悟「真空」在天地之先，而與「自性」無二，又能變森羅萬物，使他真正窺見並親證了「真空家鄉」的境界。其思想可見諸《苦功悟道寶卷》，卷 2，有極生動的敘述。

由來[181]，和佛教西天的歷代祖師掛了[182]。兩者：惠能和羅清的同一祖師類型，便密切地逼近起來。

既然類似性無問題，則基本上他已認同禪宗，無思想上的排斥性。此亦可從羅教極力攻擊白蓮教和其他民間教派[183]，而對禪宗語錄則處處引用之事看出[184]。問題只在出家僧侶如何會對其認同罷了。

就正常的狀況來說，一個出家在禪宗叢林的僧侶，有各種佛教經書和禪宗語錄可讀，或由悟道禪師指導參禪，或行腳天下各處叢林道場，請教明師悟道之法，或獨處深山靜處坐禪苦修，佛教的本身那一套就夠派上用場了並無需要降格去投靠羅教，或讀《五部六冊》。

但是，假如叢林無法收留太多出家人口（養不起）或缺乏明師指點，或參禪宗公案太難時[185]，則雖為棲身叢林之人、或雖於禪堂受棒喝「鉗鎚」卻苦於無從悟入因而自叢林中退出的出家人，他們又要奔向何處呢？

在羅教的教徒聚集處，既有《五部六冊》的通俗、易解、有效（羅清的悟道可為實例），彼等為什麼不可以考慮的呢？

何況禪宗嚴別宗派法系，非本宗門下，也不易得其印可。反之羅教在明末各新興教派中，雖非最有勢力，或人數最多者，但，羅清的《五部六冊》卻是

---

[181] 按《壇經》最後所謂「五祖傳衣付法頌」和「歷代傳法祖師」的敘述。見文津版，《壇經校釋》，頁 98-107。雖此說不必為真實，但宋代以來，傳為禪門正脈。而羅清的五部六冊》，在第 1 卷的《苦功悟道寶卷》，即有「十字妙頌」提到羅清臨死前，提醒門徒說：「……背祖忘了師不無因果，閃後人無接續佛法難興。豈不知三十三燈燈相續，師接弟弟奉師上下和同。」頁 15。

[182] 同前註。

[183] 可參考鄭志明：〈明代羅祖五部六冊宗教寶卷思想研究〉（國立台灣師範大學國文研究所碩士論文，1985 年），頁 175-88。

[184] 鄭志明在前引書提到《五部六冊》的「引書」說：「禪宗語錄的系統：主要以禪宗僧眾的語錄為中心，曾引用《達磨血脈論》、《龐居士語錄》、《傅大士（善慧大士）錄》、《宗鏡錄》、《六祖壇經》、《傳燈錄》、《永嘉禪師證道歌》、《五燈會元》、《宗眼語錄》等。雖然每一部引用的次數不多，但是禪師的法語一直是羅祖用來佐證其教義的主要參考書」。見原書，頁 233。

[185] 可參考本文第 5 節禪學形式化的討論。

最具創意和教義水準者，不只立場上認同禪宗，書中羅清自述 13 年「苦功悟道」傳奇，更是親證無生境界的當代實例，所以心理上還是較能認同的。這也是禪門僧侶接近羅教的原因。

在明末的羅教中也有不同系統的傳承[186]。

但我們此處不討論這些非緊扣本論文題旨者。我們可據明崇禎十二年（1639）刊行的《佛說三皇初分天地嘆世寶卷》第六品，所敘述的仿禪宗傳燈譜系，來觀察其反映本身教派逐漸浮現的自主性意識，其十字頌提到羅祖：

「度傳燈共七位續祖源根…（禪門）西天有四十七祖東土立世，無為門有七位續祖傳燈，從無始到如今三十六祖」[187]。

羅教徒也強調了自己的道統，不讓禪宗專美於前了。

對於這樣的自主性立場，在叢林中，佛教僧侶和流落在叢林外的僧侶，其排斥、或接納的截然不同態度，可從下列的文獻資料中，明顯看出。

嚴辭批評者密藏道開對《五部六冊》的批評。密藏是萬曆 3 大師紫柏真可的高徒，曾協助主持【嘉興藏】[188]方冊本的雕刻，其對佛教維護的立場，是無庸置疑的。他在《藏逸經書標目》中批評《五部六冊》說：

> 正德年間，山東即墨縣，有運糧軍人，姓羅名清，早年持家，一日遇邪師，授以法門口訣，靜坐十三年，忽見東南一光，遂以為得道，妄引諸經語作證，說卷 5 部，曰《苦功悟道》、曰《嘆世無為》、曰《破邪顯正鑰匙》、曰《泰山巍巍不動》，……《破邪》卷有上下 2 冊，故曰《六

---

[186] 見吉岡義豐：《現代中國的諸宗教》，頁 89-92，提到有「大寧一派」和「三皇初分卷的七祖相承派」。

[187] 轉引鄭志明：前引書，頁 24。

[188] 見《密藏開禪師遺稿》中所撰的〈刻大藏願文〉，收在【嘉興大藏經】（台北：新文豐出版公司，1988 年）第二十三冊，頁 1。

冊》。[189]

這段話，最重要的部份，是指其未得道，和「妄引諸經語作證」這兩點。因在修行上如有明師指點，可就悟道見地處勘驗真假。

在明代中業時，已不易有人指引[190]，故羅清悟道後，能引為證明的，就是佛教經論，或禪宗語錄。

這是無師自悟者，在明中業後，據以自我肯定的一種方法。

在明末的禪者，如德清、紫柏、祩宏、蕅益等大師，循此模式，以解決悟道後的勘印問題[191]。

但密藏不以為然，他視羅清為「未見道者」，故縱引諸經論，亦無濟於事。他尤其痛恨無師自悟的禪師蘭風。他亦在《藏逸經書標目》中，痛斥蘭風「以靜坐，得少光景，無師承喝破，遂認是悟道，生大歡喜，為魔所乘。由是堅指擎拳，胡言亂語，憑陵南北，以鐵嘴自稱，恬不恥。……有子羅道《五部六冊》，悉為評頌，而羽翼其流傳者。其知見混濫，視法舟、慈度、法光輩，僅蓓莛什佰，而貪婪淫惡，則千萬億，乃至算數譬喻，所不盡也，真近代魔種哉」。[192]

雲栖祩宏在其《正訛集》中，也批評羅教的《五部六冊》。他說：

有羅姓人，造《五部六冊》，號《無為卷》，愚者多從之，此訛也。……人見其雜引佛經，便謂亦是正道，不知假正助邪，誆嚇聾瞽，凡我釋子，

---

[189] 轉引塚本善隆：《中國近代佛教史の諸問題》，頁186。

[190] 黃宗羲說：「萬曆以前，宗風衰息。雲門、溈仰、法眼皆滅；曹洞之存，密室存帕；臨濟亦若存若沒，什佰為偶，甲乙相授，類多墮窳之徒。」見《南雷文定》的《三峰禪師塔銘》。

[191] 此4人在正統的禪宗傳燈錄中，或被列為「未詳法嗣」，或以「諸尊縮」為名，別處一類，或如蕅益，連提都未被提及。見釋聖嚴：《明末佛教研究》（台北：東初出版社，1987年），頁4-5。

[192] 紫柏悟道方式可參考德清撰〈徑山達觀可禪師塔銘〉，收在《憨山老人夢遊集》，卷27（台北：新文豐出版社，1982年，再版），總頁1402；雲栖祩宏的悟道方式可參考德清撰〈雲栖蓮池宏禪師塔銘〉，同《夢遊集》，卷27，總頁1421-33。

宜力攘之。[193]

　　袾宏的指責羅教，亦因其《五部六冊》雜引佛經，「愚者多從之」，表示相信的人不在少數，故呼籲佛教僧侶加以抵制。

　　但是，袾宏對蘭風弟子王源靜，又號松庵道人者，多年苦修自悟，因乏叢林良師指引，而誤入歧途，為羅教註解《五部六冊》一事，表示甚深深的惋惜[194]。

　　密藏和袾宏的批評，都是基於維護佛教思想立場的純粹性，或根源性。羅教在他們看來乃是「外道」，以「外道」而剽竊佛教經典，自創教義卻宣稱和佛教同一立場，無異嚴重地混淆了佛教的真面目，使一些不明真相的出家人或俗家信眾墮入其中，所以非劃清彼此界限不可！

　　但，正如塚本善隆指出，從羅清成立羅教及著《五部六冊》以來，即因其類似佛教的教義、戒規之處甚多，尤其是和惠能的類似性，使得南北各地禪僧皈依和協助者日多。因此他認為密藏等的指責是否真實，有再檢討之必要[195]。

1. 熱烈贊揚者

　　蘭風在《祖師行腳十字妙頌》裡，稱許羅祖說：

　　「老古佛來托化以羅為姓，為眾生降山東普度眾生。仗父母恩德重懷胎持戒：離母不食葷菩薩下凡。」[196]將其視為佛門聖哲般的典範，而非以「外道」來看待。羅教和佛教的類同性，即於蘭風的評述中，可以透過對羅清的認同而接近了。

　　無住的評語則更進一步，他將《五部六冊》稱為「開心法要」。在萬曆二

---

[193] 轉引塚本善隆《中國近世佛教史の諸問題》，頁 187-88。

[194] 見《蓮池大師全集4》，（台北：中華佛教文化館影印，1983 再版），頁 4101-02。見《竹窗3筆·師友》，同《蓮池大師全集4》，頁 4002-03 頁。

[195] 同註 192，頁 190-92。

[196] 見《苦功悟道寶卷》，卷1，頁 14。

十四年（1596）他撰的《補註開心法要日用家風敘》中，曾提到下列讚美之詞：

> 法開心法要者，乃大道之提綱，是虛空之鎖鑰，今古之疑團，人天之眼
> 目，道者之途程，聖凡之階級，一千七百之消息，三藏十二部之根源，
> 行人之徑路，日用之生計，目前之活計。[197]
> 所謂「一千七百之消息」，即禪宗一千七百則公案的意思。所謂「三藏
> 十二部」，即指經、律、論的全部佛經。他稱之為「消息」、為「根源」，
> 意即與佛經和禪語錄的精華一樣。並無低一等的自謙之意！

另根據萬曆四十六年（1618），南京禮部的〈毀無為教告示〉，也提到有：
「安高、董淨源、王庸安等妄稱道人，……刊刻5部6冊」等板966塊，貪緣
混入大藏（案：即佛教大藏經）。……先該祠祭司說堂封榜，此風稍息。近復
有窺伺希圖刷印廣行者。甚矣，人心之難化也，……」[198]

接著，即宣布官方的措施，除「各板督令掌印僧官當堂查毀外」，還出示
曉諭：「今後僧俗善信有志茹素唪誦者，自有欽依頒刻大藏尊經。」[199]

此一「告示」，正顯示出羅教極力要把《五部六冊》提高其佛教藏經的權
威性或正當性；而「貪緣入藏」，即表示已曾一度側身藏經板中，讓人請刻印
行。雖然被官方發現，而遭毀禁，但其被民眾需求的事實則是很明顯的。

換言之，《五部六冊》向官方爭取認可的努力，雖未成功，但從欲刻《五
部六冊》者的立場來看，《五部六冊》與官方印的各類佛教典籍之啟示悟道真
理並無不同。

因而，從羅教徒這一自我提升本教經典的權威性和正當性之努力，可察覺

---

[197] 見《苦功悟道寶卷》，卷1，頁14。
[198] 轉引鄭志明：〈明代羅祖五部六冊宗教寶卷思想研究〉，頁22。
[199] 同前註。

到非出家集團的宗教意識已因《五部六冊》的出現和風行，開始流露其足堪儕身藏經的自我肯定。

而官方極力排斥的理由，則是因其「俚俗不經」，卻又被誤認為佛教典籍之類，於是要求人民如要「茹素唪經」，應以官方的刻印佛經如《觀音彌陀經》、《大方廣佛教報恩經》等[200]。

亦即明末的宗教環境中，已明顯出現佛教經典的取捨難題；而羅教的《五部六冊》，正以其和佛經的類同性，極力在侵蝕專屬佛教原有經典的供需市場。

不過，羅教的出現，雖對佛教構成極大的壓力，從另一角度來看，何嘗不是提供了佛教本身自我反省和進行改革的契機？

因此，羅教的影響，並非全是負面的。明末佛教叢林改革的原動力之一，正是拜羅教興起的刺激所致！

（三）天主教的傳播與教理衝突

在明末佛教的叢林問題中，天主教的傳來與雙方在教理上的衝突，雖然愈演愈烈，但此問題的產生，基本上源自於明末天主教的極力擴張勢力，採取拉攏儒家官僚，以便結合中國仕紳的力量，由上而下的摧毀佛教的影響力。

佛教僧侶其實是被迫還手的。當時天主教的傳教利器，是挾其西洋的科學新知、天主教的神學和對中國語文熟練運用等，而激起明末一些知識份子的學習熱情。

然而，誠如陳榮捷先生在《現代中國的宗教趨勢》一書[201]中所說，中國的知識份子，是宗教政策的決定者[202]。

因此，就長期的發展看，天主教勢力的擴大，將大大削弱朝廷對佛教的保

---

[200] 同註 190。按《觀音彌陀經》應是《觀世音菩薩普門品》及《阿彌陀經》的合稱。

[201] 按此書有廖世德中譯本：《現代中國的宗教趨勢》（台北：文殊出版社，1987 年）。

[202] 見陳著廖世德譯本：《現代中國的宗教趨勢：第 6 章知識份子的宗教》，頁 279。

護。只是，在明末時期，這一切只不過在初期發展的階段罷了。

※

有關此一問題的研究，已有諸多前輩學者討論，如：陳受頤的〈明末耶穌會士的儒教觀及其反應〉（收在《明代宗教》，台北：學生書局，1968 年，頁 67-124）、牟潤孫的〈崇禎之撤像及信仰〉（同前書，頁 189-98）、高勞的〈永曆太后遣使於羅馬教皇考〉（同前書，頁 199-202）、釋聖嚴的《明末中國佛教之研究》（台北：學生書局，1988 年，頁 38-56）、方豪的《中西交通史（下）》（台北：中國文化大學出版社，1983 年，頁 992-1002）、王煜的〈明末淨土宗蓮池大師之佛化儒道及其逼近耆那教與反駁天主教〉（收在《明清思想家論集》，台北市：聯經出版公司，1981，頁 111-64）、王家儉的〈從天主教的衝擊看明末清初時期中西文化論戰的背景與意義〉（台北：中央研究院近代史研究所，1988 年）和呂實強的〈由明清之際中國知識份子反教言論看中西文化交流〉《紀念利瑪竇來華四百周年中西文化交流國際學術會議論文集》，台北：1983 年）等，都是值得參考的。

※

此處，沒有必要重複，這些前輩學者，已經討論過的問題。

我們的著眼點，只在提示其對明末叢林問題惡化的影響。

因佛教徒當時對天主教的挑戰，反駁的「意氣頗盛」，或「遣僧眾偏榜叢林，求索辯論；更遣僧人親詣教堂，與西士面詰」[203]；可是仍存在著許多問題。

像方豪指出：「天主教為新人之教，故明清間，但有自佛入天，而無由天歸佛者」[204]。

換言之，天主教每擴張一步，都是奪取佛教的信徒；反之，因天主教才新傳來，沒什麼信徒被奪的問題。

---

[203] 見方豪：《中西交通史》下冊（台北：中國文化大學出版部，1983 年），頁 999。

[204] 同前註。

對於這樣的激烈衝突，佛教僧侶正常的反應，該是挺身起而護教；可是也有不同的看法。

例如，智旭早年撰《天學初徵》，以難天主教，寄稿與際明禪師（按：即智旭本人）。

際明在復書中說：「居士擔當聖學，正應出此手眼；山衲既棄世法，不必更為辯論。若謂彼攻佛教，佛教實非彼所能破。且今時釋子，有名無實者多，藉此外難以警悚之，未必非佛法之幸也。刀不磨不利，鐘不擊不鳴，不武滅僧而佛法益盛，山衲且拭目俟之矣！」[205]

亦即，在際明的心目中，佛法本身是不懼攻擊的，反倒是「今時釋子，有名無實者多」，才是問題的所在。

異教的攻擊，如能促使佛教反省，充實佛學知識，倒是值得慶幸的事。因此，他乾脆袖手旁觀，看看佛教界如何反應？

至於儒家知識份子崇信天主教後，以楊廷筠攻擊佛教最烈，著作在明末亦最流行。

他的排佛意見中，有一條相當值得注意，他說：「三代而下，人人尊佛，至謂其教在吾儒之上，梵天帝釋，反拱立佛足之旁，故世教愈漓，儒術愈晦。西人不自揣量，來此求與三代聖賢相合，識者亦稱其可補儒教之闕，可以正釋老之誤。」[206]

楊氏的言論，流露出儒家的沒落，和藉西洋天主教之學，以反擊佛教高居上位的計謀。宗教的獨尊性，原與教義的權威性相關，如今一個新問題出現了，別的宗教不甘自居下位，欲圖扭轉過去的處境，那麼對處於優勢者的宗教來說，願意平等對待嗎？

如不願，則雙方衝突將繼續存在；如願意，則溝通之門如何打開？兩者皆

---

[205] 見方豪，前引書，頁996。

[206] 見方豪，前引書，頁998。

是明末佛教界面對的問題。

　　李之藻（1565-1630）和徐光啟（1562-1633）同是明末傳譯西學新知的名儒，他很惋惜雲栖袾宏和虞淳熙（？-1628）2 人與利瑪竇互相攻難，3 人至死都未能「天假之緣，得以晤言一室，研義送難，各暢所詣」；他認為 3 人「皆素懷超曠，究到水窮源盡處，必不肯封所聞識自錮本領，更可使微言奧旨，大豁群蒙」[207]！

　　可見，要讓佛教和天主教論學共識的呼聲，亦存在於天主教徒方面。但這畢竟是少數的意見，而且與袾宏等人的才學傑出有關

　　因此，雙方的對立依然存在。崇禎十二年（1639），擔任鹽官的徐昌治將收集到的各種公私文件，編成 8 卷洋洋大觀的《聖朝破邪集》[208]，可以反映出當時佛教界反駁天主教的激烈狀況。相對的，亦反證了天主教傳播勢力的急劇擴張之事實。

　　總之，天主教的問題，雖是出現於明末時期，然一旦出現，即構成截然異於過去與儒、道相爭的情況。[209]

　　這是西洋近代文化傳入中國後，新造成的思想衝擊，對任何一方面皆有影響，並非只是佛教徒的問題。

---

[207] 參考張奉箴：《利瑪竇在中國》（台北：聞道出版社，1983 年），頁 140。

[208] 見荒木見悟、岡田武彥主編：【和刻影印近世漢籍叢刊】，《思想 4 編》第 14 冊（京都：中文出版社，1984 年），頁 1045-165。

[209] 按天主教的傳教士，於嘉靖三十一年（1552），才抵中國的南海之濱上川島。其後羅明堅於萬曆七年（1579），才由印度搭舟到澳門，學習華語、改穿華服。而利瑪竇（1552-160）是萬曆十一年（1583）到中國傳教，二十三年（1595）初次到南京；二十九年（1601）定居北京；而於萬曆三十八年（1610）即逝世。故可歸於晚明時期。以上參考張奉箴：《利瑪竇在中國》，頁 1-2。

六、明代佛教變革因素的解析（下）

（一）關於明代禪學衰微的兩種評價

在《慨古錄》所指責的叢林諸問題中，曾涉及到朝廷禁止講經宏法的活動[210]，使得叢林中充斥著無知的僧徒；而且，由此問題還衍生出師徒感情不佳，甚至反目成仇或互相攻擊。[211]

陳援庵先生在《清初僧諍記》[212]，所討論的叢林紛爭，即是這一問題的延續。

據此來看，叢林中的講經被禁，以及教育的缺乏，和僧徒的無知等，皆關涉叢林最核心的佛學問題。

因為，假如叢林的建立，不為研習佛法與禪，以達出世之道的開悟和解脫，便成了與俗居無異觀光之所而已。所以，歸根究柢，禪徒的佛學思想狀況，才是最需關心和探討的。

因禪宗的勢力，在明末仍最具優勢。可是禪徒的無知，卻屢被攻擊[213]。此即證明，禪法的有名無實。換言之，只是形式化的意義居多。

既然如此，此處首先要涉及的，即是關於禪形式化的討論。

但，在討論之前，有兩個基準要先交代。

---

[210] 見【卍續藏經】》第 114 冊，頁 728 下-729 下。

[211] 同前引書，頁 726 下，738 下。

[212] 陳垣：《清初僧諍記》，收在張漫濤主編：【現代佛教學術叢刊】（15），《中國佛教史論集》（6）（台北：大乘佛教出版社，1977 年），頁 193-274。

[213] 此類批評甚多，除《慨古錄》所見外，此引紫柏真可的一段批評：「達觀自匡廬下江南，23 年往來吳越間，初心竊謂宗門寥寥落，法道陵遲，假我門庭，熾然以魔習為傳，以訛繼訛，真偽不辨，天下遂謂宗門光景，不過如此，而不求真悟。至於少林奉朝廷欽依，以傳宗為名，而崇尚曹洞、臨濟、溈仰、法眼、雲門五家綱宗，亦不辨端倪，不知設此胡為？則宗風掃地可知矣！」見《紫柏尊者全集》，卷 23，〈沈德興〉，載【卍續藏經】第 126 冊，頁 1036 上。

　　亦即，我們要先弄清楚：（一）到底所謂「禪學思想的衰微」，是指怎樣的思想內涵？（二）又衰微的標準又是什麼？

　　考慮、並弄清楚這兩個問題的真正意義後，才能接著討論它們和明末的禪學思想，具有什麼樣的關聯或影響？

※

　　在傳統的佛教史，或禪學思想史的觀點裡，往往將明代的禪學思想拿來和唐、宋時期的盛況相比，而認定在創意或純粹上，大有不及。因此，前輩的禪學研究者，如忽滑谷快天，在其《禪學思想史》[214]裡，將元明清以來的禪學思想，歸入《第六編禪道變衰の代》[215]。

　　但是，研究明代陽明學與佛學思想關涉的荒木見悟[216]，則持異議。

　　他認為，明代的佛教史通體觀察的話，並非以重視隋唐宋的佛教學原型為首要目標，激動思想界核心的，是彼等一邊將所有的思想遺產徹底重讀，一邊因應自己存立的狀況，加以組織和體驗化。

　　其中對前輩的既有評價或解釋，並不盲從依賴，而是根據自己的心思，加以自由的取捨。如此一來，對前輩的經典解釋，和體驗的方法是否正確，便非直接的繼承，而是價值的重估。

　　因而，在本質上應屬非連續性的斷層，亦即背離了傳統的思想框架，而發揚了自己宗風和評價。

　　可是，由於不從上述角度來考量，因而容易導致背離傳統和衰微的看法。

　　荒木氏的看法，正如牧田諦亮、阿部肇一等人的看法一樣，將相應時代的佛學變遷，即當作相應時代的思想特色及其特有價值。

---

[214] 忽滑谷快天：《禪學思想史》（東京：玄黃社，1924、1925 年），分上下兩卷出版。

[215] 見前引書，下卷，頁 465-830。

[216] 按荒木見悟著有《明代思想之研究》（東京：創文社，1972 年）、《佛教と陽明學》（東京：第 3 文明社，1979 年）、《明代陽明學の開展と佛教》（東京：研文社，1984）、《明末宗教思想研究》（東京：創文社，1979 年）等書。是明代儒佛交涉研究用力最深之學者。

佛法的根源性和純粹性，便非唯一的考量點。如此則「衰微」云云，即成完全不同的討論視角。

上述兩種不同的分析基準，只是前後階段變異性的評價如何取捨的問題，並非截然互相衝突。

因為，如果未有階段變異性之前的積累狀況，何來後期的變異現象？因此顯然的，在非連續的斷層中，仍存在著前後的因果關聯。

此外，晚期佛學思想的變遷，縱然如荒木氏的精辟分析，具嶄新的意義，卻仍只偏重其改革面的特色而言；在實際的情況中，傳統的承襲依然無法斷絕，所以才會造成如《慨古錄》中所評議的衰微現象。

既然如此，傳統宗風的討論，不論在理解前期的背景，或當時的狀況，都有必要了。

（二）從「公案禪」到「看話禪」的變革

為避免涉及太多枝節起見，以下即展開「公案禪」的討論。研究明末佛教思想最力的聖嚴博士，曾以智旭的禪學思想為例說：

> 智旭的禪學思想，並非承襲當時傳統上的正統禪師，而是直接依奉楞嚴經的，所以智旭的禪與中國傳統的禪宗，有其相當的不同。唐末以後的禪宗，是以公案為中心的祖師禪；而智旭禪，則是以佛說的經典為中心，是即所謂如來禪。對於禪宗祖師，智旭固然並無反駁的意識，但對專事執著公案，而不用經典的禪者，在他整個生涯當中，都持以激烈的攻擊。[217]

亦即，根據聖嚴博士的見解；「公案禪」就是「以公案為中心的祖師禪」，屬於「當時傳統的正統禪師」所運用的禪法；而這類「正統禪師」，從「唐末

---

[217] 釋聖嚴：《明末中國佛教之研究》（台北：學生書局，（19888 年），頁 408。

以來」，「專事執著公案，而不用經典」。這是聖嚴博士對此問題的清楚提示。

不過，假如無較具體的補充解說，一般人可能仍不大清楚什麼是「公案」。故須在此稍加解釋。

所謂「公案」或「公案禪」就是將前輩禪師中，一些較具特色和考價值的「悟道過程及方法」，當作一種「典範」來參考。

這當中包括師徒的對話、動作、疑難、克服疑難、乃至悟道見性等。簡言之，即是一種禪修的「範例」。

可是，中國禪宗史上，為什麼會有「公案禪」或「禪公案」的出現呢？當然，這需要對禪思想的變遷作朔源探討。

不過，有關中國禪學思想，如何從早期的印度禪，逐漸轉變為雜有道家思想的中國禪，乃至六祖惠能南禪頓悟說盛行的巨大的轉變，前輩學者討論已多 [218]，在此即省略不談。

問題是，從《六祖壇經》之後，受「頓悟說」的影響，禪者多逐漸重視生活上的體驗 [219]，對禪的實踐和表達，便出現相應於中國心性的重直觀、喜簡潔的素樸內涵。——這是早期「公案」的主要特色。

此因基於實踐的體驗而來，雖未用華藻麗句修飾，卻仍創意新穎，語匯自然生動，具有極大的啟發性。

※

可是，「公案禪」又如何會變異呢？這有其原因的。

原先禪的「公案」出現，乃是基於禪修實踐上的需要，而非純屬一種知識上的研習。

---

[218] 此可見諸印順：《中國禪宗史》（台北：正聞出版社，1983 年，3 版）。宇井伯壽：禪宗史研究》（東京：岩波書店，1966 年）。阿部肇一：《中國禪宗史の研究》等。

[219] 如洪州的馬祖道一，強調「平常心是道」；道一的弟子南泉普願，也為趙州從諗說「平常心是道」。由此一禪學展開的結果，「要眠即眠，要坐即坐」，「心真者語默皆真，會道者行住坐臥皆道」，都可作為禪修的一部分，溶生活於禪修、禪悟之中。以上見印順：《中國禪宗史》，頁 404-05。

它的啟發性，在實質上，應是活生生存在於悟道者，和被啟發者心性交流中。換言之，實效性的出現與否，具有最關鍵性的取捨考量。

問題是，悟道者的證道體驗是一回事，他的表達所能呈現的內涵，可能是另一回事。

人類因表達能力的有限性，不但證道者難重現內在的親味境界，在被啟發者一方，也面臨了將對方經驗轉化為本身經驗的諸問題。

此即意味縱有範例，也未必人人有效，或人人能懂、能適用。於是「公案」本身，也跟著出現了輔助性的說明，以供理解有困難者的參考和應用。此即「頌古」、「評唱」之類著作出現的由來。

然而，原本樸素表達的「公案」，添加了新的輔助說明後，即漸由簡入繁；且禪門重直觀，多藉具體意象表達，於是先即缺乏明確定義和條理思維的具象語彙，在添加充滿詩意的評頌後，反而含義更朦朧了。

在理解上更困難。《禪林寶訓》[220]裡，有心聞禪師其人，曾對禪宗「公案」的評頌流弊，作了長期的變遷回顧和嚴重的非難：

> 心聞曰：教外別傳之道，至簡至要。初無它說，前輩行之不疑，守之不易。天禧間（1017-1021）雪竇（980-1052）以辯博之才，美意變弄，求新琢巧，繼汾陽[221]為頌古，籠絡當世學者，宗風由此一變矣。逮宣政間（1111-1125），圓悟（1062-1135）又出己意，離之為《碧巖集》。彼

---

[220] 《禪林寶訓》原是大慧宗杲和門徒共集，其後由淨善重集，收在【大正藏】第48冊，頁1016-39。

[221] 按「汾陽」是指汾陽善昭，嗣首山省念之法，為洞山良價的三世法孫。是禪門頌古的開創者。見忽滑谷快天：《禪學思想史》下卷，頁40-42。

時遇古淳全之士，如寧道者[222]、死心[223]、靈源[224]、佛鑒[225]諸老，皆莫能回其說。於是新進後生，珍重其語，朝誦暮習，謂之至學，莫有悟其非者。痛哉學者之心術壞矣！[226]

　　然後心聞禪師，提到南宋時大慧宗杲（1089-1163）對《碧岩錄》的改革。他說：

佛日（案：即大慧宗杲）入閩，見學者牽之不返，日馳月騖，浸漬成弊，即碎其板，辟其說，以至袪迷援弱，剔繁撥劇，摧邪顯正，特然正之。衲子稍知其非，而不復慕。然非佛日高明遠見，乘悲願力，救末法之弊，則叢林大有可畏者矣。[227]

　　按：禪法的傳授，在大慧宗杲時期，有極革命性的轉變。他的禪法，通常被稱為「看話禪」，是古則公案的濃縮應用。

　　「看話禪」其實是針對「公案禪」的流弊而發，其用意在杜塞習禪者溺於「公案」知見思惟的積習。

　　其法是今習禪者從古則「公案」中，擇取一兩則，認真實參去。

---

[222] 即指「贊寧」（1919-1001），精通戒律，博於史傳，著作有《宋高僧傳》、《大宋僧史略》等，聞名於世。參考《佛光大辭典》（7）（高雄：佛光出版社，1988 年），頁 6707 上。

[223] 原名死心悟新（1044-1115），撰《死心悟新禪師語錄》，於宋紹興十一年（1141）刊行。參考《佛光大辭典》（3），頁 2468 上。

[224] 靈源即靈源惟清，是黃龍慧南之後的第六代法嗣。可參考忽滑谷快天：《禪學思想史》，卷下，頁238。

[225] 佛鑒即佛鑒慧勤，是楊岐派大家法演的門下，與《碧岩錄》的作者圓悟克勤為同門。參考忽滑谷快天，前引書，頁 254-55。

[226] 見《禪林寶訓》，卷 4，【大正藏】第 48 冊，頁 1036 中、下。

[227] 同前註。

　　如一則趙州從諗（778-879）的「無字公案」，作為「疑情」的來源，集中心念，使不涉它想，持之以恒後，就有參破「疑情」（自我意識的窺破），明心見性的一天[228]。

　　但此一著重要實用的禪法，是否全無副作用呢？

（三）「看話禪」的逐漸形式化及其對明末禪學的影響

　　其實，宗杲的「看話禪」本身，就是「公案禪」的一種。忽滑谷快天即認為，「蓋看話淵源唐末五代，至北宋益盛行。此通古則公案，祖師面目是窺」。[229]

　　而事實上，宗杲自己也曾花十年的時間，集錄前輩的機悟語，加上他的提要按語，編成 3 帙的《正法眼藏》[230]。

　　只是經過宗杲的詮釋後，其實用性雖大為增強，卻也削弱其思想發展的可能性。例如他強調：

　　但將妄想顛倒底心、思量底心、好生惡死底心、知見解會底心、欣靜厭鬧底心、一時按下，只就按下處看個話頭。僧問趙州：「狗子還有佛性也無？」州云：「無！」此一字子，乃是摧許多惡知惡覺底器仗也。[231]

　　他的工夫論如下：

　　所謂工夫者，思量世間塵勞底心，回在乾屎橛上，令情識不行，如土木偶人相似。覺得昏懵、沒巴鼻可把捉時，便是好消息也。莫怕落空，亦莫思前算後，幾時得悟？若存此心，便落邪道！[232]

---

[228] 關於明心見性的討論，可參考印順：《中國禪宗史》第 8 章第 4 節，他認為此「性」即「如來藏」義。

[229] 見忽滑谷快天，前引書，頁 376。

[230] 按大慧宗杲的《正法眼藏》，卷 3，載【嘉興大藏經】（台北：新文豐出版公司，1988 年），頁 379-452。

[231] 見《大慧普覺禪師語錄》，卷 26，【嘉興大藏經】第 1 冊，〈答富樞密〉，頁 579。

[232] 見《大慧普覺禪師語錄》，卷 26，【嘉興大藏經】第 1 冊，〈答富樞密〉，頁 579。

又說明其依之悟道的情形說：

> 但協取長遠心，與狗子無佛性話廝崖，崖來崖去，心無所之。忽然，如
> 睡夢覺，如蓮花開，如披雲見日，到憑麼時，自然成一片笑。但日用七
> 顛八倒處，只看個無字，莫管悟不悟，徹不徹。3世諸佛，只是個無事
> 人，諸代諸師亦只是個無事人。[233]

對於宗杲這種禪學見解，其實可用「只管打坐」[234]四字概括之。

忽滑谷快天則譏其工夫太像現代的催眠術；如達磨法門僅止於此，可謂淺
陋不足言；且如依此工夫，則決無悟入宇宙人生妙諦之望。

他認為，宗杲的思想信仰不統一，充滿矛盾[235]。其實不然，此種實際坐禪
的心理狀態，是要集中意念，就像藉數息、藉念佛號、藉專意祈禱上帝一樣，
都是作為止息意識亂流，呈現清明心智的一種手段。

經此手段的凝煉後，如能靜定到某一臨界點，內在的意識突然像爆炸似破
裂消散了，於是一片無分別的清澄光明充滿了身體的內在。

出定後，便覺得人像透明了一般。

它和催眠術最大的不同，是前者始終是清醒狀態的；後者是屬被控制的非
清醒狀態。故前者出定後，歷程清晰宛然、後者則清醒後，毫無所知。因此忽
滑谷快天的批評，並非定論。

可是，由於宗杲的禪學，成了此後叢林禪學的主流，它造成的流弊亦大。
其原因是：

1、禪修的真正開悟、得大自在，並不容易。當禪者單守一兩則話頭，終

---

[233] 同前引書，卷29，〈答宗直閣〉，頁768。

[234] 只管打坐是日本道元禪師的用語，此處以形容宗杲的那種「看話頭」參禪心態。兩者並不全似，但
便於理解。

[235] 見忽滑谷快天，前引書，頁378。

身立志以參之，如有開悟，則智慧開，再學其他典籍，或可較容易。然如「疑情」無法成片，則修行無成，百事亦廢；或道心退轉，則終成一叢林漂泊的蛀米蟲罷了。

2、假如一兩則公案，即可解決修行需要，則佛經的研習便成多餘。本來禪宗強調「教外別傳」的旨趣時，即有逸離經典的濃厚傾向。

「看話禪」的盛行，使得禪學思想更狹隘於幾則著名的「公案」而已！

在這種情況下，禪宗語錄出現的「法語」或「普說」，變成難解的片斷詞匯，不但一般的修行者難於契入，即在明末的禪學專家，也有理解無門之嘆[236]。

可見「看話禪」排除知見的負面影響。因而，講者自講，聽者自聽，但有無效用則不敢保證的學習困境，即長期存在下來。

3、在這樣的困境下，相對的補救辦法便須提出，於是或主張禪、淨雙修、或主張三教融合，或返回評唱公案之法，或藉詞堵塞學生問難。情況雖然不同，出於困境的補救則一。所以在明末時期，「無師自悟」、「僧徒無知」、「強調實踐」、「融合各宗」的各種現象和主張，都和「看話禪」的修行困難有關。連明末的「狂禪」問題，亦不例外！[237]

由於這樣的流弊，則雖然大慧宗杲的禪學，在明末依然受叢林重視[238]。但，禪門的沒落，卻和此大有關係。聖嚴博士即曾提到：

　　唐末以降的中國佛教發展，以禪宗為主流，是主張不立文字的祖師禪或

---

[236] 此種「參話頭」之難，可見之明袁宏道著《珊瑚林》下卷（清響齋藏版），所問難者，盡是「言在意外」的無解之答。即以袁宏道之一段話為例：「凡參話頭，只依他本分言句，驀直參去，不必從旁生枝葉，替他注解，或疑我參的，亦是意識所參的，亦是道理，亦是知見。又或謂此是個沒情況，沒道理、知見的，如此皆叫做生枝生葉，非驀直參去者，蓋參話頭，乃是於一切不是中求個真是非，可以書冊印證者，亦非可置在無事甲裡。」《珊瑚林》，卷下，頁9。——理解本身，在「話頭」中無容身餘地也。

[237] 見袁宏道對狂禪的批評：載〈黃檗無念禪師復問〉，《中華大藏經》第2輯，頁32580。

[238] 例如德清《肇論略注》，關於〈物不遷論〉的禪宗解釋，即引自宗杲的《正法眼藏》。

公案禪的實踐佛教，因而導致研究佛教義理的人才劇減。隋唐盛極一時的天台、華嚴、唯識三宗，自此進入長期黑暗的時代。[239]

黃宗羲（1610-1695）則指摘明末禪風說：

> 萬曆以前，宗風衰息。雲門、潙仰、法眼皆絕；曹洞之存，密室傳帕；臨濟亦若存若沒，什佰為偶，甲乙相授，類多墮窳之徒。紫柏、憨山別樹法幢，過而唾之。[240]

但，近代陳援庵先生的《明季滇黔佛教考》，對上述的禪門流弊與明末叢林反省之間的相互關係，講得更為清晰具體。

他說，「明季心學盛而考證興，宗門昌而義學起，人人皆知空言面壁，不立語文，不足以相攝也，故儒釋之學，同時丕變。問學與德性並重，相反而實相成焉」。[241]

七、結論：明末佛教僧團改革與禪學思想變革的必要性及其可能取向

（一）改革的必要性

在以上各節的分項探討後，我們可以發現由湛然圓澄在《慨古錄》中所提出的明末叢林問題，其現況固然惡化與弊端重重，但其原因的發生，則由來已

---

[239] 見《明末中國佛教之研究·自序》一。

[240] 見《南雷文定·三峰禪師塔銘》。轉引嵇文甫，《晚明思想史論》（商務印書館，1944 年），頁 78。

[241] 陳垣：《明季滇黔佛教考》卷 2（台北：中華書局，1962 年），「藏經之遍布及僧徒之撰述第 7」。

久。

在政、經積累的因素上，我們也可以了解到自明初以來，宗教政策的性格轉變，已造成度牒泛濫，和僧品的蕪雜，使叢林難以清淨。

特別是寺田的收益，在政府與農民雙重壓制下，大幅度縮減，使叢林中不少寺院無法過基本的修行生活。有時在重稅剝削下，迫使寺僧或舉債度日，或棄寺逃亡。叢林之修行機能，日趨萎縮，自屬當然。

並且除了政、經積累因素外，羅教以其和禪宗的類似性，正逐步在侵蝕叢林的社會基礎，以及導致禪徒在宗教立場上的迷惑，這一漸增大的競爭勢力，所以擴張甚快，又牽連到叢林禪法的衰微與修行途徑的艱困。

——「公案禪」轉為「看話禪」的不利影響，遂成了叢林內部在修行上難以突破的問題點。除非設法改善，否則叢林將不成為其叢林了。

而這一改革需要的迫切性，即成了激勵明末叢林改革的有志者，從事改革的主要原動力。但改革的方向有幾種可能呢？

若根據之前的分析，可大致有下列三項：1. 是新資源的獲取。2. 是舊資源的恢復。3. 是實證性和普及性的增強。茲再分項說明於下。

1. 新資源的獲取

此外「新資源」一語，有雙重意義：

A. 是指「生活資源」的開拓；

B. 是指「佛學內涵」的增益。

就前者言，是為解決過多出家人口之生活壓力，除非能從社會取得更多的資源，否則必然只照顧了其中的一部份，而另一部份，則只得任由其自生自滅。如此一來，叢林的問題，將永遠存在。

但是，在明末的社會環境中，能提供新的「生活資源」的，不外朝廷的賜予、官僚的捐贈和地主或商人的供養。

此因一般民眾，收入無多，所能提供的「資源」相當有限。所以明末叢林

的改革事業中，有關「生活資源」的開發，唯有多多攀緣朝廷，結交官僚士大夫，或應酬商賈與地主。

而一般性的「行乞化緣」，因屬於一時的、個別的、不穩定性的解決，雖然也有必要，但非重點所在。

至於 B.項的「佛學內涵」的增益，則因當時正是陽明學風行天下之時，一方面可藉著「良知說」的興起，強化叢林與陽明學派的思想溝通；另一方面也可融攝世學於佛學體系內，為叢林的僧教育，增添了新的教材。

此非佛教向世俗化發展的單向行為，而是在考慮及外在社會環境，尚有「朱子學」影響下，強大排佛壓力之考量。

因此，有必要藉此溝通，以期獲得陽明學派的官僚士大夫的支持。所以這是有必要的舉動。

同時，在社會風氣，已傾向於融合思想的潮流下，佛教如無就此作出回應，恐亦將難以獲得社會的共鳴。

2. 舊資源的恢復

所謂「舊資源的恢復」，亦有二義：

A、指叢林法定權益的恢復，如被侵占的寺產，如被「飛派」的糧額，盜伐林木的杜絕，或佃農抗租的改善等。

B、指禪法的實修開悟，以及經論原義的檢討等。

亦即，前者是一再提及的積弊問題；而後者，是維持叢林專業化水準，必不可少、也是針對禪學形式化的改進途徑。所以，都非常重要，也是研究者需要觀察的重點。

3. 實證性和普及性的增強

A. 叢林改革的可能取向，在新舊資源的取得或恢復之餘，尚須考慮到實證性和普及性的增強。

B. 因「世俗化」的發展中，叢林基於專業性地位的維持，必須在實證性方面增強，以免無學、無修的結果招致士大夫的輕視和侮辱。

C. 反之，如有高度的專業水準，則僧人的攝化資格才能確立，社會才易對其認同和尊重。

D. 此外，普及性的增強，一方面有益於與社會訊息的溝通，較能發揮其影響力；另方面，在叢林教育上，也可較無困難地達到預期目標。

所以，實證性和普及性的增強，是在進行新舊資源的獲取的同時，不能忽略的改革特性。

——而以上這些，就是整個明末佛教社會史研究者，所將觀察到的人物活動，及其與社會情勢交織互動的主流面貌所在！

不過，本章的重點是放在東亞現代禪學思想的變革傳統先驅看待。所以從下章開始，主要討論的主題，都是涉及禪學思想的如何思維及其相關佛教聖典究竟要如何理解才算正確的問題，所將展開的一場罕見的群體長期法義大爭辯的歷程探索。至於現實佛教的改革問題，就不再詳細交代。

第二章　明末傳統華嚴禪學知識論與佛教邏輯的大爭辯(上篇)

作為東亞現代批判禪學思想先驅的，是明朝末年萬曆年間(1573-1620)所爆發的，一場關於傳統華嚴禪思想與佛教邏輯的大爭辯，而其歷程所呈現的則是多元化的途徑，以及不同成就的各種類型。但是，引爆這一場歷時甚久的傳統華嚴禪思想與佛教邏輯的大爭辯，卻是由著名禪僧德清（1546-1623）首先點燃的。

但是，更重要的其實是，此一關於〈物不遷論〉的這場大爭辯對明末叢林及其禪學思想具有如下的四點重要意義與知識思辨的新開展：

（一）它是根源性的追尋與經典原義的再確認。

（二）它是理智治學與直觀洞識的認知衝突。

（三）它是傳統禪學思想的最後光輝。

（四）它也是明代佛教世俗化發展的應有趨勢。

由此觀之，以上四點顯見是當時整個東亞禪僧所經歷的前所未有的巨大衝擊與批判禪學思想新變化。不過，此處對於上述四點暫不說明，因為那是最後才歸納出來的結論。必須要等到下本書下一章在論述結論時，才充分證明所述是否如此。故此處只是作為討論線索的提示而已。

但在另一方面，這個熊熊點燃的新禪學思辨火炬，在明亡滿清入關統治中國三百年這歷史階段，源自於清王朝的嚴厲宗教政策管控而被中挫了。之後新一代的東亞現代批判禪學思想的出現，則是要等到十九世紀後期明治維新時代，才發生於日本本土。因此，本章與下章，只是對於這場作為日後才出現東亞現代批判禪學思想先驅的，關於傳統華嚴禪思想與佛教邏輯的大爭辯，提出

相關的歷史溯源解析而已。

※

但是，德清為何會引爆呢？這是由當時是德清在五臺山舉辦無遮大會期間，他為了正確對大眾講解《華嚴玄談》的精義，而與擅長華嚴義學的鎮澄（1546-1617），就唐代澄觀(737-839)在《華嚴經疏鈔》中對《肇論》的批評，有所商榷：這是由於《肇論》是中國傳統禪僧必讀佛學論述，因此如何正確理解，變成禪僧禪學思想根據是否正確有效的大問題。其後，德清因祈儲問題，東隱牢山海印寺，鎮澄則仍留在五臺山發展。

又因此後不久，鎮澄即崛起於北方的華嚴禪學講習的活動聚會場所，更把專注多年的〈駁物不遷論〉撰成文稿，函請各方商榷，因而造成叢林中，各方耆老對〈駁物不遷論〉發出爭辯的大風波。

對於這樣性質的大爭辯，究竟要如何透視其中的意義呢！或者說，它和叢林改革的心態是否有所關聯？假如是傾向於相關的論斷，則在論證上又是如何說明呢？

因此，本章的部份，主要是先交代德清和鎮澄的辯論緣起。

同時，隨著研究主題的展開，擔任批判者的鎮澄，其思想特色和內容，將逐漸主導了整個辯論的進行。於是本書在下一章，就會接著詳細討論各家的見關於德清與鎮澄和〈物不遷論〉爭辯的一些背景概述解（包括德清在內）和鎮澄對彼等意見的回應。

一、德清與〈物不遷論〉爭辯的關聯性

此事，根據德清的《年譜自敘》資料來看，他只提到萬曆二年（29 歲）時，在蒲州過冬。因校閱《肇論中吳集解》，而對〈物不遷論〉的「旋嵐偃岳

之旨」，有進一步的突破[1]。

　　然後，在萬曆四十四年（71 歲），從南岳東遊，欲赴紫柏葬期，而途中過廬山，吊徹空禪師[2]，避暑金竹坪時，才疏注〈肇論〉[3]。對生平所持的〈肇論〉見解，及其反駁鎮澄的原因，皆有清楚的表白[4]。再過 6 年，即德清要重返曹溪的這一年，他在《年譜》又提到：

　　　　予七十七歲，力提《華嚴綱要》草就。大眾請說《楞嚴》、《圓覺》、《金剛》、《起信》、〈肇論〉諸經論。[5]

　　這即是德清直到死前一年，有關著述與講學的資料。

　　福徵對此段記載，並未提及〈肇論〉的重要性。他總結德清的生平著述說，「佛祖慧命所寄，則《楞伽筆記》為最先，《華嚴綱要》其最後。宗不離教，祖不離佛，此其甚彰明較著者」。[6]

　　這大體上能掌握德清思想與著作的要點。然而《華嚴綱要》實即澄觀著述的摘述。因德清自己曾如此表白撰述動機：

　　　　每念華嚴一宗將失傳，清涼《疏鈔》，皆懼其繁廣，心志不及，故世多置之，但宗《合論》。因思清涼，乃此方撰述之祖，苟棄之，則失其宗

---

[1]　按德清對〈物不遷論〉的「旋嵐偃岳」之旨，是讀到文中「梵志出家，白首而歸，鄰人見之曰：昔人猶在耶。志曰：吾似昔人，非昔人也。」而恍然了悟經文所說的「諸法本無去來」的看法。此見〈憨山大師年譜疏〉（台北，老古事業文化公司，1984 年），頁 29。以下簡稱「年譜」。

[2]　按《年譜》31 歲條，提到廬山徹空禪師到五台山，與其共住「法雲庵」的事。是所謂早年共患難之至交。而 71 歲時，途過廬山自當一祭。見《年譜》，頁 36、106。

[3]　同前註。

[4]　見德清：《肇論略注》，收在《卍續藏經》第 96 冊，頁 577 下-591 上。

[5]　《年譜》，頁 18。

[6]　福徵之言見《年譜》，頁 129。

矣。志欲但取《疏》文，提筆大旨，使觀者易了。[7]

　　亦即，曹溪改革中挫以後的德清，念念不忘的，依然是他生平仰慕的澄觀著述，是否會被後世遺忘的問題。

　　但德清之所以重視澄觀的著作，是認為他是「此方撰述之祖，苟棄之，則失其宗」。因而，他不能漠視澄觀之《疏鈔》被李通玄的《華嚴經合論》所取代。而事實上，他肯定澄觀，連帶也肯定僧肇和他本人的佛學成就。此種關聯性不難證明，如他在金竹坪注〈肇論〉時，即提到：

> 予少讀〈肇論〉，於「不遷」之旨，茫無歸宿。每以旋風等四句致疑。及後有省處，則信知肇公深悟實相者。及閱《華嚴大疏》，至《問明品》，譬如河中水湍流競奔逝。清涼大師引肇公〈不遷〉偈證之。蓋推其所見妙契佛義也。[8]

　　換言之，德清在澄觀的著述中，找到了他對〈物不遷論〉理解有當的證據。其思考邏輯如下：1、澄觀是注《華嚴》的權威，其對《華嚴》的理解，應無問題。2、以如是之權威，竟仍引僧肇的〈物不遷論〉證之，證明〈物不遷論〉是「妙契佛義」的。3、既然澄觀證明無誤，則德清早先在校閱《肇論中吳集解》時，所理解的僧肇之論為「深悟實相」的看法，亦應可成立。

　　既然，他有此看法，所以，他批評鎮澄的異議為不當：

> 予嘗與友人言之（案：即空印鎮澄），其友殊不許可。反以肇公為一見外道，廣引教義以駁之。即法門老宿，如雲栖、紫柏諸大老，皆力爭之。

---

[7]　見《年譜》，頁124。

[8]　《肇論略注》，《卍續藏經》第96冊，頁590下。

竟未回其說[9]。

其實在此之前，德清於牢山時，已就鎮澄的草稿表示了他讀後的大不滿。他直率地告訴鎮澄說：

> 往承以〈駁物不遷〉見示，鄙心將謂足下偶而成文，試入遊戲三昧，故未敢加答。……忽忽業已三秋。適幻師遠來，……出尊〈駁〉草本，不意刀刀見血如此[10]。聞足下始因不肖舉清涼謂物各性住於一世之語，濫同小乘，無容從此轉至餘方之說，遂有此〈駁〉。然不肖所以舉此者，意有所為。蓋緣尋常以〈物不遷〉意，諸方大德都謂「物遷」而「真不遷」，人人話作兩截。然清涼〈疏〉中自有二意，且云：「顯文似同小乘云云，其實意在大乘，生即不生，滅即不滅，遷即不遷」。原清涼意，正恐後人見此論文，便墮小乘生滅遷流之見，故特揭此，欲令人深識論旨，玄悟不遷之妙耳[11]。
>
> 不肖在昔舉此，正恐足下有今日之事。是時交臂而別，彈指已經 8 年，將謂足下力窮〈不遷〉，微見諸法實相。不意云云若此。竊謂足下此見，不獨不得肇公玄論之心，而亦全不得清涼表白之心；不獨不得清涼表白之心，而亦未得區區蓬心也[12]。

德清在信中，原原本本的，交代了，他過去對〈物不遷論〉理解的經過。因他常有與人商榷的習慣，所以在五臺山時期，亦就他所見澄觀的批評，商榷

---

[9] 同註 2。

[10] 見德清：〈與月川法師〉，收在《憨山老人夢遊集》(台北：新文豐出版公司，1983 年，再版)，卷 13，總頁 649。以下簡稱《夢遊集》。

[11] 按此段澄觀之文，將在本章第 2 節第 6 項〈澄觀與鎮澄思想異同分析〉，有詳探。

[12] 《夢遊集》，卷 13，頁 652-52。

於鎮澄。

當時，他的對自己的理解，自信甚堅，故他將問題點提示給鎮澄後，連帶表示了自己的詮釋觀點，希望鎮澄能領受。

但鎮澄卻將此一問題，重新下苦功來檢討，而提出全然不同的看法──〈駁物不遷論〉。所以，德清其實是引爆問題的始作俑者。

然而，接到德清責備信函的鎮澄，並未因當年曾受德清的激賞，而改變自己對〈物不遷論〉的探討結論，反而在續作的〈駁物不遷論〉裡，將德清的來書轉錄，再針對德清的信中意見，提出銳利的批駁[13]，使德清等於陷入極尷尬的場面。故晚年有《肇論略注》，即所以了此生平的公案[14]。

慧浸在萬曆四十五年（1617），為出版此書而寫的〈後跋〉，亦指出德清撰《注》的這一用意[15]。而晚明關於〈物不遷論〉的爭辯，在德清之後，即無再出者。故德清即是肇始者，亦是終結者，以他為本篇的主要關聯者，應可成立才對。

二、鎮澄與〈物不遷論〉爭辯的關聯性

鎮澄在他的《物不遷正量論》裡，一開頭即自我表白說：

> 澄初讀肇公〈物不遷論〉，久之不喻。及閱《雜華鈔》，觀國師則以為濫同小乘，不從此方遷至餘方之說。遂再研其論，乃知肇師〈不遷〉之

---

[13] 按鎮澄將此書，稱〈海印大士來書〉，收在《物不遷正量論》卷下，載《卍續藏經》第 97 冊，頁 752。

[14] 同註 12。

[15] 慧浸之〈後跋〉，載於德清的《肇論略注》之後，同《卍續藏經》第 96 冊，頁 653 下-654 上。又本文第 5 章第 2 節第 6 項，亦有討論，故此處不詳引。

說，宗似而因非，有宗而無因也。觀其〈般若無知〉、〈涅槃無名〉之
論，齊有一空，妙協真俗，雅合修多羅，雖聖人復起，不易其言也。獨
於〈物不遷〉則失之。嗚呼！千里之驥，必有一蹶，大智之明，必有一
昧，不其然乎？[16]

　　此段文中，顯然是自德清的問題點展開，但鎮澄在澄觀在批評意見之中，
首度使用思辨的工具，來作理論的分析，和觀念正誤的檢驗。它代表一種理性
思惟的新發展，不同於靠禪定體驗的直觀透視法。

　　而且，鎮澄也區分了〈肇論〉中他所贊同者，和不能贊同者。所謂不能贊
同者，只是就〈物不遷論〉一文，指出其誤失之處，在「宗似而因非，有宗而
無因也」[17]。並非籠統表示一概否認之意。

　　此一較精確的思惟方式，同樣是源自對經典重估的新風氣，它並非貶低經
典的崇高價值，反而是在作更認真的沙汰工作，以確保它的權威性和崇高價
值。此一立場，可見諸鎮澄在〈物不遷正量論序〉裡所說的一段話：

　　《般若》云：諸法無去來相，無動轉者。肇公本此為〈物不遷論〉，而
　　釋其義，則物各性住而已矣。……嘗試思之，法無去來義，遍諸聖教，
　　乃吾法之玄綱也。而性住之談，果能盡之乎？竊自疑焉。於是考諸聖言，
　　聖言罔證。求諸正理，正理勿通。然或有證也，我未之見也；理或可通
　　也，我未之窮也，天下亦有能窮者乎？」[18]

　　迄此處為止，鎮澄是就德清拋給他的〈物不遷論〉之問題點，作了反覆地

---

[16] 鎮澄：《物不遷正量論》卷上，《卍續藏經》第 97 冊，頁 730 上。
[17] 關於鎮澄使用因明論式的問題，見本章第 2 節的討論。
[18] 見《卍續藏經》第 97 冊，頁 728 下-729 上。

求證和解析。

　　但是，由於其結論顯然和過去不同，且是傾向於否定面的，於是鎮澄亦效法德清當初之法，將心得乞各方高明之士請教。結果「海內尊宿大老，駁其〈駁〉者，亡慮數十家」[19]。

　　鎮澄對這些「莫不忿然作色」的「諸海內名流」，一一考察其意見後，發現，「求其為之出理引證者，則未見其人。」[20] 於是鎮澄再度自省：

> 彼性住之論，果非吾佛之意耶？抑有深旨存乎？名教之外，固非意智思惟可得而知耶？理固絕言；而言無越理。如來垂範萬世，天魔外道不得而沮者，賴名言有在故耳。若孔子之作《春秋》，殺活與奪，只在片言隻字之間，千載之下無有能易者。況茲一論，段段結歸物各性住。豈曰言在此，而意在彼乎？[21]

　　在此鎮澄面臨〈物不遷論〉的「性住」說，要離言求旨的困難。在他靠名言，如此則義理和名言的關係，便處於不確定的狀態，所以令他十分困惑。

　　在這種情況下，鎮澄只好採取折衷的作法，以條陳的方式，將〈物不遷論〉中，他認為有問題的地方挑出來，間而以佛說的「不遷之旨」以正之[22]。

　　他認為所駁的〈物不遷論〉，容或有再商榷的餘地，但如置而不論，任由天下諸贊同僧肇之說而見地不確的意見泛濫，對佛教的傷害更大。他對別人指責其敢於非議立論千載皆無異詞的聖師肇公，何不自量力？他的回答是：

---

[19] 按此語見諸道衡著《物不遷正量論證》，收在《卍續藏經》第 97 冊，頁 724 上。

[20] 同註 18。

[21] 同前頁註 12。

[22] 鎮澄：《物不遷正量論》，同前引書，頁 740 下。

噫！澄固一業識僧耳，豈敢與先覺辯哉？直據吾佛之言以證耳。使吾佛之言，果不可異，則肇師雖聖，又豈聖於吾佛哉。觀國師曰：當取信於佛，無取信於人。吾事斯語矣！[23]

所以最後，他想把爭論的是非，留給後世的明眼者取笑。其說詞曰：

金剛眼者，覷著那事於是非情量之表。回觀是論，可發一笑！[24]

但，他到底經過怎樣的歷程？如何提異議？即是以下所要探討的。否則又如何決定雙方的爭辯是非呢？

三、異議者鎮澄的觀點分析

鎮澄既敢於發難駁斥〈物不遷論〉的觀點，其後並力抗佛教界各方群雄的爭辯，必有其堅持的理由。

亦即：從思想史的角度來看，勢須追溯鎮澄駁僧肇之論的思想淵源，即其所以異於德清注釋立場的原因，此一爭論的整體面相，才有問題核心可見。

換言之，如抽出鎮澄的異議，則其餘維護僧肇立場的各家發言，便無出現可能。故須先分析鎮澄的問題點。

（一）鎮澄產生疑惑的原因

鎮澄在所著《物不遷正量論》開頭即說：

---

23 同前註。

24 見《卍續藏經》第 97 冊，頁 729 上-820 下。

澄初讀肇公〈物不遷〉，久之不喻。及閱《雜華鈔》[25]，觀國師[26]則以為
濫同小乘不從此方遷至餘方之說[27]。遂再研其論，乃知肇師〈不遷〉之
說，「宗似」而「因非」；有「宗」而無「因」也[28]。

　　亦即，他因研讀〈物不遷論〉，長期無法理解，直到從清涼澄觀的《華嚴
經疏鈔》得知其批評的意見，再回頭追索僧肇的〈物不遷論〉立說本意，才發
現其立論的「命題」（宗）是類似；而解說的「理由」（因）卻是錯的。
　　按「宗、因、喻」三支，是佛教邏輯學（因明）的推論形式[29]，究竟他從
僧肇的立論中，發現了那些「因非」——理由上的謬誤呢？

---

[25] 按〈雜華鈔〉，即唐代清涼澄觀所撰的〈華嚴經隨疏演義鈔〉，凡九十卷，是澄觀又依據其注 80 卷
本《華嚴經》的〈華嚴經疏〉，卷 60，詳為疏解，敷衍而成的。據近代沙門持松法師的〈重編華嚴
疏鈔序〉所言，〈華嚴經隨疏演義鈔〉，是在趙宋之世，才由「晉水法師，錄《疏》以注《經》；
妙明比丘，會《鈔》而入《疏》」。由於經過多次抄錄，原文的編排、銜接，不盡理想，且有被刪
節的情形。迄民國後，由徐蔚如發起重治，蔣維喬、李圓淨、黃幼希等繼之，創「華嚴經疏鈔編印
會」，分任其司，才克完成全書。現台灣流行的，台北華嚴蓮社重刊的十冊版精裝本〈華嚴經疏鈔〉，
即是民國後蔣百里等整編的版本。另外，日本佛教學者，在《大正藏》第 106 冊和《卍續藏經》第
8、9、11 等冊，也都刊有澄觀的《華嚴經隨疏演義鈔》的全文。但本研究主要參考的，是依華嚴蓮
社的十冊版，因字體大，印刷清晰，便於找尋資料也。

[26] 澄觀被封「國師」之號，約在唐德宗貞元十五年（799），他是因在內殿為德宗妙演華嚴宗旨，使德
宗喜悅、折服，賜以「清涼國師」之號。澄觀世壽甚長（102 歲），又義學淵博，成就甚大，故德
宗之後，順宗、憲宗等帝，亦皆封賜其「國師」之號。對中國傳統的社會環境來說，帝王是權力和
榮耀的根源，出家沙門能受帝王仰慕賜號，是甚希罕的榮耀，何況澄觀在唐代曾為 7 帝講經，「國
師」之名，可謂達於榮耀的頂峰了。因此「國師」之號，幾成了澄觀的專屬代名詞。但「國師」的
榮耀，並不等於世俗權力的擁有。在中國的佛教史上，「國師」而兼享政治權力，有 2 種情況：A.
是兼管天下沙門，即作為中央的最高僧官；B.是蒙元統治天下的喇嘛「國師」，合政、教為一，以
適應蒙藏地區的特殊狀況。澄觀在貞元十五年，亦曾受「鎮國大師」號，進加「天下大僧錄」，仍
然屬宗教上的榮耀居多。後代僧人不察，以為「國師」之設，即僧人參預朝政之列，可謂昧於史實。
（燦騰附註）

[27] 此段批評，見《華嚴經疏鈔》（華嚴蓮社版），第 3 冊之卷 21，第 40 頁。有關內容的詳細討論，
請參考本節第 6 項澄觀與鎮澄思想異同的部份。

[28] 見《卍續藏經》第 17 冊，頁 730 上。

[29] 參考霍韜晦：《佛家邏輯研究》（高雄：佛光出版社，1979 年），頁 21-34。

　　由於鎮澄不但在作品中旁徵博引許多佛教的經論，而且經論中往往含有不同的思想體系在內[30]。則到底他如此引用，是否有佛教特殊邏輯思想在？或只是單純的為了加強證據的緣故？

　　假如為上述的任何一種，是鎮澄原有的構想，那麼我們必須先問：有什麼資料可以證明這些？

　　如前節所述，鎮澄對〈肇論〉並非一概批評。對另外的〈般若無知論〉、〈不真空論〉、〈涅槃無名論〉[31]，亦無異辭。他不贊同者，只是關於〈物不遷論〉一篇的內容罷了。他說：

> 《般若》云：「諸法無去來相，無轉動者。」肇公本此為〈物不遷論〉。而釋義則各性住而已矣。嘗試思之，法無去來義，遍諸聖教，乃吾（佛）法之玄綱（義理的綱領）也。而「性住」之談，果能盡之乎？竊自疑焉。於是考諸聖言[32]……。

　　換句話說，他同意所引《般若經》的講法；卻不能贊同僧肇所作「物各性住」的釋義。於是本著此一疑問，他繼續參考其他佛經中的「聖言」，以求正

---

[30] 所謂「異質問題」，指佛教不同的理論體系如「性空系」、「唯識系」和「如來藏系」等，這些不同的內涵，有其不同的發展史，也有相互間的爭議。在中國的隋唐時期，是透過「判教」的方式來解，但都被視為佛陀一生的不同階段的說法形態。近世以來，文獻學的發達，已推翻此觀點，而是放在長期的歷史架構來理解。不過晚明時期，依然是隋唐觀點的沿襲，故鎮澄不以為異。有關近世的研究，可參考宇井伯壽：《佛教泛論》（東京：岩波書局，1970 年，第 4 刷）；望月信亨：《佛教經典成立史論》（京都：法藏館，1978 年，第 2 刷）；前田惠學：《原始佛教聖典成立史研究》（東京：山喜房佛書林，1966 年，第 2 刷）；印順：《印度佛教思想史》（台北：正聞出版社，1988 年）。

[31] 僧肇的著作，傳統上是認為 1、〈宗本義〉，2、〈物不遷〉，3、〈不真空論〉，4、〈般若無知論〉，5、〈答劉遺民書〉，6、〈涅槃無名論〉，都屬〈肇論〉的內容。其中〈宗本義〉是合諸論內容為一綱要，思想混淆，可能非僧肇之原作。可參考湯用彤《漢魏兩晉南北朝佛教史》（台北：鼎文書局，1982 年，3 版），頁 329-31。

[32] 見《卍續藏經》第 97 冊，頁 928 下-929 上。

確的解答。

然則，他在眾多佛經中，如何抉擇「聖言」呢？他既在前面批評肇僧的立論，是「宗似」而「因非」，在析辨的理路上，自應接此分類展開討論。故以下，我們即以「宗似」和「因非」來檢討鎮澄的思想角度。

（二）鎮澄對「宗似」與「因非」的批評

鎮澄既使用因明來對〈物不遷論〉作「宗似」與「因非」的批評，則此處應先從佛教邏輯學上，弄清楚他的指涉為何。

按佛教邏輯學的發展[33]，因明的推論形式雖有多種變化，但其中有些主要結構的部份是始終一致的，如鎮澄使用的「宗」和「因」。所謂「宗」就是命題，所謂「因」就是理由。

這二個部份，其實在任何人類的邏輯形式裡也是不可或缺的。佛教因明的形式演進，主要是針對「宗」和「因」之間，要如何更精簡地建立起推論的有效性。

例如佛教因明的奠基人陳那（約 480-540），提出「因三相」，即：遍是宗法性、同品定有性、異品遍無性，以「歸證」宗、因的有效性。

但法稱（約 600-660）則修改了陳那的體系，認為「同品遍有」可取代「異品遍無」，又可包括了「同品定有」。

不過，陳那以後印度的因明發展，並未傳入中國，故在晚明鎮澄使用「比量」[34]和「現量」[35]的同時，還傾向於用「聖言量」（以佛教聖者之言為依據來

---

[33] 參考霍韜晦：〈陳那以後佛教邏輯的發展〉，收在《佛家邏輯研究》，頁 137-63。虞愚：〈因明學發展過程簡述〉，收在張曼濤主編，【現代佛教學術叢刊】第 42 冊，《佛教邏輯之發展》（台北：大乘文化出版社，1978 年），頁 1-58。以下邏輯史說明皆同，不一一加注。

[34] 「比量」是因明的用語，即推論之量。又作「真比量」，乃「似比量」的對稱。在因明推理中，「比量」是用已知之因（理由），比證未知之宗（命題），而獲得正確的智識。可參考《佛光大辭典》（2），頁 1481-82。

[35] 「現量」是因明三量之一。「現量」即感覺。以尚未加以概念的活動而由感官攝取的外界材料，作

論證）。此即他的書稱「正量論」的由來[36]。

當我們檢視鎮澄的〈物不遷正量論〉時，最先發現的是，他處處引用的經論文句，來證明他的「宗」、「因」，皆是由最高權威的「聖言」來設準的。

而在因明構造的形式裡，為了保證立論的有效性，須要避免一些定義或語意上的毛病，論證才有說服力。據此則鎮澄所用之「宗似」和「因非」，即是表示對方的論式有瑕疵。

簡言之，命題有相矛盾的陳述，或語意游移的，皆可判之為「宗似」-貌似而實非的命題；而理由的陳述，和命題相反，或和自身定義相矛盾的，即是「因非」。

由於鎮澄傾向於用「聖言量」來衡準，則他對所引用的經論「聖言」，一定要確實了解，否則即會產生誤判。

另外不同經論的思想差異，要如何層別？亦是一大問題，此處，我們暫不考慮近代學者的檢討[37]，而只就鎮澄的研判如何來觀察：

1、關於「宗似」的部份。他認為僧肇在〈論〉中所謂「不釋動以求靜，必求靜於諸動」，以及「江河競注而不流，旋嵐偃岳而常靜」的說法，大致是在表示「即動而靜，即遷而不遷」。這樣的命題──「宗」──和《般若經》所提示的：「諸法無所從來，去亦無所至」[38]的經意，以及《華嚴經》裡所說

---

[36] 佛陀的教言，是佛教徒仰為佛法的最高準則，稱之為「聖教量」，或「聖言量」。依〈佛光大辭典〉(6) 的「量」條解釋：「聖教量」又可作「正教量」、「聲量」、「聖言量」，即篤信聖者之教說真實無誤，而依靠「聖教量」來量知種種意義。（原書，頁5294）。鎮澄在其文中，處處強調及援引經論以證成已說，正是典型的「正量論」。

為知識的來源和依據。其較詳說明，可參考《佛光大辭典》(5) 頁4729-30；以及霍韜晦著，《佛家邏輯研究》，頁121-28。

[37] 此一反省和檢討的層面極廣，但在思想上，不外返歸正統唯識學：以「支那內學院」為代表；返歸正統龍樹學和原始佛教：以印順法師為代表。可參考藍吉富：〈現代中國佛教的反傳統傾向〉一文，載《普門》雜誌，期123-24，（1989年12月、1990年元月）。另拙作〈呂澂與熊十力論學函稿評議〉一文，亦可參考。

[38] 按僧肇的此句引文，在〈道行般若經〉第9章，〈摩訶般若波羅蜜道行薩陀波倫菩薩品〉第28，其原文是：「空本無所從來，去亦無所至。佛亦如是。無想本無所從來，去亦：：。」經文一再重複

的：「一切法無生，一切法無滅」[39]的經意，不盡相同，故他稱為「宗似」。

2、關於「因非」的部份。他認為：「諸法性空」為「不遷」，僧肇卻以「物各性住」為「不遷」，顯然此詮釋觀點，是違背經文之意——正如他在〈序〉中所懷疑的——故他嘗試再徵引其他佛經文句，來證實他上述質疑的方向是對的[40]。

如此一來〈物不遷論〉的問題核心，只剩「性空」與「性住」，何者是「不遷」的正解了。

鎮澄對「性空」與「不遷」的考察鎮澄所引的經論，在他看來，有下列典籍和文句，是以「性空」來論釋「不遷」的：〈大品般若經〉中，表示「性空」的哲理者，如「色性自空，非色壞空」[41]。翻成現代語意，即：所謂「性空」者，指現象界的本質（色性）本身就是無永恒實體的（自空），並非現象破壞了，才成「空」。

然為何要否定其無「永恒的實體」呢？因為印度人視宇宙與人生的現象，為虛幻的存在[42]；在邏輯上則因現象是由條件（因緣）結合才形成的，故亦可論證其為變遷的本質。

僧肇的〈物不遷論〉，曾引《放光般若經》說：「法無去來，無動轉

刊舉，連「野馬」的名詞亦用上。見《大正藏》第 8 冊，頁 473 下。

[39] 按在《華嚴經》裡兩處提到：「一切法無生，亦復無有滅。」見《大正藏》第 9 冊，頁 464 中；第十冊，頁 156 下，頁 818 下。

[40] 鎮澄在〈序〉中說：「嘗試思之，法無去來義，遍諸聖教，乃吾法之玄綱也。而性住之談，果能盡之乎？竊自疑焉。於是考諸聖言：」《卍續藏經》第 97 冊，頁 728 下-729 上。

[41] 按唐玄奘譯的〈般若波羅蜜多經〉裡，共有 3 處提到「色自性空」，但並無「非色壞空」的語句。見《大正藏》第 5 冊，頁 17，下；第 7 冊，頁 11 下和頁 33 中。另外，關於「色性空」的經文，在〈大般若經〉亦有兩處，見《大正藏》第 5 冊，頁 364 中；第 7 冊，頁 247 下。顯見鎮澄的引文，不盡符合原經文。

[42] 參考中村元原著，結構群中譯：〈東方民族的思維方法，印度篇〉（台北：萬里書攤，1989 年），頁 3-128。翻譯者由英文翻的，全書還包括〈中國篇〉和〈日本篇〉的大部，並非全譯本。

者」[43]，作為「不動之作」的理論依據。

然此是指「性空」而言呢？還是兼指「表象」？如無其他分析，即不易確定其指涉。

因此，鎮澄在論證時，先就〈大般若經〉的「性空」文句提出討論是有必要的。

於是他還引《大般若經》另一句經文：「是諸法空相，不生不滅」[44]，認為相當於「不遷」的「宗」[45]。

既然前引經文，可表「不遷的宗」，那麼真正的「因」又是什麼？

他亦引〈大般若經〉的語句：「色，前際不可得，中、後際皆不可得（現象於過去、現在、未來，皆不可能發現不變的本質）」[46]；以及另一句「色即是空（現象的本質即是可變化的空）」[47]，認為這就是「不遷」的「因」。

※

但上述這樣簡單的引句，仍存有許多理論上的問題。故須再檢討鎮澄和僧肇皆曾引述《道行般若經》的一段文句。僧肇的原引文是這樣的：

---

[43] 按僧肇所引的《放光般若經》，有兩種譯本，一種是西晉太康七年（286）竺法護所譯〈光讚經〉，另一種是稍晚五年的無羅叉譯的《放光般若經》。以經文來說，是引後一種本，即〈放光般若經〉卷 5，〈衍與等空品〉：「諸法不動搖故。諸法亦不去，亦不來。亦無有住處。」見《大正藏》第 8 冊，頁 32 下。

[44] 這是《般若波羅蜜多心經》的句子。不論是唐玄奘的譯本，或法月的重譯本，以及般若共利言等的譯本，皆有「諸法空相，不生不滅」的經文。見《大正藏》第 8 冊，頁 848 下；頁 849 中、下。

[45] 見《卍續藏經》第 97 冊，頁 730 上。

[46] 按此句經文，在《大般若波羅蜜多經》，卷 61，是這樣的：「色無所有故，前後中際菩薩摩訶薩不可得。」見《大正藏》第 5 冊，頁 347 中。類似的經句，在《大般若經》中，可謂不在少數，皆一再重複，可參考卷 421，〈第 2 分無邊際品第 23 之 2〉，《大正藏》第 7 冊，頁 113-18。

[47] 「色即是空」的經句，在《大般若經》中，有 12 處之多，不一一具列。但一般最為人熟悉的「色即是空，空即是色」的經句，可見鳩摩羅什的《摩訶般若波羅蜜經》卷 1，〈奉品〉第 2，載《大正藏》第 8 冊，第 221 中；卷 3〈集散品〉，第 235 頁上。唐玄奘譯的《般若波羅蜜多心經》，尤其為人廣知，亦載《大正藏》第 8 冊，頁 848 下。

《道行》云：「諸法本無所從來，去亦無所至」[48]。

但此引文的頭 2 字——「諸法」——是由「空」改變的。原經文，在後漢支婁迦讖譯的同經卷 9，〈薩陀波倫菩薩品〉是：

空本無所從來。去亦無所至。[49]

同經卷 10，〈曇無竭菩薩品〉更具體而清楚地提到：

譬如燃火。火即時滅之。本無所從來。去亦無所至。般若波羅蜜（意即智度）。本無所從來。去亦無所至如是[50]。

從上述的 2 段引句中，我們看到的「空」、「般若波羅蜜」就像火花旋亮旋滅，蘊涵於現象界的快速變化中，諸法的是否變異問題，無法自外於剎那的生滅現象。因此移動或靜止的陳述，皆須就此變化的現象與諸法，區分其不同的指涉面，才能確定意義所在。

僧肇採取的方法，是引龍樹《中觀》[51]說：「觀方知彼去，去者不至方（自方位觀察，知道某物已移去；但那遷移主體，卻未曾到某處）」[52]，來證明是「即動而求靜，以知物不遷」。

---

[48] 見僧肇：〈物不遷論〉，收在《卍續藏經》第 96 冊，頁 62 上。

[49] 見《大正藏》第 8 冊，頁 473 下。

[50] 同前註，頁 475 上。

[51] 龍樹的原著名為《中論》，但中國人傳統用《中觀》名之。可參考藍吉富，〈漢譯本《中論》初探〉，收在張曼濤主編，【現代佛教學術叢刊】第 48 冊，〈三論典籍研究〉，頁 1-72。

[52] 僧肇的引文，不同龍樹的《中論》之文。唐代元康在〈肇論疏〉已提出這一疑點，並推測是用原書的〈觀去來品〉之類似句子，以轉換之。《卍續藏經》第 96 冊，頁 97 下-98 上。

　　不過，他可能未真理解；《中觀》和《般若》，存有詮釋的差異。理由是：龍樹的邏輯，往往蘊含著語言概念的相互排斥性，只要推論，原概念結構即互斥，並造成思維上的困難。例如前述「觀方知彼去；去者不至方」，如就觀察者的立場來看，由「方」（觀察的範圍），知道「彼」（觀察的對象）已「去」──離開了。

　　但是，就「去者」而言，雖然有「去」的動作，卻可由變遷（去）的概念中，加以無限地切割，理論上可成立；切割後出現無數的個別「去者」，理論上亦是可能的。

　　可是，被無限切割後的無數個「去者」，如何「去」「至方」呢？在觀察者而言，如以視覺的「殘餘印象」，雖可將「去者」視為一連續體；但就對方的立場來看，既能被概念切割，即非一連續體（否則即不成被切割的個體）。於是，在思惟上，便陷入了既連續又切割的兩難。

　　龍樹另一和僧肇引文略同的句子，亦如此表達：

　　　　已去無有去。未去亦無去。離已去、未去，去時亦無去[53]。

　　一旦依此句法作析辨，立即陷入矛盾，無法自句尾的否定脫身。原先可預期變動性，隨之被解消了。於是「已去」、「未去」的動靜問題，頓成了空洞的語句。

　　對思惟者的意識內涵來說，理路的發展清晰可辨，但實際在意識上欲尋的目標（動或靜）卻消失了。──像龍樹這樣辯證的《中論》語意，較之《般若經》的素樸表達，無疑已添加邏輯論證的成份。雖其結果仍摧破語言的邏輯結

---

[53] 此即元康所指的句子。同前注。又，龍樹此句的解釋，可參考印順：《中觀論頌講記》（台北：正聞出版社，1976 年，7 版），頁 84-85。但我認為印順的解釋，只是第一層次的字面意義而已，我不能滿意，而更有發揮。

構，但畢竟兩者是有差別的。——在稍後，將會發現：《般若經》是被視為「不了義」的。

鎮澄原是從澄觀的《疏鈔》，找到批評〈物不遷論〉的參考點，《華嚴經》的經文，自然成了他引據的資料來源。

他認為經文中的「身意諸情根，一切空無性」[54]，是「不遷」的「因」。而另一句「以此長流轉，而無能轉者」[55]，即是「不遷」的「宗」。

在鎮澄的觀點中，文須如經所示：一切空無性，故雖流轉而無能轉者，才是正確的「不遷」詮釋。為了證明這一點，他又摘錄了《華嚴經》的二條經文：

甲、「云何說諸蘊？諸蘊有何？

然而，上述鎮澄摘錄的經文裡亦存在一些問題，例如《華嚴經》帶有「如來藏系」的思想成份，和《般若經》的「緣起性空」是有不同的[56]。

在稍後的討論中，將可發現：鎮澄為了解決甲、「蘊性不可滅，是故說無生[57]。」乙、「分別此諸蘊，其性本空寂，空故不可滅，此是無生義[58]。」

他認為「蘊無生滅」、「性本空寂」，只是言「物性空故不遷，非謂有物而不遷」[59]。亦即，他不認為僧肇是從《般若經》或《華嚴經》的「性空」立場，來解釋「物不遷」的道理。

---

[54] 按這是出自《華嚴經》。〈菩薩問明品第一〉，原文是：「眼耳鼻舌身，心意諸情根，一切空無，妄心分別。」《大正藏》第 10 冊，頁 66 中。

[55] 這也出自同段的經文：「眼耳鼻舌身，心意諸情根，以此長流轉，無有能轉者。」

[56] 按「如來藏」較具本體論的色彩，且唯心論的傾向很濃。例如前述《華嚴經》的引文，雖然最後仍歸結到「蘊性無生」，「其性本空」，但原段經文，開頭是這樣的：「一切眾生界，皆在三世中。三世諸眾生，悉住 5 蘊中。諸蘊業為本，諸業心為本。心法猶事物幻、世間亦如是……。」講的是由「心」「幻」造「三世諸眾生」，故「世間」雖然如「幻」，仍有「眾生」流轉。並非純是講「性空」理論。另外，關於「如來藏」和「性空」之區別，請參考印順著：《印度佛教思想史》，第 4 章〈中觀大乘——「性空唯名論」〉和第 8 章〈「如來藏」與「真常唯心論」〉有相當清楚的說明。

[57] 同前註。按此段經所，是出自《華嚴經》卷 19，〈升夜摩天宮品〉第 19。見《大正藏》第 10 冊，頁 101 下。

[58] 同前註。

[59] 見《卍續藏經》第 97 冊，頁 730 下。

「性空」和「如來藏」兩者思想不同問題，甚至用「位階法」來排列高低
順位。

1. 鎮澄對「性住」非「不遷」的質疑與自辯

鎮澄質疑僧肇的論點，如前所述，是針對「性住」而發的。到底他如何展
開質疑呢？亦須在此加以考察。

他說，他所謂「性住」者，是指僧肇在〈物不遷論〉中的一些看法，如：

> 昔物住昔，不來於今；今物住今，不往於昔。乃至新、故、老、少、成、
> 壞、因、果等物，各住自位，不相往來，皆若是也[60]。

他接著批評說：

> 凡有所「住」，即名「有為」；既墮「有為」，即屬「生滅」，非「不
> 遷」也[61]。

鎮澄為什麼要極力反對「性空」？上述引文和他的批評，已提供了一些線
索。

今順其思考邏輯，可了解其意指如下：他認為凡帶有主觀性的或被動性的
「住」，此「住」即屬「有為」。

同理，既屬「有為」則此「住」即不免帶有附加的成份。

如此一來，此「有為」的「住」，因其有外加成份，便屬「因緣和合」而
成的被創造物，而既屬被創造物；即無自主性，雖在時空範圍內有「住」的狀

---

[60] 見《卍續藏經》第 96 冊，頁 62 下-63 上下。以及第 97 冊，第 730 下。

[61] 見《卍續藏經》第 17 冊，第 730 冊上。

態，卻須受因果律的支配，成了被決定的、會變遷的現象。

因而，鎮澄反駁僧肇的「不遷」，其實是「有為住」，屬「生滅」的；不應該稱之為「不遷」，而是「遷」！

他的批評側重點，顯然是在「性住」的屬性上。

他一再咬定〈物不遷論〉的文句，其實是會「生滅」的性住，非屬「不遷」。

假如要詮釋真正的「不遷」，則應如他摘錄的佛經引文，才足以說明。

然而，別人可以反問：何以見得僧肇講的「性住」非指「性空」而「不遷」呢？這是鎮澄提出批評後，立刻會面對的問難。

因此，接著即檢討鎮澄的自辯理由。

他說，據他所了解的〈物不遷論〉，其主要的論旨，是「昔物住昔，不來於今；今物住今，不住於昔，——物各性住於一世，所以得不遷也」[62]。他舉二個具體的例子來說明：

> 1、求周公於周時則有，求之晉時則無。反之，求羊祜（221-278）於晉時則有，求之於周時則無。兩人各住一世也。

他順僧肇的語句敘述：

> 2、兩舟前後各行，前舟載魚，後舟載筍，舟行千里，而魚和筍之物各住本舟，未嘗動也。

他解釋說：「求前舟之魚於前舟則有；求前舟之魚於後舟則無。後舟亦爾。求後舟之筍於舟則有；求後舟之筍於前舟則無也。

若後舟中有前舟之魚，可說前舟之物移來。後既無魚，則不可謂前舟之物

---

[62] 《卍續藏經》第 97 冊，頁 731 上-下。

移來也。若前舟中有後舟之筍，可說後舟之物移去；前既無筍則不可謂後舟之物移去[63]。」──語句表達，皆循〈物不遷論〉的語法重述，以確定其未誤解原意。

於是，他認為這只是時空分割的概念。以僧肇的原文來看，像「新不至故，故不至新；老不至少，少不至老；乃至江河競注而不流，也只是前念之波住於前念，不來後念；後念之波住於後念，不往前念」，「念念波流，念念各住，故競注而不流也」。「是謂各性住於一世，不相往來。此肇公〈不遷〉之本旨也」[64]。

※

這樣的理解，是否正確？暫不討論。此處要關切的，是他有否繼續駁「性住」之說？

在未全盤理解鎮澄的觀點之前，應盡量就其各種論點逐項探討，才不致遺漏任何的可能涉及的問題線索。

例如「性住」、「性空」和「不遷」三者，其各別的含義，在佛教教義上應如何解說？他是很清楚的。但何以他一定認為僧肇的「不遷」是錯誤的呢？這才是問題所在。

2. 鎮澄對「佛性」與「性空」的層別

鎮澄之所以要反駁僧肇的〈物不遷論〉，其問題癥結，是他認定僧肇的「不遷」，其實是「性住」，而非「性空」的「不遷」。所以，他接著就企圖引用「佛性」論，來徹底解決爭辯。

※

起初，鎮澄為判「性住」違背「大乘性空之義」[65]，其方法是引經論中反

---

[63]　《卍續藏經》第 97 冊，頁 731 上。

[64]　《卍續藏經》第 97 冊，頁 731 下。

[65]　《卍續藏經》第 97 冊，頁 733 上。

對「住」的語句，如：

> 甲、《涅槃》云：「住名有為，如來永斷去來住相[66]。」
> 乙、《中論》云：「去者則不住。不去者不住。離去、不去者，當於何有住[67]。」
> 丙、《般若》云：「應無所住而生其心[68]。」

但是，《涅槃》的主要思想是「佛性」論，《般若》則為「性空」論，兩者雖仍強調「眾生無我」、「不生不滅」。然而，一旦深入理論的核心後，便發現思想的取向是不同的。鎮澄將如何解決這個差異性呢？

就鎮澄言，此兩者可相容。亦即他是用傳統判教的位階法[69]，將佛法分為「世間」的「無常」和「非世間」的「真常」。

例如《涅槃》即認為「世間法」為生滅無常的；但同經另一方面，又主張「常住之法，三世（過、現、未）不攝。如來法身，非三世攝，故名為常」[70]。

---

[66] 按此段引文，見曇無讖（385-433）譯的〈大般涅槃經〉卷30，〈獅子吼、菩薩品〉第十一之四。載《大正藏》第12冊，頁546上。

[67] 按鎮澄的《中論》引文，最後一句，和原文有出入。今依鳩摩羅什的譯本，其文句如下：「去者則不住。不去者不住。離去不去者。何有第3位？」見《大正藏》第30冊，頁4下。

[68] 按此句即〈金剛般若波羅蜜多經〉的「名句」，禪宗六祖惠能（638-713），據說五祖授此句經文而有悟。見〈壇經校釋〉（台北：文津出版社，1987）年，頁20。另〈金剛經〉原文，見《大正藏》第8冊，鳩摩羅什譯本，頁749下。

[69] 龍樹的「空宗」思想與〈大涅槃經〉等的「佛性」思想，性質差異而要互容的問題，早在南北朝時期，北涼曇無讖（384-433）繼鳩摩羅什的弟子慧觀，即用「二教」（頓與漸）和「五時」（三乘別教、三乘通教、抑揚教、同歸教和常入教）來解決。其中「三乘通教」即第三時的《般若經》時期。見〈三論玄義校譯〉（台北：文津出版社，1988年），頁120。其後像吉藏（549-623）的「三論宗」、智顗（538-597）的「天台宗」、法藏（643-714）的「華嚴宗」等，皆有類同慧觀的「判教」，以解決思想歧異的問題。因此為佛教史「常識」，不擬在此多論。

[70] 鎮澄的此一引述經文，雖注明是「《涅槃》12」（見《卍續藏經》第97冊），頁732下，但經查〈大般涅槃經〉，卷20，並無此經文。但在卷33，〈迦葉菩薩品第12之1〉則有類似經文：「佛性是常，三世不攝。三世若攝，各為無常。佛性未來以當見故，故言眾生悉有佛性。」載《大正藏》

故鎮澄的思想，即在調和兩者。

　　然而有一些思想上的轉折，必須先在此略為解說。

　　因佛教主張眾生有輪迴，是基於業識流轉的緣故。業識因無明——錯誤的認識——而產生，於是有了一個被污染的主體。

　　這個主體，從乾淨的方面看，是「如來藏」；從污染的方面看，即是「妄識瀑流」。為什麼呢？

　　因在佛教的理論中，既認為萬物皆在遷變中，則當可透視其無永恒存在的不變實體（性空）；一切只是妄識的偶合罷了（唯識）。雖然如此，人又如何從此妄識的偶合體中超脫呢？它的可能性何在？難道不是有了解脫的潛在能力（佛性）嗎？

　　從僧肇的〈物不遷論〉中，可以觀察到他引用《般若經》和《中論》的理論。但是在《大涅槃經》中，鎮澄卻處處發現了「常、樂、我、淨」的佛性思想。

　　既然如此，他面臨如何將「無常」的「遷」變，過渡為「常」的「不遷」的問題。《涅槃經》對於「法身」如何是「常」的道理，既有詳盡的說明，於是鎮澄即加以援用。

　　在鎮澄的觀念中「常」有二義：

　　一、是「凝然常真」，如《楞嚴經》云：「性真常中，求於迷悟、生死、去來，了不可得[71]。」這是他認可的「不遷之義」。

　　二、是相續常，業果不失。如《華嚴經》云：「因自相剎那壞，而次第集，果不失相[72]」由於人的「七識」有不間斷的「熏習」作用，前念滅時，熏起後

　　第 12 冊，頁 562 中。

[71] 這是說明「如來藏」的「常住妙明，不動周圓妙真如性。性真常中，求於去來迷悟生死，了無所得。」見〈大佛頂如來密因修證了義諸菩薩萬行首楞嚴經〉卷 2，《大正藏》第 19 冊，頁 114 上。鎮澄的末句引文，字序有點不符。

[72] 此段經文，不詳何卷？鎮澄引文，見《卍續藏經》第 97 冊，頁 734 上。

念，雖「劫火洞然而業果不失」[73]。這謂之「相續常」，雖常而時變化。

他認為僧肇的「不遷」義，是誤取此種「相續常」，故於「義左矣」[74]！至於「性空」與「性真常」，他要如何處理呢？

他的答覆是這樣的：

（一）《般若》蕩相名「空」，故說法無去來。謂求去來相不可得，故非謂顯「常」也。

（二）《涅槃》直示實性，故說「常住」非因果。故經云「無常者」，生死，「常」為大涅槃；「空者」，生死，「不空」為大涅槃。

（三）此言有為因果，是生死法，故皆無常。無常之法，無有自性，徹底為「空」，是則無常即「空」，「空」即無常。無常與「空」一有為法，故皆屬生死，非「涅槃佛性」也[75]。

案：在此他視「佛性」不屬於《般若》「空義」，且貶「空義」為「有為」。但鎮澄依然視兩者為不同的層次。他的說法如下：

1、《涅槃》「以因果為常」，即《般若》「諸法空義」。而《般若》的「法無去來」，他認為即《涅槃》的「空者」，或謂之「生死」也[76]。

2、《涅槃》的「常住不空」之體，他解釋為「如來藏佛性，真人堅凝不變，則非無常；真實有體，則非空也」[77]。

亦即不能等同《般若》的「性空」思想。

3、他於是判定其中：《般若》既未討論「真我不空」的義理，則《般若》的「法無去來」即不應等同《涅槃》的「實性常住」。否則將誤解了「二宗」

---

[73] 同前註。

[74] 資料出處，同前註。

[75] 這段說明，是鎮澄特別著重的區分。見《卍續藏經》第 97 冊，頁 735 上。

[76] 同前註。

[77] 同前註。

的思想[78]。

他即以如此的區分，將〈楞嚴經〉的「妙真如性」[79]和〈圓覺經〉裡的「圓覺妙心」[80]，皆視如《大涅槃經》的「涅槃佛性」：雖顯現森羅萬象，本身卻「實一物可去來」[81]。

反之，《般若》的「性空」，被視為是「無常」的，因而即被貶為「生死」的「有為法」。換言之，他將「佛性」的境界位階，置於「性空」之上，而解決了思想異質的問題。

但是，他將《般若》「空義」亦視為「有為法」之說，同樣也留下了「遷」與「不遷」的「性住」難題。

因有為法的「空」，是屬於「生死」的，如此則「性空」之「法無去來」，必將混淆了他反對的「性住」。

何況《法華經》亦有「法住法位」之說[82]，加上澄觀的批評「不遷」之說[83]，要如何解決呢？以下我們就此相關問題，再作一思想理路的探索。

3. 澄觀與鎮澄思想異同之分析

華嚴四祖[84]清涼澄觀的著作，在晚明的佛教界具有重要的影響力，他和唐代另一注《華嚴經》的大師李通玄（635-740），分別代表了晚明「華嚴學」熱

---

[78] 同前註。

[79] 同註 71。

[80] 可參考宗密（780-841）撰：《大方廣圓覺修多羅了義經略疏》卷上 2，收在《大正藏》第 39 冊，頁 537 中-下。鎮澄文，見《卍續藏經》第 97 冊，頁 737 上。

[81] 鎮澄的評述，用「如來藏」的思想來統攝，實際上，已非僧肇的理路。但，晚明的〈物不遷論〉戰，卻是環繞著「如來藏」的思想而展開，可以說為其最大特色（同前註）。

[82] 鳩摩羅什譯，《妙法蓮華經》的〈方便品〉，提到：「是法住法位，世間相常住。」見《大正藏》第 9 冊，頁 9 中。

[83] 按即《華嚴經疏鈔》的觀點，其討論，詳下一項「澄觀與鎮澄思想異同之分析」。

[84] 在唐代的華嚴宗，通常有「五祖」之稱，即（1）杜順（557-640）、（2）智儼（602-668）、（3）法藏、（4）澄觀、（5）宗密。參考《中國佛教總論》（台北：木鐸出版社，1983 年），頁 316；高峰了州著，慧岳譯，《華嚴思想史》（台北：彌勒出版社，1983 年），頁 105-226。

潮的兩大思想導師。

澄觀的學問淵博，注疏詳盡而繁瑣；李通玄則神解精要，不重細節。故前者之書，較宜思辯性的學者參考；後者之書，則深得禪修者的喜愛。在晚明佛教界，兩種類型的讀者，壁壘分明，而兼之者少[85]。

德清和鎮澄，皆是屬於澄觀的忠實讀者，並且同樣在澄觀的著作中，讀到了關於僧肇〈物不遷論〉的批評，但二人的理解和反應則大異其趣。

但，此處要探討的，是澄觀的批評重點何在？為何他構成了鎮澄的評論依據？同時也基於澄觀的批評，一直未被研究〈肇論〉者重視[86]，故將其置於此處討論。

1、鎮澄在他的文章中，一再提到「觀國師」的批評，認為〈物不遷論〉的論點：是「濫同小乘」的「不從此方遷至餘方」之說[87]。

但，澄觀何以會有此看法呢？這必須由澄觀的「華嚴詮釋學」來作一了解，才知其意指。

2、據《華嚴疏鈔》卷21，〈菩薩問明品〉第10，知道經文是答文殊問心

---

[85] 在晚明佛教界，曾閱讀並發揮關於「常住」著作的，計有：德清，嘗數講〈華嚴玄談〉（案：係澄觀《疏鈔》的導論）；又著有《華嚴經綱要》80卷。德清在《年譜》中提及此書：「每念華嚴1宗將失傳，清涼〈疏鈔〉，皆懼其繁廣，心志不及，故世多置之。但宗「李通玄」《合論》。因思清涼：「但取〈疏〉文，提筆大旨，使觀者易于題曰《綱要》。」雲浪洪恩（1545-1606），則「嘗二演《大疏》，七講〈懸談〉。」見《中國佛教總論》，頁32。　雲栖袾宏在《華嚴經感應略記》、《阿彌陀經疏鈔》裡都受澄觀著作的影響。華山祖住（1522-1587）「從松、秀二法師受清涼之學，在京口萬壽寺數講《大疏鈔》。」（見《中國佛教總論》，頁319）。其次關於李通玄的著作，則有：李卓吾（1527-1602）喜讀李通玄的《華嚴經合論》並著作《華嚴經合論簡編》4卷（見《卍續藏經》第7冊，頁337-470）。方澤著，《華嚴經合論纂要》3卷（參考《中國佛教總論》，頁320）。　紫柏真可撰，〈方山李長者家前自卜出處疏〉（見《紫柏全集》卷13，《卍續藏經》第126冊，頁870上），可見他對李通玄的崇拜。至於曾經將澄觀和李通玄的著作，合而為一，僅有為霖道霈之作（台北：新文豐出版公司，1977年，台一版），共3冊。

[86] 指塚本善隆編的〈肇論研究〉（京都：法藏館，1955年），其中牧田諦亮的，〈肇論の流傳について〉（原書，頁272-98），也未重視。

[87] 同註27。

性為「緣生無性」，卻「能有所熏」而「不相知」的質疑[88]。

　　巧合的是，有不少經文中的語意和比喻，極類似〈物不遷論〉。茲摘錄如後：

> 諸法無作用，亦無有體性，是故彼一切，各各不相知。
> 譬如河中水，湍流競奔逝，各各不相知，諸法亦如是。
> 亦如大火聚，猛焰同時發，各各不相知，諸法亦如是。
> 又如長風起，遇物咸鼓扇，各各不相知，諸法亦如是。
> 又如眾地界，展轉因依住，各各不相知，諸法亦如是。
> 眼耳鼻舌身，心意諸情根，以此常流轉，而無能轉者。
> 如理而觀察，一切皆無性。法眼不思議，此見非顛倒。
> 若實若不實，若妄若非妄，世間出世間，但有假言說[89]。

　　在上述的引文中，主要論點，是諸法無體性，其水火風土，乃至人之五官和心意識等，其變化流轉，皆展轉相依，並無一不可變的主宰在操縱著。諸如展轉無體，其流轉者，只是「苦報依於業，業依無明造，無明依所造」而已[90]。

　　因此對此諸法的現象，也只能姑且就其所現，加以命名或描述罷了。假如能具「法眼」，如理觀察這一真相，是為正見——不顛倒——即可解消無明所造的「苦報業」。

　　因此，如只就上述引文來看，依然是佛法的基本原理：苦、集、滅、道的「四聖諦」之衍申而來。

　　但如深加分析諸法因緣如何相續的問題，因尚須涉及如何抉擇不同的解

---

[88] 《華嚴經疏鈔》（華嚴蓮社版）第 3 冊，卷 21，頁 34。
[89] 《華嚴經疏鈔》，卷 21，頁 34-94。
[90] 《華嚴經疏鈔》，卷 21，頁 48。

脫之道的問題，於是便形成了種種方式的詮釋之道。義理層次的區分，便有可能出現了。澄觀的情況正是如此。

他在〈疏〉中解釋河水奔流而各不相知的經文時，提出「流」為河水「能依」的主體，並用「十義」說明其「不相知」而成「流注」的可能性[91]：

1、前流不自流，由後流排才流，則前流無自性，故不知後。
2、後流雖排前，而不到於前流，故亦不相知。
3、後流不自流，由前流引才流，則後流無自性，故不能前知。
4、前流雖引後而不致後，故亦不相知。
5、能排與所引二，故亦不相知。
6、能引與所排無二，故不相知。
7、能排與所排亦無二，故不相知。
8、能引與所引亦無二，故不相知。
9、能排與能引不得俱，故不相知。
10、所排與能引亦不得俱，故不相知。

上述這十種排列組合，是由自動和被動的兩種力量所構成的「十義」。因在「流注」中，有前後波的分割或相續等幾種可能。

澄觀自己在結論也說：「是則前後互不相知，名無自性。只由如此無知無性，方有流注。則不流而流也[92]。」

他認為，這就是僧肇云「江河競注而不流」的意義。但是，上述「十義」中，究竟是哪一種？或多種？或全部？是僧肇「不遷」之義呢？

照澄觀的補充疏釋，所謂「前後」有二義：（一）是「生滅前後」，即前

---

[91] 《華嚴經疏鈔》，卷21，頁37-39。

[92] 《華嚴經疏鈔》，卷21，頁38。

滅後生，波波遷變。（二）「此前彼後」，則波波相引排[93]。

可是流動中河水，要如何設法使其「不相知」呢？或「流」而「不遷」呢？其實，「十義」說明，乃是依其現象，本質和作用的不同，預設性的分類出水波樣相，並按分類賦予不同的屬性。

由於澄觀宗「如來藏」的真心思想[94]，因此他在表達水流時，先預設了四種模式：1、真妄相續。2、真妄起滅。3、妄用依真起。4、妄為真所持。「真」就是「如來藏」；「妄」就是「妄識」。前者可引申為「理」或本體；後者可引申為「事」，或器世間的森羅萬象。

如此一來，水的流相和水的本質，就可以賦予形上學的象徵意義。然後，再依此思想的不同層次，來判定僧肇的觀點屬於何種位階。

澄觀將預設的理論和模式都提出後，在《鈔》的部份，又總結上述複雜關係的思想發展取向說，「欲顯不相知理，故寄前後流異，成其十門。若不說前後之流。將何不相知耶？一河之水，不出前後。則千里之曲，悉皆無相。不相知矣！然雖十義，本唯二流，成兩重能所。前流望引為能，望排為九所，後流望排為能，望引為所。以斯四義，相參成十[95]。」──這就是他的說明架構。

而他之舉僧肇〈物不遷論〉的河水流注為例，在詮釋是所謂的「引他證成」之法[96]。

問題是，僧肇的四個譬喻：（一）旋嵐偃岳而常靜，（二）江河競注而不流，（三）野馬飄鼓而不動，（四）日月歷天而不周。

在《華嚴經》所舉風、水、火、土「四大」，只相當水、風二項；火、土二項則缺[97]。

---

[93] 同註 91。

[94] 可參考《華嚴經疏鈔》（華嚴蓮社再版）第 1 冊，卷 1〈疏序〉，頁 1-14。

[95] 《華嚴經疏鈔》，第 3 冊，卷 21，頁 39。

[96] 澄觀在《疏鈔》中說：「今四喻中，但用水風，無彼火地。」見《華嚴經疏鈔》，卷 21，頁 4。

[97] 見《卍續藏經》第 96 冊，頁 62 下。

因此，理論上澄觀須以水和風的流動特性，來衡量僧肇的〈物不遷論〉，而實際上他只以水流為準。為什麼呢？

因僧肇原文說「既無往返之微朕，有何物而可動乎？」[98]又舉四喻說明，可見四喻在性質上是一致的。故以水之流動說明，即足代表。

但是，水流須分前後，澄觀便指出其具 2 種涵義：（1）是前後繼承的變化；（2）是彼此推引的變化。

他又舉例說，從壯年到老年，雖前剎那滅，後又剎那生，遷變不已，卻有前後的繼承關係，此為前一種流動；而後一種流動，則如 2 人同行狹徑，後面的人排前面的人，前面的人引後面的人，其行進間，一直有 2 種相互對應的關係。

並且，不論那一種前後的變動，因始終有分割的現象存在，故「分分之水，皆有前後。乃至毫滴，亦有前毫後毫。故聚眾多，皆成流注，則無性矣」[99]。——這是就流水的現象提出說明，以分割的不同形態，來解決詮釋上的問題。

但這種流相的詮釋，又可分為二個層次：

> 前流後流，各皆依水。悉無自體，不能相知。然不壞流相，故說水流。流既總無，但唯是水。前水後水，無二性故，無可相知。是則本無有流而說流也[100]。

前一層次，唯就現象說，約當《般若經》的「緣起性空」說，故未涉及本體的問題。後一層次，因是就全體的本質觀來說，故含有「如來藏」真心論的本體色彩。

---

[98] 《華嚴經疏鈔》，卷 21，頁 40。

[99] 《華嚴經疏鈔》，卷 21，頁 38。

[100] 同上註。

　　然在這樣的體相詮釋之下，澄觀又如何批評僧肇的觀點呢？或者說，鎮澄所讀到的澄觀原文旨趣，又如何？

　　我們在前面討論鎮澄的質疑問題時，已提到他始終判僧肇的「不遷」為「性住」，而不承認其為「性空」說。

　　此因鎮澄最後依「如來藏」的真心思想，來主張其「不遷」說。但無論就「性空」說，或「如來藏」來看，皆屬大乘的佛教思想；而「性住」卻是「濫同小乘」。那麼鎮澄和澄觀的理解之間，究竟有無異同點呢？

　　按：澄觀最先是在《疏》中提到：

　　　　小乘亦說當處生滅，無容從此轉至餘方。而不知無性緣起之義耳[101]。

　　其後《鈔》中則詳釋此義。茲摘述如下：

　　澄觀說：「小乘即《俱舍論‧業品》（中）釋：身表許別形，非行動為體。以諸有為法，有刹出、盡故[102]。」這是世親[103]破「正量部」[104]的主張。因「正

---

[101] 按澄觀所指的這段文字，可見世親原著，玄奘譯：《阿毗達磨俱舍論》（30卷）之第13，〈分別業品〉第4之一的「偈頌」。在此段「頌」文之前，尚有兩段解釋產生「眾生世間」和「器世間」的差異之由來，「頌」文說：「世別由業生。思及思所作。思即是意業。所作謂身語。此身語二業。俱表無表性。」在解釋的主題中，是要分析意、語、身這三種業，到底是怎樣形成的？意是在先；身、語在後，而此身、語二業皆為「表、無表性」。然後世親提出批評及本身觀點。此即是澄觀在《疏鈔》所引之「頌」文。載《大正藏》第29冊，頁67中、下。澄觀之文，則出處同前頁註99。

[102] 世親 Vasubandhu 是佛教史上，最偉大的唯識思想家之一，也是小乘佛教論書最偉大的作家之一。他的大名及影響，是佛教史的「常識」，故不多介紹。

[103] 按正量部，梵名 Sammatiya 或 Sammitiya 是小乘佛教之一派，教理接近犢子部，而主張生滅論有主、客二個是其特色。參考《佛光大辭典》（3），頁2000，正量部。

[104] 世親指摘：「論曰：由思力故，別起如是身形，名身表業。有餘部說（案：即正量論），動名身表，以身動時，由業動故。——為破此故，（我世親才）說：非行動。以一切皆有刹那故。刹那何謂：得體無間滅。有此刹那法，名有刹那。如有伇人名為有伇。諸有為法才得自體，從此無間必滅歸無。若從此處生，即此處滅，無容從此轉至餘方。故不可言動名身表。若有為法皆有刹那，不至餘方義可成立。諸有為法皆有刹那，其理極成。」這些話意指為何？按佛教為解釋眾生世間的形成與差別，需要就人的行為動機及其結果影響，提出一些說明，否則既無以建立自家學說，亦難以通達解脫之

量部」「以動身為身表體」，世親不同意，故破之[105]。

　　但澄觀評析雙方論點說：「然『正量部』，心、心所法，則有剎那。此之動色，無有剎那。」

　　換句話說，『正量部』的主張，是針對心的作用變化來說，認為意識有剎那的生滅現象。但世親反對，認為：「諸有為法，皆有剎那。何以知有？後有盡故。既後有盡，知前有滅。」於是世親主張：「若此處生，即此處滅。無容從此，轉至餘方[106]。」

　　3、對於世親的看法，澄觀隨即加以引申，並用來衡準僧肇的「不遷」之義。他解釋說：「此生此滅，不至餘方。同『不遷』義。而有法體，是生是滅。故非大乘。」「大乘之法，緣生無性。生即不生。滅即不滅。故『遷』即『不遷』。」換言之，小乘有法體的剎那生滅，而大乘緣生無性，生滅即非生滅，

道。在世親早年寫〈俱舍論〉的時期，「阿賴耶識」的容攝與轉化的理論還未出現。因此對業的自性問題，雖分為意業及其產生的身語業二類，但意業因本身即思慮的發動者，不易論斷其屬性為何。於是改由觀察外表的行為來判斷。而既然觀察的身語業，是表現出來的，便稱之為表業。可是人之身語業不但有動機，也有前後記憶的關聯性，甚至引起或大或小的身心變化，此潛在影響力如何解釋？因其可藉表業逆推其存在，故表業之外，尚須承認有「無表業」——未顯示但存在的「業」。而世親和正量部的爭論是在「身表業」的性質為何？這主題上（就澄觀引文而言）。又因諸行無常，剎那變化（生滅）是佛教建立「無我」的理論基礎。世親認為「身表業」是由「思力」產生，雖有種種形態出現，皆受變化的因果律支配，剎那生即剎那滅。並且對任何「有為法」皆然。可是在正量部的主張則不同，認為「身表業」是由「業動」產生「身動」，因此「行動」可構成「身表業」的主體。世親則根本反對此種說法。其理由如上。見《大正藏》第29冊，頁67下。

[105] 世親的分析理念，在於「有為法」皆有「剎那」；而「剎那」是由「後必盡」來推知。既然如此，「諸有為才得自體，從此無間必滅歸無；若此處生即此處滅，無容從此轉至餘方」。換言之，就其剎那、變化的本質而言，是達於時空分割之極致，不容有「遷移」的「動身」為例外。澄觀和鎮澄都用此「剎那變化」，來看僧肇的〈物不遷論〉，因此有種種批評。讀者須知：我們經驗的知識，往往受限於感官的功能，故未藉其他工具來突破原有感官經驗以前，就如單用眼睛看月，很難意會望遠鏡之下影像。世親之上述理論，須得就其可能的指涉角度來理解，才不致誤解。此亦是佛教語言稍異之處，不過世親的此種剎那生滅的分析法，雖可說明法無自體可遷，卻未指明其為「性空」。故在理論上仍相異於「空宗」的；當然也不同於「如來藏」思想。而澄觀和鎮澄卻是承襲「如來藏」思想，其不盡推崇世親之說，亦屬當然。

[106] 見《華嚴經疏鈔》，卷21，頁24。

故兩者「其理懸隔」[107]。

※

　　問題是，如何判定僧肇的「不遷」之義，兼具上述 2 種性質。澄觀也明白這種情況，於是有如下的分析：

>……然肇公論，則含二意。顯文所明，多同前義。故云「傷夫人情之惑久矣，目對真而莫覺！既知往物而不來，謂今物而可往！往物既不來，今物何所往？何則？求向物於向，於向未嘗無；責向物於今，於今未嘗有。於今未嘗有，以明物不來；於向未嘗無，故知物不去。復而求今，今亦不往。是謂昔物自在昔，不從今以至昔；今物自在今，不從昔以至今。故仲尼曰：回也見新，交臂非故。如此，則物不相往來明矣。既無往返之微朕，有何物而可動乎？

　　──（接著）即云「然則旋嵐……」等「四喻」。下文又云，「若古不至今，今亦不至古。事各性住於一世。有何物而可去來。」

　　釋曰：「觀肇公意，既以物各『性住』而為『不遷』。則『濫同小乘，無容從此轉至餘方』。

　　下論云「故談真有不遷之稱，導物有流動之說」。

　　「此則以真諦為不遷，而不顯真諦之相。若但用於物不性住為真諦相，寧非性空無可遷也，不真空義，[108]方顯性空。義約俗諦為『不遷』耳」。[109]

　　──整個評析，是從僧肇的文句敘述，及其比喻方式，判定他的理路，近於世親的主張。

---

[107] 按僧肇另有〈不真空論〉一文，以「緣生性空」之義，強調「象形不即無，非真非實有」，而豁顯「不真空義」。可參考塚本善隆編《肇論研究》，頁 20-21。

[108] 澄觀的此文，見《華嚴經疏鈔》，卷 21，頁 40-41。

[109] 同前註。

但，澄觀的意見，其實很清楚，因他先指出僧肇的文句，可從二個角度看，亦即大、小乘之說皆可包含。

但在他所引述的這些段落，僧肇的語意較偏於小乘的見解。所以，假如要以「不遷」來論「真諦」，則其「相」不顯，「不真空義，才顯性空」[110]，故「不遷」是「俗諦」。

而鎮澄的批評僧肇之說「性住」，其最初的理論依據，就是自澄觀的這一段話來。但澄觀語意中的彈性，卻被鎮澄忽略了，並且批評說：

> 肇師云「因因而果」，（則）果不無也。「因不昔滅」，（則）因有性也。「物各性住」，（則）體不空也。「功流常存」，（則）用不空也。（故）《華嚴鈔》判為俗諦，濫同小乘。然小乘以剎那滅，故不至後。肇師以前念不滅，性住於前，不到後念。豈同小乘哉[111]！

4. 鎮澄對《法華經》之「法住」思想的詮釋

由於鎮澄駁〈物不遷論〉的「性住」說，其方法之一，是引佛典中反對「住」的語句，以證明「聖言」有據。

但是，假如其他的人也自佛典中找到贊同「住」語句時，鎮澄主張便將面臨自相矛盾的窘境。

特別是像《法華經》這樣著名的大乘經典[112]，透過天臺宗的大力宣揚[113]，

---

[110] 見《卍續藏經》，第 97 冊，頁 742 上。

[111] 《法華經》自鳩摩羅什的譯本問世後，便成為中國人最喜研究和奉信的大乘經典，歷代不衰。見阪本幸男編，《法華經の中國的展開》（京都：平樂寺書店，1975 年）各篇。

[112] 智者大師於陳後主禎明元年（587），在金陵光宅寺講《法華經》文句，隋文帝開皇 13、14 年（593-594），在荊州玉泉寺講《法華經》玄義，這兩本著作和《摩訶止觀》由弟子灌頂筆錄成書後，構成了天台宗的立宗根本典據，是影響中國佛教思想最深遠的佛書之一。見《中國佛教總論》，頁 284。

[113] 見鳩摩羅什譯：《妙法蓮華經・方便品》，收在《大正藏》第 9 冊，頁 9 中。

出家僧侶無有不熟悉的。而其中經文，即有「是法住法位，世間相常住」[114]這一句有名的說法。

　　如此一來，鎮澄要如何解決這一難題呢？

　　他只能有一種選擇，即用理論的位階法來處理。但他也有二種限制：

　　（一）他不能否定經文的正確性，理由無他，經文即「聖言」，乃絕對真理，除了順從外，別無他法；

　　（二）他不能用《般若經》的「性空」義來解釋，因「法住」用「性空」解釋，即成「性住」，形成駁斥「聖言」的反效果。——而這種「反效果」又違背第一種限制，實際不可能允許發生。於是他只有走「如來藏」的思想途徑了。

※

　　在傳統流傳的大乘經典中，「如來藏」真心系統的典籍，構成了唐、宋以來的思想主流。據近代學者的分類[115]，像《華嚴經》、《楞伽經》、《涅槃經》、《圓覺經》、乃至《大乘起信論》等，都是歸於這一系統的。

　　雖然其中有些經典的「真偽」曾長期的熱烈爭辯[116]，但是在晚明時期，並未有「真偽」的困擾，故對此類同性的經典語句，可放在一起引用或詮釋。

　　鎮澄即是依此思想模式，將《法華經》的「是法住法位，世間相常住」經文，比作「常住真心」的「一心」或「真如」[117]。

　　但是，這樣的比擬，仍須就「法住」或「常住」的問題，提出進一步的說明。否則無以區別其與「性住」的不同之處。

---

[114] 可參考印順：《大乘起信論講記》（台北：正聞出版社，1987年，6版），頁14-16的說明。

[115] 像《楞嚴經》和《大乘起信論》都是著名例子，近代著名佛教學者如梁啟超、歐陽竟無、呂澂、羅香林等，都討論過這個問題；另外日本學者如常盤大定、望月信亨等，亦辯論激烈。可參考張曼濤主編，【現代佛教學術叢刊】第35冊，《大乘起信論與楞嚴經考辨》（台北：大乘出版社，1978年。）

[116] 見《卍續藏經》，第90冊，頁739上。

[117] 見《卍續藏經》，第90冊，頁737下-738上。

按：鎮澄的歸納，佛教的變遷理論，不外三種：1 諸法無常義。2 常住不遷義。3 無常、常住俱無礙義。茲分別說明如下[118]：

一、諸法無常義。此即說明一切有為緣生之法，皆是無常剎那變異。此項不能稱「不遷」。

二、常住不遷義。此項又分為二：（1）性空故不遷。因性空則無自性，當體即空，無少法生無少法滅，故不遷。（2）真實故不遷。此說主張諸法無自性，故全體即常住真心，如金剛王無動無壞，故不遷也。

三、無常、常住俱無礙義。此項亦分為二：（1）理事無礙，因其不變之理能隨緣，故其不生滅性，全體遍在生滅法中（本體和現象合一），如濕性遍在波中，不遷而遷。

——鎮澄將《法華經》的「法住」問題，納入此項[119]。事事無礙。認為三世諸法全真心，若時、若物即同真心，含容周遍：一念普入無量劫，不動一塵而充遍十方，不離剎那而涉入三世，一遷一切遷，無遷無不遷。這是討論變遷理論所能達到的最高層次[120]。

這樣的理論位階，一旦明確劃分定義的範圍，接著要探討「性住」與「法住」的不同，便極容易了。

按：鎮澄的名相分析法，他將《法華經》的「是法住法位，世間相常住」經文，先分開來談：

一、「法位」。[121]鎮澄根據龍樹的解釋[122]，認為和「法住」[123]一樣，皆「真

---

[118] 見《卍續藏經》，第 90 冊，頁 738 上。

[119] 同前註。

[120] 是「真如」的異稱。真如為諸法安住之位，故稱法位。永明延壽的〈宗鏡錄〉卷 7 說：「言法位者，即真如正位。故〈智論〉說：「法性、法界、法住、法位，皆真如異名。」」見《大正藏》，第 98 冊，頁 455 上。轉引《佛光大辭典》（4），頁 3349 中，「法位」條。

[121] 同前註。

[122] 同前註。

[123] 玄奘譯：《解深密經》，卷 2，〈一切法相品第四〉：「諸法相略有三種？何等為三：一者，遍計

如之異名」。而「真如即諸法之正位」。「若見諸法有、無、一、異、生、滅、去、來，皆是妄想遍計[124]，非見諸法之正位也[125]。」

而依前述指涉的定義，則諸法即如恒河之水，雖餓鬼[126]見之為流火，焰焰相續，起滅有無，而水體常自若，曾無變異[127]。

由於諸法恒如未變，則「世間相常住」，亦為體相一如的應有邏輯。其思惟的進路如下：

1、「世間相」得「常住」者，以「無性」故耳。

2、「世間無性」即是「真如」。

3、故「世間相」即「常住相」。

從鎮澄的這些解說來看，他將「住」「位」「常住」，這些一般用來表示固定方位、狀態、場所的字眼，均賦予了形上學的內涵，而改變了不同的詮釋點。

他說，〈經〉云「諸佛兩足尊，知法常無性」；而言「常無性」者，有「常」即「無」也。非推之使無。非先有後無。非彼有此無也。……諸法亦爾。所謂從本以來，非自非他，非合非散，湛然常寂。故曰：常無性也。以無性故一一

有執相；二者，依他起相；三者，圓成實相。云何諸法遍計所執相的謂一切法名假安立、自性差別、乃至為令隨起言說。」載《大正藏》第 16 冊，頁 693 上。按照經文中所說，「遍計」是用心意識周遍計量：兼指能遍計的心意識和所遍計的法相同。因此這些法相，皆屬假名安立，及假名安立的自性、差別，以及隨之而用語言表達的種種。總而言之，是指非究竟的認識心和認識的內涵。所以鎮澄將諸法的有無生滅去來等，這些生活中能感受的變遷現象，都稱之為「妄想遍計」：指其非「實相」真如也。

[124] 見《卍續藏經》第 97 冊，頁 738 下。

[125] 見《卍續藏經》第 97 冊，頁 739 上。

[126] 餓鬼的梵語是 Preta，巴利語是 Peta，「五道」或「六道」之一。指前生造惡業，多貪欲者，死後生為餓鬼，常苦於餓渴。在佛教的經典裡，如〈順正理論〉卷 31，舉出三種餓鬼，其中第一種「無財餓鬼」，雖常限於餓渴，若偶獲食物，於將食時，又化作火焰，無法下咽。可參考《佛光大辭典》(7)，頁 6366 下-6367 上的「餓鬼」條說明。

[127] 此處是以水體自若，喻真如。

天真，一一實相，無動無壞，故得「常住」[128]。」

按：鎮澄所謂有「常」即「無」，如依〈華嚴〉哲學的解釋，「常」指「理」。它因遍在「事」中，故「無自性」。

然就「理」而言，它固存在也。

問題是，就「理」的屬性言，無法用現象界的時空範圍來比擬它，因此只能推定它存在，卻非現象界範圍的任何一種（因有限不能等同無限）。

不過，在禪修的立場，「理」的問題，不能只當「知識」（一種思辨的結果）看；如只當「知識」看，它必含有「自我判斷」的成份在，會形成問題引問題之無止境的連環，解脫即不可能。

「理」必須被「實證」，才能有解脫的作用。

但如何「實證」呢？仍須由人的心意識之流切入。亦即，仍須透過深層禪修的止觀作用，讓意識之流接近寧靜，於是「自我之網」終於破裂而幻逝。

這時它只表現一種清明的狀態：主觀的時空意識不存在了。動、靜之別，自、他之分，自然也不再出現。現象和本體合而為一。

日本禪者，稱此證此境界為「一念萬年[129]」。

而當自我意識之流又逐漸出現時（因人的身心為現象界的產物，無法有絕對純粹的本質，故其作用只能近似絕對，因而仍會出定，恢復意識），即就前此的清明狀態，形容之為「湛然常寂」。

由於此種實證的境界，可以重新體驗，使工夫熟練，宛如榛莽成蹊，有路可循，於是感官所攝取者，皆是萬物本來的面貌。心如鏡照，不將不迎。此即「一一天真，一一實相，無動無壞，故得「常住」」。

鎮澄以「常住」一詞，詮釋其真正的「不遷」，可說是綜合〈大涅槃經〉、

---

[128] 見《卍續藏經》第 97 冊，頁 739 下。

[129] 關田喜一著，曾桂美中譯：《坐禪的理論與實踐》，收在藍吉富主編，【世界佛學名著譯叢】第 43 冊（台北：華宇出版社，1987 年），頁 215-16。

《華嚴經》和《法華經》的「如來藏」思想，兼用禪宗詞彙表達出他的結論。

四、鎮澄異議觀點的如來藏思想特質

在晚明叢林中，掀起批判僧肇〈物不遷論〉大爭辯旋風的，即是異議者鎮澄的上述各觀點。經過各項角度的層別分析後，可以發現其具有下列的四點思想特質，值得加以重視：

（一）具有重視經典「聖言」的高度取向

鎮澄在批判僧肇〈物不遷論〉的「不遷」觀點，是否合乎「法無去來」的教理時，他憑藉的判斷依據，即是以佛陀的「聖言」為最高標準。

雖然他在〈序〉中提到「考諸聖言，聖言罔證。求諸正理，正理勿通」[130]，但就其語順和語意來看，仍是以「聖言」是否有證，為最優先的考慮。

鎮澄的重視「聖言」，是因為他認為佛經是記載佛陀「垂範萬世」的教理所在。

假如衡準的義理標準，不取證於佛說「聖言」，那就在他看來，僧肇的言論，雖然卓立千古，被佛教徒仰為「聖師」，而他只是「燕山一布衲耳」[131]。

但是，假如他依據的「佛言」是確立無疑的，則僧肇的言論雖傑出，亦無法和佛陀的「聖言」相比擬。

因僧肇的言論典據，是從《般若經》的說法而來。既然《般若經》為佛說「聖言」，那麼僧肇的詮釋，便不能離「聖言」原意。

因此鎮澄認為：假如〈物不遷論〉的「性住說」，違背「聖言」的「法無

---

[130] 見《卍續藏經》第97冊，頁729上。
[131] 這是李天麟在〈正量論序〉中所說的。同前引書，頁728。

去來之義」，那麼他應如澄觀所說，當取信於「佛」，無取信於「人」。此一
重視「聖言」的強烈傾向，即構成他的觀點中的第一特質。

（二）常以「如來藏」思想為詮釋的核心

　　鎮澄雖然重視「聖言」，但載有「聖言」的佛經如此眾多，不只有「小乘」、
「大乘」之分，並且有「了義」和「不了義」的差別。

　　因而，雖同屬「聖言」，也有不同的擇取標準。在鎮澄的上述異議中，他
遵循傳統的觀點，視〈大涅槃經〉為佛陀最後的「聖言」，其中「常、樂、我、
淨」的「涅槃佛性」思想，在他看來，是佛陀最高義理的宣示[132]。

　　他又將此依「涅槃佛性」的思想，和〈圓覺經〉的「圓覺妙心」，以及〈楞
嚴經〉的「妙真如性」等同起來[133]。視為「實相常住」，是「真實有體，非空
也」[134]。

　　「不遷」的意義，此說方為「真實」。而《法華經》的「是法住法位，世
間相常住」，即這一思想的最佳詮釋。

　　在近代的佛教學者分類中，上述經典，都屬於「如來藏」的思想，是受印
度本土「梵我論」的影響，所形成的具有本體論色彩的佛教思想[135]。

　　在晚明時期，因此一佛經發展史的研究結論尚未出現，所以鎮澄的看法，
仍屬傳統下的看法。

　　就這一點言，他和其他晚明佛教學者的看法，並無二致。但他能在詮釋上
自成系統，以批評「性住」說，即可視之為其觀點上的特質之二。

---

[132] 鎮澄認為這是「如來最後抖搜枯腸，盡情露布。」同前引書，頁 748 上。

[133] 此可參考註 71、80 的說明。

[134] 見《卍續藏經》第 97 冊，頁 735 上。

[135] 可參考印順：《大乘起信論講記》（台北：正聞出版社，1987 年，6 版。）頁 14-16。以及印順：
　　《印度之佛教》（台北：正聞出版社，1985 年，重版），頁 270。

（三）對於問題的解析是奠基於文獻學的考察

鎮澄的此一重視佛教文獻學的考察，和嚴格的「考據學」是不同的；從他所引用的資料來看，他亦不兼用諸家「疏注」。

然此因批判僧肇的〈物不遷論〉，涉及僧肇的議論權威性，非一般「疏注」家的水準可比，故他不能援以為據，否則反遭批評。

他從與德清的商榷中，承受了澄觀在〈疏鈔〉對〈物不遷論〉的批評問題點。然後，他極力自佛經的文獻中，徵引各種文句，以反駁僧肇在〈物不遷論〉裡立「性住」說之不當。其中，實含有為「佛說」證義的使命感在。

但此一問題解析的引據方式，仍不外於前兩種思想的特質的延伸。

由第一種重視「聖言」的特質，可促成徵引諸經的文獻考察。而由第二種以「如來藏」思想為核心的詮釋特質，則導致他在文獻考察時，常利用「如來藏」系的經典。因而文獻考察的思想位階法，即形成了論點的推演依據。

而從前節的分析中，可以發現，他的確是精於佛教各種文獻者。因此文獻學的考察，可視為其思想特質之三。

（四）擅於使用「因明」為思辨工具

在晚明的佛教新學風裡，〈因明入正理論〉[136]的研究，是伴隨唯識學的風尚而展開的[137]。鎮澄亦著有〈因明解〉1卷，惜未入藏[138]，無從知道他深入的程度如何？

但。他在〈物不遷論〉的論辯中，則應用了「因明」的論式，來判定僧肇的立論，是「宗似」而「因非」。

換言之，他認為僧肇以「性住」詮釋「不遷」的理由是錯誤的，故不能成

---

[136] 見唐玄奘譯：《因明入正理論》（台北：新文豐出版公司，1983年），收在《大正藏》第32冊。
[137] 參考釋聖嚴：《明末佛教研究》（台北：東初出版社，1987年）頁208-15。
[138] 釋聖嚴，前引書，頁213。

立。後來他的一個對手道衡即指出：鎮澄的雄辯滔滔，「雖不下數萬言，約其要，不過以其因非也」[139]。

由此看來，運用「因明」為思辯工具，的確是他的特質之一。他的整個論證所以有清楚地發展理路，應是和此大有關聯。

根據佛教思想中發展經驗來看，「因明」的出現，是為了使理論的建立更具說服力量，或更易駁倒異說[140]。

所以，若從這個角度看，鎮澄走的是更理智性的治學方式，而非純靠禪家的內在體驗，來決定是非，毋寧是較具客觀性的。此一性質連同其它三種，即構成了他觀點中的四種特質。

---

[139] 道衡：〈物不遷正量論證〉，收在《卍續藏經》第 97 冊，頁 723 上。

[140] 參考霍韜晦：《佛家邏輯學研究》（高雄：佛光出版社，1979 年），頁 11-19。

第三章　明末傳統華嚴禪學知識論與佛教邏輯的大爭辯(下篇)

　　明末佛教叢林禪僧關於如何正確理解僧肇〈物不遷論〉，所爆發的那一場明末傳統華嚴禪知識論與佛教邏輯的大爭辯研究，在本書中，是包括兩個部份，此即上章已談過的，以持邏輯與聖典質疑〈物不遷論〉的異議者鎮澄（1547-1617）為中心的如來藏思想特質分析；至於第二部份，即本章內容，主要是探討經驗派各家與持異議者鎮澄的互相思想爭辯。

　　但，本書此處所謂「經驗派各家」，只是取其大多數的思想傾向來定位，並非個個如此；甚至除了〈駁物不遷論〉的解釋差異之外，彼等思想的同質性，可能要多於差異性。但，在彼等的認知思維方式之間，卻有兩極化的呈現。

　　所以，正如日後支那內學院的呂澄與熊十力辯論「性淨」或「性寂」的思想那樣，往往是彼此認知思維方式，先呈現兩極化的表現，隨後才出現彼此那樣的不同論點。這是首先，我對此論文標題的補充說明。

※

　　其次是，就辯論的全貌來說，本章內容實是主要的部份，且各家的不同意見，均在與鎮澄激辯時，紛紛呈現。

　　雖在理解上，可能會稍感無法銜接；可是，若單就思想本身看，依然是可以清楚理解的。

　　因為本章處理資料的方式，是先摘述各家的論點，接著才繼之以鎮澄本人的答辯。所以從雙方意見的對比中，即可明白爭辯的問題點之所在。只是有些反駁鎮澄的文獻，是出現於鎮澄的《物不遷證量論》（下卷）完稿之後[1]；且現

---

[1] 按此 1588 年，是指鎮澄在〈序〉末，提到「皇明萬曆戊子（1588）冬，賢首後學空印鎮澄書於台山之獅子窟」。參考【卍續藏經】第 97 冊，頁 729 下。可假定此時已完稿。而李天麟為其寫《序》，則在萬曆庚子（1600）仲冬。應以鎮澄的自《序》為準。

存的佛教文獻中[2]，又尚未發現有鎮澄再答辯者。故在探討上，不得不將其分
為兩個階段來處理。

換言之，以〈物不遷正量論〉的完稿為分水嶺，之前，謂之前期；之後，謂
之後期。以下，即按前後期之分，先處理前期的資料，接著再處理後期的資料。

一、前期經驗派各家反鎮澄的意見及其自辯的內容考察

（一）鎮澄與「近世異解師」的爭辯

1. 「近世異解師」的觀點

前期反鎮澄的諸家意見，有些是未署名的。其中，有所謂「近世異解師」
者[3]，不知指何人？

但，其觀點則可清楚看出。茲摘錄於下：

> 近世異解師云：法住法位者，天位在上，地位在下，水性自濕，火性自
> 燥，甘蔗性甜，黃蓮性苦，乃至鵠白、玄鳥、花黃、竹翠，法法各住自
> 位，不可易。是謂世間相常住。[4]

這位「異解師」的觀點，是認為《法華經》上，所說的「是法住法位，世
間相常住」，即按器世間的森羅萬象，而指其一一各有不變的屬性。

這樣的觀點，只是照字面來解，未就佛法的義理層次來透視，當然是有問
題的。

---

[2] 此處佛教文獻，指【大正藏】、【卍續藏經】和《嘉興藏》3種大叢書，其餘的資料，都非直接相
關者。

[3] 何人是「近世異解師」？未發現其人的真正相關資料，可見【卍續藏經】第97冊，頁739下。

[4] 同前註。

2. 鎮澄反駁的觀點

對於上述的觀點，鎮澄是相當反對的，其理由如下：

一、假如只見得「各各物狀互不相參」，即認為是「世間相常住」，應屬明顯的錯誤。充其量只可認為是「世間相」罷了；「常住」云云「猶未夢見在」。

二、假如認為「物各住自位，定不移易」，那麼這種看法「不出情執妄計」。如衡之「《法華》實相」的道理，「是猶鬼見未忘而覓恒河之水，則徒增焰熱耳」。[5]

鎮澄因而感慨地說：

> 物各性住，與《法華》實相常住敵體相違，有以為同之者，安得不謗《法華》哉。嗚呼！吾非好辯也，所惡於紫，為其亂於朱也；所惡於似，為其亂於真也。今夫直言而非之者，易曉。似言而亂之者，難明。是故非謗之害細，似亂之害深。吾欲無言可乎！[6]

（二）鎮澄與無名尊者的爭辯

1. 「無名尊者」的異議論點

「無名尊者」是何人？亦不明所指。但他的看法，只在強調僧肇的立論是「言在意外」，要貴「得旨」和「變通」，不可「執言」與「固泥」。其言曰：

> ……如來遺教，猶孫子兵法也。善用兵者貴在臨時神變，若固守常法，而不知變通者，鮮不敗矣。肇公說法神變者也，豈可以死殺法而難哉！如《涅槃》「諸法無常，佛性是常」。六祖卻道「佛性無常，諸法是

5　同註3。

6　同前註。

常」[7]。豈可以定法為難哉![8]

2. 鎮澄的反駁意見

像「無名尊者」這樣的看法，雖是閱讀佛教典籍時須有的「常識」觀點，但鎮澄對〈物不遷論〉是下過考究工夫的，很難再以上述的「常識」觀點要其收回成見。而其反駁大意如下：

一、鎮澄認為「祖師禪」是屬「般若宗」的，六百卷《般若經》皆在蕩相遣執，世出世間不說依法，即「真如佛性」、「菩提涅槃」，一皆掃去，視如夢幻。祖師門教人「不用求真，唯須息見，但願空諸所有，慎勿實諸所無」，即是同《般若》一路也。

此乃「因病施藥，本為破執有，故六祖指「佛性為無常」，只是一時翻案，意謂佛性若常，則諸法何自而生？以佛性無常，諸法乃生也。就《般若經》的理路，是可以說得通的[9]。

二、但《涅槃》說的「佛性是常」，是最高的解說義理，不可以《般若》之說便否定之。假如「涅槃無常，則諸佛證後，還受生死，則令三世諸佛己利利人之法，總成虛誑，而邪惡之見豈有加是哉」。「佛身是無為法，決定恒常，不可變易，……此如來最後抖搜枯腸，盡情露布如此」[10]。

這是鎮澄依傳統佛教思想來判定其為最高、最終的理論層次，是「了義」的佛語。而「空經」（《般若經》）卻是「不了義」[11]，故說法者，常依此「法

---

[7] 六祖此語，未詳出處，待查。轉引【卍續藏經】第 97 冊。頁 748 上。

[8] 以上見第 97 冊，頁 747 下-748 上。

[9] 《續藏經》第 97 冊，頁 748 上、下。

[10] 一般傳統佛教的看法，視《大般涅槃經》是佛陀的最後教誨，故「常樂我淨」之說，被認為最究竟之理。

[11] 視《般若經》為不了義，亦是隋唐以來的傳看法。在天台教判之中，「般若」思想，僅屬於「藏、通、別、圓」的第二階段的「通教」，而《法華經》和《涅槃》都屬最圓滿的「圓教」，在「五時五味」中，是「法華、涅槃時」的「醍醐味」。在華嚴教判，是判「空教」為五教的第二位「始教」。法相宗的三教八宗判，亦不以「空教」為最究竟之義理。以上可參考中村元等編：《中國佛教發展

印」而說，所謂「書同文、車同軌，不合則非異即邪矣」！[12]

　　三、縱使六祖的「佛性無常」論，也可自經典找到根據。《淨名》（案：即《維摩詰經》）云：「不生不滅是無常義。」[13]《涅槃》謂：「煩惱佛性，本有今無。」[14]這些經文顯示：如以理求之，理事各有常、無常義。理則隨緣，故無常；不變，故常。事則成相，故無常；體空，故常。——鎮澄是據《華嚴經》的理事哲學，來為六祖的講法釋疑。這在明末佛教以禪宗為主流的大環境下，尤其必要，否則反彈之力必大。所以鎮澄以下述評論，作為意見的綜結：

> 是則六祖之言，求之於教，於教有證。求之於理，於理亦通。而肇師「往物不化、性各異住」，求之於教，於教無考；求之於理，於理未通。如有可通？則必聞命耳。[15]

（三）密藏道開的質疑與鎮澄的回應

1. 密藏道開的質疑角度

　　密藏道開是明末四大師之一紫柏真可的大弟子，曾主持《嘉興藏》的雕刻[16]，是明末的重要佛門人物。他對鎮澄的看法不以為然，他認為僧肇的〈物不遷論〉，有些觀點應就其本意求之，不應照字面而談。

史》上冊（台北：天華出版社，1984），頁 269-78。

[12] 此處用秦始皇（前 259-前 210）定六國後，施政的典故：「普天之下，……器械一量，同書文字……」見《史記・秦始皇本紀第六》（台北：宏業書局，1976 年，再版），頁 244。

[13] 經文見《維摩詰經・弟子品第三》，維摩詰告訴迦旃延的話：「迦旃延，無以生滅心行說實相法：諸法畢竟不生不滅，是無常義。」參考釋顯珠編：《維摩詰經講義錄》（台北：普門文庫，1982 年），頁 107。

[14] 此段經文之意，可見諸《大般涅槃經》卷 10，《如來性品第四之七》：「世間物，本無今有，已有還無。如是等物悉是無常。」載【大正藏】第 12 冊，頁 422 下。

[15] 見【卍續藏經】第 97 冊，頁 749，上。

[16] 可參考密藏道開親撰的〈募刻大藏文〉和《刻大藏願》，收在《密藏開禪師遺稿》卷上，【嘉興大藏經】（新文豐影印版），頁 7 中、下-頁 8 上。

例如《詩經》云：「率土之濱，莫非王臣。」[17]這句話，原指天子的統治權無遠弗屆，其對象是就一般臣民而言。但不可因語意涵蓋普天下的人民，即固執地以為舜為天子，其父也須北面而朝之。

換言之，舜的父親，雖是普天下的臣民之一（在統治權的觀點看是如此），但在家族血緣的倫理上他卻是「天子之父」（在家族的倫理位階父高於子），因此是天下王臣中的「例外」——不必北面朝拜天子。

此種語意上的多重指涉，也可在「周餘黎民，靡有孑遺」[18]，一個都不剩嗎？既然字義上可有彈性解釋，讀僧肇的著作，便不應「以辭害意」。至於密藏的「不遷」觀點，則又是如何呢？

他的見解，可歸納如下：

一、他認為僧肇的「不遷」之論，「大都直是法法不相到、法法住本位為宗」。而其引《般若經》語句，及提到「昔有今無，不滅不來」之說，是廣借曲譬，並非如鎮澄（照字面義）所駁的「昔有今無，為斷常遷滅之意」。

因此鎮澄的駁論在他看來，就像「瞽叟北面而朝」，「周民無孑遺」之類的過解[19]。

二、他認為「如來演教，有大小偏圓[20]，因病設藥，初無定方」，不能全用《華嚴》和《法華》之類的「圓頓之旨」來衡量之[21]

三、他認為在鎮澄分類的「不遷」兩義中[22]，僧肇的「不遷」是「真實義」，而非「性空」義。換言之，他盡量在鎮澄的析辯架構中，來為僧肇說話，力求融貫鎮澄與僧肇意見上的歧異。因此，他的結論，其實是要僧肇向鎮澄屈服，

---

[17] 這是出自《詩經・小雅》的《北山》之詩句。

[18] 這是出自《詩經・小雅》的《雲漢》之詩句。

[19] 見【卍續藏經】第 97 冊，頁 749 上。

[20] 在天台宗的判教中，有「化法四教」，稱為「藏、通、別、圓」；在華嚴宗的「五教」教（據法藏的《華嚴一乘義分齊章》），則有「小、始、終、頓、圓」，都是包括大小乘各種經典的排列。唐宋以來，傳統佛教，都依此區別如來一代教法，而不按佛典的發展史來看其不同階段的思想。

[21] 同註 19。

[22] 從密藏之文看，是指「性空」和「實相」二種。

而否定了僧肇原先宗《般若經》的立場[23]。

2. 鎮澄回應的論點

　　針對密藏道開的「融貫」看法，鎮澄其實已立於不敗之地，因對方所訴求的，只不過是要自己同意：僧肇之意和自己的觀點一致。但鎮澄卻依然毫不妥協地對密藏的看法提出答辯：

　　他指摘密藏所宣稱僧肇的「不遷」義，雖然「法法不相到、法法住本位為宗」。其實「未詳其義」也。既然如此，密藏的判定標準，即有商榷的餘地。鎮澄說佛陀的遺教中有「二種法印，印一切法」：（1）是因緣生滅印，是真空實相印。（2）是一切佛典的詮釋。相應這二種「法印」的，即為「正說」，否則即為「邪說」。

　　標準既經確定，密藏的上述說法是否相應？即不難判定。以第一種「無常印」來看，是主張凡緣生之法必歸散滅的，而僧肇的〈物不遷論〉即倡言「往物不化」，成了「昔因不滅」，可見不相應。再以第二種「真空實相印」來看，雖主張一切法無有不空寂，但與第一種「無常印」並不衝突，而是一體之兩面，因「由諸法無常，故無自性，故空也」。必要如此「空寂」，始得物物全真。

　　而僧肇的見解，鎮澄認為是大異於此的，因其以物雖在昔而不化，因雖作果而不滅，不滅不化則與「無常法印」相違；既違無常而不滅不化，則物有定性矣！

　　物有定性，則違背「大乘空印」；而既背「大乘空印」，則不能視為「真實不遷」[24]。如此則可駁密藏之主張僧肇「不遷」是「法法住本位為宗」的。

　　就密藏所言「法法不相到」的部份，如根據第 1 條的二重法印來衡準，僧

---

[23] 如按僧肇的思想理路看，應是《般若經》的立場。勞思光在《中國哲學史》，卷 2（香港：崇基書局，1980 年，3 版），頁 264-65，力主僧肇《物不遷》是仿龍樹《中論》之思辯方式。但就句法言，似不盡然。尤其僧肇的一些儒、道的舉例，更易引起其他聯想。鎮澄即仿《物不遷》之句法，陳述不同之見。見【卍續藏經】第 97 冊，頁 735 上。

[24] 【卍續藏經】第 97 冊，頁 749 上。

肇的「不遷」說，仍然不合。

因根據第一種法印，是講因緣生滅法，凡有為法皆剎那滅，故不容從此遷至餘方。因其前念滅，故不至後念。但僧肇的「不遷」既有「物雖在昔而不化，因雖作果而不滅」的異說，更與第一種法印不符。

就二種法印言，是講「法法性空，故不相到」，「非曰不到，到即無」，例如《華嚴經》云：「諸法無作用，亦無有體性，是故彼一切，各各不相知。」相對於此，僧肇的「不遷」，即有「昔物不滅，性住於昔」的論調，即違背「性空」而「不相到」之義。因此鎮澄認為他是據「聖言」而駁，並非過解。

四、關於密藏反對鎮澄只用一種「圓頓之旨」，來衡量僧肇「不遷」之義的問題，鎮澄認為，如來的法門雖多，萬變卻不離「二種法印」的說法，否則「非異即邪」矣！[25]

五、至於密藏認為僧肇的「不遷」義，是「真實義」，而非「性空」義；引《般若經》只是借意而非立宗。鎮澄分兩點反駁：

（一）既然密藏認為「性空」非其本意，則其實密藏已自駁了僧肇引《般若》立論的看法。

密藏之用意，是想說明《般若》「性空」是借意，立義則從《法華》之「性住」意。故認為鎮澄不當以《般若》的「性空」，駁《法華》的「性住」。

（二）而鎮澄雖曾以「位階法」，區分「性空」和「性住」的不同理論層次[26]；然而他在此卻以「性空」、「性住」為同理異名[27]，來反駁密藏的看法。

從上述雙方的論辯來看，鎮澄雖因利用先行定義之便，以攻密藏未定義的弱點；但鎮澄將「性空」、「性住」視為同理異名的看法，可說有故意混淆兩者之嫌。因鎮澄曾清楚將兩者區分為不同等級[28]，如今卻混淆，有明知故犯的

---

[25] 【卍續藏經】第 97 冊，頁 751 上。

[26] 參考註 11。

[27] 【卍續藏經】第 97 冊，頁 751 下。

[28] 同註 16。

嫌疑。

（四）海印大士（德清）的商榷與鎮澄的答辯

1. 海印大士（德清）的商榷意見

　　德清是在牢山時期，接到鎮澄的「不遷駁草」（案：即〈物不遷正量論〉卷上），而回信表達一些不同的看法。他的反駁意見可概述如下：

　　一、如果就鎮澄所理解的〈物不遷論〉角度來看，鎮澄的那些駁議「按名責實」，或可成立[29]。但是，鎮澄那些看似「言言有據」，能令「肇公對詰亦俯首無辭」的駁論，是否確為僧肇之意？則是值得商榷的。

　　二、德清認為，僧肇的「覃思造論，立意命名」，是有其見地的。因僧肇是「以不遷當俗，不真為真」，亦即「正言似反」，其實際論旨則在說明「是物不遷，非真不遷」也。

　　「以其物有遷變，故今示之以不遷為妙。若真不遷，又何足云」[30]？他認為這就是「法住法位世間相常住」的妙義。——由於僧肇的立論角度，是另一層面的透視，鎮澄未能善體其心，故所見即不免歧異矣。

2. 鎮澄的答辯意見

　　鎮澄對德清的商榷，又是如何回應呢？首先，他對德清的見解，大大不以為然。他說德清的意見重點，只在強調「肇公約俗物立不遷，非真如不遷」，但，這種講法，語意不清。他反問說：

　　一、「肇公俗物不遷，為此俗物即真故不遷耶？為不即真而不遷耶？[31]」。

　　二、鎮澄認為，假如是「俗物即真而不遷」，這樣的講法可以成立。

　　但僧肇的「不遷」卻是「違真」，故不屬這一類。假如是「俗物不即真而言不遷者」，則亦不出二義：

---

[29]　見【卍續藏經】第97冊，頁752下。

[30]　同前註。

[31]　【卍續藏經】第97冊，頁752下。

1. 是主張有為之法剎那滅，故不從此方轉至餘方。這是小乘佛法的正解。

2. 是主張「物各性住，昔物不化，性住於昔故不遷」。這乃外道常見[32]。

以這兩條標準，來看僧肇的「不遷」義，則因「肇公不許因滅，而許果生。因因而果，許果生也——因不昔滅，不許因滅也。斷非二乘不遷之義」。鎮澄申論至此，甚至認為澄觀評其為「濫同小乘」，乃是錯誤的[33]。

接著，鎮澄又質疑說：德清既自信僧肇所言者，為「俗物不遷，非真不遷」，那麼是否能在二乘和外道的主張之外，另有特別的看法呢？況且，僧肇論中明明說「談真有不遷之稱，導俗有流動之說」，德清卻判定「俗物不遷，不當以真冤之」，顯然是誤判。

他還諷刺德清的騎牆說法[34]，認為：假如其說果真，則「九六種外道之言，與夫百家世諦之談，果能忘『言會旨』之，皆第一義。奚止肇公之言哉」。

※

此外，德清要他善體「肇公之心」，鎮澄也不以為然。

他說：「夫言者，心之跡。心者言之本。所謂心尚無，多觸言以賓無。故得其言，必得其心，因跡以見其本也[35]。」意即僧肇之言無也，乃其心意之所現。

鎮澄又說，德清所判的僧肇「俗物不遷」，難道也非「肇公之心」嗎？假如是「肇公之心」，鎮澄認為他早年也是如此判定，但未「愜鄙意耳」。為什麼呢？答案很簡單：和經意不合。於是他批判道：

> 大士既判是物不遷，非真不遷。且引《法華》實相之旨成之。豈謂《法華》實相唯物而非真耶？想大士謂天下未有不真之物，亦未有不物之真。今言物者，全真之物耳。若爾，何謂是物不遷而真不遷耶？豈有離

---

[32] 同前註。

[33] 同註29。

[34] 【卍續藏經】第97冊，頁752下。

[35] 同前註。

真之物不遷者耶？大士謂諸方話成兩橛。觀此言，卻似大士話兩橛，非
諸方也。[36]

　　鎮澄的批判邏輯很簡單：他利用海印對物的不遷與遷之解說未詳，而挑其
「是物不遷，非真不遷」的語病。他從對方立場來呈現其立論的矛盾，指出：
一物若真，則不能有既遷又不遷。

　　其實鎮澄話中：「豈有離真之物不遷者耶？」的問法，已表明他以「如來
藏」的理論來詮釋，意即「離真之物必遷」或「合真之物即不遷」。

　　這不明顯地依《華嚴》的「理事無礙」來立論嗎？「理」無自性，故「不
遷」；但「理」遍「事」中，隨「事」緣而「遷」，故「不遷而遷」。此義理
轉折，海印未能詳明，故鎮澄將其話，挑成「兩橛」。

　　在明末佛教僧侶中，鎮澄可謂熱切辯護己見的一個！有時連謙讓之禮節
也省略了。

（五）一幻道人的轉述意見與鎮澄的反駁

1. 一幻道人的轉述意見

　　一幻道人的意見，是轉述尋香蝶主人之語；而尋香蝶主人又得之於屬虛
子[37]。此一轉述的意見為何？即我們前面已提過的「近世異解師」的看法。但
因鎮澄在此的批駁較前述的更詳盡有力，此處仍再扼要介紹。

　　據一幻人道轉述的屬虛子之意見，認為《物不遷》義即「物各性住而已
矣」[38]！

　　何謂「性住」？曰：「天在上，地在下，水性冷，火性熱，牛只是牛，馬
只是馬」。何謂「不遷」？曰：「不可將牛作馬，將馬作牛。」

---

[36] 同前註。

[37] 這兩個人：尋香蝶主人和屬虛子，皆未見其他個人資料。

[38] 【卍續藏經】第 97 冊，頁 752 下。

但是，這樣的看法，有無佛典的依據呢？一幻道人尋香蝶主人和屬虛子三人，皆說《法華經》「是法住法位，世間相常住」的經文，即其「良證」。然而，鎮澄根本不能同意這樣的說法。

2. 鎮澄對此意見的再反駁

鎮澄先就香爐、花瓶二物，藉詢問傍立童子的分別辨認，以及童子的堅持不可將二物之名互換，批駁一幻道人說：「此童不曾參屬虛子，亦知物不遷矣。若以如是見解，用當《法華》實相之旨，謗法之罪何逃！」[39]

一幻道人怫然作色地質問：「童子徒知彼物非此，此非彼，豈知物物全真耶？」

鎮澄再駁此一質問，其論點如下：

一切聖教以「名言」為「體」，佛典流傳千百年來，未被外道淆亂者，是因其「名言有在」。正如孔子強調「正名」，唯有「名」與「實」相符，「名」才能「正」。如以這一標準來看，屬虛子原先的意見，和童子所言，並無差異。何以見得屬虛子所見，才是「物物全真」呢？

假如一幻道人堅持屬虛子的境界高於童子之見，認為確「有物物全真」的意思，如所引《法華》的經旨，鎮澄同樣也判其不能成立。

因在鎮澄看來，「真」、「異」不能並存：「真」，則「不異」；「異」則「不真」。而屬虛子所見牛異於馬，馬異於牛，這種表相的不相似，和佛教高層次義理的「真」（實相），並無思想上的實質關聯。理由如下：

鎮澄所謂的「真則不異」，是指「實相」而言。牛、馬外表雖異相，其實是無自性，遷滅不已的。就「實相」以觀，則無不同。

因「實之體無二」[40]，故牛之「實相」，不異馬之「實相」。──此二者，假如認定前者異相為不遷，即不解後者「實相」故不遷的道理。二者的「不遷」

---

[39] 同註37。

[40] 【卍續藏經】第97冊，頁752下。

是涇渭判然，無法混淆的！

　　就「實相」而言，非特牛馬不異，「十方諸佛、六道眾生」，由此「實相」依正因果，亦皆不異。鎮澄說：「斯言不異者，非相似不異也。以「實相」天真體無二，故云不異也。」[41]

　　佛教廣說「無常」教義，是為破外道異法之常。如今屬虛子所言「異牛異馬為不遷」，正同外道所言，違背如來教義矣。

　　一幻道人認為《法華》所說：如是相、如是性、乃至如是本末究竟等，一一皆「實相」。鎮澄則評其錯了。因「實相」連「一」都不名，尚有「十」乎？如有「十」則成「有為」，非「常住」矣。理由是：「實相」超言詮，「一切有心所不能到」，故《法華經》說：「唯佛與佛乃能究竟諸法實相」。同理，一幻道人所舉的牛、馬有無相異，乃「有無斷常之見」，而欲以之比擬《法華》「實相」，豈有不墮謗法之愆乎？[42]

　　鎮澄用如此理由反駁一幻道人，雖說得力於先前對定義的深密分析，但如非一幻道人等未具較佳的佛學水準，相信不會如此輕易即可駁倒對方。也可見對手並非全是實力相當者。

（六）雲栖袾宏的辯正與鎮澄的反對

1. 雲栖袾宏的辯正觀點

　　雲栖袾宏是明末四大師之一，以提倡禪、淨雙修影響中國近世的佛教信仰形態最為深遠[43]，他也是明末佛教僧侶中的著述家之一[44]，有關明末的佛教問

---

[41] 同上註。

[42] 【卍續藏經】第 97 冊，頁 754 下。

[43] 關於雲栖袾宏的禪、淨雙修，已有于君芳教授的研究論文 The Renewal of Buddhism in China: Chu-hung and the Late MingSynthesis. New York Columbia University Press 1981. 另外，聖嚴在《明末佛教研究》（台北：東初出版社，1987 年），分別在第一章《明末的禪宗人物及其特色》和第二章《明末的淨土教人物及其思想》兩篇中，各處理袾宏的禪、淨。而探討其理論及影響的，可參考望月信亨的《雲栖袾宏之禪淨同歸論》，收在《中國淨土教理史》（台北：慧日講堂，1974 年），頁 33-339。

[44] 雲栖袾宏的著作甚多，全收在《雲栖法錄・正訛集》裡。據金陵刻經處的重刻本，是分「釋經十一

題，大多曾反映於他的眾多著作裡[45]。《物不遷》的論戰，自無例外。

　　不過，袾宏的意見可分前後期，此處討論的，是前期出現在鎮澄著作中的一篇題為〈雲栖律師〉的書面意見[46]。至於其他幾篇，出現在《雲栖法彙》的[47]，因時間較後[48]，留待後期的爭論再談。

　　袾宏的意見，是站在維護僧肇的立場，但其方式，則大異於前面討論過的各家看法。其意見概述如下：

　　袾宏認為，假如僧肇除〈物不遷論〉外，未再著有〈宗本義〉[49]及其他3論（案：即〈不真空論〉、〈般若無知論〉、〈涅槃無名論〉），則鎮澄所駁者為有理。

　　但因有其他各篇，皆指示「緣生性空之旨，委曲詳盡」，顯見肇公不可能在〈物不遷論〉會迷失了「緣生性空」之義。可是，〈物不遷論〉的「物各住位」已引發激烈爭議了，這又如何解釋？袾宏說，那是另有用意的！

　　袾宏推測僧肇如此立說的原因，是因「世人執今昔之物遷流」，故持以「不遷」取代「遷」者。並且也為了「反世人今物昔物遷流之見」，故在〈物不遷論〉中，始終只論「物各性住」，而「不言性空」。但，何以見得僧肇之意，

冊、輯古十一冊，手著十二冊」。此即現台灣流行中華佛教文化館的四大冊本，計5114頁，洋洋數百萬言。其中如《竹窗隨筆》三種、《禪關策進》一種和《阿彌陀經疏鈔》及附錄四種，皆是關涉近世佛教思想最重的著作。

[45] 參考前註。

[46] 「雲栖律師」之名，是鎮澄的書中所用的。見【卍續藏經】第97冊，頁754下-755上。但袾宏本人在《竹窗隨筆》中，則用《物不遷論駁》，見《蓮池大師全集》（中華佛教文化館版）第3冊，頁3681-82。即《筆論》、《華嚴論疏》、《評議先賢》3篇，收在《竹窗隨筆》。見《蓮池大師全集》第4冊，頁3929-34。討論詳下節第5大項「雲栖袾宏的最後態度」。

[47] 按鎮澄的書稿成於1588年；而《竹窗隨筆》出版於1615年，此《序》中明言者。故時間相差數年。

[48] 按〈宗本義〉一文，是否僧肇寫作？此近代佛教學者已指明其「殊可致疑」。見湯用彤：《漢魏兩晉南北朝佛教史》（台北：鼎文書局，1982年，3版），頁330-31。但晚明時期，則佛教界人士，尚無懷疑非僧肇原作者。如德清、幻有、袾宏，皆引以駁鎮澄；而鎮澄雖駁各人觀點，卻依然未疑〈宗本義〉。

[49] 【卍續藏經】第97冊，頁755上。

一定如此？袾宏認為可自〈宗本〉的旨趣來「貫通默會」[50]。

袾宏的結論是：既然〈物不遷論〉可會通〈宗本〉的「性空」之說，鎮澄駁其「不知性空」，僧肇必定不能「心服」。又若知有日後爭論，在〈物不遷論〉尾「聊增數語，結明此意」，即不會橫生枝節[51]。

袾宏的意見，主要目的，是委婉說理以平息鎮澄和僧肇雙方的歧異點。但就〈宗本義〉之「性空」旨趣，以補充〈物不遷論〉的立意，是否可行呢？這是有待商榷的。

不過袾宏在表示意見之初，也為鎮澄的論點留了餘地，使得本身的語氣，帶有一些彈性。雖然最終目的是替僧肇辯護，卻非武斷的裁示。就認知的立場言，誠不免有含糊處，基本上仍是可取的，值得肯定。

2. 鎮澄的反對理由

鎮澄對袾宏的看法並不贊同，他認為〈物不遷論〉的「性住」說和〈宗本義〉的「性空」說是「本末相反，敵體成違」，在「因明」的方法上，謂之「自語相違過（案：即自己的話有自相矛盾的過失）」。他又問袾宏說：

> 雲栖即主張性住，胡不為出其理？如何得內不違於聖教、外不濫於邪宗乎？……既無聖言可證，而徒以〈宗本〉之是，而是〈不遷〉之非，謂之本末一貫者。若然則亦可以堯之聖而聖丹朱，〈太玄〉之善而善〈美新〉乎？[52]

---

50 同前註。

51 《太玄》和《美新》皆漢代的楊雄（西元前 53-18）的作品，前者仿《論語》；後者原名《據秦美新》，在論秦朝之速滅，而稱王莽新朝之美政。其後，北齊顏之推在《顏氏家訓》《文章》篇中，批評「楊雄德敗《美新》」。以上說明參考《文史辭源》第 3 冊（台北：天成出版社，1984 年），頁 2493，「美新」條，及第 2 冊，「楊雄」條，頁 1291。鎮澄之意，認為不應以前者之美而類推後者亦善。同理〈宗本義〉亦不應用來證明〈物不遷論〉之失。

52 【卍續藏經】第 97 冊，頁 756 上。

從前述袾宏的維護意見中，可以看到他的理論有極大弱點，即他未從〈物不遷論〉的本身來證明其為「性空」之理，反而是在肯定鎮澄批評的理路下，要求改以〈宗本義〉來「會通」。這如何可能呢？

鎮澄的質疑就是針對這一弱點而發。不過，鎮澄也認為除此外，袾宏之說較客觀。

鎮澄在本末自問自答其批評的立場說：「或曰：「大凡看先哲語言，當於有過中求無過，不可於無過中求有過。〈不遷〉雖有少差，當求其通。安得以異見而破之耶」？曰：余於是《論》欲求其通也久矣，而卒不能得。遂為之駁。所以駁者，憂夫後之學者，執似而迷真也。彼高明之士尚惑其言，以為必當，況其他哉！」[53]

二、後期爭論諸家意見的考察

在後期的爭論中，所要討論者，多屬於鎮澄《物不遷論正量論》下卷定稿之後，所出現的著作。

此前後分期，原用意是，將鎮澄已有辯駁者，列入前期：如有鎮澄未能及時辯駁者，即用以比對後期出現的論調。然而有些資料，雖屬前期，像鎮澄在其論中曾提到的〈答幻有禪師書〉和〈答界上座〉兩篇，因未附有幻有和真界的原文，單從鎮澄的答辯內容，不易比對對方意見的同異。

而在事實上，幻有和真界皆有篇幅極長的駁論著作[54]，其中幻有還提到與鎮澄辯論的情形[55]，故將前期鎮澄的兩篇答書，移到後期一並處理，使問題的

---

[53] 幻有的後期著作，有《駁語》【卍續藏經】第 97 冊，頁 752 下。

[54] 《性住釋》和《物不遷題旨》3 種，收在《龍池幻有禪師語錄》，卷 11、12，載【嘉興大藏經】第 25 冊，頁 439-50。真界則著《物不遷論辯解》，收在【卍續藏經】第 97 冊，頁 757 上-777 上。

[55] 見幻有：《性住釋》《嘉興藏》第 25 冊，頁 444 下。

發展比較具有連續性。雙方的觀點異同，看來也較清楚。

在後期的爭論中，道衡的《物不遷正量論證》[56]、真界的《物不遷論辯解》[57]、龍池幻有的《駁語》、《性住釋》、《物不遷題旨》[58]，以及德清的《肇論略注》、袾宏和紫柏等的短論[59]，都將有所探討。

雖然道衡曾提到：「澄師駁論以來，海內尊宿大老，駁其駁者，亡慮數十家。」[60]但，據現在資料來看，有完整意見可供討論者，仍不外以上所提十數家意見罷了。以下即展開後期爭論的內容考察。

（一）道衡《物不遷正量論證》的探討

1. 道衡的觀點分析

關於道衡的《物不遷正量論證》，雖然大光在〈肇論與肇論之研究〉裡[61]，曾簡單的提到：「第一個針對《正量論》的，就是道衡大師。他著了一卷《物不遷正量論證》，論的內容，也根據因明的三支格式來成立僧肇的〈物不遷〉義，並且非難空印（鎮澄）的邪見謬解。」[62]

但，大光其實對整個問題，只有浮光掠影的印象。例如他只依道衡的著作，是排在藏經的前面[63]，就認為是「第一個」駁鎮澄的。試想：道衡已在文中表示他對各家駁鎮澄的看法[64]，如何能算「第一個」？

---

[56] 道衡的書，收在【卍續藏經】第 97 冊，頁 723 上-727 上。

[57] 真界的《物不遷論辯解》，請參考註 53 說明。

[58] 幻有的著作，請參考註 53 說明。

[59] 德清、紫柏、袾宏的文章，詳本節第 4、5、6 各大項之討論。

[60] 見【卍續藏經】第 97 冊，頁 725 上。

[61] 收在張曼濤主編：《現代佛教學術叢刊》第 48 冊，《三論典籍研究（三論宗專集之二）》（台北：大乘出版社，1979 年），頁 245-66。

[62] 見《三論典籍研究》，頁 256。

[63] 見【卍續藏經】第 97 冊「目錄」，中國撰述，3 論宗著述部，第 1 頁。

[64] 同前頁註 59。

道衡對於鎮澄的駁論，固然不能贊同[65]，但是他總以反諷的幽默語氣，來對待鎮澄的異議點[66]。至於駁鎮澄的諸家「尊宿大老」，他也語帶諷刺地說，他們所以無法「杜澄師之口，每一議發，徒資其（鎮澄）申辨之風，益肇師之過。」[67]，並非「識果不逮澄師」，或「不遷」之義果有墮而決不可救」，他們只是故意出題目讓鎮澄發揮罷了[68]。雖然如此，他仍覺得各家駁論，因未使用因明來對抗鎮澄，所以處處落下風[69]。他甚至挖苦地說：

> 吾故知此皆非諸尊宿之本意，盡是裝聾作啞，務欲互相發揮「不遷」之休奧而已[70]。

但，道衡自己的方式，又是如何呢？

道衡既然不滿意「諸尊宿」的反駁方式，他採取的方法，自然是以因明論式來對抗。但是，要運用因明論式，雙方對「不遷」的一些定義或詮釋，必須先有共識，才有雙方「共許」的前提可資辯論，否則只成各說各話的局面。

道衡並未和鎮澄事先有共識，他在著作中所運用的方法，是針對鎮澄定義或詮釋過的內容，重新再檢討。這是認定鎮澄先有扭曲的地方，所以他加以修正後，再提出因明的論式來反駁。換言之，因明論式被當作結論的一種檢驗標準罷了。

問題是：道衡如何檢討了鎮澄的先前意見呢？假如道衡的檢討方式有瑕

---

[65] 他認為：「肇師：即相明空妙旨，而澄師悉誤作定異死常之偏執。」見【卍續藏經】第 97 冊，頁 723 下。

[66] 他說：「澄師佯為不知，謬解性住。」又提到：「澄師固欲指鹿為馬，⋯⋯然此皆澄師大權方便佯為不知。」見【卍續藏經】第 97 冊，頁 723 上、下；頁 724 下-725 上。

[67] 【卍續藏經】第 97 冊，頁 725 上。

[68] 同前註。

[69] 同前註。

[70] 【卍續藏經】第 97 冊，頁 725 上-725 下。

疵，而鎮澄並未有機會答辯，則此一結論仍屬有效嗎？

　　要解決這些討論可能出現的疑難，此處能作的，是將鎮澄先前的駁論，仔細地來核對道衡的意見。不然討論是無從進行的。

　　根據道衡的說法，他認為：

　　　澄師駁論，雖不下數萬言，約其要，不過以其因非也。論其要，則餘可
　　　忽矣[71]。

　　但他如何評論此「因非」呢？道衡接著指出：

　　「所謂「因非」者，無他，修多羅（經）以諸法性空，故不遷；而肇師以
物各性住為不遷。據澄師之駁意，則「性空」、「性住」似同水火。[72]

　　爭論問題的核心，在道衡看來，只不過是「性空」和「性住」的予盾，如何解決罷了。

　　然兩者的區分，鎮澄是花極大的苦心去證明的。他甚至也將《法華》的「是法住法位，世間相常住」的經文，以「實相」的觀點，解決其「理事無障礙義」的「不遷」問題[73]。在這種情況下，道衡又將如何超越或修正鎮澄的看法呢？

　　道衡說：「其實「性空」之於「性住」，但異其名，非異其體也。」[74]這樣的看法，根據何在？和鎮澄是否不同呢？

　　道衡對「性空」、「性住」的同質性，其說明如下：

　　　所謂「性空」者，以「色自性空，非推之使空」，即《般若》云「色即
　　　是空，空即是色」也。

---

[71] 【卍續藏經】第 97 冊，頁 723 下。

[72] 同前註。

[73] 此種意見，仍是傳統判教的區分法。

[74] 同註 71。

所謂「性住」者，以「諸法恒住於真空實性之中」，故謂之「性住」。
即《法華》云「是法住法位，世間相常住」是也[75]。

　　道衡的說明，完全改變了鎮澄對「性住」的看法。實際上，「性住」和「法
住法位」的區分，在鎮澄是判然不同的。如今，道衡將「性住」等同「法住法
位」，是就其本身的定義言，才能成立。在鎮澄則大異其趣了。

　　假如道衡要摧破鎮澄的「性空」、「性住」之別，他仍須解決一個理論的
問題，即證明鎮澄的「性住」之說，違反僧肇的「不遷」原義，而同於「法住
法位」，則其論點才較具說服力。──實際上，道衡也嘗試這樣作！

　　但道衡的證明，既然先認定「性空」等同「法住」，則其思路並非「性空」
的「不遷」說明，而是「如來藏」系的「實相論」。

　　他解釋「昔物自在昔」為「相有」，「非從今以至昔」為「體寂」。「體
寂則性空；相有則用妙。用妙故雖有而常寂；性空故雖寂而恒照。斯皆會空有
於同致，齊體同於一言」，「以釋性住，則性住為不遷之真因也明矣」。──
他將這一論調，隨即又比擬為「《涅槃》指化身為即真；《法華》稱諸相而咸
妙」。

　　因此，他認為僧肇在論中云：「言去不必去，稱住不必住，可以神會，難
以事求」的說法，是僧肇要人不可「滯於事跡」，而應「神會之」[76]。

　　他批評說，《肇論》中的「果不俱因，因不來今，不滅不來，不遷之致明
矣」的這段話，不應誤解為「若昔因不滅不化，則眾生永無成佛之理」。

　　在他看來，僧肇的原義應是這樣的：「果不俱因」，是說「正當果時，因
相已滅」；「因因而果」，則是「果雖非因，因用不忘」也。

　　他並且認為「因因而果，因不昔滅」，即《淨名》所謂「性雖空寂，所作

---

[75] 同前註。

[76] 【卍續藏經】第 97 冊，頁 724 下-724 上。

不忘」[77]也。為什麼他如此解釋呢？

　　他的理由是：「以因不俱因，故雖有不有。以因因而果，故雖空不空。不有不空，而不遷之致明矣。豈凝然有物不滅不化，方謂之不遷也。」[78]

　　最後他將對鎮澄的批評，整個歸納為以下兩段意見：

　　「性空」並非「昔因必定斷滅」才謂之「性空」。假如要「昔因斷滅」才成立，則無異主張「因滅」，然後「果生」。

　　相對於此，等於要求「死雞之再鳴」，或企求「焦芽以結果」，是不可能的事。正如「昔因滅化」後，成佛之因亦滅，眾生如何成佛？故不應主張「昔因必滅」。

　　鎮澄雖主張「有因果」，「即是無常」；「無常則遷流轉變」，不可謂之「不遷」。然「常」與「無常」，並非截然涇渭。能見「徹悟性空之理」。一旦能「悟性空」，「則恒居性住而物不遷矣」。所以「不遷、性住、無常、性空，四言一會」，正如《圓覺經》說的：「知是空華即無轉輪也。」[79]

2. 鎮澄的可能答辯分析

　　鎮澄的可能答辯方式，可歸納為一、二兩點：

　　一、他說的「不遷」定義，並非知道衡所指的，是「有物凝然而不滅不化」。在鎮澄的理念中，「不遷」是「性空」或「實相」。低於這一層次的，是有為法的「無常」，剎那變易，非「不遷」；高於這一層次的，是「理事無礙」及「事事無礙」，但鎮澄將《法華經》的「法住法位」界定在「理事無礙」，說明「理」之「隨緣不遷」，以統一「事緣」之「遷變」。

　　這樣的觀點，當然是自《華嚴》的哲學系統而來。以之衡量僧肇的「不遷」定義，如不承認其為「性空不遷」，則指其為剎那生滅的「非不遷」，是合理

---

[77] 按此句未見於《維摩詰經》。不知語出何典？

[78] 【卍續藏經】第 97 冊，頁 724 下。

[79] 《圓覺經》的此段經文，見德清著：《圓覺經直解》（台北：老古文化事業公司，1984 年，2 版），頁 28。道衡的原文，則同前註。

的。

其關鍵在「性住」是否等同「性空」罷了。如同，則「遷」與「不遷」可以合一；如異，則「遷」與「不遷」指涉各異，思想之分歧判然。

然而，道衡雖一方面認為「性住」等同「性空」，定義其實和鎮澄不同；一方面又指鎮澄的「不遷」有「凝然不滅不化的」嫌疑，可見雙方理論不是對等衡量的。因此，鎮澄未必能信服。

二、從《法華》的觀點，鎮澄何嘗不知「不遷、性住、無常、性空」是「四言一會」。但既然他不同意「性住」當「法住」解，則必須求其「性住」的定義真相為何？道衡雖自行認定：在僧肇的論中，「性住」要當「法住」解；但這對鎮澄的問題點，並不一定有解消的作用。

因為鎮澄根據「緣生無常」、「剎那生滅」的小乘教義，認為「昔因」必須「剎那生滅」——「緣生無常」故也。於是指摘僧肇「昔因不滅」，是「往業不化」，根本違背「緣生無常」，即「剎那生滅」的「無常法印」。

此一主張，在道衡的觀點，卻指其為犯了「斷滅」的過失，故眾生無法成佛。其實這是一種曲解。原先鎮澄的語意，如換一種講法，是「昔因須滅」，「往業才化」：「業化」是「因滅」的結果；「因滅」則是「業化」的前題。

變化的主體在「業」，「因滅」是「外緣」，何能作「已成斷滅」看？因此道衡所說的「索死雞之再鳴，求焦芽以結果」，是曲解了鎮澄的原意的。故鎮澄未必能信受心服。

然則，道衡的解釋，如純就本身定義信，而不涉及對鎮澄的批評，在理論上亦自可通。因此，最後可舉道衡的因明論式來說明。

道衡先批評鎮澄的因明語法有過失，故所評的「因向異品上轉」而犯「法自相相違」的結論，是不能成立的[80]。他說因明之法，原許可自行「寄言簡過」，

---

[80] 在道衡的批評中，認為鎮澄的駁僧肇之〈物不遷論〉，有犯「法自相相違」過失的指謫，並不成立，是鎮澄將僧肇的意見誤解，成了「因向異品上轉」故過在鎮澄，而非僧肇。今按商羯羅主菩薩造，唐玄奘譯的《因明入正理論》（收在【大正藏】第 32 冊），關於「法自相相違」，曾提到：「法自相相違因者。如說聲常。所作性故。或勤勇無間所發性故。此因唯於異品中有，是故相違。」原書，

僧肇用「未嘗無」以代替「有」，以「未嘗有」以代替「無」，「斯皆兩言一會，空有雙融」，旨在避免一般人所犯的「常執（有）」和「斷見（無）」。故鎮澄所舉「向有今無」的語病，僧肇是可以不承認的[81]。

他說僧肇的本意，應如下式的論式[82]：

物是有法不遷：宗

各住真空即寂之性：因

如江河競注即濕之靜流：同喻

洶湧奔波隨風之動浪：異論

這樣的論式，其關鍵處在「因」的定義。因此定義為「實相」的思想進路，正如鎮澄用「法住法位」解「不遷」一樣，在論式上當然可以成立。只是未必是鎮澄的問題所在。此處可將鎮澄的論式列舉如下，以相對照[83]：

往業不化是有法，濫同常見異執：宗

頁 12 上。曾提供了資料上的解析線索。根據因明的推理規則，要建立宗和因的邏輯相關性，要遵守「同品定有」，「異品遍無」的兩項要件：前一要件是由「因」成「宗」，先建立相關性的充足條件；然後再由後一項要件排斥非屬於「因」利「宗」建立相關性必須之相異因素。前者僅充足條件；後者方具備必要條件，合此兩者，始能由「因」成「宗」。可見「異品」是有特殊的揀擇作用。至於「法自相相違」的「法自相」，是指成「宗」後，所敘述的「法」之概念本身之相。如說「無常」，此「無常」一義，即為「無常」概念之自相。以前述《因明入正理論》的例子來說，既然已主張「聲」是「常」（「常」的概念即其「法自相」）又說：「所作性故」，或為「勤勇無間所發性故」，因這兩種是被佛教視為「無常」的（由於「有為法皆屬剎那生滅」）故「聲」與「無常」是「同品」，與「常」則「異品」。於是「法自相相違」，便在「聲常」與「所作性」「異品」時產生。參考霍韜晦著，《佛家邏輯研究》第三章，關於「法自相相違因」的解釋。（原著頁 108）。而鎮澄當初是認為「向有今無，乃法自相相違，因向異品上轉也。」亦即「向有」會成了。道衡則對此提出反駁。

81 見【卍續藏經】第 97 冊，頁 752 下。

82 同前註。

83 見【卍續藏經】第 97 冊，頁 740 下。

教理俱違：因

如斷見：喻

一切有為法無常遷滅：宗

因緣所作故：因

如燈焰：喻

　　鎮澄的論式，同樣成立。但因各人角度不同，結果只是成了各說各話而已！

（二）龍池幻有與鎮澄的長期爭辯

1. 背景的探討

　　龍池幻有是明末臨濟宗的禪門大師，得法於笑岩德寶（1511-1581），傳法於密雲圓悟（1566-1642）、雪嶠圓信（1570-1647）、天隱圓修（1575-1635）3 巨匠，堪稱明、清之際，最具影響力的禪門人物之一。而他和鎮澄對〈物不遷〉的爭辯，也歷時最久，最耗心血。

　　據他在《性住釋》中說：「余居牛山時，有空印友人，示我《正量》稿大都宗性空而駁肇公性住之說，因之辯；未竟還南。迄今壬寅（萬曆 30 年，1602）秋來京，得會伊於慈因精舍，仍以刻本[84]示余；余目之，多覺其末了了，因又辯焉。」[85]

　　由此可知，五台山修學時期，鎮澄與龍池幻有等道友[86]，遇有佛學的疑問，

---

[84] 按即鎮澄的《物不遷正量論》上下卷之刻本。

[85] 見【嘉興大藏經】第 25 冊，頁 444 下。

[86] 根據《清涼山志》（台北：明文書局，收在《中國佛寺志》第 2 輯，第 29 冊，1980 年），《鎮澄法師傳》的資料中說，他早年在北京「依講肆，參窮性相宗旨，融貫華嚴」計十有餘年，也參學過幻有之師笑岩德寶，逐漸成為「義學」方面的「傑出人物」。德清是穆宗隆慶六年到北京，參笑岩德寶，即可能認識幻有和鎮澄。德清於萬曆癸酉（1573）初遊五台山；其後二年，即在修行上有突破，《筆論》之校閱亦於此時。當萬曆九年（1581）德清與妙峰要建「無庶會」時，鎮澄被招來，於是居「紫霞蘭若」三年。但德清在萬曆十一年，因事要遠走東海時，鎮澄還寫《懷妙峰澄印二師

彼此會互相請教和爭辯的。而且關於〈物不遷〉的爭論，雙方居然可持續幾十年，顯示出明末的僧侶，對佛學的護衛之心，仍極強烈。

　　就佛學的研究言，雙方願深入辨別正誤，即是求知精神的進步，值得肯定。但雙方的爭執點，究竟在何處呢？鎮澄的態度和思想模式，前節已探討過，至於幻有的觀點又如何呢？

　　據目前收在【嘉興藏】的資料來看[87]，在《龍池幻有禪師語錄》的卷 12，是《駁語》；卷 13 則包括《性住釋》和《物不遷題旨》2 種，皆為重要著作。而鎮澄方面，僅早期的一篇〈答幻有禪師〉而已。

　　因此，我們的重點，勢必僅著重在幻有著作的探討。另一值得注意的資料，是關於一幻道人的《性住釋引》[88]，不但說明他和鎮澄曾有同參笑岩德寶的道誼，同時也使幻有在其著作中之所以為一幻道人辯護[89]，有了可理解的背景。

2. 鎮澄前期的觀點分析

　　幻有在《駁語》裡，曾重提鎮澄與他早期辯論的經過，認為鎮澄在其《物不遷正量論》所引的「瑣瑣」資料[90]，「雖有篇章，未殫鄙（幻有）意」，故他「不容默默」[91]。雖然如此，我們有必要先檢證鎮澄在《答幻有禪師書》的論點是如何的？

　　按鎮澄的《答書》分兩個部份，鎮澄認為僧肇的「性住」是「物各性住為

長歌》來贊頌他；其中提到「千岩隱者，感慕依望，有至泣下而不能自己者。」這是指當時在五台山相與問道的一些禪者，德清《年譜》裡，亦提到一些名字。後來五台山更有「獅子窟十方淨土院」的創立，約一百多位來自四方的修行者共居，形成一大修行集團，而鎮澄是其中的領袖之一。假如以五台山和北京為中心，觀察晚明的佛教高僧之歷煉生涯，將可發現彼此都有一段共同切磋的時期。以上可參考《清涼山志》的卷三「高僧懿行」（頁 145-68），以及卷六的「淨土院碑」及「淨業記」、「淨土院規約」等（頁 287-94），即可大致了解。

[87] 見註 54 的說明。

[88] 見【嘉興大藏經】第 25 冊，頁 444 中。

[89] 見【嘉興大藏經】第 25 冊，頁 442 上、中、下。

[90] 見【嘉興大藏經】第 25 冊，頁 441 下。

[91] 同上註。

不動」，並非如佛經所說的「諸法性空為不動」。因此不能以《般若》「空義」，和「性住」「混然一途，而朱紫莫辨焉」[92]。

亦即：鎮澄仍一貫地堅持他對「性住」的排斥自法，絲毫不願妥協，因而他強調幻有如要駁倒其論點，即須為肇公「引證出理」，證明其與「聖教」不違；否則所駁是無效的[93]。

但在這一點上，由於鎮澄只願在其所理解「性住」觀點來討論，在他未改變之前，別人的不同意見，和他之間，不可能有任何交集的結論，只成彼此對立的相互是非罷了。

在第 2 部份，幻有曾引《華嚴》、《法華》經文中如「毗盧身住三世」[94]等，證明有「往物不化之證者」。但鎮澄不同意。他認為就「法身」言，是今昔都不生不滅的，不能謂之「有物住於往昔而不滅」。

而「毗盧真身，十方三世，隨處充周，間不容發」（案：即「理」遍事中），亦非肇公的「向有而今無」之義。至於幻有批評「若空故不遷，一切斷滅，更說甚物為不遷者」。

鎮澄反駁道：「蓋不委色空一物耳。雖色空不二，要見色即是空，始曰「不遷」。《經》云：「觀一切法空無動轉者」。豈曰有物而不遷耶？」[95]亦即：鎮澄在「法身」與「性空」的論釋上，分別以更精確的說明，來將對方含糊的說法駁倒。

但，鎮澄在《答書》中所引和所駁的，在幻有日後看來，是不以為然的。於是辯論的火花，再由幻有引燃了。

---

[92] 【卍續藏經】第 97 冊，頁 746 上。

[93] 同前註。

[94] 按「毗盧佛」梵名 Vairocana。意即光明遍照、淨、滿、和太陽之光耀，象徵佛光普照眾生。通常用來指佛之報身或法身。參考《佛光大辭典》(4)，「毗盧遮那」條，頁 3858 下-3859 下。

[95] 【卍續藏經】第 97 冊，頁 746 下。

3. 龍池幻有後期的反駁觀點分析

幻有雖著有《駁語》、《性住釋》和《物不遷題旨》三篇來反駁鎮澄的意見。

然而，他能採取的途徑實無多，因他和鎮澄的主要歧異點，只是在「性住」含義的如何認定而已。而鎮澄既依澄觀之說，將僧肇的「性住」解為剎那生滅，又責其「往業不化」違背「無常法印」，非「性空不遷」或「實相不遷」，則幻有首要之途，即須重新釐定「性住」的涵義。否則他將無以反駁鎮澄的責難。

在另方面，幻有一旦要駁鎮澄的「性住」說，連帶亦須批判澄觀的意見，兩者的密切關聯性，使他無法只駁前者，而放過後者。因此，他的著作中，批駁澄觀的篇幅，實不亞於駁鎮澄者。

然而，他有何方法，能解決他過去面對的鎮澄之質疑呢？亦即：他要如何重新厘定「性住」的涵義呢？

他認為鎮澄雖駁《物不遷》，其實亦可能反被《物不遷》所駁倒。其理由是：僧肇作四論，基本的依據為大乘《般若》的「三諦」要旨；引據即〈宗本義〉中所說的「本無、實相、法性、性空、緣會一義」[96]。

他未懷疑〈宗本義〉可能非原作，或是否純粹《般若》思想，卻下結論說：

一、據一〈宗本〉，豈惟通諸「四論」，即始、終、圓、頓之教，《華嚴》、《楞嚴》、《法華》、《圓覺》其精神命脈，未嘗不該貫也[97]。

二、既然由〈宗本〉的理論，可以決定僧肇的全部著作性質，即幻有一如雲栖袾宏，自然可認定《物不遷》的「性住」等同「性空」或「實相」了。可見，鎮澄是否可同意如此觀點呢？由前面討論來看[98]，知道答案是否定的。亦

---

[96] 雖〈宗本義〉一開始即說：「本無、實相、法性、性空，緣會一義」然在《肇論》中〈宗本義〉所說的本義，其實在破斥之列：六家七宗的本無（道安主張）、「本無異」（竺法琛主張），皆在《不真空論》一文中，破斥無餘。見【卍續藏經】第 96 冊，頁 66 上-66 上。又據湯用彤研究，「本無」類同道家所指的「虛無之本體」，因「格義」之故，與佛家「真如」一詞混同，成了佛、道為一，「如來與本無亦不二」。見氏著：《漢魏兩晉南北朝佛教史》（鼎文版），頁 144-48。

[97] 見【嘉興大藏經】第 25 冊，頁 439 下。

[98] 請參考前節第 6 大項，鎮澄與袾宏的辯論。

即縱使鎮澄提筆反駁，也不過重述一遍其原先堅持的意見罷了。

至於幻有駁澄觀的方式，亦不外遵循上述理路而來。茲摘其一段批評為例：

> 清涼（澄觀）但知據性空，引江河競注而不流，以不相到故為不相知；而未會性空、性住，一體實相，知輒未曾相到耳。又但知物各性住濫小乘，無容從此轉至餘方；而未知小乘此生此滅與大乘空義當生即有滅，不為愚為說，無間一線[99]，……

同樣是歧異定義下的反論。文中甚多類似之語，一再重複，因無新意，細節無庸多提。不過，有兩點特別意見，須補充說明：

一、幻有的核心思想，仍屬如來藏的真心系統，故判「性空」屬於「不了義經」所說[100]。由此立場出發，他竟奇特地認為：用《物不遷》為題旨，其立意是避免用俗諦的「性住」和「真諦」──卻屬不了義的「性空」，來詮釋物無去來的諸法實相[101]。這當然是附會之談。其意見的源頭，仍屬〈宗本〉作怪！[102]

二、幻有因一幻道人的被批評[103]，而反駁鎮澄的觀點。一幻道人的「物不遷」說，從《法華》的「實相」角度看，其實是正確的，因為牛馬的殊相之別，即是「實相」的反映。他於是質問鎮澄說：「試問牛馬之外，別更有個實相不二之體，作麼模樣？是大？是小？為長？是黑？是白？為瘦？為肥？是妍？

---

[99] 見〈龍池幻有禪師駁語引〉，載【嘉興大藏經】第 25 冊，頁 439 中。

[100] 見《物不遷題旨》【嘉興大藏經】第 25 冊，頁 448 下。

[101] 同前註。

[102] 幻有在《物不遷題旨》前段即提到「肇公……作《物不遷》第 4 論著，亦豈有他哉！……因原之〈宗本〉：「不有不無」一句，大端此四論題旨都在其間矣。」見【嘉興大藏經】第 25 冊，頁 448 上。

[103] 見前節第 5 大項的討論。

是醜？為舊？為新？以是則知空印尚未夢見實相也。」[104]

　　但，鎮澄的批評一幻道人，是責難他由「物相差異」求「不遷」的不當，因「物相差異」乃緣生且遷滅不定，豈可稱之為「不遷」。他的重點，原在一幻道人執著「牛馬幻殊」為「不遷」這層面上；幻有卻以「實相」是否另有其體相難，可能稍有不對頭吧？

（三）真界《物不遷論辯解》探討

1. 鎮澄前期的觀點分析

　　真界在明末的出家僧侶中，並非顯赫之士，故有關其生平資料甚少。僅有的線索，是他在《物不遷論辯解》完稿後，曾請真實居士馮夢楨寫《題辭》[105]。

　　另外，明末四大師中的雲栖袾宏和紫柏真可二人，亦應邀在文末各撰一短篇〈跋文〉[106]。

　　而鎮澄在著作中，則留有 2 篇〈答界上座〉[107]。可見他屬佛教界的好學之士，只是不得其詳罷了。

　　根據鎮澄〈答界上座〉的內容來看，所詳辯的問題點，是在僧肇主張的「求向於向未嘗無」、「責向物於今未嘗有」二句，究竟如何解釋才較正確？

　　真界的意見認為「「求向物於向，於向未嘗無」，乃肇公破世人之無見」。亦即：時人「求向物於向」為「無」——真界指其是「邪見」「斷見」之「無」；因而肇公破之曰「於向未嘗無」：是「破其無」也[108]。

　　鎮澄說這樣的意見，其實是真界個人的「謬解」耳。鎮澄不同意的理由，是認為「時人」的看法，未必如真界所設想的那樣不足取[109]，假如依真界的意

---

[104] 見【嘉興大藏經】第 25 冊，頁 442 下。

[105] 【卍續藏經】第 97 冊，頁 757 下。

[106] 【卍續藏經】第 97 冊，頁 769 下-770 上。

[107] 【卍續藏經】第 97 冊，頁 746 下-747 下。

[108] 《蝸續藏經》第 97 冊，頁 746 下。

[109] 【卍續藏經】第 97 冊，頁 747 上。

見細加反推的話，「翻成世人破肇公」[110]。

鎮澄進一步解釋說。「向有今無」，「向在今滅」，是「人之常情」，而僧肇亦說「所造未嘗異也」。

但是，世人認為「昔物在昔為有，今求昔物，昔物已滅，故曰今無」；肇公卻說「昔物原住於昔，但不來今，故曰今無，非謂昔物已滅」。這樣的「今無」歧義，若以世人之見衡之，尚符佛法的「無常」教理；若依肇公之說，則不論「滅與不滅」，兩俱不成，且互相矛盾。其結果是真界的意見不能成立，反而是肇公被駁倒了[111]。

但是，鎮澄最後的批評語氣，可能太重了，他居然說真界的辯解，「不唯淺漏，又且乖離，不足以為肇公輔，適足以增肇公累」[112]。試想真界豈肯罷休？日後（萬曆二十五年，1597）再撰《物不遷論辯解》，以反擊之，可謂其來有自。

2. 真界後期的反駁意見探討

真界在《物不遷論辯解》開頭，引永明延壽（904-975）的《宗鏡錄》語句說：「若了真心不動，則萬法不遷。若見萬法遷謝，皆是妄心，以一切境界唯心妄動，若離心識，則尚無依法常住，豈況萬法遷移？」[113]

亦即：他以唯識學「真心系」的理論[114]，來詮釋「心外無法」、「境由心造」的心意識主導的觀點。

因此，「萬法不遷」的這一命題，便可由「了知真心不動」這一前題的說明來成立。

---

[110] 同前註。

[111] 【卍續藏經】第 97 冊，頁 747 下。

[112] 同前註。

[113] 【卍續藏經】第 97 冊，頁 758 上。

[114] 所謂「真心宗」即「如來藏」思想。從延壽的《宗鏡錄序》開頭一段，即可明白：「伏以真源湛寂，覺海澄清，絕名相之端，無能所之跡。最初不覺，忽起動心，成業識之由，為覺明咎⋯⋯」載【大正藏】第 48 冊，頁 415 中、下。

　　此外，永明延壽於《宗鏡錄》中，也詳盡地依此觀點，來析論僧肇的〈物不遷論〉[115]。真界在明末的佛教界中，乃成了專引永明延壽觀點，來抗衡鎮澄與澄觀的一個例外。

　　「華嚴宗」的大學者和「禪宗」的大學者，居然有機會共爭同一個主題「物不遷」，實在是佛教思想史令人注目的大事。但因著作時間不同的關係，真界及其所引的永明延壽觀點，實際上扮演的，是最後反駁者的角色，澄觀和鎮澄則是無從答辯的。

　　真界既獲有此一優勢，便在其《辯解》中全面地反擊，並且不忘在段落文末添了譏諷的語句，以回報從前鎮澄施於他者[116]。

　　不過，真界的反駁，有不少是明末其他駁鎮澄者所使用的思想進路，例如他批評鎮澄「不達緣生無性之理」[117]，就是要駁鎮澄將「性空」與「性住」分離的詮釋不當。很顯然的，原先鎮澄將「性住」定義為「物各住今昔，往業不化」，是其批評的分端；而諸家要攻破鎮澄的防線，即繫於是否成功駁斥其定義不當的這一點上。

　　然而，依佛教義理、依僧肇文句和所引經文，能運用的，不外「緣生性空」以及「真如隨緣」的這兩種思想取向。其中，「性空」和「性住」取義一致的觀點，最常被用來駁鎮澄的「性空」、「性住」相異的觀點。

　　一旦由此批評角度出發，批評者，在詮釋上即全然不同鎮澄所詮釋者。因而真界開始批評鎮澄時，亦運用了此一「緣生性空」的思想進路。

　　既然鎮澄被界定為不懂「緣生性空」者，真界隨即批評他引澄觀《疏鈔》

---

[115] 永明延壽的討論，幾近逐句分析，連澄觀之《疏鈔》文字，亦一並摘引。延壽《宗鏡錄》卷7之原文，載【大正藏】第48冊，頁451上，455中；而且，卷6即澄觀在《疏鈔》中討論《菩薩問明品》之注文。卷7接著討論〈物不遷論〉，非偶然也。

[116] 可引一段，以見一斑：「斯亦或人（鎮澄）之謬解耳，又豈肇公之見哉：不特謗法，亦且欺人……。又不特只欺肇公，又乃輕欺天下之人矣。竊思或人（鎮澄）之所以招謗法欺人之罪者，非有他心，但以其不識文理而致然也，可不審哉！」見【卍續藏經】第97冊，頁76下。

[117] 【卍續藏經】第97冊，頁760。

駁《物不遷》的不當。其意見如下：

一、真界認為澄觀在《疏鈔》中，分明提到僧肇的「物各性住」有兩種意義[118]，如取其濫同小乘之意，雖「文義多同，理實懸隔也」；「若但用於物各性住為真諦相，寧非性空無可遷者」[119]？此為鎮澄依傍他言，而自解「不通」的過失所致。

二、真界又提到：「永明亦謂肇公所言性住，是以無性為性也」[120]。既然如此，則「性空不遷」應為正解，指其「濫同小乘生滅之理」，便不恰當了。

三、真界還藉此感慨一番說：「此正所謂於無過中，求其有過。不特謗法，亦且欺人！又謂非駁肇公，將以駁天下之所是。則又不特只欺肇公，又乃輕欺天下之人矣……」[121]可謂對鎮澄大大挖苦。

四、另外，有 2 段重要的爭論點，真界的反駁，也都引《宗鏡錄》的觀點。

其一是，關於「果不俱因，因因而果」這段，真界說：「此一節《宗鏡錄》引《中論》八不之義以會釋之。如欲委悉，請覽彼文。」[122]他乾脆請讀者自己去看了。

其二是，關於「旋風偃岳」等例子的詮釋，真界又引永明延壽的觀點說：

《宗鏡》云：「前風非後風，故偃岳而常靜，前波目後波，故竸注而不流。前氣非後氣，故飄鼓而不動。前日非後日，故歷天而不周。理本如是，復何怪焉」。是則三支無過，能立極成矣。而或人竸謂肇公立法，「宗似」、「因非」，

---

[118] 按澄觀是將「不遷」和「性住」分別討論的。他認為「不遷」濫同小乘，而不等於「大乘空義」。如「性住」為「真諦相」，則是「性空」；但「義」近於「不真空」。真界在此，顯然未合併起來看，而單論「物各性住」的雙重意義。

[119] 【卍續藏經】第 97 冊，頁 761 下。

[120] 按《宗鏡錄》卷 7，永明延壽說：「為破去來，明無去來，所以據體言之，故云各性而住，非決定義，則以無性而為性，不同外道二乘。」見【大正藏】第 48 冊，頁 452 中。

[121] 同註 116。

[122] 按《中論》的《觀因緣品第一》說：「不生亦不滅，不常亦不斷，不一亦不異，不來亦不出」《宗鏡錄》的解釋，見【大正藏】第 48 冊，頁 453 下-455 中。真界之語，則見【卍續藏經】第 97 冊，頁 769 上。

「有宗」、「無因」者,以其錯解肇公之意故也[123]。

真界後面的這段引文,只是運用分割時空的觀念,來建構其「遷而不遷」的理論,雖類似《中論》,但並不盡然;假如將其較之澄觀的理論,粗糙多矣,不足以修正澄觀之說。其思想史的意義,在於被引用來討論明末的〈物不遷論〉的思想爭辯,因而具有了史料上的價值罷了。

(四)紫柏真可對雙方爭論的批評

關於紫柏在明末〈物不遷論〉的筆戰所擔任的角色,有一種待商榷的講法,是《僧肇與肇論之研究》的作者大光所提出的。他說:

紫柏老人,可以說是他們的調解委員和平者,一篇短小的跋文中,確定了《物不遷》,征服了「駁論派」(案:即鎮澄)和「駁駁派」(案:即反鎮澄者)。自此他們的論爭思潮遂平,一場筆戰的官司,也概作罷論[124]。

其實哪有這回事。紫柏的跋文,寫於 1597 年,在此之後,有道衡的《物不遷正量論證》寫於 1603 年、龍池幻有的《駁語》作於 1606 年;德清的《肇論略注》作於 1616 年。而據龍池幻有的記載,他在 1602 年,才在北京慈因精舍遇到鎮澄,而讀其「刻本」[125]。可見大光之言,全屬子虛烏有之談。

他大概是從【卍續藏經】的資料排列,發現紫柏排在最後[126],且語中多調和雙方,故據以揣測說他平息了爭論。

紫柏真可對《肇論》並未有長篇的分析,他的《紫柏尊者全集》中,只有二篇短短的文章,一篇是《書肇論後》[127],一篇是《書般若無知論後》[128]。基

---

[123] 按所謂《宗鏡錄》之言,其實是唐元康的《肇論疏》之說。見【卍續藏經】第 97 冊,頁 99 下。

[124] 見張曼濤主編,《現代佛教學術叢刊》第 48 冊,《三論典籍研究》,頁 259。

[125] 見註 88。

[126] 見【卍續藏經】第 97 冊,頁 770,下。

[127] 見《紫柏尊者全集》,卷 15,收在【卍續藏經】第 126 冊,頁 906 下。

[128] 見《紫柏尊者全集》,卷 15,收在【卍續藏經】第 126 冊,頁 910 上。

本上他還是由「心性本無住」的角度，來看《肇論》[129]。至於針對《物不遷》的發言，亦只有一短短的跋文。

他在《跋》文中說，只有「入無生者，方知剎那」。由於心轉與不轉，物相之或生或滅，皆在一剎那中；而辯論雙方，仍「剎那未知」，「無生尚遙」，豈非只成「掉棒打水」之人？[130]假如這樣的講法可以成立，則佛經有何存在價值？因成佛者不須用；未成佛者不知佛。究竟佛法為誰說？可見其非真能平息爭論者。

（五）雲栖袾宏的最後態度

雲栖袾宏曾與鎮澄辯論，當時他欲經由〈宗本義〉的旨趣，來會通〈物不遷論〉。他認為僧肇的本意，應是如此。可是鎮澄一點也不同意，毫不客氣地加以反駁[131]。但，雲栖袾宏後來，對鎮澄有無再反駁呢？抑另有其他意見？頗值得加以探討。

當 1597 年，真界持《物不遷論辯解》的稿子，到雲栖寺請其撰《跋》時，袾宏雖認為真界的意見，能「自出其言外之意，意切至而辭彰明」，但他本人則因「老病」，久未動筆，婉辭表示意見[132]。

日本學者牧田諦亮在《肇論の流傳について》[133]，說袾宏著《物不遷論駁》、《肇論》、《華嚴論疏》等，對鎮澄之駁僧肇，採折衷的態度；又提到袾宏在《竹窗隨筆》裡《評議先賢》之條，許可時人對僧肇和圭峰宗密（708-841）等人的批評。牧田所摘錄袾宏的話是：

---

[129] 在《書肇論後》一文，紫柏提到：「夫心本無住。有著者性。情本無根。離心無地。故會心者情了……。」同上註。

[130] 見《紫柏尊者全集》，卷 15，收在【卍續藏經】第 126 冊，頁 896 下。【卍續藏經】第 97 冊，頁 752 下。

[131] 見前節第 6 大項之（2）的討論。

[132] 【卍續藏經】第 97 冊，頁 769 下。

[133] 收在塚本善隆編：《肇論研究》（京都：法藏館，1955 年），頁 272-98。

嗟乎！古人往矣。今人猶存。吾何苦為過去者爭閒氣，而取現存者之不悅乎。顧理而當言，不容終默者，餘非所恤也。[134]

牧田氏的這些講法，是正確？還是值得商榷？

按袾宏的前後期意見，可歸納如下：

一、袾宏的立場，乃是採取就事論事的態度，不能一概以「折衷」一語，含糊帶過。雖然在《物不遷論駁》（案：即鎮澄提到的《雲栖律師》一文）中，袾宏有「平心而折衷之」的字眼出現[135]，但那是針對當時各方請他釋疑[136]，而他欲試圖解答的一種說詞。

在那篇文章，他同意辯論雙方「各有所見」，而他自己卻提出以〈宗本〉旨趣，會通〈物不遷論〉的「性空」義[137]。這不是折衷，而是一種新意見，雖然鎮澄根本反對。

二、袾宏容許時人批評佛教的「先賢」嗎？牧田諦亮的摘錄語，似有引喻失義之處。因為袾宏的整個意見，是幾經態度的轉折，並不能單以那段的文字的表面意思來看，否則即不可解，也可能誤導為不同的結論。

例如，原先袾宏是在說明他對鎮澄駁〈物不遷論〉的新看法[138]，同時也趁此表明鎮澄的批評有中肯與不中肯者。何謂中肯？指其批評「圭峰不當以荷澤（神會）為獨紹曹溪（六祖）；天台門下所論，或多不出於大師之口」[139]。

何謂不中肯？指其駁〈物不遷論〉和「呵圭峰之議初祖（達磨）」：袾宏仍由前述「就事論事」的態度來發言。其後，又提到有居士推崇李通玄，而詆

---

[134] 見《肇論研究》，頁 281 上。袾宏的原文，見《竹窗筆》，收在《蓮池大師全集》（4），頁 3933-34。

[135] 此文在《竹窗隨筆》中，子句較詳，「平心而折衷之」一語，在《雲栖律師》一文中未見。可參考《蓮池大師全集》（3），頁 3681-84；以及【卍續藏經】第 97 冊，頁 754 下-755 上。

[136] 原文有「不平者反駁其駁。或疑而未決，舉以問予。予曰……」見《蓮池大師全集》（3），頁 3682。

[137] 原文提到：「而〈宗本〉中又言明「緣會之與性空一也。」豈不曉所謂性空者？」同前註。

[138] 見《蓮池大師全集》（4），頁 3929。

[139] 見袾宏：《筆論》，收在《蓮池大師全集》（4），頁 3931。

毀澄觀。[140]

他認為評議之事，不論古今人物，皆應求其確當者，而非今人一定不如古人，而古人一定不可批評者。

但明末時期，任意議論古人者多[141]，他不得不辨。因此，才說出牧田氏所摘錄的那段話，其意在爭一「理」字，為古人受冤平反；如得罪今人，「非所恤也」[142]。

牧田氏未能清楚分辨祩宏的用意，其實是在指責一些不當的「今人」批評，反而只是祩宏容許批評古人這點，不能不說他是以偏概全，有誤導結論的嫌疑。

（六）德清的探討

1. 關於《肇論略注》的撰述背景

德清的《肇論略注》，是明末注解《肇論》的優秀作品，它的特色是既溶有元代《肇論》大注釋家文才的意見[143]，也添入了不少他個人修行經驗的心得在內[144]。這樣的作品，其實是他對明末佛教界的思想回應。

因他不但忠實地記載了自己的悟道心路歷程，也企圖爭論多年的〈物不遷論〉問題，作一個總了結[145]。

根據華山慧浸於 1617 年撰的《肇論略注後跋》，也可窺見德清撰注的背

---

[140] 見祩宏：《華嚴論疏》，收在《蓮池大師全集》（4），頁 3931-38。

[141] 見祩宏：《評議稱賢》，收在《蓮池大師全集》（4），頁 3932-34。

[142] 祩宏說：「吾何為過去者爭閒氣而取，現存者之不悅乎？顧理有當言而不容終默者，餘非所恤也！」見《蓮池大師全集》（4），頁 3934。

[143] 據牧田諦亮言。見《肇論研究》，頁 280。

[144] 見德清《肇論略注》，收在【卍續藏經】第 97 冊，頁 587，上，下：頁 590 下-591 上。

[145] 同前註。德清最後說：「書此以示學者。則於《物不遷》義，當自信於言外矣！」按鎮澄是萬曆四十五年（1617）夏天過世（據《清涼山志》卷 3，頁 164），而德清是在前一年夏天開始注《肇論》（據《年譜》七十一歲條），所以發言的對象，仍是活在世上的鎮澄。但 1617 年秋天，書出版時，鎮澄已不在世上了。故鎮澄生前，可能未知《肇論略注》的內容和他有關。

景和動機。慧浸先概述僧肇撰論之思想成就，然後推崇德清對《肇論》的研究說：

> 我明憨山大師主盟此道，執牛耳於宗途，已探此論之奧，而識其微。因見言路縱橫，學人首鼠兩端莫之趨向，即搦管作疏，弄丸其間。折諸家之難，而闡其幽旨。名曰《略注》。[146]

　　雖說撰「跋」的人，通常是稱贊的話居多，但慧浸的話，不算太離譜。德清的《略注》的確有其特長，後代的佛教學者也肯定這一點[147]。

　　不過，我們在前面討論德清與明末〈物不遷論〉爭辯的關係時，已作了不少其內容的介紹，為了避免重複起見，我們只論述一些前面未提的部份，以作為整個論戰的終結語。

　　當然，〈物不遷論〉仍是主要部份，其他各論的疏注，除〈宗本義〉有思想關涉，須探討外，餘皆略去不談。

2. 德清詮釋《肇論略注》的思想取向

　　從德清的《略注》看，和他最有關的，雖是〈物不遷論〉的理論與實踐問題，但在明末的〈物不遷論〉的爭辯諸家裡，如雲栖袾宏和龍池幻有，都曾企圖透過〈宗本〉的義理內涵，以貫通〈物不遷論〉的爭議點，像「性住」與「性空」的一異問題。

　　此一據〈宗本〉以確定〈物不遷論〉的思想進路，雖曾遭到鎮澄的反駁，但問題的重點在於：〈宗本〉有哪些說法可以讓袾宏和幻有如此引據？

　　而德清的《疏注》既然涉及全部《肇論》的內容，並且也捲入〈物不遷論〉的爭辯裡，則德清對〈宗本〉與〈物不遷論〉的看法又如何呢？據德清的看法，

---

[146] 見【卍續藏經】第 96 冊，頁 653 下。

[147] 見牧田諦亮：《肇論の流傳について》，塚本善隆編：《肇論研究》，頁 280 下。

他亦認為〈宗本〉是統攝 4 論的[148]；而其理由則是：

> 蓋所「宗」「本」乎一心，以窮萬法迷悟凡聖之源也。如《起信》以一心為宗，有法有義，故曰〈宗本義〉。[149]

在此《大乘起信論》已被引進來了。可是德清是否據《起信》以詮釋僧肇的思想呢？〈宗本〉開頭有一段話說：

> 本無、實相、法性、性空、緣會，一義耳[150]。

按照〈宗本〉的此段原文接著應是：「何則？一切諸法，緣會而生」；但德清未考慮下文，即先提出解釋說：

> 本無者，直指寂滅一心。以一切諸法，皆一心隨緣之所變現：故曰：實相是以本無為一心之體，緣會為一心之用。實相、法性、性空，皆一心所成萬法義。依一心法，立此四論（案：指《肇論》的四論）；〈不遷〉當俗。[151]

在此，顯然他是用《大乘起信論》的「一心」理論，將各種佛教名相的複雜內涵，統一起來。

既然他以如此的詮釋，來解決名相的歧異內容，於是他便可提出《物不遷》的根源為：

---

[148] 德清說：「〈宗本〉者，示其立論所宗有本也，以四論非時入，論既成，乃以〈宗本義〉統之。」見【卍續藏經】第 96 冊，頁 578 上。

[149] 同前註。

[150] 同註 148。

[151] 見【卍續藏經】第 96 冊，頁 572 下。

萬法本無，又何有一毫可轉動哉？以此而觀諸法，則〈不遷〉之旨，昭昭心目矣。——上明〈不遷〉宗本152。

　　假如將德清的這些講法，和其他駁鎮澄的諸家比較，其實接近於真界的觀點；而略異於幻有的觀點。但德清明確引《大乘起信論》的作法，則是他不同於諸家之處。

3. 德清的實踐經驗之檢討

　　在關於〈物不遷論〉的解說時，德清有一段話，可了解其對「動靜」問題的看法。他說：

> 必求靜於動，雖萬動陳前，心境湛然。故曰：雖動常靜。苟不捨動求靜，故一道虛間，雖應緣交錯，不失其會。如《華嚴》云：「不離菩提場，而遍一切處」。所謂佛身充滿於法界，普現一切群生前，隨緣赴感靡不周，而恒處此菩提座。不悟此理，難明動靜不二之旨。153

　　整段話的語意，雖是如來藏的法身思想洋溢其間，但德清理解的側重點，仍在修道者如何於心境上消除動靜的區別；至於理論說明，實處於其次的地位。

　　因此，德清的《略注》，不同於明末諸家，正在他記述了自己的親身體驗，而非純為爭辯義理的是非而已。

　　他在注〈物不遷論〉的最後，除再提早年讀《肇論》的經驗，和引起鎮澄的反駁外154。他特別提到趙州從諗（778-897）用「兩手作流水勢」，以回答僧

---

152 見【卍續藏經】第 96 冊，頁 579 上。

153 見【卍續藏經】第 96 冊，頁 582 下。

154 見【卍續藏經】第 96 冊，頁第 590 下。

問「不遷義」[155]。以及法眼（885-958）的以「日出東方夜落西」，來回答僧問「如何不居於相，見於不動」的疑難[156]。

這種禪門公案，喜用生動的自然意象，來表達抽象的佛教義理，著重的，是彼此當下意在言外的會心。

德清的經驗，乃接近此一立場故他認為既有這些禪門前輩的先例，僧肇的〈不遷〉之旨，可謂如白日麗天，「殊非守教義文字之師可望崖者」。他於是委婉地批評其友鎮澄說：

> 是可以肇公為外道見乎？書此以示學者。則於《物不遷》義，當自信於言外矣。[157]

鎮澄是否讀過這段文字？不得而知。但鎮澄在著作中，一貫的立場是依佛陀的「聖言」為準，他強烈反對「言外之意」的解說方式[158]。故德清能否說服他，可能不太樂觀吧。

三、〈物不遷論〉爭辯對明末叢林及其禪學思想改革的意義

從以上前後期各家辯駁中，可以理解到雙方都在各說各話。似乎這樣的辯論，並無太大的意義。其實不然。

假如這是一場無意義的，或遊戲式的佛學商榷，則辯論的雙方不必如此嚴

---

[155] 見大慧宗杲（1089-1163）的《正眼法藏》，卷6，收在【卍續藏經】第118冊，頁125上。

[156] 同前註。

[157] 見【卍續藏經】第96冊，頁591上。

[158] 請參考前第4大項之（2），鎮澄對德清的批評。

肅地互相辯難，且相持數十年之久。

顯然它並非隨興的佛學辯論，而是有它特殊的意義的。以下即分四點討論，以作明末叢林改革中，關於〈物不遷論〉大爭辯的意義說明。

（一）它是根源性的追尋與經典原義的再確認

在辯論的諸家中，如紫柏真可、雲栖袾宏、德清、密藏、龍池幻有、鎮澄等人，都是明末叢林中具有代表性的人物，而其中除龍池幻有外，絕大多數，都是兼具叢林改革家和實踐家雙重角色的人。他們不但在修行過程中，注重經典的啟發性，在擔任改革家角色時，也透過著述，對經典原義作了不少新的詮釋。因此，他們不是僅靠一則「公案」即可參學到底的人，而是充分了解經典原義再確認的必要性。

在這種情況下，他們縱使大多數不滿鎮澄的批評，那也只表示他們在理解上和鎮澄的看法有異，而非出於對經典原義再確認的必要性有所忽視。

對於這種心態，表露得最徹底的，仍屬德清。

在牢山接獲鎮澄的《駁物不遷論》草稿後，除了回信表示不能贊同之外，在他生平所撰述的最重要作品之一的《觀老莊影響論》[159]，曾再度提出僧肇不該懷疑的問題。他的意見如下：

一、佛經自梵文翻為中文，以鳩摩羅什最稱權威，而僧肇即其門人中最傑出的弟子之一。

二、若僧肇見解不正確，羅什豈容其在座？而羅什若眼界不明，則何以譯事能稱尊？所以批評者，應據羅什的權威性而相信僧肇立論的正確性[160]。

此一見解，雖是從經驗上來推論，卻非不可理解者。因僧肇的見解若被否定。順此邏輯發展，鳩摩羅什的眼力必定有誤；若鳩摩羅什眼力有誤，則所譯經典皆不可信矣。

---

[159] 德清：《觀老莊影響論》，收在《憨山老人夢遊集》（4）卷45，頁2403-38。
[160] 德清，同前引文，頁2408-11。

因此，維護僧肇的〈物不遷論〉，即所以維持佛經譯本的精確性和權威性。這和他維護曹溪祖庭的根源性追尋的心理是一樣的。

所以此一辯論，在性質上是一種「根源性的追尋」和「經典原義的再確認」。

（二）它是理智治學與直觀洞識的認知衝突

在鎮澄與各家的爭辯中，「因明」論式的運用，成了思辯的利器。對手中，僅道衡一人，同樣使用「因明」論式來對抗。雖然辯論結果，依然是各說各話。但基本上，它代表一種理智治學風氣的開展。

即以和鎮澄相互激烈批評的真界來說，他雖然引延壽的《宗鏡錄》來對抗鎮澄和澄觀的見解，但實際上他以禪師的立場，已逐漸對「因明」產生濃厚的興趣。

他曾自述：「嘗掩關閱《起信論疏》，至『因明三支比量』之說，若蚊蚋噆巨石，毫無所入。」[161]

但他為了克服此一閱讀上的困難，曾前往金陵請教雪浪洪恩，也到燕山親近玉菴，直到了解後，才著《物不遷論辯解》以反擊鎮澄，而費時已數年矣[162]。

紫柏自己未深研「因明」，但他同意「枯坐默照為邪禪，非深沈教海不可。」並自動將《因明入正理論》授予王肯堂[163]。

而王肯堂又因此再閱讀鎮澄的《因明解》[164]，於是最後自己也能撰出《因明解》[165]。在這一學風影響下，王肯堂在撰述時，極為慎重，他認為：「性宗理圓，作聰明釋，亦無大礙；相宗理方，一字出入，便謬以千里矣。」[166]

---

[161] 真界：《因明入正理論解》，收在【卍續藏經】第87冊，頁103下。

[162] 真界前後兩次與鎮澄辯論，時間相距九年以上。第一次在鎮澄的《物不遷正量論》中出現的文章，是萬曆十六年（1588）以前，而《物不遷論辯解》，則在萬曆二十五年（1597）。

[163] 王肯堂：《因明入正量論集解》，收在【卍續藏經】第87冊，頁105。

[164] 按王肯堂讀的鎮澄因明解所著，並未入藏，僅在其書的《自序》中提到，同前注。

[165] 同註163。

[166] 見王肯堂：《序成唯識論集解》，收在【卍續藏經】第87冊，頁105。

所以當他在詮釋《成唯識論》時，便不敢輕易論斷，而只是稱《證義》：
「取大藏中，大小乘經論，及《華嚴經疏》諸典，正釋《唯識》之文以證《唯
識》之義。」[167]和鎮澄的態度如出一轍，而更理智和客觀。

但，注重參禪直觀洞識的德清則不然，他認為「參禪之士，不暇廣涉教義」，
所以撰出文簡易曉的《八識規矩頌通說》，讓「參禪之士」，「即此可以印心，
以證悟入之深淺。」[168]為什麼德清會持此種看法呢？

德清曾檢討自己的悟道經驗說：

> 余幼師孔，不知孔。師老，不知老。師佛，不知佛。退而入於深山大澤，
> 習靜以觀心焉，由是而知三界唯心，萬法唯識。則一切聖人，乃影之端
> 者；一切言教，乃響之順者。由萬法唯心所現，故治世語言，資生業等，
> 皆順正法。故法法皆真，迷者執而不妙。若悟自心，則法無不妙。心法
> 俱妙，唯聖者能之。[169]。

顯然德清早期，曾面臨著對經典不能有深契於心的困難。三教的經典內
涵，未經過深山習禪的鍛煉之前，教理自是教理，與己心之間，終究是判然為
二，非是他所謂的具實證性的「知」。

其後他一度相信「文字之學，不能洞當人之性源」，而應貴在「妙悟自心，
心悟則回觀文字，如推門落臼，固不難矣」[170]。

於是他北遊入五台山習枯禪，直到在龍門開悟，方展《楞嚴經》為證。其
後，他對《楞伽經》的探討，則較之前述的閱讀又有進一層的理解。

在他看來，此四卷禪宗祖達磨據以印心的經典，曾就「如來藏」，很清楚

---

[167] 王肯堂：《成唯識論證義》，《自序》，同前引書，頁64上。
[168] 見德清：《八識規矩頌通說》，收在【卍續藏經】第87冊。
[169] 德清：《觀老莊影響論》，收在《憨山老人夢遊集》（4），卷45，頁2407。
[170] 見德清：《觀楞伽寶經閣筆記》，收在《憨山老人夢遊集》（2），卷23，頁1202。

地顯示，要令眾生就此「藏心」所顯發的日用現前境界，隨順觀察，則即能使契入者，「自心現量，頓證佛智，自覺聖者」[171]。

換言之，禪悟的結果，仍在隨順經義的指涉，以發揚「如來藏」的妙用，並非脫離經義的提示，另作不如理的思惟。經典代表的，是聖智的境界，與悟道之途的提示，就其與禪者的關聯來說，其實是更密切性的結合，而非走向分離。

在這種情況下，德清認為經義與禪悟在本質是一致，經論所提示的悟境和解脫之道，即是源自同一經驗，而造詣更高的聖人所創獲者。對於這樣的聖人，就德清的立場，自當尊重，而不立異。

然而，德清在維護澄觀和僧肇的同一權威性之時，他亦可自認無誤地寫下本身對經論的詮釋——就兩者同源來說他可如此——於是，當他在詮釋經典時，每曰「直指」、「直解」或「心法」等等，即在表示：不必拾人糟粕，僅依自己的證悟之境界，即可直說之（因本質上和經典所載或前輩後悟者無異）。

德清和鎮澄的辯論，基本上，即在這兩種不同認知方式展開，所以彼此不易建立共識。因為不論鎮澄的論證如何謹嚴，德清都可以從內證來反駁。他的《肇論略注》，即屢屢如此表示矣[172]。

故〈物不遷論〉的辯論，其實是理智治學直觀洞識的認知衝突。至於佛學上的是非，猶在其次。

（三）它是傳統佛學的最後光輝

從本章的前後期諸家爭辯來看，問題只在於鎮澄的批評僧肇的「不遷」之論為「性住」，是不達「緣生無性之理」，是將「性空」、「性住」分離對待的不當。

然後，雙方皆循「如來藏」的思想理路，來詮釋其「遷」而「不遷」的道理。

---

[171] 德清，同前引文，頁 1211。

[172] 德清：《物不遷論跋》，收在《憨山老人夢遊集》（3），卷 32，頁 1679-81。

因而，在思想的本質上，雙方的類似性，幾乎沒有什麼太大的差別的。如此則似乎無學術上的意義。

不過如前面曾提過的，這一叢林的大辯論，在其爭論的背後，其實是一種禪道根源性的追尋，和佛教經典真義的再確認。

而由本文上述第 2 項來看，它又代表了理智治學與直觀洞識的兩種認知途徑的衝突，亦即傳統佛教的兩種入道途徑，在此次大辯論中，同時展現了它們的影響力。

假如從近代中國佛教反傳統的傾向來看的話[173]「如來藏」系的思想，往往和「偽經、偽論」同一立場[174]，必須對其展開批判[175]。

但是，作為明末叢林的僧侶，他不必然理解這些後代佛教文獻學和義理上的新發現。

在明末時期，一個「義解師」，如鎮澄者，能使用「因明」論式，廣引經論文獻為據，以說明其論題，較之明末之前的禪宗學者，即是治學方式上的一大躍進。

而德清等，在實際禪修有得之後，仍時時返歸經義證心，使理論和實踐結合，基本上也在力求恢復禪宗的最初傳統。

所以在這一〈物不遷論〉的爭辯背後，它代表了傳統佛教的最後光輝。而傳統佛教，要再度重視這樣的學術活力，就必須等待本世紀才有了[176]。

---

[173] 見藍吉富：《現代中國佛教的傳統傾向》，載《普門》雜誌第 123、124 期，1989 年 12 月至 1990 年元月。

[174] 所謂「偽經、偽論」，即指《楞嚴經》和《大乘起信論》，這是民國以來，一再被批判的，主要是「支那內學院」為維護正統唯識學而引起的。其後據西藏中觀思想以批判中國傳統佛教的印順，亦對之排斥。

[175] 同前註。

[176] 這是指民國以後「武昌佛學院」和「支那內學院」的佛學辯論。太虛一系，可代表傳統佛教——「如來藏」系——的復活；而「支那內學院」，則是「妄心唯識」系的復活。

（四）它也是明代佛教世俗化發展的應有趨勢

明末佛教叢林中的佛學大辯論，不是個案，或例外，它是在叢林改革中，循世俗化發展的一種應有的趨勢。

所謂「世俗化」，其真正內涵，即：它兼具了宗教根源性的維持和教義傳播通俗化的兩種不同趨勢。而這一大辯論的情況，正是如此。

從鎮澄的立場來看，尊重「聖言」，是理解佛經第一原則；「聖言」無證，方求之「正理」。

而「正理」不通，即遍詢當世之能通、能證者。如若當世並無能通、能證者，則惟留待後世，質之明眼之士來判斷。

在這種立場下，他一方面強化說明上所需的經證或理據；另一方面亦作學術上的廣泛溝通。所以縱使他在辯論上，過於堅持，也不能視之為類同封閉式的武斷心態。因基本上，他的溝通之門還是開的。

就是這樣的佛教學者，平生雖屢受朝廷器重，名動一時，仍能自甘樸素，嚴持僧行無失。這樣的類型，是屬於較純粹性的「世俗化」，層次較高。

袾宏的心態上，接近鎮澄的這一類型。他雖然不滿意於鎮澄對〈物不遷論〉的批評。

但，這是由於雲栖袾宏相信〈宗本義〉可會通的緣故，其他評論上，他亦能同意鎮澄之評。他憑的就是一個講「理」字[177]。同樣，他一方面大量疏解經典，一方面又批評「僧務外學」[178]和「僧務雜術」[179]，恰似對德清的批評[180]。故「世俗化」的發展，能強調專業性的溝通，反而對宗教根源性的維持，更能貫徹到底。

---

[177] 袾宏：《竹窗隨筆》收在《蓮池大師全集》（4），（台北：中華佛教文化館，1983年，再版）頁3938-39。

[178] 同前引書，頁3939-40。

[179] 同前引書，頁3940-41。

[180] 因袾宏批評僧人注《老》《莊》或喜陰陽風水之術。而這都是德清的專長之一。

　　反之，對德清而言，他既在道源上能實證，則他已無所區別於佛經或世學
的擇取問題，因為一切只不過是「心意識」的「影響」罷了。他在理論上已取
得貫融性的解決，故三教之道，皆可統攝於一源。

　　在這種情況下，他雖於對待前賢的態度上極為尊重和保守，但在經義詮釋
上，卻自由而無顧忌。因此，他到晚年，居然連本身為僧？為俗？的立場，也
混淆了[181]。顯然，這是「世俗化」的另一種。

　　所以，從整個辯論的本質來看，其實是「世俗化」發展，應有的一種趨勢。
不論對哪一方，都是如此。

---

[181] 德清的《自贊》各文，茲舉其中兩首，以見一斑：（1）「少小自愛出家，老大人教還俗。若不隨順
　　世緣，只道胸中有物。聊向光影門頭，略露本來面目。鬚髮苦費抓搔，形骸喜沒拘束。一轉《楞伽》
　　一柱香，到處生涯隨分足」。（2）「少小出家，老大還俗。裝憨打痴，有皮沒骨。不會修行，全無
　　拘束。一朝特地觸龍顏，貶向雷陽作馬足。而今躲懶到曹溪，學墜石頭舂米穀」。《憨山老人夢遊
　　集》（3），卷 35，頁 1898-1900。

第四章　過渡階段：大清帝國時期臺灣新竹地區漢族傳統佛教與齋教三派

　　根據日本禪學史家忽滑谷快天在其《禪學思想史》[1]一書的看法，清代禪學思想是屬於衰微的時代，其特徵不但盛行禪淨合一思想，更深受明末三教(儒釋道)合一主流時代混融思潮的強烈影響，已非「達磨禪」的「純禪思想」，所以正式進入衰微時代。[2]

　　由此看來，明末禪僧群體之間的長期關於傳統華嚴禪思想的大辯論，並未在明亡後持續在大清帝國時代出現進一步的繼承與發展。可是，我們之前已提過，東亞現代禪學思想的新開展，是出現在十九世紀後期日本明治維新的時代。並且，清代臺灣在 1895 年，就因清日甲午戰爭清朝戰敗而割讓給日本，正式成為大日本帝國主義的新殖民地，前後達五十年之久。

　　反之，大清帝國滅亡，而改由民國統治則出現 1912 年。所以，清代臺灣統治權的改變(1895)，其實早於民國建立(1912)十七年。因而，本章選擇清代臺灣北部的新竹地區，作為討論清代傳統出家佛教與在家齋教的辯證發展樣板，其理由有二：

　　一、是清代臺灣北部新竹地區的漢族佛教及齋教的在地轉型，具有足以觀察從明末過渡到近代清楚觀察線索。

　　二、是避免論述清代全面性的傳統漢族佛教及齋教的在地轉型而導致議題過度散漫與龐雜。

---

[1] 忽滑谷快天：《禪學思想史》（東京：玄黃社，1925 年），分上下兩卷出版。

[2] 見前引書，下卷，頁 465-830。

　　所以本章只是主體議題之間的變革與延伸，好讓讀者方面了解明末之後的混融禪學思想，如何在傳統漢族佛教及齋教進行兩者交互辯證性的在地轉型。

　　不過，在另一方面，本書讀者若想清楚了解，清代新竹漢族佛教在三百年史上的在地風華，便得首先承認：新竹地區的佛教，是漢人信仰為主的佛教，與原來居住的本地原住民的宗教信仰無關。

　　至於要如何對此主題進行縱觀與透視，本章以下，首先會——

　　一、提出相關問題及其透視方法學的扼要清晰解說。

　　二、其次，對於大清帝國統治時期，主要出現在新竹地區的漢族佛教發展與齋教三派的轉型概述，擬討論包括下述個議題：即在地的所謂香火廟、媽祖廟、外地僧亂在新竹、新竹齋教三派的齋堂歷史沿革、宗教活動與齋堂分佈等。

　　三、藉由上述的討論架構來綜觀與透視，有關清代地區新竹漢人佛教在地的多樣性風貌。

一、相關問題及其透視方法學的提出

　　究竟如何針對本章主題，以進行相關的縱觀與透視這個問題，我們大致可分二層次來談；在第一層次部分，先要溯源，而後才能有相繼出現的各階段變革風貌可談，這就是歷史的縱觀角度。至於第二層次，我們又是如何透視的方法學運用？後面將會詳述。

（一）第一層次的縱觀新竹清代漢族佛教在地風華概說

　　首先，我們須知，清代新竹在地漢族佛教信仰，雖是從 1718 年，因有漢人王世傑率族人來竹塹開墾後，才逐漸傳入；並且，第一座佛寺（即早期稱為

觀音亭，現在稱為）竹蓮寺，還要遲至 1781 年才正式建立。[3]

甚至於，竹蓮寺從建立迄今，雖與地方發展，一直密切相關，堪稱具有重大開發史宗教信仰場所的指標性意義。但，在本質上，它卻始終只是一處漢人民俗佛教觀音信仰的重要場所，即所謂信眾朝拜很盛行的漢族佛教的「香火廟」而已。[4]

可是，新竹在地漢族佛教三百年來，並不只長期存在此一以祭祀為主的竹蓮寺而已，在清代，事實上還存在其他類型的寺廟(如媽祖廟或城隍廟)，清代在家教派佛教的三派齋堂。

並且，相對於較早期南臺灣移墾狀況，儘管仍屬較後期的新竹漢族佛教，也同樣無可避免地必須受制於清代既有外在歷史社會發展基礎條件的艱困與不足。

因臺灣位處大陸東南海疆的邊陲，並且是一處閩粵漢族，新墾的開發中島嶼。故而若要求能達到如當代新竹佛教信仰那樣，也能具較深層化或精緻化層次，其實是缺乏足夠發展條件的。[5]

---

[3] 連雅堂稱其為「新竹最古之寺」，又認為此寺早期是由王世傑捐地所建。見氏著，《臺灣通史·宗教志》（臺北：眾文圖書公司影印版，1978 年），頁 673。但，張繡玲力斥其非王世傑本人所捐地，其實是王的第五世孫王春塘以其先祖之名捐地重修，故寺中才供奉王世傑之長生牌位。見張繡玲，〈新竹市佛教寺廟藝術之研究〉，頁 7。

[4] 著名的人類學家莊英章教授，曾對新竹市的「香火廟」作了最清楚和詳細的描述，他說「香火廟這一名稱即是來自信仰者原有的名詞，其意指靠香火來維持的廟宇。在本分類中我們用以指稱那些不限特定信徒而無明顯地域範圍的公眾廟宇，這類廟宇所供奉的神祇在神格上都較高，其對供奉者所發揮的功能也較廣泛，因此受到不同範疇信徒的奉祀，而其經費也大多靠信廣泛信徒的香火錢，因而有香火廟之稱。在組織型態上，香火廟大多有公眾選出的管理委員會或管理人，同時也有較多的公眾性活動。從宗教動態的立場看，香火廟可以說是民間信仰廟宇發展的典範或最終目標」。見莊英章，《新竹市志·卷二：住民志（下）第四篇宗教（稿）》（新竹：新竹市政府編印，1997 年），頁 754-755。但，這樣的定義是有問題的：其一，例如土地公廟是香火廟，但神格不高。其二，香火廟的原意，其實是指祭祀系統的廟宇，並且香火錢的來源固然與信徒有關係，然而信徒的來源是否廣泛，其因素不卻必然與神格有關，而是有靈驗的知名度、強烈認同感或向心力，才是能真正左右該廟所屬信徒來源和比例的重要因素，如十八王公廟即是以靈驗而廣為信徒認同的典型香火廟，卻不一定與其神格高低有何關聯。

[5] 這是由於滿清初期諸帝，對漢僧的態度之冷熱不一，宛若政治萬花筒的多方善變所引起的政治歧視所致，其目的，就是穩穩的讓自己當皇帝，來掌控一切，至於其他方面都屬次要，包括佛教在內。

　　再者，由於主要是從隔著黑水溝海峽對岸冒險犯難乘船過來的，所以，清代來臺灣的絕對多數漢族人口，除少官吏或經商或旅遊者外，可以說都和對岸閩粵兩省，具有絕對地緣性關聯。清代新竹佛教的早期在地發展性格——即所謂邊陲性和依賴性的在地發展特徵——主要便是受此兩省原有的佛教性格所影響或所塑造。

　　之後，1895 年時，歷史劇變出現。此即臺灣地區轉由日本殖民統治的 50 年(1895-1945)。因此，300 年來的新竹地區佛教發展史當中，雖然日治時代的影響，只占了其中的 50 年而已。但因日本佛教具有日本宗派文化的特殊性，以及高度政治化和現代化的衝擊。

　　在這種情況下，新竹地區不但也隨之出現來自日本佛寺與日僧及佛教事業，在新竹地區的移植現象。在此同時，新竹地區原有漢族佛教信仰型態，也隨著日本殖民統治 50 年的重大影響，而出現巨大的變化與新貌。[6]

　　甚至在後期的皇民化運動時期，或大東亞戰爭動員時期，新竹佛寺與僧侶，也出現新的轉變，加速的納編為日本宗派佛寺或納入日本僧籍。

　　然後，歷史劇變再度出現，二戰後日本殖民當局因戰敗退出臺灣，國府開

　　　所以，我們很難想像，有關清代臺灣的佛教問題，在滿清中央的政策考量上，有何重要度？而既然有此無任何重要度的官方決策前提，其它相伴的外在發展條件，就不可能有來自官方的大力支持。連帶的，就是很難僅由臺灣寺方的本身單薄力量，就能撐起一切的發展推動力量。我們試看清代的在臺滿清官員，雖可多次為臺南開元寺的改建設法，但在有清一代二百多年間，臺灣全島並無任一佛寺，曾獲清廷頒贈《龍藏》者，包括准官寺的臺南開元寺在內。而我們知道，近代臺南開元寺的蛻變，正是從日治大正時期傳芳加入日本臨濟宗，又獲頒佛教大藏經之後，才正式展開的。見黃慎淨編，《開元寺徵詩錄・晉京迎請大藏經序》（臺南：開元寺客堂事務所，1919）。當時的滿清諸帝，既然可濫權無度，又可身兼天下一人的超級大祭司之職，則除了來自他的政策善意之外，此一時期在他治下的任何宗教，除了作為對抗者的諸民間教派之外，都無有自主性，也很難自行發展，包括佛教在在內。所以，臺灣佛教的社會弘法功能，在近代以前，除祭祀性或儀式性的局部社會凝聚功能之外，可說微弱至極。因此，才有在家齋教：（1）龍華派，（2）金幢派，（3）先天派等三派，陸續在清中葉之後，渡臺發展，並構成臺灣佛教另一大傳統迄今。

[6]　特別是，在當時，新竹州是包括桃竹苗三地的轄區，甚至新竹州地區與臺北地區的漢傳佛教寺院系統，在新佛教組織，也都發生了巨大的新變化。因而，出現在當時的新竹地區的佛教狀況，就包括有：現代性傳播型態與新佛教組織、新佛教教育活動、新佛寺與新佛教女性的佛教事業參與。

始臺灣地區的新統治，又有冷戰時期的反共戒嚴長達三十八年之久的佛教組織凍結與專屬限定僧尼出家傳戒規範的嚴格控制。在這種時期的大逆轉之下，短期間之內，新竹地區本地的已日化僧侶，便不得不面臨再度由日本化的佛教急遽地轉成為中國化的佛教等這一類艱難適應的改變問題。[7]

之後，臺灣又開始政治解嚴，佛教組織與傳戒規範都跟著自由化，以及兩岸佛教的恢復交流，乃至佛教大學的在新竹設立，新的佛教藝術文化的開創與拓展，也持續進行中。

因此，本章試圖縱觀與透視：新竹漢族佛教在三百年史上的清代臺灣，所呈現的多樣性變貌，就是意圖：從清代臺灣的傳統社會中，觀察早期的在新竹地區的漢族佛教，如何逐漸產生變革和進行現代化的過程，是非常有必要的。[8]

它可以從僧侶的宗教活動、寺院建築的宗教美學、佛殿內的各類供像和多樣的神話彩繪、信眾與士紳的地方參與或官方的宗教管理方針等，觀察到遠從對岸移植到臺灣地區之後的各種變化軌跡和具有文化或哲思內涵的宗教現象。

（二）第二層次的清代新竹漢人在地佛教早期風貌如何透視概說

有關第二層次的清代漢人新竹在地佛教的歷史變革與相關風貌，在方法

---

[7] 特別是在 1949 國府內戰是失敗大陸政權易主而有大量逃難來臺的政治移民，其中包括有政治實權或社會影響力的達官顯貴或大陸各親國府的近兩百位漢藏各類僧侶驟湧來臺，更使此後的六十多年來新竹佛教，完全在這一巨大的新漢傳佛教組織與傳戒規範下，進行具有普遍性的影響與全面轉型。而這又是和戰後迄今，新竹地區，由於日本佛寺被轉用，有影響力的日僧返日，本地大量戴髮修行的居寺齋姑，必須重新受戒成為正式落髮改籍的比丘尼。又因新竹地區曾一度成為大陸來臺僧侶的暫留、新佛學教育機構的教學師資，甚至日後開始在新竹地區建寺長期辦學迄今，於是使得新竹地區的佛教教育與僧尼活動，具有特殊的佛教史地位與重要影響。

[8] 就類似縱觀與透視像美國這樣只有短短幾百年移民史(它的建國史甚至比新竹開發史更晚)那樣，若要了解它的各階段社會文化發展現象，有一個很重要的線索，就是有關新移民者到新移墾地之後，在其新移墾區的生活中，宗教信仰內涵或方式所出現各種的新變化。當然，此一觀察重點，仍是以其中具有思想性、社會性和倫理性的宗教種類及其內涵為主。一般土著的巫術信仰和泛靈信仰的原始民俗部份，則較容易被忽略。因其可供觀察變化的部分較少，所以較不為觀察者所重視。因此對臺灣北部新竹地區早期本土傳統佛教信仰史的變革觀察，就有其必要性了。

學的實際運用上，我們又是如何進行縱觀與透視呢？

以下就是各點說明：

1. 先界定其信仰的不同層次而後據以透視真正的風貌為何？

我們須知，清代新竹在地漢族佛教史的長期發展中，是常出現各種漢族佛教信仰內涵的階段性變化的，但都有其在區域性佛教史上所代表的宗教意義。而其中，實有其內涵的不同層級之分。此因新竹地區的寺院，當它在不同的時間，或由不同的人擔任住持時，其寺院內部的宗教活動及內容水準，很可能是完全不一樣的。並且，是會隨時空環境的不同而跟著改變的。特別是原來的佛教場所，已經歷過幾次的變更時，更是如此。

若以新竹在地漢族信仰的底層來講，一般就是指以巫術性為主的宗教活動內涵。而比巫術性，再高一層的，就是屬於祭祀型的。這類信仰形態，就像很多臺灣民眾到寺廟裏，去燒香、求神、抽籤之類，即是屬於這種儀式性的信仰內涵。

然後，更進一層的活動內容，即較此更專業一點的，就是寺院住持，屬於有學問的。那他就能幫上門求教的信眾，解說在生活上遇到的一些難題，或有能力為信眾開講佛經的哲理等。換句話說，此時信仰的內涵，其實已從先前以儀式為主的層次，又進步到更高一級，已屬於宗教文化的層次了。

因此，總合上述的區分，我們事實上可以將新竹地區一般漢族寺廟的宗教活動，簡化為下列的四個層級：

（A）宗教巫術→

（B）宗教儀式→

（C）宗教文化→

（D）宗教哲理。

但，必須注意的是，此種不同的層次，在事實上並非是按時間的發展先後，而依次出現的。到底在哪座寺廟？或屆時會出現哪一層次的宗教活動內涵？

其實是跟著當時住持宗教事務的人，所具備的宗教專業素養之高低，而有各種變化和升降，所以並非一成不變的。

由此可以知道，設若新竹某一地方的漢族佛教寺院，已出現上述的改變時，則隨之而來的，很可能是此一寺院內，所傳達的宗教活動內涵——包括對佛教哲理的見解、所供奉的大殿漢族佛像雕刻、乃至寺僧與信眾接觸的方式，都會跟著產生或多或少的變化。

因此，我們若要觀察一個新竹本地漢族寺廟的宗教活動時，不能只看其外表上是被稱為「寺」或「廟」或「堂」等，就斷定其在宗教活動的內涵，也和其名稱相等。[9]換句話說，我們須先瞭解，它當時漢族佛教活動的實際內涵究竟是什麼？

其次是，在從事討論新竹漢族佛教發展狀況時，仍須同時理解新竹地區以外的臺灣佛教信仰的形成和發展，因為兩者之間的佛教文化交流，是息息相關，互為影響的。[10]至於有關新竹地區原住民對於佛教信仰，可以說資料甚少，但大致可推定為是疏離的。可是，原因何在呢？

2. 提出關於新竹地區原住民對漢族佛教信仰疏離的說明

清代新竹地區，漢族佛教的傳播發展，主要是和閩粵這兩省漢人的來臺灣移民史有關。從相關的清代歷史文獻來看，在清末以前，不論山地或平地原住民，雖較漢人來臺灣的時間更早，但其宗教文化，其實是各族相異和自成系統的。這與較後才移入臺灣地區的漢人信仰，可以說，迥然不同。

事實上，像這樣的不同信仰區隔，也長期主導原住民的信仰習慣。因此，從早期漢人來臺灣定居開始，迄今數百年間，除日治時代，有部份原住民一度

9　舉例來說，同一佛寺，若是能由有學養的法師來做住持，我們將會看到寺中的宗教活動，是富有佛教文化或哲理層次的內涵。反之，如果此一住持走了，再換上一個缺乏學養的僧侶來當新住持，則他很可能會只靠不斷地辦法會來應付信徒，也就是它又降為儀式活動的層次了。

10　同樣的我們若不能瞭解臺灣跟大陸之間、以及臺灣跟亞洲之間的佛教信仰差異，就可能不可能理解其中的相關變遷內涵。

接觸佛教之外，西洋來的天主教和基督教，才是臺灣原住民的主要信仰中心；除各族原有的信仰之外。

也由於從華南地區傳來臺島的佛教信仰，與在臺原住民的信仰習慣，一直相當疏離，就整個臺灣佛教發展史的範圍來說，幾乎就是專屬漢人在臺的佛教信仰傳播史，新竹地區的漢族佛教自然也不能例外。

不過，這一原住民與漢人的信仰區隔，並不是絕對的。未來如何發展，也難以逆料。只是就觀察和理解的角度來說，上述的區隔的特性，仍是不可忽視的，因其大趨勢就是如此。而其背後的形成原因，則有待進一步的探究。[11]

3. 從清代帝政多神教統治史觀，看新竹在地佛教差異性

(1)清代的漢族出家佛教狀況概述

由於清代大陸華南漢族出家佛教，已不為大同於之前的中國歷代各朝的漢族佛教，其不同之處在於：

新竹在地正規漢族出家佛教僧侶的相關宗教活動，始終受到官方嚴格的管制和限制，因此逐漸形成和社會隔離的山林佛教。

這是導源於較早時期的明清之際，因面臨大陸統治政權的鼎革巨變，所以各類宗教所面臨，來自官方的政治約束或處罰，較之承平時期，可以說更趨嚴重。

特別是自明亡後，因華南的各地佛寺中，紛紛湧入許多因抗清失敗，才埋名遁隱出家為僧的可疑政治犯，導致清初對南方佛寺的嚴厲清查、以及對有政治嫌疑僧侶，加以密切監視、逮捕或處決。

而臺灣一地，原為南明抗清的最後基地，又位於東海的波濤之中，與最鄰近大陸的福建省尚有黑潮洋流通過的臺灣海峽之隔，因此大陸地區的僧侶不但東渡來臺有其困難，要在臺島的社會上公開活動更難，除非先獲得官方的

---

[11] 目前學界對此一背景的了解，雖不能說沒有，但仍嫌太少和欠深入。

許可。[12]這也是新竹地區要到清代中後期，才有出家僧侶的活動記載，原因在此。

　　然而，由於在此之前，晚明的中國社會，已流行三教〈儒、釋、道〉混合的思潮。因此，一般民眾的信仰，也往往三教混合兼拜，不嚴格區分；並且這種信仰型態，只要不涉及治安和政治反抗的問題，從官方的統治立場來看，基本上是可以允許和不加以干預的。這也是傳統中國的宗法社會帝政多神教統治下的常態現象。[13]而新竹地區民眾的佛教信仰型態及其內涵，就是在清代早期由中國南方的閩粵漢人傳入的，事實上也就是此一混合宗教思潮的延續。

　　此外由於自明初以來，官方早以規定中國境內和傳佛教的僧侶和佛寺，必須按其性質和功能，區分為一、「禪寺」和「禪僧」，二、「講寺」和「弘法僧」，三、「教寺」和「瑜珈教僧」。這三者之中，以第一種在明末成為以臨濟宗和曹洞宗為主的宗派系統禪寺，其「禪僧」則被通稱為「禪和子」。　不過，其中第二種「講寺」和「弘法僧」，似乎從未在清代的新竹地區出現。第三種則是以「香火寺廟」（更精確的稱呼應是「以祭祀祈福和免災為主的寺廟」）和「香花僧」的變相型態，普遍流行於清代臺灣西部的南、北、中三地。以後又和曾經破戒還俗的「帶髮、娶妻、食肉的僧侶」結合，而有所謂「長毛僧」和「釋教和尚」[14]的變相俗僧出現。

　　因此，清代新竹地區的「香火廟」和「香花僧」，對清代移墾社會的宗教禮俗活動，扮演了重要的功能。[15]

---

[12] 因此，有清一代，不少早期渡海來臺的佛教僧侶和文人居士，以及明鄭在臺政權遭滿清新皇朝擊降後，為免其曾抗清的真實身份曝光和有意躲開官方的注意與追捕者。此類非自願性出家的變相僧侶和居士，所以其背景資料相關的事跡記載，不但少見而且欠詳；其最大原因，就是考慮到隨時有滿清官方的嚴厲監控和不斷地追捕，其行蹤和相關活動，自不為外界所熟知和難以為清代各種官修的方志所詳載。

[13] 此處所用的「帝政多神教」一辭，是參考日治時期，柴田廉在其《臺灣同化策論》（臺北：晃文館，1923）一書，頁 36 的看法。

[14] 「釋教和尚」是當代臺灣才流行的新佛教詞彙，傳統少有此種用法。

[15] 例如一般的臺灣民間喪儀的場合平常受邀，為免災祈福而課誦經咒場合，以及年度例行性節慶的祭祀活動等場合，主要執行宗教儀式的擔綱者，所仰賴於眾「香花僧」的頻率，應遠高於所謂「禪和

(2)清代新竹漢族齋教三派 300 年來的滄桑史概說

清代中葉有漢族齋教三派，先後傳入竹塹地區，影響甚大及久遠。[16]此一在明代中葉興起的羅教，以「新禪宗」或「在家佛教」自居的新興教派，在明清之際，逐漸分化和轉型，而其中屬於「江南齋教」的一支入閩後，分化成漢族「齋教」三派：龍華、金幢、先天，先後在清代中葉傳入臺灣，並紛紛在臺灣南北各地，建立起各自的齋堂，以聯結當時海峽兩岸的不同信仰系統。

而當時在新竹地區，有不少信佛的地主或士紳家未婚婦女或寡婦，因受限於官方的法律規定，不得任意出入佛寺和隨意出家為尼。彼等便自建齋堂或入居共有的齋堂，來安處日常的宗教生活，即可不必到佛寺去落髮出家，又可以「帶髮修行」，以安度其孀居的晚年奉佛生涯，所以逐漸形成風氣，並成為清代華人社會中的一大特色。

子」或「外江僧」。因此，純儀式性的祭典佛教，事實上構成了臺灣清代臺灣佛教的主要內涵。

[16] 臺灣「齋教」名稱的由來：臺灣「齋教」是目前臺灣學界特別標出的宗教學名，用來指涉出現在臺灣地區的「齋教」。但為什麼要特別標出呢？因臺灣「齋教」的這一名稱，是日治時期做「舊慣調查」時，才正式使用的。在此之前，清代的官修臺灣文獻中，並無有關臺灣「齋教」的正式記載。僅在乾隆時代取締大運河流域的羅教信徒時，用了「老官齋教」的名稱。可是，清代以來，傳播於臺灣南北的「齋教三派」：龍華派、金幢派、先天派（即一頁道前身），並無法用「老官齋教」來涵蓋。為了解決這個困難，在日治初期，先用「持齋宗」一詞稱之，因這三派的共同點，都是標榜在家吃素拜佛、(以觀音信仰為主)，他們聚會和修行的根據地即稱「佛堂」或「齋堂」。雖然如此，日治時代負責宗教調查並一手促成全島性臺灣佛教組織的丸井圭治郎，實在無法搞清楚龍華派、金幢派和先天派的歷史源流是真？是假？所以他用了「齋教」一詞，以作為文獻分類和調查報告的內容體例。以後，臺籍的李添春在請教齋教前輩許林後，在他就讀的日本東京曹洞宗私立駒澤大學畢業的學士學位論文上，也正式使用了(齋教三派之佛教)的名稱。而後日本在臺的總督府文教局，基於李添春對「齋教」的深入了解，有助於掌握臺灣民眾在家信佛的情勢，於是約聘他擔任臺灣佛教現狀的調查人之一，並協助畢業於日本東京帝國大學的增田福太郎在臺從事第二次臺灣宗教的調查。戰後李添春又成為臺大農經系的教授，於是他在日治時期調查臺灣佛教和齋教三派的日文記錄資料，也構成了官修臺灣文獻中，有關臺灣傳統「齋教」的主要內涵。但是，由於，李添春的學術訓練不夠，他對臺灣「齋教」的理解，也往往流於片面和出現許多訛誤。因為根據當代大陸的宗教學者馬西沙、韓秉方、連立昌以及日本宗教學者淺井紀和武內房司和臺灣新一代宗教學者王見川博士等人，都相繼投入「齋教」這一領域的深入研究後，我們才發現:自明清以來，影響大江南北以及渡海傳入臺灣的「齋教」活動，是歷史上罕見大規模的中國民眾宗教教派化運動。

二、清代新竹在地漢族佛教的發展與轉型概述

（一）清代新竹傳統漢族佛教的發展與區域性的特殊關聯

我們若要了解清代新竹漢族佛教文化的傳播趨勢和主要發展特色，我們先要知道直到十九世紀下半葉時，臺灣西部南北的大小佛寺，為數已達百座以上。雖然一般來說，規模都不大，寺產有限，住持或駐寺僧的知識都不高，故無巨大的社會影響力。

但由佛寺建築的逐漸普及化，無疑可以看出，佛教信仰據點是在待續地擴展，而不是萎縮，而且有新的發展機會，其水準的提高和社會影響力的擴大，將不是問題。

而新竹在地漢族佛教在過去的發展，正如其他地方一樣，也是和臺灣早期的宗教信仰傳統息息相關，並且基本上也是以漢人為主，特別是臺灣自華南閩粵兩省來臺灣拓墾的漢人。

不過，除部分地緣神（※如三山國王廟）或族群神（※如新埔義民廟）等的崇拜略有異之外，[17]新竹地區閩客漢人之間的信仰，其實非常接近；尤其在佛教信仰方面，因無族群之別，兩者更趨一致。並且，越到近代，越是如此。

只是在三百多年前的臺灣北部，它的開發較南部稍慢。換言之，臺灣最先的漢人墾殖地，是在南臺灣，然後才逐漸擴及北臺灣，連宗教的傳入狀況，也是如此。特別是竹塹這一地區，直到 1718 前後，才有漢人王世傑率眾來墾。所以，新竹地區有漢人佛寺的出現，雖以竹蓮寺（※早期稱為觀音亭）為最早，

---

[17] 在新竹地區閩客信仰的最大差異，要數位於今新竹縣新埔鎮的義民爺信仰。不過，儘管迄今它雖仍專屬客家族群的信仰物件，但此一信仰圈的形成，與其說是宗教的因素，不如說它是由傳統的政治事件與族群糾葛下的祭祀產物，所以其現有的強大認同感及其祭祀組織所具有的高度凝聚力，其實應是源自傳統族群情感隔閡的因素而起，並非真正實存於宗教上（或祭祀行為上）的異質因素所導致。目前，關於此問題的最新研究成果之一，可參考楊鏡汀、連瑞枝、顏芳姿、王見川合撰，《新竹縣誌卷三住民志宗教篇稿》（新竹縣政府 1996 年編印本，未刊稿），頁 228-252。此資料影本，由陳運棟先生提供，特此致謝。

但已是 1781 年的事了，並且始終只是個民俗佛教觀音信仰的重要場所，即所謂信眾朝拜很盛的「香火廟」，在信仰的本質或層次來講，其實與一般神廟的信仰方式並無多大差異。

類似的情況，也出現在現在已被列為第三級古蹟的金山寺。[18]此寺，自 1785 年闢建以來，在整個清代雖有從早期的香蓮庵（1785）到後來重建後的靈泉寺（1854）及金山寺（1890）之變革。但此寺的宗教活動，也一直是通俗觀音信仰的「香火廟」型式，與竹蓮寺的情況非常相像。倒是此地的閩粵族群，在此新竹東郊番漢相鄰區，如何相處的情形，更令人印象深刻。

此因金山寺的早期信徒，雖以客家人為主，並且大多是佃戶階層的清貧農民，但因觀音信仰的宗教本質，原本就是超族群的，不具有特定族群專屬的排他性格，所以竹塹地區居優勢的閩籍士紳或土豪也願意協助重建和共同護持金山寺，故成了竹塹東郊一個粵閩漢人共營的指標性「香火廟」。

不過，也因為它位處郊區又和清末竹塹客家人的激烈抗日有關，所以導致金山寺一度被毀於戰火中。[19]但這也正好說明了寺廟的發展，與其地理位置、所屬的族群特性及相關的時代變革，都是密不可分的。

因此，我們若觀察清代到鴉片戰爭以後，也就是推到所謂 19 世紀中葉時，則當時臺灣北部已逐漸取代臺南府城，成為全臺的行政中心。而當時臺北城的地位，自然也高於新竹城。

問題在於，在此之前，新竹城曾一度是北臺灣的行政中心所在地，縱使後來有臺北城的崛起，但當時的新竹城依然長期維持其在桃竹苗的行政中心地位不變。所以清代後期，全臺灣最重要的官建城隍廟，除了建在臺北城的城隍

---

[18] 金山寺於 1985 年被內政部劃定為第三級古迹

[19] 有關金山寺的發展沿革及其信仰現況，吳學明在《臺閩地區地三級古迹新竹金山寺修復研究——第二部分歷史研究》和李丁贊等編著，《「金山面」社區史》（新竹：新竹市立文化中心，1997 年），有最清楚的說明。

廟以外,就是新竹城隍廟了。[20]

當然,新竹城隍廟的原興建年代並不是在清末,它是在 1748 年即由當時擔任福建臺灣北路淡水總補分府同知曾日瑛倡建的,所以比竹蓮寺的關建還早。而它的宗教性質既然原屬於官建的崇祀神廟,主祀神當然就是地下衙門之主的「城隍爺」等。但難道就因爲這樣,我們即可論斷說它與當時竹塹地區的佛教信仰或僧侶的活動無關?

其實不然。我們只要看到 1895 年 9 月,由城隍廟住持僧侶呈報的一份清單〈城隍廟出息條款〉,就可以明白是有關的。因在此清單中,明白記載有年度收銀 327 元;至於年開銷的專案,則其中的第一項是:住持僧一名(當本廟之家)。第二項是:奉佛僧一名,全年辛工銀 30 元。第五項是:打掃佛堂一名,全年辛工銀 12 元。第六項是:伙食米(五名,並往來客僧)每月按米一石五斗,全年 18 石;按價銀 3 元,計 54 元。[21]所以是有關的。

不過,此處仍須解釋:「城隍廟」既然原是官廟,爲何會有非官職的僧侶居住其中?這是爲什麼?

其實,我們若進一步觀察它的歷史沿革,就會發現:一、城隍廟於 1799 年由淡水同知華清修建時,又增建了後殿,來奉祀觀音佛祖。二、到了 1803 年,因淡水同知胡應魁,將後殿充當城隍夫人的配祀之所,在廟的西畔,另建觀音殿,以祀觀音造像。此一觀音殿,日後雖被稱爲「法蓮寺」,[22]也被當代臺灣建築史家李乾朗教授,定位爲「雙廟」;[23]但,它在清代是隸屬於城隍廟的,即作爲擔任城隍廟宗教事務的僧侶們之奉佛之所。

所以如此,是因城隍廟的日常管理,包括宗教活動,由廟方出資雇僧爲之,而僧侶的安頓之所,須有別於神廟,才有觀音殿之設置。

---

[20] 現在的新竹市都城隍廟,仍可說是新竹市歷來最著名的「香火廟」,其現址即今新竹市中山路七十五號。

[21] 見 1895 年出版的《新竹縣制度考》,臺灣文獻叢刊 101 種,頁 107-109。

[22] 見張繡玲:〈新竹市佛教寺廟藝術之研究〉,頁 7-8。

[23] 見李幹朗《臺灣的寺廟》(臺灣:臺灣省新聞處,1986 年),頁 28。

　　但在另一方面，我們也必須知道，上述的情形其實是和華南佛教，在清初受到官方的壓制有關。

　　此因清朝入關之後，明末的一些知識份子，紛紛起而抗清。失敗之後，彼等為了逃避清廷的逮捕，於是就出家為僧。像這樣的行為，當然會引起朝廷的猜忌，所以從康熙一直到雍正年間，宗教界其實是籠罩在白色恐怖中。因而早期偷渡來臺灣的出家人，害怕官方嫌疑，所以來臺後，都儘量躲在深山裏去。[24]不然，就寄身在媽祖廟或城隍廟的後殿，儘量隱姓埋名，不暴露身分。只是由於新竹較少有早期的相關資料，不易瞭解其詳情。

　　可是，到了清末時，類似的情形，就同樣出現在竹塹城北門有「外媽祖宮」之稱的「長和宮」內。此因「長和宮」雖在 742 年興建，1819 年重修。原先前殿主祀媽祖，後殿配祀水仙尊王。但，1863 年由新舊士紳合力，捐地增修改建後，後殿原祀的水仙尊王被移走，改祀觀音佛祖（※即今「竹安寺」），並曾聘請「外江僧」（※對岸來的外地和尚）天恩擔任住持。而天恩之後，新住持亦是由其門徒，人稱「和尚金」者升任的。

　　問題在於，「和尚金」原是福建興化人，精通拳腳技擊，性好漁色，曾參與太平天國抗清，失敗後，易容變裝，潛逃來臺。先至竹塹北門，設法拜「長和宮」住持僧天恩為師，成了嗣法弟子。所以，天恩死後，他才能被繼聘為「長和宮」新住持。

　　但，因其好色本性，又與官渡媽祖廟的住持僧「閃」互通往來，所以最後兩者都因醜事敗露而遭到惡報。

　　可是，關於此一清末發生於「長和宮」的「外江僧」大醜聞，外人又如何會知道呢？

---

[24] 而彼等以前的藏深處，雖以小茅屋居多，如今若還在的話，當然以便成寺院了，像大崗山超峰寺等即是此類的。見江燦騰：《日據時期臺灣佛教文化發展史》（臺北：南天書局，2001 年），頁 489-518。

其實，關於此事，新竹本地的「怪我氏」，早在 1926 年，即於他的手稿《百年見聞肚皮集》中，以長篇（約七千字）繪聲繪影地，加以描寫和強烈批判。

此外，《百年見聞肚皮集》的資料中，也交代了許多當時的宗教活動和詳細過程。例如有關清末新竹本地婦女，彼等如何在農曆四月初八參與浴佛節活動，及其在「觀音殿」聽僧講經說法的狀況等，都一五一十的紀錄下來。

而我們據此《百年見聞肚皮集》的相關記載，便可知道：有關新竹地區一些早期佛教的宗教活動狀況。儘管留下的資料不多，但也不是單看表面上被登記爲寺或廟，就可以立刻下判斷說：它的性質即是如何、如何的，仍應根據有關的記載來判斷，才不會出錯。

（二）清代新竹地區傳統漢族佛教的相關制度解說

有關清代官方對新竹地區佛教的管理制度之規定，其實與官方對臺灣地區其他各類宗教的管理類似，並無針對新竹地區佛教特別立法的地方；儘管這樣，若不在此稍作解說，對今日讀者的瞭解仍是不易的。

例如清代的法律規定：1.正常婦女出家爲尼須在四十歲以上，至於五官有缺陷或四肢有不健全以及實在無家可歸者，雖一度可以例外通融，但福建省由於庵院收容年輕女尼爆發許多桃色醜聞，於是在 1764 年 9 月 2 日即明令禁止。2.男性十六歲以下（※清代男性十六歲成「丁」）、非獨生子且家中十六歲以上的男丁不少於三人，才可出家。但在清末臺灣有很多人出家，是由於貧窮、逃債、對人生失望、或因犯罪遭世人排斥者，才落髮爲僧的。[25]

並且，清代臺灣的僧侶，得照官方規定完成下列手續，才算合法出家：（1）出家後須先拜師，即律所稱的「受業師」；而「受業師」年齡超過四十歲，准招徒一人。若徒弟未患罪而病故者，准再招徒一人。（2）落髮並著僧服，在

---

[25] 陳金田譯：《臨時臺灣舊慣制度調查會第一部調查第三回報告書——臺灣私法（第二卷）》，頁184-186。但陳譯「未丁年」爲「十六歲以上」是錯誤的，因「未丁」即是未十六歲之意。

寺院或戒壇受戒。（3）領有官府發給的度牒（※執照）。但 1774 年修正律典
條文，停止發給官方度牒，改在官方指定的寺院受戒領牒即可。

　　但，清代臺灣在清末建省以前，一直隸屬於福建巡撫管轄，故受戒時須到
官方指定的福州鼓山湧泉寺去受戒領牒才可。清末以後則亦有到福建福州怡
山長慶寺或浙江普陀山普濟寺等其他寺院受戒領牒者。

　　而由於清代官方指定臺灣僧侶受戒領牒的福州鼓山湧泉寺，是屬於禪宗
系統的寺院，在傳戒的程式和所需期間方面，即與當時另一屬於律宗傳統的江
蘇寶華山隆昌寺並不一致。

　　在費用方面，雖然當時福建各寺所訂每年開始傳戒的日期並不一致，但臺
僧前往受戒，每人須繳費用約在四十至五十圓，並不便宜。

　　另一方面，未受戒而有妻者，大清律例稱爲「應付」（※通常是在民家喪
禮場合執行佛教儀式及收費者）。雖爲國家法律許可，但不准收徒，亦無已受
戒僧侶的法定優待。

　　儘管如此，縱使已受戒僧侶根據清代法律規定，仍須：（甲）禮拜俗家父
母，但不必奉養。（乙）遵禮奉祀祖先。（丙）爲本宗親族的喪服，要同于俗
家居喪之服。

　　至於已受戒僧侶的師徒相互關係，除雙方皆須領有戒牒並結爲師徒之外，
徒弟對「受業師」的法律關係同于對伯叔父母的關係；反之，「受業師」對徒
弟的法律關係，則亦同對於伯叔父母之子的關係。[26]

　　可見以上這些，都是深受中國儒家孝道思想影響的舊慣規定，與原印度佛
教的規定迴異。在財産的法律關係或經濟來源方面，臺灣僧侶除可以持有衣冠
及隨身器具之外，並無在外兼營工商業的僧侶。可是因早期的臺灣舊僧侶，大
多屬不學之徒，彼等通常僅能靠誦經爲亡者祈冥福，雖不解佛教教義，但可藉

---

[26] 陳金田譯：《臨時臺灣舊慣制度調查會第一部調查第三回報告書——臺灣私法（第二卷）》，頁 190-
191。

以糊口。有時受雇在寺廟服務，則可領得若干薪資或從事與一般民眾葬儀有關各種活動時，也可收費以維生活。而當時的活動專案，計有：

（子）開通冥途──開通至陰間之路，使亡者順利到達陰間，在人亡後第七日舉行。

（丑）拔度──臺俗以七日為一旬，通常在七旬結束，窮人亦有在二、三旬結束者，並在每旬及卒哭時，延請僧侶誦經。拔度是拔苦濟度之意。

（寅）送葬──埋葬後導引亡靈回家。

（卯）弄鐃──又稱弄大樓，弄鐃表演各種技藝以安慰亡靈。

（辰）佈施餓鬼──僧侶在盂蘭盆會念經、擲金紙、水果等佈施餓鬼。

（巳）打眠床架──閩籍迷信人在床亡故時，靈魂會卡住床框，一定遷至屍床臨終。因此在床亡故時，要延請僧侶打開床架，使其順利到達陰間。

（午）開枉死城──枉死者的靈魂不能自由，要延請僧侶誦經引魂至陰間。

（未）牽水狀──為拯救水死者的靈魂，延請僧侶向神佛讀疏。

（申）牽血盆──婦女亡故時，相信會墮入血池，要請僧侶引魂至陰間。

（酉）引魂──人在遠地亡故時，要請僧侶引魂回家。

（戌）拜藥王──為生前服用過量藥材者，向藥王祈求赦罪。[27]

可是，有關清代新竹漢族佛寺產管理的問題，則有下列三種狀況：

甲、因臺灣的一些私創寺院，甚少由住持管理，大多由董事或爐主管理，故雖未置住持，亦不致遭官方沒收。

乙、一般而言，除非有特別需要，否則臺人很忌賣寺廟田產。可是，一旦必要出售時，若由住持管理者，必須先經董事及主要信徒的同意才可；如寺廟田產原由董事或爐主管理者，則只經主要信徒的同意和公決便可。[28]

27 陳金田譯：《臨時臺灣舊慣制度調查會第一部調查第三回報告書──臺灣私法（第二卷）》，頁194。
28 陳金田譯：《臨時臺灣舊慣制度調查會第一部調查第三回報告書──臺灣私法（第二卷）》，頁277-278。

　　丙、有關寺院「住持」的選任，清代臺灣地區的通常慣例，實際是由董事或信徒，來決定「住持」的聘用或解職的。問題在於，「住持」原先應如一家之長，掌理寺院內的一切大小事務，同時也須對官府負責，故其傳統的主要功能，至少應有如下的三點：

　　其一是，注意並防止寺內住僧有非法行為。

　　其二是，掌理法事，主持寺中的祭典活動。

　　其三是，管理附屬財產及維護寺貌無損——所以「住持」的權與責，原來應是極大才對。

　　但因臺灣當時寺院的規模不大，住持除念經拜佛、看守寺院及教育徒弟之外，僅在朝夕供奉香燭及清掃內外而已。日至以後，大多以董事或爐主為管理人，使住持的許可權更為縮小。[29]以上即是關於清代臺灣佛教的大致相關規定。但，包括新竹地區的漢族佛教發展在內，正是由此基礎所展開的。所以讓讀者也稍瞭解，是有其必要的。

（三）清代新竹傳統漢族齋教三派的派別、活動及其齋堂概述

1. 相關歷史的沿革概述

　　另一方面，清末新竹地區漢族佛教寺廟，因限於官方的嚴格規定，加上曾鬧出性醜聞，所以並沒有婦女出家為尼的記載。

　　可是，取而代之的，是在家帶髮修行的齋堂紛紛出現，因此當時的大新竹地區成了臺灣有齋堂和齋姑最多的地方。[30]

　　並且，到了日治時期以後，新竹地區的眾多齋姑又在官方解除出家禁令

29　陳金田譯：《臨時臺灣舊慣制度調查會第一部調查第三回報告書——臺灣私法（第二卷）》，頁229。

30　連雅堂在《臺灣通史·宗教篇》提到：「全臺齋堂。**新竹為多**。彰化次之。而又以婦女為眾。半屬懺悔。且有守貞不字者。」（1978年臺北眾文書局影本），頁656。可是，此處的「新竹為多」不是專指今新竹市一地，因當時（日據大正七年）的「新竹廳」轄區，起碼包括今苗栗縣、新竹縣、新竹市和桃園縣的一部份，所以本文改用大新竹地區，較接近當時情況。

後，紛紛出家爲尼，甚至逐漸成了臺灣近代新佛教發展的一股重要的推動力量。

所以，有關清代新竹地區的齋堂和齋姑的出現問題，必須在此有所說明。新竹地區「齋教」的名稱，當然是日治時代才有的。但其前身原是興起於明代中葉的羅教，最初是發源於山東的漕運軍人羅清，其後再循著大運河的航線向全國發展。

而清代傳來新竹地區的齋教共分：龍華、金幢，先天三個系統，但因爲它原是由運糧軍人所創的在家教派，所以它跟出家佛教的關係，就有點像西洋基督教對天主教持強烈的批判態度一樣，共同點都具有批判出家佛教的教派性質，但又有各自的經典（當然這經典是跟佛經有差異的）和不同的組織系統。

此因羅教在明清兩代，都曾一再受到官方的嚴格取締，於是逐漸分化成了兩種性質不同的團體：一種是像青幫這樣的幫會型式，另一種即是像齋教這樣型式的秘密教派。

並且，根據筆者過去對此研究的結果，[31]可以有如下的發現：

(1)「持齋宗」的內部稱呼

清代所有的齋教三派，都是「以『持齋』一名而立宗」的「持齋宗」。在如此對其自我定位之後，彼等在其內部是稱呼如下：

甲、稱其「殿堂」爲「齋堂」。

乙、呼其「信者」爲「齋友」。

丙、並推「齋友」中的長老，擔任「齋主」，經理各種「齋堂」和「齋友」的相關事務。

(2)清代齋教三派「齋堂」與「齋友」的屬性及其活動

甲、有關「齋友的信念」

在日治初期所調查清代的資料中，一開始，即樸實而懇切地提到：清代「齋友中，或有老年無子、少失雙親、壯而喪偶者，彼等因而深感人生的變幻無常，

---

[31] 本節以下的齋教研究成果，參考江燦騰：《臺灣佛教史》(臺北：五南出版社，2009)，頁47-60。

並相信這是肇端於過去世所造的惡業，於是由此發心——爾後願積善、養德，以祈求自己今世之平安與來世之福報」。[32]

故一般說來，加入「持齋宗」的「齋友」，雖號稱「守五戒及十善戒」，但其要諦，實可以「不殺生」一戒概括之。

因彼等認為，惡死本為人之常情，愛生亦為生物之通性，若徒為一嚐舌上片刻的甘味，即殺戮其他生靈，不但與天地好生之德相背，也導致人心沉淪。

反之，若能斥葷食、避殺生、而開始吃齋茹素，即可立成行善之人。

由此看來，彼等是認為：「戒殺」即行萬善的根本。而因此說最為卑近，容易動心起念有共鳴。

故凡有失意者初到「齋堂」，向佛禮拜，乃至立誓持齋而成為「齋友」者，只要一有此「不殺生」之念萌起心頭，則彼等不只獨處時，依舊能自禁葷食，舉凡鴉片、煙、酒之類等有害身心之物，亦皆能加以排斥，甚至其他諸如賭博、邪淫等種種惡行，也可一掃而光。

由於彼等能藉此持齋善行，將自己轉化為專心致力於家業的順良之民，從此不再為吸食鴉片而傷身，或不必擔心因酒色而傾家蕩產。

換言之，彼等不單自己身體會日益健康，連家運也可隨之昌隆起來。「吃齋」之名，因而才會得到社會很高的評價。

乙、清代臺灣「齋堂」的設置與功能

在日治初期所調查清代的資料中，對此部分，也談得很深入。[33]其中提到清代臺灣的「齋堂」，大多避開熱鬧擾攘之區，而選擇幽靜之地來興建。

在「齋堂」中，則安置「齋友」信奉的觀世音菩薩，並且為了維持「齋友」的信念，到一定的齋期時，「齋友」即歇業，齊赴「齋堂」聚會。在當天出席

---

[32] 村上玉吉：《臺灣南部誌》（臺南：臺南共榮會，1934）。頁47-60。轉引江燦騰：《臺灣佛教史》，頁51-52。

[33] 村上玉吉：《臺灣南部誌》（臺南：臺南共榮會，1934）。頁47-60。轉引江燦騰：《臺灣佛教史》，頁52-53。

的齋友，各堂「齋友」都會暫時歇下業務，以便前來「齋堂」誦經禮佛和共進午餐，謂之「齋會」。

而此「齋會」的進行，雖不用葷肉，也未備煙酒，卻自有其珍味和佳趣。不過，「齋友」中若有不恪守齋規者，就會立刻受其他到「齋友」的指責。

此因來堂之「齋友」，幾乎視來堂聚會共齋之日，宛如遠方戚友相會之歡愉，彼等原帶著堅定的信念，滿心喜悅地為自他的平安而祈禱。但若違規遭斥，則這一切，亦將隨之消逝無蹤。

再者，「齋友」縱遇有冠、婚、葬、祭的大禮日子，亦排斥各種弊俗；然而，也由於「齋友」能不跟隨臺灣的舊慣行事，可節省種種不必要的浪費，頗有助於家道的漸入佳境。

就此來說，持齋之教，於風俗頹敝清代的社會中，能使一個目不識丁者，因一念之信仰，馬上就能體悟到對修身齊家的要領之把握，由此可知其對清代臺灣社會的貢獻，應該極為深厚才對。

而主其事的「齋主」，通常是舉「齋友」中，持齋有年且明事理者充之，以處理「齋堂」內部的事務。

儘管如此，「齋主」有在「齋堂」常住者人數極少，蓋因「齋主」尚有其他的職業要兼顧；而「齋主」除年邁者不派給家事者之外，通常也只在預定的齋期內，親到「齋堂」斡旋眾事。

以新竹本地的「齋主」來說，彼等並不像佛教僧侶或耶穌教之牧師那樣，須學經典、窮教理，以擔任佈教傳道之職，而是基於堅守持戒的宗旨，僅止於在「持齋宗」處，誦讀：《金剛經》、《心經》、《觀音經》（※按即《法華經‧普門品》）等行事而已。

丙、清代新竹的「齋友」入住「齋堂」的經濟條件和所獲待遇

由於少數在「齋堂」常住的「齋友」，通常為「齋友」中的鰥、寡、孤、獨者。

彼等本身雖可能多少有點積蓄，因慮及日後可能無親戚故舊可相扶掖、或

有年老之後的煩累，便成了吃齋持戒之人。

若再能捐個三、四十圓或五、六十圓給「齋堂」，則「齋主」便供給一生的衣食，並將其安頓於「齋堂」內居住。

若亡故則為其料理後事，或於忌辰，為其誦經迴向，以祈冥福。又因自備衣食居住於堂內者，通常即失意的不幸者，而彼等既常住於「齋堂」內吃齋持戒，故「齋堂」的位置，亦以擇幽靜之地為宜。

丁、清代新竹官方對各派「齋堂」建築的管理方式

可是，我們要問，清代新竹官方，對於此類的「齋堂」建築，難道可以完全放任不管嗎？

我們根據日治初期的實際調查資料來看，可以判定：以當時臺灣到處都有「齋堂」存在的事實來看，清代官方似乎只將其視為一般的民宅。並且，從國家法制化的實質定位來說，當時臺灣的各派「齋堂」，雖亦公然以堂號名義申報所持有的附屬田園，而官方也據此發給該堂號名義的丈單。因此，清代新竹地區的「齋堂」也應該一樣才對。

可是，這仍類似官方發給民設祠堂，及神明會等丈單的同樣性質，故不能據此即認定，是因：官方先承該「齋友」團體為合法，然後才發給該團體堂號的丈單。[34]

儘管如此，既然實際已有新竹地區「齋堂」建築的到處存在，自然不可能沒有相應的宗教活動。

---

[34] 根據日治時期，法學家岡松參太郎博士的看法，他認為清代台灣的「齋堂」是由持齋者共同設立的宗教建築物，故其性質如同民設的神祠或寺觀，亦即不屬於官產。又因「齋堂」雖同佛寺一樣奉祀菩薩和舉行祭祀活動，但非由僧侶住持，並且其設置和管理僅限於持齋者團體本身，這幾點特性也使它與一般民設的神祠或寺觀大異其趣。其二，他認為「齋堂」是一種財團法人，且屬於持齋者公有，而非個人的私有物，即使其建立是由其中一人或數人籌設的、乃至其基本財產是由其中一人或數人提供的，也須視為捐贈而非屬其中一人或數人的私產。此即其與台灣一般民設的神祠或寺觀迥異之處，因後者常由某一地區具有同祖籍或同職業的民眾所建置，而前者專屬同團體的齋友參與建立及公有。並且從任何個別齋友入會之際既不須先繳交一定股份，退會時亦無權請求退撤回持股，亦可判定「齋堂」的性質，與「財團法人」類似。

　　所以，我們可以根據當時的內部資料，得悉當時出入「齋堂」的「齋友」們，又是懷著何種心態和作為，來進出其中的？

　　戊、清代齋教三派「齋友」的宗教修持及其持戒積福的宗教心態

　　關於此點，根據日治初期的田野調查資料，我們知道，在清代「齋堂」內出入的「齋友」們，通常以「殺生」為人生最大的罪惡，此因彼等信守佛教的「不殺生戒，為人道的大義，故彼等以日常齋食來成全人心，並欲藉此為當世個人的平安及替未來的福報廣積陰德。」

　　己、若在清代社會若，要成為「齋友」，其必要條件，即在於先能不犯下列禁止的行為，諸如：食肉、賭博、邪淫、酒類、煙草、檳榔子、韭蔥等；也不許有燒金銀紙和放爆竹等。這都是與一般民俗信仰大不同之處。

　　庚、清代新竹齋教三派「齋友」的死亡安頓問題

　　清代新竹齋教三派的「齋友」，若有亡故者，即請各派所屬的「齋主」到其家，為其誦經和料理葬儀之事。其儀式很簡單，故花費極省。並且事後，喪主也僅贈給「齋主」扇子一把、手巾一條而已。

　　另一方面，「齋主」通常除主持「齋友」的葬儀之外，其他的葬儀即一概謝絕。此或由於「持齋宗」尚未成為大顯於世間的「宗教」，而世人亦如對其置之度外，故彼等自建殿堂、擁有信眾、嘗試佈教、舉行葬儀等，儼然藉此特立獨行於各宗之外，也因此其彼此團結、持戒、信念和感化的程度，反居僧侶之上，真可以說，有一宗的實力！

　　辛、有關「齋堂」興建與維修的經費來源問題

　　有關清代新竹地區「齋堂」興建和維修的經費來源，除由「齋友」隨喜認捐之外，亦有因對「齋友」的素行敬佩有加，而特別志願義捐者。

　　對於一向最看重金錢的新竹本地人來說，遇有「齋堂」要興建或維修之時，不論是在旱魃、水災的秋收不豐之季，或正處於市場不景氣的狀態下，仍願爭相隨喜認捐。由此，即不難窺見「齋友」，在社會上被信賴和被肯定的程度。

　　又因齋教的，通常是秘密的、地下的，所以「齋堂」在清代官方的眼中，

自然是被視爲非法的宗教活動場所；也因爲這樣，所以清代臺灣新竹地區的「齋堂」通常都是設在民宅內，而沒有如正式寺院的外在形式。而當時的「齋堂」通常具兩種形式，即大家族私有的和齋友共有的；新竹地區亦不例外。

(3)新竹的齋教三派齋堂的設置年代及其分佈地點

不過，若以設置年代、隸屬派別來分，則清代新竹齋教三派的齋堂狀況如下：[35]

甲、先天派

福林堂——屬先天派萬全堂系統，位於新竹市樹林頭的境福街五鄰二一六號。原爲李天成建於 1785 年的家廟，至 1884 年李天成孫媳黃素蓮持齋，遂將家廟改爲齋堂。它也是先天派在新竹最重要的齋堂之一。

正德佛堂——屬先天派萬全堂系統，位於新竹城外柴梳山，建於光緒十年。

中和堂——屬先天派萬全堂系統，位於新竹城北門外，建於 1993 年。

乙、龍華派

良善堂——屬龍華派一是堂派，位於新竹城南門外，1840 年，李光輝倡建。

明德堂——屬龍華派一是堂系統，位於新竹城西門外，1853 年，鄭普春所建。

證真堂——屬龍華派一是堂系統，位於新竹城南門內公館埕，即今勝利街二一四巷六號，1858 年，鄭常寂倡建，爲私人佛堂。

證原堂——屬龍華派一是堂系統，位於新竹城南門內公館埕，咸豐八年建。

---

[35] 以下內容，主要參考下列三種相關研究資料而成：一、莊英章，《新竹市志卷二：住民志（下）第四篇宗教（稿）》；二、張繡玲，〈新竹市佛教寺廟藝術之研究·齋堂〉；三、張昆振，〈臺灣齋堂神聖空間之研究〉（國立成功大學建築研究所 1999 年博士論文），【附錄：臺灣齋堂總表——新竹縣市】。

敬德堂——屬龍華派一是堂系統，位於新竹城外樹林頭，1861 年由鄭萬捐款、城內翁王氏捐地基而建立。1883 年 6 月，鄭萬妻陳氏及鄭如蘭妻陳氏捐款重修。

印月堂——屬龍華派一是堂系統，位於新竹城東門內，1863 年設立，（1866 年僧天恩首倡，[36]楊元標、柯貽盞等興修。

一善堂——屬龍華派一是堂系統，位於香山莊海濱，1887 年 6 月 15 日，由鄭如蘭（1835-1911）夫人陳氏潤所建。[37]其後，因鄭家的發展重心在北門，嫌往來香山海邊的一善堂不便，於是在日治初期（1902）仿證善堂規模，另建著名的淨業院。[38]但，也因爲這樣，一善堂得以住進多位外來齋姑，並成了日治時期新竹重要的新佛教女性培訓基地。[39]

證善堂——屬龍華派一是堂系統，位於新竹城西門外，現址即今興南街二五巷四號，1893 年 11 月，由新竹富紳周維金之祖母潘普趣、令堂普美和富紳周敏益之太祖母陳普銀首倡建築，分前後兩進，建坪達二百餘坪，[40]規模宏大，在當時堪稱新竹中第一。

此齋堂門內左右，安置周家祖先牌位及其捐助功德主的祿位，本堂供奉三寶佛（釋迦佛、藥師佛、彌陀佛）和觀音佛祖，所以雖屬周家私有齋堂，並由

[36] 僧天恩，時亦任北門外長和宮住持。
[37] 此一說法，是依據徐壽，《全臺寺院齋堂名迹寶鑒》（臺南：國清寫真館，1932 年），（31）「一善堂」的說明。但，張繡玲根據波越重之編的《新竹廳志》（臺北：成文書局，1985 年據明治四十年本影印，臺一版），發現記載：由新竹士紳鄭如蘭、已故林汝梅、周其華等信徒倡建。因此，可能是由於鄭林兩家後來交惡，並且，林家又日趨沒落，所以主導權爲鄭家，但鄭家本身對齋教龍華派一是堂的信仰，其是來自鄭如蘭夫人陳氏潤，加上初期原有他族的出資協建，所以一善堂的私有性質遂被沖淡，最後連陳氏潤本人也轉到新建的淨業院去活動。
[38] 此段敘述，系綜合以下兩種資料而成：一、徐壽，《全臺寺院齋堂名迹寶鑒》，（31）「一善堂」的說明；二、張永堂主編，《新竹市者老訪談專輯·勝光法師》（新竹：新竹市政府，1993 年，頁 258。
[39] 此會訓是由法雲寺林覺力法師主辦，自 1925 年 4 月 15 日至 9 月 29 日，於一善堂主辦。「南瀛佛教會」也配合於同年 6 月 18 至 25 日，爲期集訓一星期，參與女衆有二十五名。
[40] 在鄭鵬雲、曾達辰：《新竹縣誌初稿》六卷（臺北：臺灣銀行經濟研究室，1959 年）的「典禮祠祀竹塹堡廟宇」資料中，只記載「證善堂」初期的建坪是四十坪。

周家長期提供所需維持經費，仍有不少信眾前來參拜。[41]而周維金本人即因此身份，在日治時期成了「南瀛佛教會」新竹地區的佛教領導人之一。[42]

丙、金幢派

慎修堂——1853 年，陳九如倡建於新竹城北門內前布埔。

存齋堂——屬金幢派翁永峰，先是 1879 年，黃菜於新竹城湳雅金門厝以茅屋暫居，1884 年再買下東店的一處三合院而遷建於現址，即今新竹市三民里民生路十巷五號，所以這也是屬於黃氏的私人齋堂。

三、結論與討論

清代臺灣北部新竹地區，漢族佛教的傳播發展，如上所述，主要是和閩粵這兩省漢人的來臺灣移民史有關，與在地的原住民宗教信仰，關係不大。並且，清代新竹在地漢族佛教信仰，雖是從 1718 年，因有漢人王世傑率族人來竹墾開墾後，才逐漸傳入；並且，第一座佛寺(即早期稱為觀音亭，現在稱為)竹蓮寺，還要遲至 1781 年才正式建立，而且迄今仍始終只是祭祀類型的「香火廟」而已。

此因，清朝入關之後，明末的一些知識份子，紛紛起而抗清。失敗之後，彼等為了逃避清廷的逮捕，於是就出家為僧。像這樣的行為，當然會引起朝廷的猜忌，所以從康熙一直到雍正年間，宗教界其實是籠罩在白色恐怖中。因而早期偷渡來臺灣的出家人，害怕官方嫌疑，所以來臺後，都儘量躲在深山

---

[41] 參考徐壽：《全臺寺院齋堂名迹寶鑒》，（31）「一善堂」的說明。

[42] 「南瀛佛教會」的籌備會議，新竹地區是在 1921 年 3 月 2 日下午於證善堂召開，而大會成立後，新竹州選出的幹事兩人，一是獅頭山的葉普霖、一是新竹證善堂的周維金。見李添春：《臺灣省通志稿卷二人民志宗教篇》（臺北：臺灣省文獻委員會，1956 年），頁 116-120。

裏去。[43]不然，就寄身在媽祖廟或城隍廟的後殿，盡量隱姓埋名，不暴露身分。只是由於新竹較少有早期的相關資料，不易瞭解其詳情。

可是，到了清末時，類似的情形，就同樣出現在竹塹城北門有「外媽祖宮」之稱的「長和宮」內。

所以，新竹本地的「怪我氏」，早在 1926 年，即於他的手稿《百年見聞肚皮集》中，以長篇（約七千字）繪聲繪影地，對此加以描寫和強烈批判。

但是，同資料也一併交代了，諸如當時新竹住持僧侶，有到浙江普陀山去朝禮佛寺的慣習等，頗有助於我們了解，當時漢族佛教的部分傳統習俗。這是因清代中期後，臺灣北部的淡水河流域與淡水河港被官方解除管制，而不用先到南部港口，再出海朝北航行所致。

但，我們如今要如何來理解上述的這些歷史變化呢？我們的相關解說如下：

清代臺灣僧侶雖然普遍有雜居寺廟的情況，但因正如我們之前曾提過的那樣，臺灣原為新開墾的海外新島嶼地區。清初的官方基於政治安全的理由，除經常主動介入佛寺的興建或僧侶的動態監管之外，朝廷也一再三令五申，不得放鬆對有嫌疑政治犯的僧侶出入其中，以免危及臺灣政局的穩定。

所以早在統治初期就進行過包括福建地區的僧籍總檢查和進行重新登錄手續，以便過濾或預先清除此類僧侶。

因此，清初的臺灣僧侶，基本上是必須相當安份，才可能長住於寺廟中，而從當時官方的記載來看，也都不曾有太貶抑的嘲諷和譴責之語的字眼出現，顯然此種嚴格控管是有效果的。

可是，清初百年間的嚴格管理，仍必須面對臺灣移民漸多、社會結構日趨複雜的新發展局面，從南而北，直通大陸對岸的正式港口，自 1684 年起，已

---

[43] 而彼等以前的藏深處，雖以小茅屋居多，如今若還在的話，當然以便成寺院了，像大崗山超峰寺等即是此類的。見江燦騰：《日據時期臺灣佛教文化發展史》（臺北：南天書局，2001 年），頁 489-518。

獨佔成唯一「正港」優勢地位達百年之久的鹿耳門港，在 1784 年之後，就開始遭到新開放中部港口的鹿港競爭，緊接著之後的北臺灣淡水內出海口岸八里坌港，也於不到八年的短時間內，加入新直通對岸沿海港口競爭的行列。

由於受到以上新發展趨勢的巨大影響，從清代中葉以來，臺灣地區的僧侶，即普遍出現一些不嚴格遵守戒行的墮落現象，但是其中尤以臺灣北部的大新竹地區最為嚴重。

這種情形的出現，雖與臺灣北部的官方公權力管制，遠不及南方有關，但更根本的因素，應是與當時中國境內發生太平天國歷時多年的大規模叛亂的抗清行動有關。因當時有很多長江中下游地區、包括福建省在內的傳統佛寺，曾被太平軍藉口信仰不同，用礮火加以摧燬多處，此舉遂使大量駐錫其中的寺僧們為之流離失所，四處逃竄至遠離戰火燎原之區，其中有部份僧人，甚至因此設法渡海投奔來臺。

另一方面，在 1788 年清朝開放淡水河口南岸的八里坌港，成為臺灣地區第三梯次可以直航對岸五虎門的正式港口之後，不久沿河而上的新莊與艋舺兩地，也跟著快速繁榮起來。於是從新竹到淡水的清代臺灣大北部地區，開始形成一個具有市場交易和可以來往互動的大生活機能圈。清代俗諺的「一府二鹿三艋舺」之說，就是指涉上述的變化情形。

並且，臺灣北部的佛教僧侶或虔誠信徒，從淡水河口搭船出海以後，若想直趨福建北部重要的鼓山湧泉禪寺去巡禮或要前往浙東地區近海舟山群島上的普陀山觀音道場去進香參拜的話，可以說遠較從中部的鹿港或南部的鹿耳門港搭船前往，更能縮短航程和更快往來。

此外，因此而促成搭船運費的相對降低和航程安全度的提高，也吸引了更多想利用來方便渡海的各地佛教徒乘客，其中就曾包括了因太平天國戰亂流離失守渡海來臺的無依徬徨僧侶，當然也曾包括彼等到臺地之後，即開始其戒行不良的外江僧墮落生涯。

*

　　在另一方面，新竹地區佛教由於多數和觀音信仰有關，而清代官方從早期與在臺灣的明鄭政權相互敵對隔海激戰之時，即已特別關注在浙江海域中的南海觀音普陀山的宗教影響的巨大政治效應問題。例如，清初當臺灣一被平定，大陸東南沿海與臺灣海峽之間的長期危機，終能消除了，此時，在浙江普陀山觀音道場的普濟禪寺，此一清初臺灣佛教禪侶，所隸屬法脈的源頭寺院，也立刻反映了清鄭戰局落幕後的極大好處。

　　因在清、鄭對抗期間，普濟禪寺曾遭魚池之殃，例如在 1665 年(鄭氏來臺第 4 年）曾因此被荷蘭人登岸，大肆搶劫，損失慘重。

　　到 1671 年(鄭氏來臺第 11 年），清康熙帝，又為對抗鄭氏在臺政權，再頒禁海遷界令，除不能有任何物資遺落給鄭王朝外，沿海居民一律內撤二至三十華里，導致普濟禪寺的殿宇被拆光，僧侶和民眾也全撤走，一時成為廢墟。

　　可是，等清鄭戰局一落幕，海峽兩岸緊張局勢隨之解除，清朝康熙皇帝宛如補償般地，隨即敕賜該寺大量的重建經費，贈送許多珍貴佛教器物，還親撰多篇禮贊文，以及特別垂詢和關照普陀山觀音道場，因頒禁海令而蒙大災害損失之後，在重建和後續正常維護的各縣保護問題。

　　所以，就官方的立場，他其實是利用此一國際著名道場的個案，來突顯皇帝本人他對此觀音信仰聖地的高度關懷，並顯示，他和與民同信的高度宗教虔誠。但也因此，在清代的普陀山觀音信仰與福建的媽祖信仰，兩者往往互為同寺廟(如龍山寺或媽祖廟)的前後殿主神(若前殿為觀音，後殿即為媽祖，反之亦然)，供臺灣民眾普遍祭祀。所以，這也同樣深植於清代新竹漢族民眾的信仰層面。因為信仰背後，其實就是源自政治的控制與社會力影響的滲透所致。

　　其次，清代中葉之後，才先後在臺灣各地出現的齋教徒和齋堂，從我們在以上的簡明敘述的情況，即可以見到清代新竹地區的許多齋堂，其創建或資金的提供，往往都會牽涉到鄭家、林家、周家、張家等這些望族。

　　而這些望族之會如此做，除宗教的因素之外，可能主要是這些望族若有婦

女因為丈夫早死又無法改嫁，於是便可將其安頓於「齋堂」，讓其帶髮修行；有的，甚至還可以因此而立貞節牌坊，光榮鄉里。而當地的這些不幸的婦女，有時也可以因而進到這些齋堂來幫忙或共住。[44]所以「齋堂」的設置，不但與新竹地區的士紳有密切關聯，在其所發揮的社會救濟功能方面，也是值得肯定的。

所以，彼等雖於對出家佛教，仍持其強烈的批判態度，一如西方基督新教徒對天主教當局和教職人員嚴厲的批判。但彼等自身，無疑仍自認為是屬於在家禪佛教的一種。

因此，等到進入日治時期以後，彼等在日本佛教各派的促成之下，有一部份便順利轉型為傳統的僧伽佛教，甚至成為當時臺灣本土佛教發展的新主流。

所以清代齋教三派的傳入臺灣，特別是在新竹地區，對日後臺灣本土僧伽佛教的發展，貢獻極大。

附記（2021 年 1 月 1 日）：

本章內容的不足資料，已有王見川教授的如下新發現：

一、像《新竹縣采訪冊》即收錄幾塊清代竹蓮寺碑文與匾、聯，而淡新檔案也有一些關於新竹香山長清禪寺(又稱金山寺)的資料。

二、如一善堂、證善堂等的相關文獻，王見川教授在《漢人宗教、民間信仰與預言書的探索：王見川自選集》(臺北：博揚文化公司，2008 年)、《王見川臺灣史名家研究論集》(臺北：蘭臺出版社，2018 年)中皆有大幅引錄。

三、其他，像竹蓮寺、長毛僧、香花僧、林汝梅對清末新竹佛教金幢教道教的影響等課題，都是本章不足之處。

非常感激王教授的即時對本章資料不足的提醒。

---

[44] 以日治時期的情況來說，新竹的淨業院一度住女眾 28 人、一善堂住齋姑 18 人，可見一斑。而淨業院的住眾，都是與鄭如蘭夫人的宗教關係才進住的，就此點來說，恰與其管理權牢牢由鄭家掌握成一鮮明的對比。

第五章　日本殖民統治時期臺灣新佛教開展的歷史社會基礎：日臺宗教同化的困境對於臺灣現代批判禪思想發展的相關衝擊歷程

　　本章撰寫的目的，是意在透視日本帝國殖民統治時代，所呈現的各種日本內地與臺灣本土之間相關的宗教同化困境，以及其對於臺灣現代批判禪學思想發展的相關衝突歷程。

　　此因臺灣既已實質成為大日本帝國的新殖民地統治區，則在現實的統治措施下，即不可能完全尊重與保存所有既存的——之前原統治政權的各種行政慣例，以及讓被統治的新殖民地民眾，依然保持其對於原統治者的國族認同，或者讓其依然保持原有的各類社會禮俗文化——而不作任何更動。

　　因而，由殖民者官方透過強制性的殖民統治權力，所施加於殖民地區的政治、法律或教育等各方面，連帶其所帶來的巨大改變，則勢成必然之舉。

　　再者，這也是基於繼本章之後的相關幾章，所要繼續追問的主題——亦即是關於一些源自日本本土的現代禪學思想——究竟透過何種傳播途徑？或教育措施？而能成功地移植在臺灣本地社會大眾之中？

　　以及日後，其又如何逐漸成為：一些臺灣本地佛教知識分子的思想根源？或者促成其從事各項社會運動時的行為指導？

　　據此可知，除非本章也能透過類似之前——已曾在本書第一章——所作的：關於明末歷史社會基礎的深度分析，否則就可能會陷入一種毫無歷史基礎

——亦即缺乏曾作為其寄生環境——的純粹孤立性主題探討。

並且，像這種長篇關於殖民歷史背景各層面的討論必要性，也正如日本學者向山寬夫博士在其巨著《日本統治下的臺灣民族運動史》一書，曾說的，「相較於世界各地殖民地，臺灣這個殖民地有如下的特徵：

（1）在異民族統治的殖民地這點，有別於主要是同民族統治的過去的美國、加拿大、澳洲等，但和亞洲、非洲等歐美各國殖民地相同。

（2）在引進資本主義制度，積極進行經濟開發這點，和過去的美國、加拿大、澳洲相同，卻和摩洛哥等非洲殖民地不同。

（3）大多數的殖民地為白人統治，而臺灣則幾乎是唯一有色人種統治的殖民地。

（4）在一個民族的一部份被置於異民族統治之下這點，和整個民族被置於異民族統治下的印度、印尼、菲律賓等，以及日本、英國、法國等列強共有的半殖民地中國均不同，但和香港、澳門，過去葡萄牙在印度的殖民地果阿，土耳其與希臘的部份民族在英國異民族統治下的過去的塞浦路斯相同。[1]

但有這樣的思維，並非向山寬夫個人作學術研究時的創見。

事實上類似的思考早在「兒玉源太郎、後藤新平體制」（以下簡稱「兒玉、後藤體制」）時期的殖民統治方針中——儘管當時是標榜所謂「無方針主義」[2]的思考中已出現了[3]。

因此，討論有關日治初期在臺殖民統治的體制之下，官方在處理臺灣民眾（包括新來的日本佛教各宗派和本島原有的佛教、基督教等信仰）的「宗教行

---

[1] 向山寬夫著、楊鴻儒等譯：《日本統治下的臺灣民族運動史》，頁 364-365，臺北：福祿壽興業股份有限公司，1999。

[2] 東鄉實和佐藤四郎共著的《臺灣植民發達史》：34-35，臺北：晃文館，1916。稱此種「無方針主義」，其實應以細緻的統治「歸納法」和「常識」的角度來看才對，因非如此無以避免會採過於劃一的「同化主義」，反而不佳。

[3] 可參考後藤新平本人講稿彙編的《日本植民政策一斑》，東京：拓植新報社，1921；及曾出任後藤時期學務部長的持地六三郎所著的《臺灣殖民政策‧附錄》，東京：富山房，1912。

政」時，曾如何經歷一段頗不尋常的「妥協同化」過程，是有其必要的。

　　事實上，若無本章如此「多層次」且「動態地」交錯交代其複雜的內涵，也很難以真正了解在日治初期，臺灣民眾遽然被迫改由日本此一屬於異民族、異文化、──但挾其勝國軍威而來的新殖民統治者，──在前 20 年（1895～1915）所謂「武裝抗日」時期，那一段充滿了驚恐疑懼、衝突不斷、生死交加、秩序與混亂交錯的渾沌處境中，──是如何經過不斷的嘗試、犯錯、摸索、了解，以及多次的調整，然後才在官方從「妥協同化」到「強制同化」的施政過程中，逐漸型塑出其在統治後半部有關臺灣佛教方面特有的發展途徑。

　　但在另一方面，既然日本佛教各宗派隨軍佈教師使的來臺，是配合官方軍事行動與戰後安撫民心的政策，照理和官方在立場及民族利益上應是共同的，又何以兩者會出現所謂「公私相剋」的問題？真正原因又是為了什麼？以及臺灣民眾的宗教信仰型態既遭日僧鄙視，則一旦要真正進行有關內（日）臺佛教信仰移植或內臺佛教同化改造時，難道不會遇到種種困難嗎？以及彼等在整個殖民統治期間，究竟有無最終的解決之道呢？若有的話，其措施和過程又是如何呢？凡此種種，都有必要加以一一澄清。故底下本章將以多層次交錯進行討論的方式，詳細和深入的環繞著上述問題來展開必要的探索。

一、「西來庵事件」爆發前的佛教發展

（一）日本佛教來臺初期的佈教狀況

1. 日本佛教各宗派佈教使的隨軍來臺

　　日本於 1895 年時，因 1894 年「甲午戰爭」的勝利，以及隨後藉著與滿清政府簽訂〈馬關條約〉的機會，順利取得臺、澎及周邊離島，作為海外新殖民地的統治權之後，即派大批精銳軍隊渡海南來，然後兵分南北兩路登陸臺灣及

澎湖，並於半年內將各地的臺民反抗軍一一擊潰或加以殺害[4]，以完成其實質
的政權轉移和確立此後長達 50 年之久的殖民統治體制。

當時隨軍南來的，就有作為軍中佈教使的日本佛教各宗派僧侶。這些僧侶
來臺，有幾層作用：（一）在軍事危難和傷亡時，發揮宗教上的撫慰作用，以
鎮定或紓解軍中的不安情緒，必要時並為其料理葬儀法事。（二）在新佔領的
殖民統治區內，調查臺、澎地區的臺人士宗教狀況，並趁機拓展新的佛教據點。
（三）與臺灣當地的傳統佛教相聯結，一方面建立宗教上的信仰關係，一方面
有助於掌握殖民地教民的各種資訊，以提供官方施政上的參考。（四）配合官
方政策，開班教臺人子弟學日語[5]。

但，最初為何會有這些佈教使的設置呢？根據鷲見定信的研究，日軍中之
所以有佈教使的設置，是和日清甲午戰爭的爆發有關，而原先是以「外征士卒
慰問使」來任命的，故稱為「軍隊慰問使」或「軍隊佈教使」[6]。

---

4 當時臺灣總人口約 260 萬，但在初期因反抗及被牽連殺害（傷者除外）的臺民超過 1 萬 4 千人。以
   上數字是參考黃昭堂著、黃英哲譯，《臺灣總督府》：58，臺北：自由時代出版社，1989。
5 以明治 29 年（1896）日本曹洞宗在大本山宗務會議的〈議案第二號──臺灣島佈教案〉來說，第
   一條所規定的該宗特派來臺佈教師，其任務計有五項：1.招徠、懷柔臺灣本地的宗門寺院及僧侶，
   並統理之。2.開諭、化導臺灣本地的宗門在家護持信徒，使其霑被皇化、沐浴教澤。3.向佈教使駐地
   的官方建議開設日語學校，以教育臺灣本地民眾的子弟。4.慰問駐守臺島的軍隊，並於軍中弘法。
   5.向在臺（日本）官員及民眾進行佈教傳道。見曹洞宗宗務局文書課編，《宗報》第一號（1896.12.15），
   頁 12 下-13 上。不過，這些內容，其實早在當年 2 月該宗向臺灣總督府民政局提出的〈來臺意旨
   書〉，已全列出了；而官方也於同年 4 月 3 日，以「申民局第 623 號文」核准。見溫國良編譯，《臺
   灣總督府公文類纂宗教史料彙編──明治 28 年 10 月至 35 年 4 月》：25，南投：臺灣省文獻委員
   會，1999。

   至於真宗本院寺派，則提到「從軍佈教者的任務，雖不能言一概，但大體上，因地隨時，從事如下
   事項的工作：1.訪問各兵營，傳達本山的意志，授與名號，寄贈書籍等。2.訪問各病院，對患者給予
   安慰事。3.于適宜之所開教筵，對士兵與軍伕說關於安心立命，及衛生風紀等事。4.處理死者的遺
   骸，或火葬，或埋葬等葬儀之事。5.舉行追弔法要之事。6.將死者遺骸及遺物，送至「本人的鄉里」。
   參考釋慧嚴所摘引，《真宗本派院寺臺灣開教史》，臺北：芝原玄超，1935，譯文，原載《中華佛
   學學報》10：283，1997。
6 見鷲見定信：〈淨土宗の臺灣布教──明治期を通して─〉一文，收入淨土宗教佛研究所編，《佛
   教文化研究聖光上人特集》30：110，（東京：淨土宗教佛研究所），1985，頁 101 下。

　　即以鷲見定信所研究的日本淨土宗來說，該宗管長日野靈端，最初是於明治 27 年（1894）11 月，任命荻原雲臺為「正使」、岩井智海為「副使」（後來升為正使）；其後又任命大門了康為「正使」、以林彥明為其「副使」，皆隨軍赴朝鮮戰場。荻原、岩井在隔年歸國述職時，即向宗部說明有前往朝鮮和清國境內佈教的必要。

　　然而，伴隨佈教使的派遣，及其所揭櫫前往朝、清兩國境內佈教的必要性而來的，卻是反映出強烈「國家主義色彩」的異樣論調。例如明治 28 年 2 月 5 日第 206 號的《淨土教報・社說》，即認為隨軍佈教的日僧，不僅僅止於在朝、清的戰場上為陣亡者祭葬招魂而已，應基於對內體仰佛教的感化立場，進一步從事精神上的教養，對外者準備於朝、清兩地開教，以向當地民眾傳達佛陀的教法福音，一來可為朝鮮民眾辨明忠君愛國的道理，二來亦可開導清人。接著在第 207 號的《淨土教報・清韓佈教の準備》一文，更宣稱日本皇軍所謂「征清的大目的」，是在於扶持朝鮮的獨立與克復東洋的和平。因此彼等要教導朝、清民眾改變觀感，誠心歸順日本，以恪盡所謂佛教徒任何時刻都應啟發社會文明、發揮民眾智德和建立永久和平之基的重責大任。

　　可是，日本佛教原傳自朝、清二國，何以如今兩國的民眾反而要接受來自日本佛教僧侶的教化呢？荻原雲臺在「歸國慰勞會」上，明白指出：

　　　……為了朝鮮，以及為了將來在清國從事佈教傳道……以誘導彼等人民之頑冥無智，使其發揮心智、道義策興，以及伴隨著宗教妙理大道的傳播，亦一併輸入日本的嶄新文物，以直接發達彼國社會的文明，實乃最切望努力以赴者……。[7]

　　可見，當時日僧除了自認日本佛教文化已高於西鄰的朝、清二國之外，也

7　見鷲見定信：〈淨土宗の臺灣布教──明治期を通して─〉一文，收入淨土宗教佛研究所編，《佛教文化研究聖光上人特集》30：110，頁 101 下-102 上。

信心滿滿地想要擔起日本新文明傳播者的角色。但此種強迫輸入的方式，是否能被對方欣然接受，可能是另一回事了。有關這一問題，稍後將會再討論。

至於淨土宗隨軍佈教使的來臺，則是先由林彥明在〈馬關條約〉簽訂後，隨軍渡海南下，於明治 28 年（1895）6 月 11 日抵達臺北府，並由師團司令部撥給他宿舍，所以他前後在臺共駐留了 59 天。其間，他每天都忙於為在臺日軍講慰問的法語和替陣亡者舉辦追悼法會，此外又要到醫院找尋患者慰問，以及前往總督府民政局、臺北縣廳等機構去呈獻慰問辭，並洽詢有關官方在臺這一新領土即將施設教化的方針，然後據以向宗部提出日後淨土宗在臺從事佈教的建言書。

因此林彥明也陸續在該宗的《淨土教報》上報告他對臺灣民情、風俗信仰的觀察，並提出有關「臺灣之宣教」的具體論述。於是到了同年 10 月，該宗改派佐藤大道和橋本定幢為「南征軍慰問使兼佈教使」來臺，接替林彥明的工作。二人抵達後，即留橋本定幢在臺北的據點，佐藤大道則轉往臺南，分別負責隨軍佈教的任務和視察未來該宗預備佈教的地區。隔年（1896）5 月間，在臺的各派日僧共同組成「大日本臺灣佛教會」。

但可能是因「大日本臺灣佛教會」的主控權落在曹洞宗的手中，橋本定幢於同年 6 月 21 日，另與真言宗的小柴豐嶽、真宗的紫雲玄範共商設置「臺灣開教同盟事務所」，定其設立宗旨為「基於開教方面的和諧與合作，彼此互相提攜，以撫慰亂後人心，贊翼王化」，並說明其目的在於「興辦慈善以及其他配合教化所需的事業」。然後，該宗以「佈教使」名義來臺的仲谷德念、武田興仁，便到艋舺萬安街借「海山館」，以為該宗「佈教所」之用；到了 11 月間，又有該宗的嶺原惠海，以「佈教使」名義自費來臺，欲研究「臺灣語」。於是初期日本淨土宗在臺的佈教活動，實際上即由仲谷德念、武田興仁和嶺原惠海共 3 位佈教使所承擔[8]。以上是鷲見定信的詳細觀察。不過，鷲見定信對

8　以上內容，是據《淨土教報》第 228、240、262 號的相關資料所概括的。同上註：110-111。

「大日本臺灣佛教會」的籌組情況，亦坦承並不了解，因此難以說明該宗何以要另與真言宗的小柴豐嶽、真宗的紫雲玄範共商設立「臺灣開教同盟事務所」。

其實，根據淨土宗 3 位佈教使之一的武田興仁，在明治 29 年（1896）來臺後，所撰之文，已清楚提到「此時在臺灣最大的日本佛教宗派是曹洞宗，已有十餘名的佈教使活躍著，可預想還會再增加 5、6 名。又佈教、教育的態勢也確立了，也計劃著建設日本式的大寺院，更企劃發行《臺灣教報》的雜誌」[9]。亦即當時曹洞宗的勢力獨大，故其他各宗必須共同合作，才能與其一爭長短。可是，何以曹洞宗的勢力會獨大呢？

有關這方面的問題，雖然李添春、林學周都先後提到過，是因臺灣佛教大多源自對岸福建的禪宗法脈，容易與同屬禪宗的日本曹洞宗契合，故其發展自然較他宗為快[10]。但近年來，相關的原始資料及研究成果皆陸續出現，在研究視野上已能更精確和更深入許多[11]。但本章在此不擬重複過多其他論文已詳論過的細節，而是針對必要或有爭議性的部份，提出一己的最新觀察。

首先，必須指出的是，日本佛教各宗派之所以有臺灣隨軍佈教使的派遣，基本上是沿襲「甲午戰役」時期（1894～1895）的作法而來，不過有兩點是和之前大不相同的：

其一，臺灣地區是因戰後清廷與日本雙方在簽訂〈馬關條約〉的割地賠償條件時，才意外從清廷手中獲取的，故完全是一處新的殖民地。雖然之前因戰

---

[9] 原載的《淨土宗海外開教のあゆみ（淨土宗海外開教之歷程）》，頁 32-33，東京：淨土宗開教振興協會，1988。轉引釋慧嚴所摘引之譯文，載《中華佛學學報》10：287，1997。

[10] （一）李添春之見解，出自其纂修的《臺灣省通志稿・卷二人民志・宗教篇》：123-124。（二）林學周之觀點，可參考其著的《臺灣宗教沿革志》，頁 5-6，臺北：臺灣佛教月刊社，1950，頁 5-6。

[11] 此處所謂相關的原始資料，是指日本曹洞宗的《宗報》、日本臨濟宗的《正法輪》、淨土宗的《淨土教報》、大日本臺灣佛教會的《教報》、臺灣總督府的宗教檔案、佐佐木珍龍的《從軍實歷夢遊談》、《臺灣日日新報》的佛教新聞報導等等皆是；研究成果，如：（一）工藤英勝，〈曹洞宗「臺灣佈教」的目的〉，載《宗教研究》311，1997。（二）釋慧嚴，〈西來庵事件前後臺灣佛教的動向──以曹洞宗為中心〉，《中華佛學學報》10，1998。（三）釋慧嚴，〈日本曹洞宗與臺灣佛教僧侶的互動〉，《中華佛學學報》11，1999。（四）松金公正，〈日本殖民地統治初期佈教使眼中之臺灣佛教──以佐佐木珍龍的《從軍實歷夢遊談》為中心〉，《史聯雜誌》35，1999。

爭的需要，有一些日本間諜曾暗中來臺從事港口或陸上行軍路線的精密調查，但這與宗教的需要無關；並且過去臺灣和日本的宗教團體之間，也不曾有直接或重要的接觸。所以當時日僧隨軍南來，可說是完全嶄新的經驗，這與在朝鮮或中國境內曾有長期交流的情形，迥然不同。

其二，在初期的激烈軍事行動中，參與「南征軍」來臺的隨軍佈教使，並未包括全部日本佛教各宗派的僧侶[12]，特別是整個日治時期與日本曹洞宗競爭最激烈的日本臨濟宗妙心寺派，直到明治 29 年 4 月以後才派大崎文溪來臺，但大崎文溪來臺後僅略活動於澎湖一地[13]；其次是細野南岳於明治 30 年（1897）來臺，可是他卻認為經營對岸南中國的佛教應較臺灣教區更為優先[14]，不久即轉往華南發展，故當時在臺灣有實力能與日本曹洞宗競爭的，只有同屬淨土信仰系的淨土宗和真宗東本願寺派及西本願寺大谷派的僧侶而已。

此外，又因臺灣佛教僧侶雖主禪宗、淨土兩法門皆可兼修，實際上卻是傳承大陸禪宗的法脈，故與日本曹洞宗的禪門淵源較深，自然雙方接觸和合作的意願也相對提高；反之，同屬淨土信仰系的淨土宗和真宗本願寺派，則結合其他非禪宗的來臺日僧，另外再組成一個與日本曹洞宗相抗衡的所謂「臺灣開教同盟」。這也是與在朝鮮戰場的情況，大不相同之處。

但在理解日治初期這一段的日僧任務和活動，固然必須先從隨軍佈教使的來臺談起，可是從研究的角度來看，其實應有二種不同的區分，才符實情。即第一種區分，必須將第一年有全島武裝衝突的軍事狀況和第二年全島局面已大致底定軍隊分駐各地的守備狀況作區隔。此因「隨軍佈教使」的任務，在第一年是配合軍事行動的需要而派遣的，故具有準公務的性質。但當年底，全

---

[12] 初期來臺的隨軍佈教使日僧，只有：曹洞宗、淨土宗、真宗本願寺派、真宗大谷派、真言宗、日蓮宗。

[13] 溫國良編譯：《臺灣總督府公文類纂宗教史料彙編——明治 28 年 10 月至 35 年 4 月》，頁 64。

[14] 胎中千鶴〈日本統治期臺灣における臨濟宗妙心寺派の活動——20-30 年代を中心に——〉，《臺灣史研究》16 號，1998，頁 5

島的軍事攻擊行動既已告一段落，「隨軍佈教使」也跟著不再具有準公務的性質，於是轉為在臺替本宗拓展教勢的「開教使」——雖然「開教使」的工作，實際上從來臺之初，就時時找機會進行[15]，但仍應視為「挾帶的私下行動」；等到「隨軍佈教使」的任務已告一段落，「開教使」的工作就變成主要任務。而原先隨軍佈教使的相關活動，則附屬在開教使的工作項目之下來進行。這就是何以第二年（1896）春天，各宗在臺日僧仍須重新向臺灣總督府民政局申請來臺弘法許可的主要原因[16]。

　　至於第二種區分，是以明治 32 年（1899）6 月，臺灣總督府以「府令第 47 號」公告〈社寺、教務所、說教所設立廢除合併規則〉為分水嶺：在此之前屬權宜行政措施的過渡時期、之後則為依法行政的法制化時期。其具體的指標性作法，即之前的新舊社、寺、廟、堂等，仍一概「須於 60 日內」重新按「府令第 47 號」公告辦妥一切手續[17]。事實上，有關法定宗教財產代理人——管理人制度的設定，也是在此法頒行之後，才相繼確立的，故第二種區分亦有其必要。

　　但此處討論仍應再回到先前的主題，即日本曹洞宗與「大日本臺灣佛教會」的籌組及其佈教使命的問題。因這是研究殖民統治初期的臺灣佛教史，相當值得關注的課題，並且近年來臺灣學界也漸漸注意到它的重要性[18]，只不過在認知上亦出現了分歧的觀點。因此，接著即循此一問題的脈絡，展開討論。

---

[15] 關於此一問題，最詳細的資料，見松金公正，〈關於日據初期日本從軍佈教使的活動〉，《圓光佛學學報》第三期，1999。頁 383-422。此文以譯介淨土宗隨軍佈教使橋本定憧的《再渡日誌》為主。

[16] 〈有關曹洞宗僧侶來臺意旨案〉，收入溫國良編譯，《臺灣總督府公文類纂宗教史料彙編——明治 28 年 10 月至 35 年 4 月》，頁 25，。

[17] 溫國良編譯：《臺灣總督府公文類纂宗教史料彙編——明治 28 年 10 月至 35 年 4 月》，頁 187。

[18] （一）江燦騰：〈《教報》第一號：日據初期臺灣佛教新史料的出土〉，《臺灣佛教百年史之研究（1895～1995）》，頁 100-108。(臺北：南天書局，1996)。（二）釋慧嚴：〈西來庵事件前後臺灣佛教的動向——以曹洞宗為中心〉，《中華佛學學報》第 10 期，1998。頁 297-310。

2. 「大日本臺灣佛教會」的籌組及其佈教使命

有關「大日本臺灣佛教會」的籌組問題，在展開討論之前，擬先提示下列幾點觀察意見：

一、它是日本在臺殖民統治第 2 年（1896）夏季才成立的，故已屬於「開教使」階段的產物，而非先前來臺「隨軍佈教使」階段的產物。

二、此一純由來臺日僧所主導的佛教組織，應是臺灣佛教史上第一個正式的佛教組織。但因其成員全由日本佛教各宗派的來臺日僧和日人官民信徒所組成的，故其主要是站在殖民者的統治需要和灌輸臺人做大和民族「順民」的佛教立場，來承擔彼等在臺的佈教使命。不過，基本上此一佈教使命也承襲了先前在「甲午戰爭」時期所蘊釀的，由日僧前往佈教及傳播日本新文化於朝鮮、中國境內的綜合主張。

三、此一組織的兩個主要催生者，是日本曹洞宗的隨軍佈教使佐佐木珍龍和淨土宗的隨軍佈教使橋本定憧[19]，故一旦橋本定憧離去，並另組「臺灣開教同盟」，則其組織的原有功能，將侷限在日本曹洞宗的佈教勢力範圍之內。

四、儘管此一組織，雖始終未獲官方的正式承認（公稱）[20]，卻持續存在[21]，故大正後期丸井圭治郎欲成立以臺灣島民為主的佛教組織時，只得採用「南瀛佛教會」的名稱，以免和原有的「臺灣佛教會」重覆[22]。直到日治後期開始

---

[19] 鹿山豐編《教報》第一卷，1896，11。「詞藻」頁 13 上-14 下。

[20] 臺灣社寺宗教刊行會編，《臺灣社寺宗教要覽（臺北州の卷）》（臺北：臺灣社寺宗教刊行會，1933）。所列的各種神道和宗教的組織中，即無「臺灣佛教會」在內。原書 156-162。

[21] 例如，（一）明治 43 年 5 月 28 日，「曹洞宗臺北別院」舉行開堂入佛儀式，當時臨濟宗妙心寺派的梅山玄秀即以「臺灣佛教會總代」的身份去恭賀。見《宗報》第 325 號(1910.7.1)，頁 10。（二）大正 14 年（1925）10 月 29 日，「東亞佛教大會中華民國代表來臺」，即有，「曹洞宗水上興基為『臺灣佛教會』代表」前往祝歡迎辭。見《南瀛佛教會會報》第 4 卷第 1 號(1926.1)，頁 34。說明此組織一直存在。

[22] 但若於「臺灣佛教」四字之外，再加上其他字眼，如「臺灣佛教青年會」、「臺灣佛教龍華會」、「臺灣佛教道友會」等，則無妨。因此，用「南瀛佛教」代替「臺灣佛教」，只有「南瀛佛教會」是唯一的例外，可見是避免兩者重複之故也。

「皇道佛教」——皇民化時期使臺灣本土佛教全面激進日本佛教化的改造措施，兩會才合而為一，同稱「臺灣佛教會」（1940.6.25）。

不過，臺灣學界過去對有關「大日本臺灣佛教會」的籌組狀況，幾不曾有學者提到，甚至連日治時期的李添春、增田福太郎、宮本延人、曾景來等宗教學者，也未曾在彼等的著作中提及。最先於論文中提及「大日本臺灣佛教會」之名的，是近代日本學者鷺見定信，他在〈淨土宗の臺灣佈教——明治期を通して——〉一文中，因引用橋本定憧的資料，而順便提及，但立即在「註4」中說明，他不了解其詳情，只知是指「臺灣開教同盟」之外的另一型態的組織罷了[23]。

當代臺灣佛教學者中，筆者最先注意到此一資料的問題[24]。於是曾撰〈《教報》第一號：日治初期臺灣佛教新史料的出土〉，發表在《臺灣史料研究》第6號（1995.8）上。民國85年筆者在新出版的《臺灣佛教百年史之研究（1895～1995）》一書，亦再收入此文，並將原資料中最重要的有關「大日本臺灣佛教會」的組織條文與首次臺灣宗教調查報告的全文，悉數縮印及納入書中出版，提供臺灣學界有參考意願的研究者之用。

可惜，迄今研究日治時期臺灣佛教史的學者中，只有釋慧嚴博士在其論文中提到此一資料；更難能可貴的是，她又從日本曹洞宗的《宗報》中，找出部

---

[23] 鷺見定信：〈淨土宗の臺灣布教——明治期を通して——〉，收入淨土宗教佛研究所編，《佛教文化研究聖光上人特集》第30號，頁117。

[24] 但能發現並獲得此一相關資料，則純屬意外。1994年筆者原臺大歷史研究所的同窗鍾淑敏，當時正就讀東京大學東洋史研究所，她在〈東大收藏與臺灣研究〉一文（載《臺灣史研究》第一卷第一期，中央研究院臺灣史研究所籌備處，1994.6）中，首次提到有此資料，被收藏在東大法學部的「明治新聞雜誌文庫」裡。此「文庫」是昭和2年（1927）由報人宮骨外史發起的，成立的基金則由廣告代理店「博報堂」的創辦人瀨木博尚所捐獻，主要目的即在收藏新聞雜誌。而該「文庫」的「雜誌類」項目中，即列有「大日本臺灣佛教會」出刊的《教報》第一卷第一期資料。筆者讀到鍾淑敏之文後，立刻打越洋電話至東大的鍾淑敏住處，請其無論如何，代為影印一份寄回臺灣，並請其趁便再查看有無《教報》其他號次的資料收藏。結果，這份共50頁的珍貴史料，固然因此在臺重見天日（距原在臺出版日期，已歷經近百年之久），但也證實該「文庫」僅存此一創刊號佛教史料而已。

份與此組織及調查資料相關的記錄[25]。

　　但她據此即論述所謂「大日本臺灣佛教會」即為「臺北曹洞宗教會的前身，它成立於明治 29 年 5 月的緣故」，雖有《宗報》第 19 號（1897.10.1）刊載的訪問資料（1897.8.2），可是，若對照原《教報》第一號的相關內容，即知與實際狀況不符。茲將「大日本臺灣佛教會」組織的前 4 章中，最重要且相關的 15 條內容，全文中譯[26]，並附錄如下：

臺灣佛教會會則
第一章　綱領 第一條：會員須志篤相互的交誼，以切磋琢磨，啟發佛教信仰的智識。
第二條：須遵守佛陀固有的大教法，完滿安身立命的本份，以維持社會的道德。
第三條：謹以奉戴佛德，開導未開化的臺灣本土民眾，以期日本佛教的廣佈。
第二章　名稱‧位置
第四條：本會總名稱為大日本臺灣佛教會。
第五條：本會本部稱大日本臺灣佛教（會）本部，支部則按其設置地名稱為大日本臺灣佛教會某某支部，至於其他屬本會所建設的事業者，皆以大日本臺灣佛教會附屬某某（事業）稱之。
第六條：本會總部設於臺北城內，支部則於緊要的都邑擇適宜之地設置。但，本部暫時仍設置於艋舺（舊街）媽祖王街新興宮內[27]。
第七條：有關支部的設置地點，可由地方上的有志之士，按原規定（條件），

---

[25] 釋慧嚴：〈西來庵事件前後臺灣佛教的動向──以曹洞宗為中心〉，《中華佛學學報》第 10 期(1998)，頁 289-290。

[26] 全文計分 9 章及附則，共 52 條，但另有「條外」說明一則。

[27] 原文不通，故以雙刪號將多餘的衍生字刪去。因在《教報》第一號後面，即標有原「大日本臺灣佛教會」本部的艋舺地址，故據以刪之。

向本部建議之。
第三章　事業
第八條：本會為實施第一章綱領，以期達成目標，故進行下列各項事業： 　　　1.講習佛典。 　　　2.傳道佈教。 　　　3.教育子弟。 　　　4.發兌雜誌。 　　　5.出版圖書。 　　　6.施診給藥。 　　　7.救助貧民。
第九條：有關講習佛典，每星期六、日兩天，自下午 7 點開始，由會員來會，進行佛典講習，以為傳道佈教的一種助益，故宜廣泛誘導世人同聚一堂之下，以啟發佛教信仰的智識共勉之。
第十條：傳道佈教時，如有必要及已獲許可，即應儘量隨時於各地進行演說。
第十一條：有關教育子弟事項，在教導臺人子弟學習日語之餘，還應儘量涵養其尊皇奉佛的思想。
第十二條：有關發兌雜誌事項，應儘量蒐集佛教教理及臺灣佈教政策或其他內外宗教上的記事，每月將其發兌一次，並配附給本會會員，由彼等廣泛地向世人講讀；此外，還須編纂其他佛教方面的圖書，以養成世人奉佛的信心。
第十三條：施診給藥的對象，應以醫藥欠缺的臺灣本地人及日本來臺的窮困民眾為對象。
第十四條：有關救助貧民，應以老少孤寡者為對象，提供必要的給養與救濟。
第四章　會員
第十五條：本會會員有下列各種的區分： 　　　1.正會員。

2.特別會員。

3.名譽會員。

4.協贊員。

5.隨喜員。

6.講師。

7.協贊講師。

資料來源：《教報》第一號：42 上-43 上。

　　從以上內容來看，根本未設定專與日本曹洞宗有關的條款，值得注意的，倒是其中第 11 條提到的：要教導臺灣民眾子弟學日語，並藉以涵養其「尊皇奉佛」的思想。這說穿了，即是包裹著天皇即國體的日式佛教思想，但對已被施以新殖民統治的臺灣佛教徒來說，無疑是一種嶄新的宗教經驗，卻也是在異族殖民統治下──無論對其態度是迎或是拒，總之已是現實存在的狀況──總得早晚去面對的宗教信仰大環境。

　　事實上，在《教報》第一號所刊載的文章，尚有許多有關此一問題的論述，其內容極為深入和廣泛，幾可當作日本向其西鄰各國宣示其何以要對外輸出日本新宗教文化的說帖，而不僅僅限於對臺灣此一新殖民地的島民發言──儘管其比重最大，且充滿了新統治者立場的文化優越感以及自願充當「副統治工具」的高度企圖心。故底下即就其重要且相關者，進行必要的討論。

　　但在討論之先，必須注意的是，即上述所謂「包裹著天皇即國體的日式佛教思想」，其實是明治維新以來極為明顯的發展趨勢，和德川幕府舊體制中高度借重與尊崇佛教的態度大不相同。

　　因明治維新以後，一方面藉凸出國家神道來聖化天皇的至高無上；另一方面同時也藉著凸出國家神道來貶抑佛教在新國家體制中的地位。於是不但在宗教政策上，一度實施激烈的「廢佛毀釋」措施，大肆摧殘日本佛教，並且將國家神道自「宗教」的位階超升為高於「宗教」的「國體」。

　　此一新變革，對日本此後的政教關係造成極為深遠的衝擊，正如日本近代學者村上重良（1828～1991）在其《國家神道》一書所批評的：「國家神道是近代天皇制國家所建立的國家宗教，從明治維新到太平洋戰爭失敗的 80 年間，在精神上對日本人進行統治。

　　在 19 世紀後半形成這個日本的新國教，是神社神道與皇室神道相結合，以宮中祭祀為基準，把神宮、神社的祭祀結合在一起而成立的。國家神道以伊勢神宮為本宗，把全國神社編為金字塔型，把神宮神社的祭祀統一化。政府始終採取神道是國家祭祀而非宗教的態度，把強制國民奉行國家神道合理化、正當化。」[28]

　　雖然日本佛教各宗派也在此一官方政教關係新變革的強烈衝擊之後力圖振作，從教團重整到僧侶教育的現代化，都做了大幅度的變革，也極快速達成轉型的目標，但對明治維新政府的未來政策走向，仍心有餘悸，經常帶著極大的不安全感和焦慮。因此，日本佛教界必須時時向明治維新政府的國家重大決策表達強烈支持的態度，必要時尚且出錢出力，以實際行動來配合國家的施政目標，藉以向明治維新政府交心，以換取佛教在明治維新政府體制下有利的發展空間。

　　而日本佛教各宗派此一複雜的焦慮心態，反映在「甲午戰爭」時期的作為，就是有各宗派隨軍佈教使的派遣，以及在〈馬關條約〉簽約後，繼續有佈教使隨「南征軍」來臺的一連串配合行動。但官方的文教立場，既然一直是朝「去宗教化」的方向在進行，所以在隨軍佈教使派遣來臺的初期情形，正如松金公正於論述「大日本臺灣佛教會」主要催生者之一的橋本定幢在臺佈教活動時所提到的：

　　　　……實際上橋本如何開展臺灣佈教，可（將其）視之為「王化」的具體

---

[28] 村上重良：《國家神道・序說》（東京：岩波書店，1970）。此處譯文，轉引楊曾文，《日本佛教史》（杭州：浙江人民出版社，1995），頁 580-581，

展示。橋本的第一個強調的方式就是透過本地語言進行臺灣的佈教工作。當然橋本平常用翻譯來佈教，不過，他自己也積極地學習本地的語言。這些想法從前述寄大橋麟廓的信也可窺見一二。並且，這種想法直接促成武田興仁和仲谷德念的渡臺。

第二個橋本重視的地方，就是成立日本佛教各宗派之間的合作體制之事。這是在臺灣開教同盟規約中有「開教以和平為本，互相提攜」的記載中得知。（所以他）從以前（便）通過追悼會等場合來強化和其他宗派佈教使之間的交流。而且，這樣的交流跟設立佛教會館以及臺灣佛教聯盟確有密切的關係。

第三個是從當時狀況來想，他認為軍隊和官方的幫助是不可或缺的。因此平常跟軍部和官方有交流關係。但相反的，官方的協助卻是不一定的。從 1896 年 6 月 2 日到 4 日之間，他在宜蘭跟官方商量設立佈教所一事。那時官方的態度非常冷淡。不過，那時很多宗教施設屬於軍隊管理，1896 年 6 月 23 日和 20 日的記載看得出來，若要使用寺廟就需要軍隊的許可。

第四個是為了臺灣宗教所進行的各地方的視察。範圍包括基隆、臺北附近以及新竹到大甲的西海岸。而且，也到宜蘭以及原住民住的地區去佈教。另外，除了自己的視察之外，也從當時從屬於各部隊的僧侶大兵得一些報告。[29]

從松金所描述的狀況，不難看到當時日軍對來臺日僧的宣教構想是極冷

---

[29] 松金公正：〈關於日據初期日本從軍佈教使的活動——以淨土宗佈教使橋本定憧〈再渡日誌〉為例〉，《圓光佛學學報》3 期(1999)，頁389-390。按松金公正的研究，橋本是明治 28 年 10 月，與同宗的佐藤大道一起被派到臺灣來擔任隨軍佈教使，那年他 38 歲。隔年元月他曾回日向該宗宗務所做報告，然後再以軍隊慰問使和佈教使的身份被派遣到臺灣來，直到當年 7 月才回日本。在臺期間，橋本寫了很詳細的日記（明治 28 年 10 月 25 日到隔年 7 月 10 日），都發表在該宗機關刊物《淨土教報》上。因係渡海來臺二次的日記內容，故稱〈再渡日誌〉。見原書，頁385。

淡的，並不會因其有意藉傳教以達其所謂「王化」的崇高目標而改變。事實上，這並非個案，另一個「大日本臺灣佛教會」主要催生者，即日本曹洞宗初期最傑出的隨軍佈教使佐佐木珍龍，在他所著的《從軍實歷夢遊談》中，亦曾清楚記載著首任臺灣總督樺山資紀對來臺隨軍佈教使的警誡，當時樺山總督曾明白的表示：

1.日本的佛教家來臺灣抱持想要弘揚自己的宗旨，擴展自己的佛教觀念是不可以的。……[30]

2.治理臺灣這新領地，宗教是必要的。宗教之中佛教特別是必要的。現在所謂的臺灣人民，從祖先以來，大多於支那時，即因習慣（而）信仰佛教，如果能以日本佛教來幫助治理這些人民，就可以治理人民。

3.現今治理此島無論如何宗教是必要的，（但）並非要廣為宣傳各宗派的佛教觀念，而需要以國家的觀念來讓佛教家為國效勞。[31]

可見，當時官方所借重於來臺各派日僧的，並非讓其能常態地宣揚各宗佛理的佈教行為，而只是做為一種在初期能輔助官方安撫臺民的統治工具來使用。

其實，類似官方的這種利用心態，日本曹洞宗本部當然也清楚，但同時也知道：這並非針對該宗的隨軍佈教使佐佐木珍龍而說的。

例如在明治29年12月15日，日本國內曹洞宗的大本山，即「諭達」日本全國的該宗「末派寺院」說：「國威既已光被四表，本應上下同心，培養富強國本，此其一。原荒廢之宗亂祖道，亦須由此而興復教學宗運，此其二。然而，現今宗門之情態形勢，實與現時國家之情態形勢日益背道而馳，致使國家

---

[30] 轉引釋慧嚴所摘引之譯文，載《中華佛學學報》第10期(1997)，頁287。

[31] 2、3兩條史料，轉引松金公正的譯文，見氏著〈日本殖民統治初期佈教使眼中之臺灣佛教——以佐佐木珍龍的《從軍實歷夢遊談》為中心〉，《史聯雜誌》35期(1999)，頁30。

與宗門的關係，自然呈現逕庭阻隔之現象。國家因此對待宗門，宛如冰冷之水；而宗門對國家所報效之處，實亦微乎其微。若此，宗門上下，實不只致佛祖於疏離之地，亦應對國家有赧然之愧！」[32]並且，在同創刊號的《宗報》，還提到根據佐佐木珍龍等人的調查報告，應如何進行在「臺灣島佈教」的〈第二號議案〉（包括理由和條文在內）[33]。換言之，日本曹洞宗來臺發展，其實是帶著宗門的愧疚和危機感在努力補過的。這也是它比其他宗派的來臺日僧，更重視日本在海外這一塊新殖民地——臺灣島的緣故。

可是，若從日本本土來看，明治中後期，在日本國內掀起佛教與基督教的大論戰，環繞著名基督徒教育家內村鑑三，因其對明治天皇所頒佈的「教育敕語」有不敬行為（1891.1），故以哲學家井上哲次郎為首，即針對「教育と宗教の衝突」，特著《忠孝活論》（1893）一書，展開對基督教的批判[34]；影響所及，佛教界也激發了大規模「排耶護國」運動[35]。這雖是「甲午戰爭」爆發前兩年的佛耶衝突，但其餘波盪漾仍來勢洶洶，並未稍減其威勢[36]。

因而，在日本國內掀起的佛耶激烈衝突，亦隨著隨軍佈教使的渡臺，蔓延到臺灣的教區來。換言之，日僧視為傳教最大勁敵的，即是早於日僧多年來臺開教，並且已在臺灣確立穩固教區的基督教對手。

---

[32] 見曹洞宗務局文書課，《宗報》第 1 號(1896.12.15)，頁 3。

[33] 同上註，頁 13-17。

[34] 可參考圭室諦成監修：《日本佛教史：近世篇、近代篇》：335-346，京都：法藏館，1967。但討論此問題最清楚的論文，應數鈴木久範在《明治宗教思潮の研究——宗教學事始》：89-110，東京：東京大學出版會，1979，其第 2 章〈「宗教」と「倫理」〉第一節有關井上哲次郎的討論。

[35] 參考豐田武等撰：《明治以降宗教制度百年史》（上）（東京：文化廳，1970)，頁 159。

[36] 楊增文在其《日本佛教史》有一段關於此事的精彩評論，他說：「19 世紀末日本與英美等西方國家修改了德川末年簽訂的各種不平等條約，此後圍繞外國人到日本內地雜居和外國人信仰宗教的立法問題，佛教各宗展開積極的對應活動：因擔心外國人入居日本和基督教自由傳播會導致基督教在日本社會的盛行，影響佛教的既得利益，各宗提出『尊皇』、『護法』、『防禦外教』、『護國顯正』等口號，對政府宗教法案中承認包括基督教在內的信教自由，表示激烈反對（1899），致使法案未能成立」。見原書，頁 584-585。

假如對以上的發展狀況與相關脈絡已有了解，則在「大日本臺灣佛教會」所發刊的《教報》第一號中，即反映了以上所說的大部份內容。

例如在《教報》第一號中，有一篇〈臺灣耶穌教の略調查〉，即很深入地分析了初期在臺所訪察的基督教佈教區域、所投注的佈教成本與成效、臺人對其觀感等。而最後的結論，自然是要奮起直追，較基督教更加努力，以使日本佛教能在臺地民眾中奏出勝利的凱歌！[37]同樣，在《教報》第一號中，亦載有〈朝鮮宗教一斑〉[38]和〈西藏佛教〉[39]各一篇，都是從世界新潮流、亞洲佛教的振衰起敝立論。其用意當在歸結為日本海外佈教之必要和日僧即為承擔此責任之無可代替者。[40]

至於《教報》第一號中，其較重要的文章，除之前已介紹過的〈臺灣佛教會會則〉之外，當屬〈發刊之趣意〉、〈社說——對臺灣佈教策私見〉、〈國家と宗教家〉、布躬身的〈前宰相伊藤侯の宗教教談を評〉、〈廿九年度の教海の三波〉、〈在臺各宗派の現況〉和〈臺灣佛教調查（第一回）〉等這幾篇。但因還涉及其他問題，故這幾篇，擬留待稍後再一併討論。

不過，《教報》第一號上仍有一些文章須先在此一提。

例如其中載有臺灣〈蕃族人種風俗一斑並に宗教〉一文，雖必須向臺灣原住民傳播佛教來立論，但仍能扼要介紹人類學家關於臺灣原住民的族群分類及其宗教的特徵，故仍屬在臺日人最初對臺灣原住民宗教作田野調查的文獻之一[41]。其次，像攤月道人的〈佛教南進論〉一文，幾等於鼓吹日本近代佛教

---

[37] 鹿山豐編：《教報》第一號，頁 25 下-29 上。

[38] 同上註：頁 31 上-33 下。

[39] 同上註：34-35。

[40] 因此兩篇皆屬連載之文，故其結論尚未登出，但仍可據其他文意，推斷出其用心之所在。

[41] 鹿山豐編：《教報》第一號：29-31。其實，本文之所以不厭其煩的引用這些內容，是因這是反映日本佛教界初期來臺的高度傳教意願，代表的是一種思考的傾向，可用來對照其後是否出現了無法兌現的落差。因此，在此先提及是有必要的，但非即相信真能於日後一一實現。近年來，有關此一問題，已有新研究成果出現，可參考范純武，〈日治時期日本佛教在臺灣「蕃界」的佈教事業——以真宗本願寺派為中心的考察〉，《圓光佛學學報》4：253-278，1999。

在東亞大力擴張的宣言。有趣的是，文中多處舉中國古代聖人舜、禹的赫赫功績，以及曾中興儒學思想的孟子與韓愈這等先覺者為例，要日僧於 20 世紀來臨之際，破烟波、冒瘴癘、渡海南來，獻身於此土，將其鞏固為日本大乘聖教的第二教盤，以期若明治維新政府威臨太平洋上一樣，終能將東亞佛教的霸權掌握在手[42]。而〈雜錄〉中，則曾提到佐佐木珍龍和橋本定憧對籌組「大日本臺灣佛教會」的肯定記載[43]。

而從以上這幾篇文章所透露出來的相關訊息，其實是日本於「甲午戰爭」大勝清廷後，在日本國內不斷高漲的新亞洲擴張主義。

事實上，在稍後的後藤新平的演講錄中，即附錄〈大亞細亞主義〉的（原漢文）日譯全文，以及〈大國民之歌〉的數種漢、日文版歌詞[44]。順此而下的發展脈絡，就是「日華親善」[45]乃至「大東亞共榮圈」[46]的提出和大東亞全面戰爭的爆發。

因而，當時日本佛教僧侶在境外的所作所為（包括來臺佈教在內），也只不過是依附在這一新亞洲擴張主義的某一面相罷了。

---

[42] 鹿山豐編：《教報》第一號：9-10。

[43] 同上註，頁 40。

[44] 後藤新平：《日本植民政策一斑》，頁 127-147。此書大多講於大正 3 年（1914）左右，但到大正 10 年才結集出版。當時，後藤新平思考的是：從臺灣殖民到滿州（中國東北）殖民，所須面對的政策難題與解決之道各如何？日本的作法與西洋列強的經驗異同點又何在？宛若滿清入關前，構思大戰略的歷史情境。

[45] 有關此一問題歷史背景解說，最佳作品，當屬常田力的《日支共存史》，臺北：臺灣新民報社，1939。

[46] 小林英夫：《「大東亞共容圈」の形成と崩壞》，東京：御茶の水書房，1975。出版以來，共續印了六刷（迄 1983 年為止），相當暢銷。其書主要是從「滿州事變」（即瀋陽事變）後的 15 年戰爭的經濟與物質面的動員探討為重點，雖具批判性，但全書有關當時中日雙方文化或精神層面的變革幾未涉及，因而在那 15 年間似乎所有的相關宣傳品、心戰策略與其他配合措施都不見了，難道世上真有這樣的「大東亞共容圈」嗎？有可能嗎？若作者原有意限定其研究領域，但亦應在其書名副標題加以標明限制才對，否則其缺陷應遭學界批判才行！其實在中文撰述中，亦有力作可供參考，即本文指導教授李永熾的〈日本「大東亞共榮圈」理念之形成〉一文，收在氏著，《日本近代史研究》(板橋：稻禾出版社，1992)，頁 321-380。

因此，此處擬再回過頭來檢討之前提及但尚未討論的，那幾篇《教報》第一號的重要文章。

3. 初期在臺日僧佈教的理想與落差

但在討論之前，須先指出，像以上所述把佛教資源用來為政治效勞的情形，不只日本官方如此，古今中外都有。例如中國古代，當外族要統治中國境內大多數的漢族時，不論南北朝時的鮮卑政權、元代的蒙古政權以及清代的滿清政權，在面臨統治初期的文化衝突時，都曾明顯地利用過佛教，來作為雙方共同信仰的基礎，以免漢族視其為文化上的異類而加以排斥。因這是關涉統治基礎的安定措施之一，統治者會加以運用，其實是很自然的。就像近代以來，連西方傳教士也被利用為擴張西方侵略勢力的工具一樣[47]。

雖然宗教徒本身，並非一定喜歡這樣被利用，但彼此在某種情況下，互為利用、互為助緣的情形，依然是有的。由於有這樣的背景，日本官方，作為一個臺灣島上的新殖民統治者，拿佛教信仰作為溝通異民族文化的一個媒介，毋寧是很自然的。

並且，歸根究柢，日本僧侶之所以會向外發展，其實也是仿近代西方傳教士的作法。因稍識亞洲近代史的人，都知道在鴉片戰爭後，屢次西力的入侵，其武力、經濟和宗教三者，往往是密切結合的。因而日本遠在清日甲午戰爭爆發之前，即曾師法西洋人的作法，在中國境內發展它的佛教力量，於大陸各地建立了許多據點。其中以淨土真宗的發展最快[48]。也因此，清末民初的中國佛教改革運動，來自日本佛教力量的影響，是不小的[49]。這也是日本長期受中國佛教影響以來，新發展的一種逆轉現象。從此日本佛教由接受者的角色，轉為

---

[47] 關於此一問題的力著，可參考顧長聲：《傳教士與近代中國》，上海：上海人民出版社，1991。

[48] 藤井草宣：《最近日支佛教の交涉》：1-22，東京：東方書院，1933。

[49] 葛兆光：〈西潮卻自東瀛來──日本東本願寺與近代中國的佛學因緣〉，是此課題迄目前為止，最佳的論述。此文收在《葛兆光自選集》(桂林：廣西師範大學出版社，1997)，頁 138-156。

提供者和影響者的主導角色了。

臺灣傳統的佛教，過去只是中國的邊陲教區，主要來自閩南佛教的影響。此一佛教的信仰方式，是所謂禪、淨雙修，不過正統的佛教道場不多，反而是在家佛教形態的「齋堂」，以及混雜儒釋道三教但仍帶有濃厚巫術性成份的民間信仰佔了大部份。像這樣的佛教信仰狀態，一方面是和民間信仰相當接近，民眾不會有太大的排斥感；另一方面，則在家佛教的勢力強大，促使日後日本佛教在臺灣要建立新佛教據點時，雖心存鄙夷，卻不得不以彼等為交涉對象。這就構成了雙方如何接觸與相處的複雜問題，非輕易可以了結的！

然而，當日本佔領軍攻佔臺灣全島後，官方在統治時，首先要面對的，是所謂長期的武裝反抗。在最初的 20 年間，既然要面對激烈抗日的問題，顯示統治者和被統治者雙方，仍存在著相當程度的緊張性。為了要消除雙方的對立狀態，在殖民統治初期，除了用強大的武力來鎮壓外，傳統宗教在戰亂後所具有的安撫人心作用，自然亦被納入了施政上的考量，就如之前所引首任臺灣總督樺木資紀曾道破的情況那樣。但，站在非官方立場的來臺各派日僧，彼等究竟又是如何來看待這一政策思考？並且其認知的知識依據又從何而來？以及彼等事前規劃的佈教策略，一旦付之實踐時，其成效有無出現巨大落差？若有，其原因又是如何？像這一類的相關問題意識，其實才是研究者必須去一探究竟的所在。否則在論斷時，極容易僅賴單一的觀察角度，即作出浮面的結語，相當不妥。

現在先回到《教報》第一號的問題上來，以接續之前尚未討論者。

首先，就出版時間與作者為誰的相關問題來看，《教報》第一號的正式刊行日期，雖是標明為「明治 29 年 11 月 25 日」，但其實早在當年 7 月，該《教報》就已向主管單位的臺灣民政局報准過了。這從尾頁的出版資料，即可得知。因此，淨土宗的橋本定憧於同年 6 月 30 日，已在當天的「日記」上，將「大日本臺灣佛教會」送其即將歸國的讚譽之文抄錄下來。此文後來也刊登在《教

報》第一號上，題為〈橋本定憧師の歸都を送る文〉，文末亦註明日期是明治
29 年 6 月 30 日。可見集稿的時間，在 6 月間已開始了。不過，像橋本這樣勤
於寫作的人，也是「大日本臺灣佛教會」的主要催生者之一，居然未在《教報》
第一號上讀到他具名發表的論文，不免有點不尋常或不對勁。像這種情況，只
有兩種可能，第一種是以不具名或以化名發表；第二種是理念不能契合，無意
願發表。究竟是哪一種，如今已不得而知。

　　但，有一點可以確定的，即此時的《教報》是曹洞宗與淨土宗的共同刊物，
因此通常不具名的重要文章，應是代表「大日本臺灣佛教會」成員的共同意見，
例如 5 篇（包括西藏喇嘛教、朝鮮佛教、臺灣佛教、臺灣耶穌教、臺灣原住民
宗教）的調查報告，皆不具名。〈發刊之趣意〉、〈社說——對臺灣佈教策私
見〉、〈國家と宗教家〉、〈廿九年度の教海の三波〉、〈在臺各宗派の現況〉
和〈臺灣佛教調查（第一回）〉等這幾篇，皆涉及共同立場，故同樣不具名。
至於佐佐木珍龍和他來臺初期主要宗教調查助手之一的陳金福兩人，雖共同
在《教報》第一號上發表唱和的詩歌，但陳金福用本名，佐佐木珍龍則以筆名
「耕雲子」發表，亦即代表個人立場者，皆具名（用本名，或筆名不一）發表。

　　此外，「大日本臺灣佛教會」雖在隔年（1895）3 月，以會務不振，更名
為「臺北曹洞會」，但一者，那已是淨土宗退出以後的事；二者，更名為「臺
北曹洞會」只是內部運作之事，未有組織章程的提出或修改，因此「臺灣佛教
會」亦名實不符的對外沿用下去。而本章之前也提過：這一此後由日本曹洞宗
來臺僧侶持續主控的「臺灣佛教會」，亦導致身為日本臨濟宗重要檀家信徒的
丸井圭治郎，在大正年間於「社寺課長」任內，雖極力要扶持本宗與臺僧、齋
友及社會名流籌組新臺灣全島性佛教組織時，仍不得不另採「南瀛」二字來代
替「臺灣」，以免和曹洞宗主控的「臺灣佛教會」重疊。再者，被指為《教報》
第一號上〈臺灣佛教調查（第一回）〉作者的佐佐木珍龍，其最初回報本宗的

時間，根據該宗《宗報》第一號的說法，是在前一年（1895）8 月[50]。換言之，
是遠在《教報》第一號和該宗《宗報》第一號出版的一年以前。當時在兵荒馬
亂之際，能在兩三個月內，就完成全部調查嗎？很值得懷疑。因淨土宗的橋本
定憧隔年（1896）來臺時，即曾在 5 月 15 日的「日記」上記載（當天橋本於
上午 7 點，帶著向野、倉富兩名翻譯官，在前往北投溫泉途中，順道赴八芝蘭
街〔今士林〕天后宮，拜訪幫曹洞宗調查宗教的陳金福，由翻譯官向野擔任翻
譯）其與陳金福的對答如下：

> 問：拜見貴僧的名片，得知你是臺灣曹洞宗支局下的寺廟明細調查委
> 　　員，想必工作是調查寺廟情形。臺灣全島有多少寺廟？
> 答：全島尚未調查完畢，多少寺廟不得而知。
> 問：舊臺北縣管轄區內，有多少寺廟？
> 答：大約 50 餘所。外表壯麗的寺廟很少。
> 問：這 50 餘所寺廟裡，都有沒有住僧？
> 答：大部份沒有住僧，只有俗人管理一些事務，或是讓給兵舍官衙使用。
> 問：臺灣的寺廟古來是否有宗派之別？
> 答：臺灣的佛教無宗派之別。如真的要加上名稱，有臨濟、曹洞兩派。
> 　　其教義漠然籠統，無一定的標準。[51]

　　從以上的雙方回答，即知曹洞宗的全島寺廟調查，迄佐佐木珍龍回報宗部
大本山的 9 個月後，猶未完成，而《教報》的調查資料，卻全島皆全。所以，
在資料上，縱使作者相同，亦非同一內容，這也是反駁釋慧嚴博士原先視為同

---

[50] 曹洞宗：《宗報》第一號 (1896.12.15)，頁 27。

[51] 松金公正：〈關於日據初期日本從軍佈教使的活動——以淨土宗佈教使橋本定憧〈再渡日誌〉為例〉，
《圓光佛學學報》第 3 期，頁 411。

一的有力證據。

　　其次，必須知道的是，各宗來臺的佈教師幾乎皆撰寫類似的觀察報告，故並非只有佐佐木珍龍一人才能撰寫《教報》第一號的那篇〈臺灣佛教調查（第一回）〉報告。當然，佐佐木珍龍的報告，初期的確在日本曹洞宗本部造成重大影響，但一來是該宗正處於劇變轉型期，有強烈意願藉海外佈教重振教勢和改善與朝廷的惡劣關係；二來是他趁初期兵荒馬亂大家人心惶惶之際，採取許諾提供保護藉以換取大量臺人寺廟與其私下簽約為該宗末寺的手段，因而造成大獲成功的「假相」，使該宗大本山為其所迷惑的結果[52]。然而，實際上事後官方根本不承認其合法性，導致明治 32 年（1899）以後，臺人寺廟紛紛根據官方新規定要求解約或獨立自主，不但使前期的「假相」整個原形畢露，日本曹洞宗方面還遭到來自官方的警告和施壓，令其自行在臺建寺佈教[53]。此處為了增強讀者對日本在臺殖民統治初期，（日）軍（臺）民相互激烈武裝衝突、人心處於危疑震撼的惶恐狀態下，臺僧與日僧如何接觸，以及對基督教佈教調查的臨場實況，擬再續引橋本定憧的另外兩篇「日記」內容，以示一斑：

（1896）2 月 4 日【雨】

地名	戶數	人口
臺北	824	1732
艋舺	2970	11510
同附屬	937	2339
大稻呈（埕）	801	23535

---

[52] 以上所說的兩種情況，在該宗《宗報》第一號的頁 13-14、頁 22-27，皆有清楚的細述。並且，繼佐佐木珍龍的其他該宗來臺日僧，亦持續沿用甚至推廣此一手法，幾成壟斷全局之優勢，這使得明知官方不許可的該宗大本山，還心存僥倖，以為仍可繼續與官方商量，將其轉為合作化，因此不願自動放棄已掌有的佈教優勢，反而積極通過在臺佈教章程。但自食惡果，其實已快來臨，因官方的攤牌，在稍後幾年即告出現。

[53] 該宗《宗報》267 號（1908.2.1），頁 42-44。

合　計‥‥‥‥8532‥‥‥‥‥‥‥39116

艋舺市中心頗為繁榮。大稻埕位於北門外，此地也是以商業繁榮，而且各國的居留地都在這裡。在城外三個市街的範圍裡，著名的寺院有以下四個：一、臺北城內：天后宮。二、大稻呈（埕）：媽祖廟。三、艋舺：祖師廟。四、艋舺：龍山寺。

以上四個寺廟都沒有住僧，都充當兵舍。而且臺灣北部流行基督教，已比臺南附近為盛。我前幾天在文山堡的新店街的基督教堂，向傳教陳容輝調查臺灣北部，也就是臺北縣、宜蘭縣、新竹縣、苗栗縣的四縣境內，新蓋的巍然所立的教堂有 62 所（細目省略）。在距今 20 幾年以前，英籍傳教士偕叡理等數名，渡海來臺，救助貧民，設立學校，教導學生，在前述的各教堂都有了信徒。依此看來，壯年者大半受基督教的薰陶，與佛教有所衝突。而且這次的匪徒掃蕩，這些基督徒也大力幫忙，安撫居民。相反的，有些佛教徒反而是土匪，因此和尚等於是供給匪徒糧食，以及補充軍隊資源的人。由此可知土（臺）僧的心聲。（但）如此下來，基督教徒將遍佈於全島。很明顯的，如果不再講求恢復佛教的政策，將遺恨萬年。

（1896）2 月 27 日【陰】

早上 9 點左右，當地僧侶邱普、明元、明善來此，由我負責招待。邱普為臨濟宗派，為福州怡山西禪長慶寺的住僧，4 年以前來到臺灣，寄宿在艋舺街的一處民宅裡。而明元、明善為艋舺街龍山寺法師的徒弟。其師僧為毓修，毓修在事變發生時，從泉州來到臺灣，而寧願寄宿在民宅裡。我請翻譯官向野堅一氏翻譯，跟他們談了以下這些話：

問：你們為何沒住在寺廟裡，而寄宿在民宅裡？

邱普回答：天兵（日軍）渡臺以來，擾亂民心，無法住在寺廟裡。而龍

山寺裡有僧侶百餘名，如果住僧都回到泉州，這些徒眾將四
處流離。然而目前寺廟都被軍隊充當兵舍，我等人無法進
入。

問：僧侶在國家戰亂的時候，更要安撫人心，使得國家方針不被誤導。
　　然而僧侶卻率先四處流離，豈不倒轉是非？

他們無法回答。

問：我行腳臺灣各地，親眼看到彰化以北地區，有新蓋的巍然處聳立的
　　基督教堂 60 所之多。你們以前是否研究過這個宗教？

回答：基督教會傳教士，從本國拿到了龐大資金，救助貧民，當作傳教
　　　的臺階，相反的，臺灣的佛教僧侶卻一貧如洗。不知不覺當中，
　　　被這個宗教蠶食。不過，信基督教的人，大概都是中等以下的階
　　　層。

問：你們將來是否決心永遠住在臺灣？還是要回福建去？

回答：從福州來的仕紳很多人住在臺灣，因此我們大致會留在此地。

橋本：如此應從內地（日本）找數十名有為的僧侶渡臺，共同為弘揚佛
　　　法而盡力，發揚佛陀的光輝。（說完，即向他們拜謝之後，便離
　　　去。）

資料來源：松金公正：〈關於日據初期日本從軍佈教使的活動──以淨
　　　　　土宗佈教使橋本定憧〈再渡日誌〉為例〉，載《圓光佛學學
　　　　　報》3：400-401，1999。

另外，橋本曾遇「曹洞宗臺灣開教使若生氏來新竹，主要是將新竹的寺廟
編為曹洞宗的末寺」（1896.3.30）。也到「龍山寺拜訪佐佐木、足立二氏」
（1896.4.29）。可見，在兵荒馬亂之際，華僧來臺後，因寺廟或被軍隊挪用，
或被曹洞宗的日僧趁機收編，使得不少人須移住民宅或到處尋求協助。而歸根
究底，是統治權易主、日僧收編，加上華僧普遍貧窮、無學、社會地位低，故

宛若亂世無主的喪家之犬，相對於基督教傳教士在當時如日中天的擴張優勢，其流離無根的際遇，令人悲嘆！

可是，對於上述的華僧或臺僧的際遇，淨土宗的日僧橋本聽了之後，在輕視中還能帶一絲絲物傷其類的同情之心。反之，當時正在大肆收編臺人寺廟的佐佐木珍龍本人，則不但泰然自若地駐在艋舺臺人最豪華壯麗的龍山寺裡，在其《從軍實歷夢遊談》中，居然還用鄙視的眼光，來提到下列他所謂「大多屬『曹洞宗』法脈」的本地僧侶和信徒：

1. 臺灣僧侶的「頭髮剃得很漂亮，脫下法衣之下的服裝卻和支那土人之服幾乎沒兩樣，和普通人民之服裝沒什麼不同，在上面卻又穿著和我日本黃檗宗相同之法衣。」

2. 臺灣僧侶「一般而言，並無通曉知識的僧侶。」「可稱得上有學問的沒有。」「沒有智慧的有七成，無法誦經者也占了半數。」

3. 「對臺灣寺廟來說，買紙（錢）給寺廟，可以說相當於日本之賽錢之意味。」

4. 臺灣佛教信徒「並不信奉佛教之教理，對於儀式的、習慣的部份卻信奉不已，因為歷代祖先敬奉佛祖，而不得不跟著敬拜，到寺廟無論是燒香還是點蠟燭一定要燒紙錢，有這樣觀念的存在。」「必須祭拜時，以拜觀音為例，會點上線香或蠟燭並獻花，在這樣的環境下，因為是仰賴佛祖之冥助來定契約，所以若毀約則會受到佛祖的冥罰，有這樣的說法。」「若在借錢之期限內未還，將會受到佛祖的冥罰，為了不受佛祖的冥罰，而在期限內還錢。」「支那並無好的醫術，於是，大多的患者是到廟裡求籤，當成藥喝下去。」[54]

對於類似佐佐木珍龍的批評，其實只要指出一點就夠了，即到龍山寺拜觀音的信徒，正如百餘年後的今天，大多數並非嚴格意義之下的佛教徒，而是屬

---

[54] 轉引松金公正的譯文，見氏著〈日本殖民統治初期佈教使眼中之臺灣佛教——以佐佐木珍龍的《從軍實歷夢遊談》為中心〉，《史聯雜誌》第 35 期，頁 27-29。

於民間信仰的祭祀方式，故既非專屬曹洞宗系統的禪寺，也不能苛責什麼。再
說，假如佐佐木珍龍上述所批評的，全屬事實而非有意輕視，則其本身或其他
日僧，除非不再繼續對臺人佈教，否則其接續即將面對的，其實是一樁更為艱
鉅的宗教改造工程，亦即其本身或其他來臺日僧，既經大本山決定由彼等繼續
在臺對臺人佈教，則彼等此後究竟要如何改造臺人原有的佛教信仰形式？或
如何提升其信仰內涵？將是一場既漫長又艱困的現實考驗！而此一問題，就
是《教報》第一號創刊所要傳達的佈教意願與策略，但究竟其真相如何呢？

　　其實所謂的《教報》第一號，即是因應「大日本臺灣佛教會」組織的成立，
所創刊的機關刊物，故所表達者，即「大日本臺灣佛教會」此一組織共同的基
本立場。此所以在其〈發刊之趣意〉一文中，雖雄辯滔滔，筆力頓挫有致，相
當精彩，但最後除強調這是代表日本佛教發言、非個別宗派意見，及秉持報導
客觀公正的原則之外，主要仍歸結為兩大責任之承擔，一為針對新（臺灣）同
胞的感化之必要，二為提供渡臺（日本）同胞的安心之必要[55]。於是，針對這
兩大責任之承擔，以「社說（論）」的方式，提出其〈對臺灣佈教策私見〉的
長篇陳述。但整個論述的主軸，乃是環繞著身為「宗教家」於「國家（日本）」
因對外戰勝而取得臺、澎等島嶼為新殖民地之後，其「宗教的弘法感化」與「國
家民政措施」必須兼備方能奏效的角度來論說。這當中有極周詳的臺灣現有宗
教形勢的觀察和深刻的民族心理學分析，而作為日本宗教在臺傳播最大勁敵
的白人耶穌教，自然也在評估之列。此外，其他的論述還很多[56]。因此可以說，
像這樣深刻的論述和評估在臺如何佈教之種種意見，應非一般的來臺日僧所
能勝任，筆者判斷其中可能有日本國內的專家參與構思，否則很難達到這種水
準。但，不論如何，此篇宏文表達了當時日本宗教界最坦白、也最強而有力的
「宗教家」角度觀察及其與「國家」統治功能的必要分工。可是，日本在臺殖
民當局能聽得進去嗎？或者，如有「公私相剋」的問題產生時又將如何呢？

[55] 鹿山豐編：《教報》第一號(1896.11)，頁 1-4。

[56] 同上註。頁 4-9。

　　如果，根據《教報》第一號的相關資料來分析，問題其實已經浮現了，因「社說（論）」上的陳述意見並非未雨綢繆或無的放矢，而是有針對性的。例如《教報》第一號上的另外兩篇文章：未具名的〈國家と宗教家〉一文和布躬身的〈前宰相伊藤候の宗教教談を評〉一文，除了呼應「社說（論）」上的陳述意見之外，主要是針對當時日本政壇的權威人士伊藤博文，在一次對《日本新聞》第2489號的談話中，曾約略提到日本國民的教育，還是從純理、學術，及直覺的實證來著手為宜，因學術對國家來說是能超越宗教的迷信之上的，而佛教與耶穌教難道不是一種迷信嗎？否則為何日本國民採信後反而導致國民的生活更加薄弱？故他認為期待藉「宗教」了生死的本位心理，對全體國民的生活來說，是不必要的，亦即國民生活的充實，是不能期盼由宗教主觀性的超越心態來達成的[57]。但，如此一來，固然對已被視為「非宗教」的「國家神道」沒有影響，卻對一般「宗教」產生極大的殺傷力，因其已使「宗教」（包括佛教、耶穌教）在國內體制內教化功能的必要性和積極面的立場，或有為之動搖和崩潰之虞。所以《教報》第一號上的幾篇文章（其中一篇甚至具名提出反駁），不但想對此談話的不利影響加以緩和，更進一步的作法是想將其扭轉過來，因此在態度上才會如此聲嘶力竭地在文章中極力訴求著。然而，這樣做在實際上有效嗎？的確是頗值得繼續加以觀察的。

　　但，追問此一問題以前，有必要先了解官方在臺初期真正的「同化政策」究竟是什麼？因這涉及日後有無留給日本佛教各宗派在臺參與及發揮的佈教空間？雖然過去在研究上，也曾有學者跳過這個問題[58]，只是單就統計數字的多寡或升降來說明日僧在臺的成效如何、究竟是什麼；但如此論述畢竟只流於

---

[57] 類似的看法，後來亦出現在伊藤博文訪問歐美的隨員「鍋島外務書記官」的一次外語談話中，認為歐美地區伴隨「唯理學」的發達，逐漸使該地區民眾的「宗教心」轉趨薄弱，因此，就其所見，近20年來，歐美民眾在星期日上教堂祈禱的昔日盛況，的確已在大幅度的轉變中。見曹洞宗務文書課《宗報・雜報》第19號(1897.9)，頁13。

[58] 此處主要指日本學者松金公正的研究。

浮面的表相，對於事件產生的「為何」問題，未能有較深層的原因解答，不能說是理想的研究方式。故此處接著應先就官方在臺初期真正的「同化政策」究竟是什麼？進行一些必要的探討，然後再回來檢討日本佛教各宗派後來在實際上的佈教策略轉型與教勢發展的問題。

（二）有關在臺殖民統治初期「同化政策」的釐定問題

1. 過去學者對此問題研究成果的概述

由於此處所要說明的，主要是在究明有關在臺殖民統治初期的「同化政策」的真正內涵，以了解當時在新來的異文化殖民統治架構之下，官方以何種認知的角度來擬定或經辦日僧與臺灣舊慣佛教關涉的事務。所以，必須仍回到當時實際的釐定過程來觀察。

因在當時，織田萬和岡松參太郎所承擔和其後完成的龐大相關著述，都只是純就臺灣舊慣調查的現象資料，來進行所謂「臺灣私法」的「法制化」體系之建構和學術性的精細解讀，並不涉及有關在臺殖民統治概念的建構或政策擬訂，因那是屬於中央政府和臺灣總督的決策範圍，並非彼等職責所能置喙的。事實上，岡松和織田萬兩法學專家雖各自提供了龐大有用的基礎資料，但這些皆屬為決策者做判斷之際，適時提供所需相關背景知識的前置作業罷了。這宛如「現代超級市場」雖提供了各種精心處理過的新鮮料理材料，可是選購的顧客到底要如何烹調？或欲煮成何種適合自己口味的佳餚？「現代超級市場」的提供者，是既無權也無從完全代其做決定的。同樣的，在臺殖民統治的政策，到底是要寬鬆或緊縮？乃至對殖民統治後日臺民眾的信仰內涵，究竟是要逐漸趨向融合或依舊維持差異？也是必須完全交由當時官方的實際決策者來決定的。換言之，上述的前置作業，若無實際擁有宰制的公權力為後援，則只能屬學術層面或輿論影響的範圍，因此不應將其與前者具有官方實際決策權力的不同性質混為一談。

在另一方面，更關鍵的問題是，有關日治初期殖民統治的同化概念，其真

正的內涵究竟是什麼？在當時並不是很明確，而只是逐步視情況的演變和需要，然後才在相關政策上進行必要的調整。因此今人吳文星在其《日據時期臺灣社會領導階層之研究》一書中，即曾提到下述的變革情形，他說：

> 1.日人治臺，以逐步強化的同化政策為其統治方針，因此歷任總督的施政方針由標榜「無方針主義」進而明揭「同化主義」，由揭櫫「內地延長主義」進而強調「皇民化政策」。易言之，同化政策逐步強化之目的，在於不僅僅改變臺人成為「順良的日本人」，尤有進者，企圖使臺人變成「利害與共的日本國民」。
>
> 2.為貫徹此一政策，日人講求各種措施，諸如「改風易俗」、「易服改曆」、「破除迷信」、「國語普及」等，不一而足，藉求改變臺人的語言風俗、風俗習慣、宗教信仰及社會組織。其中，尤以「國語普及」最為重要。[59]

並且，在同書中作者又提到：「日據時期是臺灣社會的轉型期。在日本的殖民統治下，臺灣的社會結構、社會制度、人口結構、思想文化，乃至風俗習慣，均產生重大的變化，逐漸由俗民社會（folk society）過度到市民社會（civil society）。固然此一社會文化變遷大多是隨著技術、經濟、觀念、文化傳播等因素之改變，而逐漸地、不知不覺地演變；但無可否認的，有不少變遷明顯的係以社會領導階層為主導，以民間團體為運動的主體，有組織、有目標、講究方法策略且持續性地提倡和鼓吹，由是而獲致預期的結果。」[60]這樣的論斷，正如同作者在之前有關「同化政策」的變革論斷一樣，是綜合整個日治時期的長期現象來描述和解讀的，既精確又明白曉暢。

---

[59] 吳文星：《日據時期臺灣社會領導階層之研究》（臺北：正中書局，1992），頁 305-306。

[60] 同上註，頁 247。

　　但，如純就該書作者思考的角度來看，則本章以上所引後面一段的內容說明，似乎主要在於欲藉其書中第五章〈以放足斷髮運動為例〉，來觀察日治時期臺灣「社會領導階層與社會文化變遷」的相互關係，卻不一定與日本在臺殖民當局所欲遂行的「同化政策」有關。此因在同書中，事實上是直到第六章時，作者才「以『國語普及運動』為中心」，來觀察日治時期臺灣「社會領導階層與同化政策」的相互關係，故在該書中的「社會文化變遷」與「同化政策」兩者之間，並不太有直接的關連。當然，筆者在以上的引述和此處的有所評論，並非專注在質疑該書作者的相關論點[61]，正確來說，其實也只是想藉著該書作者上述兩處引文中的論點，來作為本章底下將進一步討論的相關線索罷了，此外無其他用意。

　　但在展開討論之前，此處有必要先將當時幾本較重要討論在臺殖民政策的相關著作系譜，與上述吳文星所描述的「同化政策」發展階段的相關繫年，作一對比簡表如下：

決策年代	決策總督	殖民同化政策內容	著書年代	著書者	書名
1898	兒玉源太郎	無方針主義	1905 初版	竹越與三郎	臺灣治績志
1898	兒玉源太郎	生物學原則	1912 初版	持地六三郎	臺灣殖民政策
—	—	—	1916 初版	東鄉實佐藤四郎	臺灣殖民發達史

---

[61] 事實上吳文星在處理「國語普及運動」與「同化政策」的背景解說部份，相當精彩，頗值得參考。

1918	明石元二郎	同化主義			
—	—	—	1921 初版	後藤新平	日本殖民政策一斑
1919	田健治郎	漸進內地延長主義	1923 初版	柴田廉	臺灣同化策論
—	—	—	1926 初版	矢內原忠雄	殖民及殖民政策
1935	小林躋造	皇民化運動	1939 初版	增田福太郎	臺灣的宗教
—	—	—	1939 初版	白井朝吉 江間常吉	皇民化運動

　　「同化政策」發展繫年的資料來源：參考吳文星，《日據時期臺灣社會領導階層之研究》。

　　從以上兩者對照的簡表來看，日治初期有關殖民政策的擬定，其實是要到第4任（1898.2～1906.4）臺灣總督兒玉源太郎開始，才有比較清楚的指導原則[62]，並且此後一直到1935年第17任（1936.9～1940.10）臺灣總督小林躋造推行激進的同化政策──「皇民化運動」之前，基本上都是以漸進的方式來處理臺人的同化問題。

---

[62] 持地六三郎認為日治初期的殖民政策之確立，是在兒玉源太郎總督、後藤新平民政長官時代。見氏著，《臺灣植民政策》（東京：富山房，1912），再版，頁4。另一方面，必須指出的是，後藤新平本人既是在臺殖民政策的確立者之一，以及在其書於大正10年（1921）結集多年講稿出版之前，已曾多次發表關於滿州與臺灣殖民政策的講演記錄，故應與表上第一本竹越與三郎的著作同期看待。

　　然而，有關「臺灣殖民政策」在何時做決策？與有關「臺灣殖民同化概念」的如何釐清？既不同時，也非屬同一回事。因此，有必要再回過頭來，針對日本在臺的「殖民同化概念」，作一些溯源及其後續發展的相關探討。

2. 檢討與批評

　　要觀察有關「臺灣殖民同化概念」及其伴隨的「殖民教育政策」問題，有兩個主要的切入點：其一為官方的「教育」方針與措施，其二為「宗教」在官方的教育方針與措施中如何被定位？因整個「臺灣殖民同化概念」及其相關「殖民教育政策」，其實是先透過前者來達成；而後者的如何被定位？即反映了「宗教」在「殖民教育」的「同化政策」中，有否被納入「次輔助體系」的可能。

　　但，臺灣地區最高殖民同化的教育原則，是不能與整個日本國家教育方針發生牴觸的，故有必要先就此部份做一檢視。按日本章部省宗教局所編的《宗教關係法規集》中的頒佈條文來看，有幾次較重要的政策指示，首先是在明治32年（1899）8月3日，以「訓令第12號文」通令道、廳、府、縣的直轄（官立或公立）學校，一律禁止在校中教導特定教派、宗派、教會等之教義，並禁止實施其儀式，但一般宗教情操的陶冶則不在此限。到了昭和3年（1928）文部省召開「學務部長會議」時，由於各學校為期校中的道德教育能貫徹，又再提及有涵養宗教信念及情操之必要，但文部省的回應是——更嚴格地要求各校照明治32年該省的「訓令第12號文」辦理。到了昭和10年（1935）11月28日，「文部省次官」鑑於該法令未被嚴格遵守，又進一步以「普106號通牒」，發給各地方長官，有關「涵養宗教情操必須留意事項」的詳細規定，再次要求嚴格遵照：

　　　　一、有關宗派的教育，若於家庭內，基於宗教上的信仰，應任其自然行
　　　　　　之，或交由宗教團體的教化活動來進行；至於學校的教育則對一切

教派、宗派、教會等，皆須保持中立不偏的態度。

二、在學校中，對於家庭及社會所實施的宗派教育，應保持以下兩項態度：

1. 須留意無損及家庭及社會對學生所養成的宗教心，如有學生因此而自內心萌發宗教上的欲求，同樣不得加以輕視或侮辱。

2. 但，在尊重正當的信仰之同時，若有妨害公共秩序與善良風俗者，如迷信之類的行為，須極力將其打破。

三、絕對不許在學校中實施宗派的教育。雖然在學校教育中，欲透過涵養宗教的情操以為陶冶人格之助，有其極大的必要性，但由於學校教育原本即須遵循「教育敕語」來進行，故有關涵養宗教情操的內容及方法仍不得與此相牴觸。因此，在學校中進行有關宗教情操的涵養時，特別須留意下列規定事項：

1. 在教授修身及公民科時，涉及宗教方面的，尤須更加留意。

2. 在教授哲學時，須著力於對宗教的深層理解以及涵養宗教情操的本意。

3. 由於國史對於宗教的國民文化有其影響，因此在處理偉人受到宗教感化的事蹟或偉大宗教家的傳記時，必須留意才是。

4. 其他學科的教材，亦須注意其為適合於宗教方面的性質。

5. 預備有關宗教方面的適當參考圖書，以供學生修養的幫助，亦不失為一種可行之途。[63]

像這樣的規定，不只在日本國內的教育體系造成重大的影響，連大正年間在臺灣地區開辦的所謂「私立臺灣佛教中學林」（1916.4）、「私立曹洞宗臺灣中學林」（1922.11）、「私立鎮南學林」（1916.10）等，一旦要正式取得

---

[63] 以上資料來源，為文部省宗教局編纂：《宗教關係法規集》（東京：內閣印刷局，1942），頁 395-397。

官方的立案許可，也同樣受到上述「文部省」相關規定的約束，因而皆逐漸走上各宗合併（1922.11），或最後朝向普通學校發展的途徑（1935.3），稍後將會再討論。此處先就上述的教育大環境下，初期在臺灣實施殖民統治時的考量，及一般所謂「教育無方針主義」的統治時期的官方作法。

　　根據兒玉源太郎總督任內的學務部長持地六三郎在其所著《臺灣殖民政策》一書的記載，所謂「教育無方針主義」是先由第四任臺灣總督兒玉源太郎於就任初年夏季，即明治31年（1898）6月，於臺灣總督府向各地方行政首長宣示其未來施政方針時，所提到的[64]；其後則是民政長官後藤新平於明治36年（1903）11月10日，在列席「學年諮問會」時，再重提及細論。當時後藤的發言要點為：儘管在臺負責殖民教育的人，都一再極力追問殖民當局的施政大方針為何？但他以為此種在當時就要有明確方針的態度甚為不妥，因環視當世所有列強在其佔領殖民地以前，一般都經過5至10年的準備期，但日本是在對清戰爭獲勝後，才於匆促間佔有臺灣島，故可說全未經歷此種預備期間。雖然日本國內也有不少人，在臺灣成為日本的新殖民地之後，洋洋灑灑提了無數所謂治臺大方針的長篇大論，但他認為這些人既不了解現況又缺乏經驗，故皆屬不足以採信的空談。然後他講了很長的一段話，詳細說明為何初期教育要採「無方針」的種種構想及其必要性的真正理由[65]。有關此一問題，筆者稍後還會再一併討論，此處只要知道，後藤新平當時是認為：在臺的新殖民地教育，其主要目的在於讓臺灣人能普遍使用日語來與殖民統治者溝通的程度就夠了。因而所謂教育「無方針主義」其實是既明確又嚴苛的阻礙被殖民者智力成長的「奴化愚民主義」，以免後來反遭致殖民者智力成長後的有力抵抗！所以兒玉源太郎總督和後藤新平一直「諱言」，也不講求所謂「同化」的教育方針。

　　至於所謂「生物學的原則」，其時也是當時「教無方針主義」的雙胞胎。

---

[64] 持地六三郎：《臺灣殖民政策》（東京：富山房，1903），頁43-44。

[65] 同上註，頁279-288。

因據後藤新平在大正 10 年（1921）一次回顧的談話中，曾重提說這是他替兒玉源太郎總督就任之初（1898），所代擬訂的「不須聲明之施政方針（原文為總督就任の初に於の施政方針を聲明せぜりしこと）」，共有三點：「其一，總督是為挖掘臺灣土地而來，此無庸置疑。但一切總督的職務之所為，必須以確立帝國殖民政策的基礎為原則，絕不能將堅牢的鐵鍬落入他人之手，以免喪失開拓的主導權。故此亦為從日本的總理大臣、內閣閣員以下及國內政治家在開拓本身頭腦時，必先解決之問題。其二，欲將政治的方針置於生物學的基礎之上，故須訂定種種計畫。但此類事務，欲以一場訓示或一篇文章，來使現任的官員和臺灣本地民眾知悉，不只困難，簡直是不可能的任務。因此須以具有事實勝雄辯之信念的人及機構為最先考量。而只要能先當機而起，並於實際行事中漸予指導和啟發，則彼等自能有水到渠成的具體領解。其三，須將行政置於生物學的基礎之上，一方面繼續尊重原有舊慣習俗，但並不因而流於姑息，致失改善的精神，應須為朝向真正的進步而未雨綢繆。故為此而專對臺灣舊慣古制進行調查（如設置舊慣制度調查局之類的機構），以朝改善之途邁進，當無有異議者。」[66]最後後藤新平又說，兒玉總督因能把握上述三大施政綱領，故雖未對外宣佈，卻反而大獲成功，締造了殖民統治的不朽偉業，可見為政之道，重在把握實際的施政要領，而不在多作聲明。

但，兒玉源太郎與後藤新平的有關在臺殖民「以普及日語為中心的無方針教育政策」，其實是由來臺初期首任學務部長伊澤修二所確立下來的殖民地教育政策。伊澤修二本人，則是根據明治 23 年（1890）所頒佈的「教育敕語」及其在日原先日語教育經驗，加以調整後，才確立其在臺開創的日語普及教育政策。而所謂「教育敕語」，其內容為：

　　朕惟我皇祖皇宗，肇國宏遠，樹德深厚，我臣民克忠克孝，億兆一心，

---

[66] 後藤新平：《日本植民政策一斑》，頁 1-2。

世世濟其厥美，此乃我國體之精華，教育之淵源實亦存乎此。

爾臣民孝於父母，友於兄弟，夫婦相合，朋友相信，恭儉持己，博愛及眾，修學習業，以啟發智能，成就德器，進而廣公益，開世務，常重國憲，遵國法，一旦緩急，義勇奉公，以扶翼天壤無窮之皇運，如是則不獨為朕之忠良臣民，亦足以彰顯爾祖先之遺風。

斯道也，實我皇祖皇宗之遺訓，子孫臣民應俱遵守，通之古今而不謬，施之中外而不博，朕與爾臣民俱拳拳服膺，庶幾咸一其德。

資料來源：許佩賢，〈塑造少國民──日據時期臺灣公學校教科書之分析〉(1984，臺灣大學歷史研究所碩士論文)。頁 33。

　　按此「教育敕語」是繼前一年（1889）〈大日本帝國憲法〉頒佈之後的重大帝國教育文獻，根據許佩賢的精細研究，此「教育敕語」自頒佈之後，迄大東亞戰爭失敗前，所有的全國「教育法令」都依此來制定的，因此臺灣成為日本新殖民地之後，亦持續受到此一「教育敕語」的深刻影響。但此一「教育敕語」本質上卻是「建立在天皇制近代國家的大前提之下，儒教主義與近代國家主義二者角逐、妥協的結果」。因此一「『教育敕語』是由井上毅起草，經儒教主義者元田永浮修正，再採納內閣閣員及天皇的意向而成。元田永浮認為國家是倫理的共同體，井上毅則認為政治優先於倫理道德」。其間又納入了遵守〈大日本帝國憲法〉的近代法制理念，於是將原本矛盾的日本「階層式儒教理念與原子化的近代國民理念合而為一」。再「經過井上哲次郎、加藤弘之等學者在理論上的推演、補強，終於克服內在的矛盾，形成了日本特有的家族國家觀」[67]。尤其在頒佈次年（1891）爆發了內村鑑三的「不敬事件」之後，「更確定了『教育敕語』的絕對性與神聖性」[68]。

---

[67] 見後藤新平：《日本殖民政策》，頁 1-2。

[68] 參考李永熾：〈明治日本「家族國家」觀的形成〉，《日本近代史研究》(板橋：稻禾出版社，1992)，頁 113-162，不過，必須指出的是，此文原內容極為豐富，且論述深刻有力，但因限於篇幅，本文

　　而日本教育史研究者唐澤富太郎，將日本近代教科書的演變分為八期：

1.1871～1879……………………開化啟蒙教科書。

2.1880～1885……………………儒教倫理復活反動教科書。

3.1886～1903……………………育成民族主義的教科書。

4.1904～1909……………………資本主義興盛期的教科書。

5.1910～1917……………………基於家族國家觀的帝國主義教科書。

6.1918～1932……………………大正民主時期的教科書。

7.1933～1940……………………法西斯主義強化的教科書。

8.1941～1945……………………決戰體制下軍事的教科書。[69]

　　因而，許佩賢據此認定，明治維新的 20 年代是朝向民族主義的第一個轉換期。在此一期間，逐漸由先前基於後進國家的自覺，一切以歐美為典範，教科書也以翻譯居多；然因以歐美為典範的教科書不能切近國民生活，儒教學者呼籲改以「孝」為中心的儒家倫理，於是在明治 10 年以後，轉為使用儒教倫理復活的教科書。

　　此二者中，前者強調世界性，後者家族主義的社會倫理，皆共同忽略了所謂具「國民意識」的國家觀念。等到日本在日清、日俄戰爭勝利之後即進入第二個轉換期。因此期間，日本帝國資本主義日益抬頭，於是教科書先具有近代市民倫理的傾向，再逐漸轉移到強調「家」、「祖先」、「天皇」三者合一的「家族國家觀」。直到第一次世界大戰結束，受世界民主思潮的激盪所影響，教科書也相對趨向具有國際協調、和平主義及民主思想的倫理性格。不過，由

　　只援用許佩賢的簡化摘述而已，非原文全貌。

[69]　許佩賢：〈塑造少國民──日據時期臺灣公學校教科書之分析〉(1984，臺灣大學歷史研究所碩士論文)，頁 43。

「教育敕語」所內涵的國族主義思想，依然相當濃厚。

　　但從九一八「瀋陽事變」（滿州事件）爆發後，第三個轉換期亦跟蹤而至，進入了所謂「法西斯主義」的教科書時期。等到日本「偷襲珍珠港事件」成功，但隨即捲入最後導致敗戰的「太平洋戰爭」之後，教科書不用說全被軍事化的決戰思想所宰制了[70]。

　　可是臺灣既屬非大和民族的文化生活圈，又驟然之間被列強割讓為異國兼異民族的新殖民地，身為首任來臺學務部長的伊澤修二，又如何將日本國內的教育方針轉移到臺灣這塊新殖民地來呢？例如哲學家井上哲次郎本人後來即坦誠「曾在臺灣擔任過教育工作者，都異口同聲指出：教『教育敕語』是最感頭痛的事，此乃兩民族之歷史迥異之故。教導日本兒童『皇祖皇宗』『一旦緩急，義勇奉公』等即為重要，但教導臺灣兒童則易生誤解。特別是『彰顯爾祖先之遺風』更被誤為本島人之祖先」[71]。因此他主張須另頒一適宜殖民地之「新教育敕語」，以切實際需要[72]。所以伊澤修二的教育方針，究竟當初是如何決定的？有必要略加探討，才能明白。

　　近人吳文星對伊澤修二「以普及日語教育為中心」的決策淵源，有極精闢扼要的介紹，今先參考其論述要點以作為討論的線索。首先，吳文星認為「（在臺）以日語為中心的殖民教育之展開，實與日本國家主義教育思想和政策有關。明治維新後，日本已由封建的幕府體制一變而為中央集權的近代國家，頒佈統一的學制，進而於 1886 年確立國家主義教育政策，旨在教育國民維護日本固有的語言、習俗、制度及國體等，以奉戴萬世一系的天皇為最大榮譽和幸福；亦即是以培養國民忠君愛國思想為最終標的，由是而建立近代日本的國民

---

[70] 同上註，頁 30-31。

[71] 此段文字，原出處為井上哲次郎，〈植民地に新敕語賜うべしし〉，《教育時論》第 12275 號，1919。而由歐用生首先引用於氏撰〈日據時代臺灣公學校課程之研究〉，《臺南師專學報》第 12 期，1997，頁 101。

[72] 許佩賢：〈塑造少國民——日據時期臺灣公學校教科書之分析〉(1984，臺灣大學歷史研究所碩士論文)，頁 36。

教育制度。首任臺灣總督府學務部長伊澤修二正是國家主義教育的倡導人之一，1890 年，號召同志，創立『國家教育社』，宣稱該社首要目的在於統一國語，培養國民忠君愛國精神，積極推動『國家教育』運動。甲午戰後，伊藤遂將該社的主張在臺灣附諸實驗」[73]。

「伊澤本著社會達爾文主義與國家有機體說的語言觀，認為臺灣的殖民教育政策適合採用英國在加拿大所採的『混合主義』，使臺灣不只純然是個殖民地，而必須使其真正成為日本不可分割的一部份」。因此，「伊澤就任學務部長之初，向總督樺山資紀提出的『新領土臺灣之教育方針』中，關於應急事業，首先強調宜講求日、臺語教育，以『打開溝通彼此思想之途』；關於永久事業，則特別重視初等普通教育和師範教育。同時，另於『臺灣學事施設一覽』中，建議訓練熟諳臺語的日人講習及設立國（日）語講習所以應急需，設立國語學校、師範學校以奠定永久事業之基」。亦即伊澤視日語教育是達成同化臺人的主要輔助工具，故伊澤斷然拒絕當時在臺南從事以羅馬字將臺語拼音來佈教的基督教長老教會牧師巴克禮（Thomas Barclay）對其經驗借鏡的建議。

根據「資料顯示，總督府接受伊澤的意見，乃決定採設立日語學校而漸普及普通教育與尊崇學者的文教方針」[74]。而日人國府種武亦指出：「伊澤所主張的國（日）語，並不只是以國語實施的教育。伊澤並非只是漫然期望臺人透過國語獲得知識，而是熱切地謀求以國語教學而使臺人變成日人，此乃國家主義教育當然的歸結。」[75]

---

[73] 向山寬夫亦提供了另一角度的觀察，他說：「日本自領有之初，即對臺灣人採取施行教育之方針，為此，樺山總督在上任之初，任命以一流教育家聞名於日本、曾留學美國對中文教育別具創意、後者著『中國語正音發音』，自創一種中國白話文字的伊澤修二，為臺灣總督府民政局學務部心得（代理），以應急設施與恆久設施之分的學制意見，著手臺灣人的教育。領有當初，臺灣總督府民政局多半是課，但有關學務的部局，卻和總務、財務、法務、通訊、土木的部局一樣是部，據說這是重視儒教教育、考慮到統治新附之民臺灣人的明治天皇的想法。」見氏著、楊鴻儒等譯：《日本統治下的臺灣民族運動史》（臺北：福祿壽興業股份有限公司，1999），頁 167-168。
[74] 吳文星：《日據時期臺灣社會領導階層之研究》，頁 308-309。
[75] 吳文星：《日據時期臺灣社會領導階層之研究》，頁 309。在同頁中，吳文星又同時提到：「復次，

伊澤修二的教育方向，既是當時臺灣殖民當局所採納的文教政策，日本初期來臺的佛教隨軍佈教師或開教使，不但本身有其必要，更須配合官方的文教政策，故「大日本臺灣佛教會」的〈會則‧第 11 條〉即明白提到：

> 有關教育子弟事項，在教導臺人子弟學習日語之餘，還應儘量涵養其尊皇奉佛的思想。[76]

在同《教報》第一號中，也報導說：「日本語學校──宛若在（明治）開國的教育中，著先鞭的（日）語學普及教育，在臺灣地區成為日本領土之後，（日）語學校的設立，亦如雨後春筍般的陸續興起，實大可慶賀的盛事！我『（大日本臺灣）佛教會』附屬的（日）語學校，如今學員亦達 30 名以上[77]。爾後本會將更增大規模，以薰陶臺灣地區民眾的子弟為務。」以及「各宗派設立的（日）語學校，有二處在臺南、有三處在關廟。而真宗設立的日本語學校，據說有學員四、五十人。並且，臺南城內萬福庵內亦有曹洞宗設立的日本語學校。此外，臺北艋舺天后宮內，『臺灣佛教會』也與曹洞宗佈教師協議，將開設日本語學校。」可見，這是在教育制度尚在草創時，日本佛教各宗派來臺僧侶所能參與的教育內容。

自德川幕府末年以降，日本即每以日語作為侵略和統治的手段，先後對蝦夷人和琉球人實施學習日語的同化教育，並已獲致相當成效。另一方面，明治初年，福澤諭吉即有移植文明語的日語及日本文化以『開發韓國』之主張。其後，在逐漸形成的『進步的日語』、『落後的亞洲』意識作祟下，日人遂產生對『落後的』亞洲民族強制實施日語可使其開化之觀念，而有『近代化的日語論』之提出。據有臺灣之後，此一『近代化的日語論』進而轉化為『同化的日語論』，認為日語教育可以同化異民族成為日本國民。此一思想明顯地反映在國語傳習所規則中，該規則第一條明揭：『國語傳習所所以教授臺人國（日）語，資其日常生活且養成日本的國民精神為本旨。』1896 年 6 月，第二任總督桂太郎宣布施政方針時，亦表示總督府將以日語教育作為同化臺人的手段……。」

[76] 鹿山豐編：《教報》第一號，頁 42。

[77] 臺灣佛教會附屬的日語臺籍學員，共分甲、乙兩部。甲部臺籍學員有：林友松、胡呈輝、林宗徐、邱紅地、陳襟三、陳老來、楊振茂、陳益川、張茂林、胡清秀、王必明、柯鑑唐。乙部臺籍學員有：李水、蔡慶、洪必榮、許成金、李勝、鄭建、林天回、許美玉、張塗、林天福、蔡如玉、周登科、黃阿三、李清海、吳和。同上註，頁 46。

　　然而，後來在「臺灣教育會」所編纂的《臺灣教育沿革誌》，雖亦在「第一期臺灣教育令發布前（自明治 28 年至大正 8 年 3 月）」提到有「從軍佈教師」參與日本語學校或明治語學校的設置，但草草以「未滿十指的程度」一語帶過[78]。換言之，其真正本意，是在暗示日僧的日語學校並無多大作用之意！

　　但，這在官方的角度來看，不足為奇。事實上，在《臺灣教育沿革誌》的〈第二篇學事行政〉中，即列有伊澤修二在抵臺之初（1985 年 6 月 17 日與首任代理民政局長水野遵共同在臺北城參與始政慶典，4 日後出任代理學務部長），立即向首任總督樺山建言：

> 由於言語不通，致使文武官吏的不便之感，出乎意外的強烈，雖有陸軍通譯百數十名，一旦要詢問臺北地方的本地人時，仍有幾經翻譯，還搞不懂對方說啥的情形。更何況像憲兵和警官，只有少數脫離本業來從事通譯的工作，因此不可能要彼等能一一擔起翻譯事項。而假使要令其以官語直接與此地臺民來溝通，也一樣有不便之處，並且很可能隨時有遭遇不測之虞。[79]

　　所以伊澤修二在呈給樺木總督的學部事務說帖中，針對新領地的教育方針，他認為大體應分：（一）當下急需的相關事項和（二）永遠的教育事項兩途。

　　然因其中第二類有關「永遠的教育事項」，本章之前所引吳文星的著作，已說得相當的清楚，故此處僅就被吳文星過度簡化的第一類部份，重新回到原貌來討論。此因吳文星雖曾提及伊澤修二，「關於應急事業，首先強調宜講求日、臺語教育，以『打開溝通彼此思想之途』」，但事實上這仍只是原第一類

---

[78] 北原雄土、三屋靜、加藤春城等編纂：《臺灣教育沿革誌》（臺北：臺灣教育會，1925），頁 2。
[79] 同上註，頁 6。

四大項中的首項罷了，其他三大項則完全被忽略了。

　　試想伊澤修二既然要「打開溝通彼此思想之途」，怎麼可能純靠語言溝通，而不涉及其他方面呢？茲將其他三大項全文翻譯如下，以方便底下的接續討論。而原伊澤修二所提到的是：

....

二、欲使一般民眾知道所以尊文教的主意，須採下列事項：

　　（甲）待新領地的秩序稍一穩定，即諭示官方所以尊文教的主意。

　　（乙）不但須注意保持文廟等（地方的）神聖性，且須尊崇之。

　　（丙）原支那歷朝所採用的科舉考試之法，不只不可破壞，還須更加利用，例如要任用新領地的民眾為下層官員時，即可在考試科目中加上日語初階之類的（考題）。

三、宗教與教育的關係事項，須慎重處理。

　　（甲）對於耶穌教宣教師的處理方法，必不可犯錯。

　　（乙）從日本所派來的各宗佈教師，須讓彼等在適當的範圍內布教。

為達上述兩項之目的，在與宣教師及佈教師打交道時，一定得小心，並且要常常到教堂、寺院等處所去巡視和探詢。而此類人員須派能通英、法語，且具有關於神、佛兩教方面的知識者前往。

四、須對人情及風俗的事項進行視察。

教育一事，是自人心根底來醇化者，故須考察與各種社會有根深蒂固關連的人情及風俗，以及據以講求適應之道的教育之法。因此，當局者在始政初期，尤須留意此方面的視察事宜。[80]

---

[80]　同上註，頁 7-8。

由此內容，可以了解：

（一）日本官方從一開始，就謹防來臺佈教日僧與在臺西洋宣教師的行為越軌，但提醒須不犯程序失誤，以落人口實。

（二）有關宗教與教育的問題，亦要求謹慎處理，絲毫不敢放鬆。

（三）對臺灣舊慣的社會人情世故，從初期就力求理解和尋求適應之途。而也唯有包括這些內容，初期整體的教育構想，才可以看到與後來發展的脈絡之間的相關性。例如兒玉源太郎時期，後藤新平的所謂「教育無方針主義」，其實就是以「普及日語為中心的主義」；而所謂「政治、行政的生物學基礎」，就是以「對臺灣舊慣等社會關連的調查理解為基礎」的。因而，「宗教」事務，很清楚地已被排除於官方正規的教育體制之外。但，對此不利情況的發展趨勢，日本佛教各宗的來臺僧侶，又將如何應付呢？

以當時活動力最強、掌握最多臺人寺廟與其私下簽約日本曹洞宗來說，在《教報》第一號中，除上述提到（一）用佛教刊物的輿論竭力訴求官方同情，以及（二）辦日語班教臺人子弟來配合官方教育政策之外，還提到下列的記載：

> 曹洞宗：自去年（1895）6月以來，已派佈教師在臺北、臺南等地進行佈教。本年元月，更派出七名佈教師駐在臺北、臺南、臺中地區傳道的結果，與本地的臺人寺廟簽下誓約，作為宗下的下游寺院（末寺）者，如今幾已遍及全島，並且各寺廟中皆安置了我至尊（按：即明治天皇）的尊牌（書有現任天皇名號的精美木雕牌位，亦稱「萬壽尊牌」），以供朝夕祈念聖壽萬歲！[81]

換言之，當時所謂「尊皇奉佛」的最典型作法，就是將當今天皇的生基萬壽牌，安置在該宗所大量私下收編的臺人原有寺廟中，以示「國體皇道」已透

---

[81] 鹿山豐編：《教報》第一號，頁41。

過此類安排，讓其穩固在被殖民者的宗教崇拜場所中[82]。同時，此舉似乎也意味著要求官方，亦必須對此安排予以尊重和許可其作法才對。

但，這種挾帶的花招，難道真能產生預期的作用？恐怕未必！否則也不會招來樺山總督要求彼等須安份為國效勞、不得有非份之想的嚴詞警誡了[83]。

同時，樺山總督也坦白說：「現在的情況是，自日本移住之人民，藉此使臺灣人民日本化並不容易，（彼等似乎只）寧願參拜來自日本的高僧，（故今後）如要治理人民，必得自此著手。」[84]此因有不少來臺的日僧，並不專注於弘揚佛法的績效，反而有許多品德不佳的表現，故也招致臺人的厭惡與反感，甚至導致原已擁有的信徒大量流失[85]。

幸好，日曹洞宗的來臺佈教師有諸如長田觀禪（於臺中教區）、陸鉞巖（於臺南教區）等人，行為端正、熱心弘法，甚獲臺人景仰與親近，堪稱「來自日本的高僧」，故佈教績效極佳[86]。這也是日本曹洞宗的教勢，所以能在初期一支獨秀的重大原因之一。

不過，因官方的殖民教育方針早已確定，故大勢所趨，日僧的在臺佈教前景，就初期來看，依然是不樂觀的！

（三）日臺佛教在「無方針政策」下的教勢頓挫與轉型

1.「公私相剋」下的佛教處境

按此處所謂「公私相剋」的佛教處境，即之前已長篇探討過的日本官方的「公立場」與日本佛教方面的「私立場」之間，存在著兩者利益相牴觸的問題。

---

[82] 以後日本臨濟宗妙心寺派，也比照辦理，詳後文討論。

[83] 佐佐木珍龍：《從軍實歷夢遊談》，頁 96-97。轉採松金公正之譯文，〈日本殖民統治初期佈教使眼中之臺灣佛教──以佐佐木珍龍的《從軍夢遊談》為中心〉，頁 30。

[84] 佐佐木珍龍：《從軍實歷夢遊談》，頁 98。轉採松金公正之譯文，〈日本殖民統治初期佈教使眼中之臺灣佛教──以佐佐木珍龍的《從軍夢遊談》為中心〉，頁 30。

[85] 溫國良：〈日據初期日本宗教在臺布教概況──以總督府民政部調查為中心〉，發表於「臺灣總督府公文類纂專題研究成果研討會」，南投：臺灣省文獻委員會，1988.11.26，頁 15。

[86] 同上註，頁 8-9。

但更深入的觀察後，其實此一「公私相剋」的問題，也挾雜著統治權的操控與相關社會資源再分配的複雜因素，及施政重點的趨向考量。故此處先將觀察視野，暫時轉移到有關政治權力的操控與社會資源的再分配問題，然後才就佛教界在此「公私相剋」的情勢下，檢討其將何去何從的問題。

因從表面上看來，在人類的文明社會中，政治權與宗教權，似乎是分屬於兩個不同的領域：如一俗、一聖，或一在人間、一在天上，但本質上只要是權力並且已握在自己手中，即意味著對自身以外的社會或人類群體，擁有或大或小的操控權。亦即一己的意志力，如能附屬在所掌握的權力架構上，事實上即可以透過這種對外的操控權來加以貫徹，然後又可藉此帶動群體行為的改變，以遂行其可能無法單靠一己之力就能達成的行為目標或據以謀取重大利益。故最終如不將兩權合一使用，或將其中一權加以剝削並置於掌控之下，則兩權各自向外延伸及擴張的結果，必導致兩者互爭優勢的對立、衝突和主客易位。

以當時臺灣的狀況而言，日本以異民族、異文化的戰勝者，而入主成為新統治者之後，所面對的難題是：既然華、日兩民族的語言、文化傳統或生活習慣等各方面，都存在著重大差異，則在施政上的選項，只有幾種可能。

第一種是在臺居住的漢人都自動離境或強制全部驅除出境。雖仍剩有少數南島語系的原住民，但問題不大，故一切差異性可以減到最低或自動消失，等於完全重新開始。如此一來，新移入的日人依然可適用本國的相關法令、教育制度，也能保有自己的生活習慣和維持原有的宗教信仰。但事實上是不可能，因〈馬關條約〉第 5 款已明白規定：「本約批准互換之後，限 2 年之內，日本准中國讓與地方人民願遷居讓與地方之外者，任意變賣所有產業退去界外，但限滿之後尚未遷徙者宜視為日本居民。」[87]並且，2 年屆滿時，根據黃昭堂估計，當時臺灣人口共有 280 萬，但實際遷出者才 4 千 5 百人，只佔總人

---

[87] 轉引黃昭堂著、黃英哲譯：《臺灣總督府》臺灣文史叢刊（6）（臺北：自由時代出版社，1989），頁 65。

數的 0.16％而已[88]。亦即日本官方已必須去處理在人數上漢人遠遠超過新移入的少數日人這一大問題。

　　既然這樣，則第二種選項，就是以強大的公權力作後盾，將所有與統治權力有關的職位、機構及其使用權，都牢控在日本官方手中，再以差別待遇的方式，一方面讓來臺日人在教育上享有較優質的設施和栽培績效；另一方面在其擔任公職時亦享有遠較臺人優先進入高職位的機會[89]。換言之，日本官方藉著權力位階的區隔以維持由少數日人獨佔與共享上層統治權的絕對優勢，以徹底壓制佔人口居絕對多數的被殖民者──漢人。這種統治上的差別待遇，其實是殖民者對被殖民者的嚴重歧視，但以「教育無方針主義」為標榜的後藤新平本人，卻自認為相當合理，所以他曾直接了當地對臺灣總督府醫事學校的學生說：「你們如果要求與已經 3 千年來對皇國盡其忠義的日本人同等待遇，則今後以 80 年為期，努力同化於日本人，在此以前，縱有差別，亦無可奈何；不作不平之鳴，以為全島示範。」[90]

　　也由於後藤新平的統治心態，是從日本獨佔利益與日中優先的考量出發，所以一切政治措施都以是否達成此目標為依歸。

　　但是，在官方的具體行政措施方面，除了必須考慮其如何「去中國化」，以及斷絕外籍勢力干預日本統治臺灣的「朝日本化」措施之外；亦須考慮日本在以臺灣為南進基地之同時，也連帶使其加強控制對岸福建的擴張舉動。而這些措施絕大部份，都是在「兒玉、後藤體制」時期所遂行的。假如忽略了這些方面的觀察，即無法得知日本臨濟宗妙心寺派為何會突然轉向福建去發展，然後又在兒玉的暗中維護之下，得以在臺北圓山西麓興建了雄偉的「鎮南山臨濟

---

[88] 同上註，頁 66-67。

[89] 矢內原忠雄即曾指出：「臺灣總督府高等文官（行政官）特別任用的範圍，限於地方理事官，比較朝鮮為極小；且自 1912 年，始開其端。這是日本人的官吏獨占，間接加強了臺灣統治的專制性。」見矢內原忠雄著、周憲文譯，《日本帝國主義下之臺灣》（中和：帕米爾書店，1985），頁 167。

[90] 此段文字為蔡培火，《給日本國民》，頁 42。本文轉引自矢內原忠雄著、周憲文譯，《日本帝國主義下之臺灣》，頁 170。

寺」這一曲折的發展[91]。而此寺，正是影響日後臺灣本土佛教徒最關鍵的日本在臺佛寺之一[92]。此外，對遏阻基督教長老教會（耶穌教）的在臺發展優勢，「兒玉、後藤體制」也產生極為深遠的影響。

其實，就以「兒玉、後藤體制」如何遏阻基督教長老教會（耶穌教）的在臺發展優勢來說，因基於〈大日本憲法〉保障宗教信仰自由的法制原則，「兒玉、後藤體制」所能採取的就是：（一）繼續循法律途徑切斷其宗教特權，使傳教士無法如清領時期，借外力干預官方司法審判，來幫涉訟教民脫罪[93]。（二）與前者密切相關的，特別是清代所簽下不平等條約中有關臺灣部份的領事裁判權，終於在明治 32 年（1899）7 月 15 日，與日本本土同時加以廢除了[94]。（三）不許在正規學校裡教導特定宗教教理及進行宗教儀式。（四）前三者或許不能單獨歸功於「兒玉、後藤體制」，但此點，即關於設置醫學校的構想與執行，則全出自學醫出身的後藤新平一人，並且部份直接與耶穌教士的藉醫傳教有關聯。

因據向山寬夫的完整說法是：「臺灣人的醫學教育，始於 1897 年 4 月，在臺灣總督府臺北醫院附設修業年限 2 年的醫學講習所。當時除香港之外，幾

[91] 胎中千鶴：〈日本統治期臺灣における臨濟宗妙心寺派の活動──20-30 年代を中心に──〉，《臺灣史研究》16 號(1998)，頁 4-23，

[92] 松金公正：〈日本佛教之臺灣佈教與臨濟護國禪寺〉，發表於內政部民政司等舉辦「都市、佛教文化資產學術研討會」(1999.4.10)，全文共 23 頁。

[93] 明治 31 年（1898）11 月 15 日，臺中縣內務部長渡邊長謙，向總督府呈報的宗教調查資料中，提到：「目前（臺中縣）宗教之概況，要以基督教之布教排第一，而佛教次之。基督教屬於長年布教，而佛教之布教因屬近年之事，時日尚淺，是以該兩者之間，自不待言，當有幾分差距。然今基督教之狀況，較之則有息惰之傾向，其原因雖有多種，惟其當以本島歸我帝國版圖，為其式微之主因。何故？因舊政府時代，外教信徒中，凡發生犯罪事件時，外國傳教士即親自前往官廳，為該犯人做擔保，復以官廳處此情況之下，處刑之緩急輕重等完全背離事實，是以長年以來，沉溺於壓制下之本島居民，表面上皈依於基督教者雖眾，惟自本島歸我帝國版圖以來，此等表面上或利己性信仰之效果已失，以致本島之基督教往後不再十分熱衷布教而日益式微。」見溫國良編譯，《臺灣總督府公文類纂宗教史料彙編──明治 28 年 10 月至明治 35 年 4 月》，頁 305。

[94] 轉引黃昭堂著、黃英哲譯：《臺灣總督府》臺灣文史叢刊，頁 64。

乎未在其他殖民地看到的醫學講習所，是在兼任臺灣總督府衛生顧問的內務省衛生局長後藤新平的建議下才設立的；醫師出身的政治家後藤新平，認為在炎暑惡疫蔓延的瘴癘之地臺灣，唯有培養臺灣人醫師，來取代歐美各國在殖民地以傳道方式收攬民心的基督教傳教士，並藉其活動普及現代醫學收攬民心，才是統治臺灣成功之捷徑。」[95]後藤新平上臺後，將其設法實現，並在 20 年內，共栽培了 483 名臺灣人醫師。換言之，後藤新平是直接採用「功能取代」的方式，即改由官方親自培育出大量具有現代醫學知識及技能的臺人醫師，來大幅度降低西洋基督教傳教士在臺灣藉行醫收攬民心而達其輔助傳道的巨大效果；而其中並不須觸及違法禁教的問題，故連傳教士也無話可說。

　　另一方面，官方亦可用同樣的策略，來對付日本佛教在臺擴張教勢的企圖。因官方的真正「宗教」其實是和皇室有關的「國家神道」，其「道場」即「官幣（公費設立之）神社」，並且「宗教師」即「神官」和「教育人員」，所要傳達的「經典」就是明治天皇的「教育敕語」，而「信徒」則包括了接受官方日語學校教育的所有「臺灣學生」。例如明治 32 年（1899）7 月 9 日，官方即以「訓令第 218 號文」頒佈「學事視察規程」，其中「第一條第一項」的任務，就是「視察（類似督學）小學校（日人子弟就讀者）及公學校（臺人子弟就讀者），在教育上有關『敕語的主旨』被實際執行的狀況」[96]。同年 10 月間，由後藤新平（兒玉總督出差）閱可「神宮奉齋會臺灣本部長」齋藤正義所呈報的「神宮奉齋會財團法人基本規則」共 7 章 66 條，而其第一章第一條即：

> 本會之目的係欽仰神宮之尊嚴，奉戴皇祖之懿訓、皇上之聖敕，攻研國典、講明彝倫、修行國禮（不包括與宗教有關之儀式），從事神宮神位

---

[95] 向山寬夫著，楊鴻儒等譯：《日本統治下的臺灣民族運動史》，頁 172。
[96] 北原雄土、三屋靜、加藤春城等編纂：《臺灣教育沿革誌》，頁 53。

　　　　牌與曆書之頒布事務。[97]

　　並且說明係因「明治 31 年民法施行之際，期盼立於宗教之外，亦即成為神宮崇敬之團體，取得上述團體之成立與法人之認可」[98]。於是官方准予解散原「神宮教臺灣本部」，改以「神宮奉齋會臺灣本部」立案，而達成了其迅即「去宗教化」的轉型[99]。

　　到了明治 34 年（1901）3、4 月間，代表官方立場的「官幣大社臺灣神社神職人員奉務規則」、「官幣大社臺灣神社神職人員、出仕及傭員旅費規則」、「官幣大社臺灣神社神職人員職制」等相關法制規定都陸續正式頒佈了；即以「官幣大社臺灣神社」神職人員最高級職位「宮司」的年俸來說，「上級俸」便高達 1,200 圓，「下級俸」亦有 1000 圓之多[100]。此一金額有多大呢？以同一時間日蓮宗向官方申請在臺南城內第二區草仔寮街建「臺南山妙經寺」為例，全寺一年的預估總收入，也才不過區區 444 圓而已[101]。而相較於昭和 4 年（1928）時——即經過 27 年以後，據增田福太郎的調查，當時全臺香火鼎盛的北港朝天宮，付給寺中首席僧侶（即住持）的年俸，亦只達 360 圓，而這應已是全臺最高的待遇了；至於當時同廟中的其他專職服務人員，一年最高者也不過才 72 圓的收入罷了[102]。

　　由以上所舉之事實來看，官方的施政重點，從「宗教」的功能上來說，「國家神道」和明治天皇的「教育敕語」，已可在正規的教育體制內，合法的取代

---

[97] 溫國良編譯：《臺灣總督府公文類纂宗教史料彙編——明治 28 年 10 月至明治 35 年 4 月》，頁 35-36。

[98] 同上註，頁 36。

[99] 同上註，頁 45-46。

[100] 溫國良編譯：《臺灣總督府公文類纂宗教史料彙編——明治 28 年 10 月至明治 35 年 4 月》，頁 542。

[101] 同上註，頁 158。

[102] 增田福太郎：《東亞法秩序序說——民族信仰を中心として》（東京：ダイモント，1942），頁 303-304。

了佛教或其他宗教所能提供的大部份功能了。

2. 日臺佛教發展的頓挫

（1）新研究角度的必要性

順著前一部份的相關討論，本章接下來，擬探討日臺佛教在「兒玉、後藤體制」下，直到大正 4 年（1915）春季，即「西來庵事件」爆發之前實際發展的「頓挫」狀況。但基於本章討論主題的預設，因此有關以下即將逐漸採行的幾個新研究角度，仍必須先在此指出：

一、在研究上，因本章此後的探討重點，是將逐漸轉移到臺灣本土佛教的發展與轉型方面，故底下凡涉及日本佛教僧侶來臺發展的部份，將只針對當時與臺灣本土佛教的發展及轉型有直接且重要影響的三大宗派，即：

1. 日本曹洞宗；

2. 日本臨濟宗妙心寺派；

3. 日本真宗本願寺派。

其餘的宗派，除非必要，否則將不再個別討論。

二、由於本章之前，已花了極大篇幅，來探討日本官方與日本佛教之間的相剋狀況，甚至也可以自稱已為臺灣史或臺灣佛教史研究開創了風氣。

但也基於同樣的原因，本章之前，曾不惜一而再、再而三地從各種相關的角度切入，就是期望能夠將整個事情的來龍去脈說明白講清楚，以便於有興趣的讀者理解；而其結果，雖不敢說已達盡善的地步，但應交代的，大概也沒遺漏太多。

故此後的探討，除非涉及重要的佛教思想新課題，否則有關日本本土佛教的總體大環境，將不再詳加介紹，以免重複和偏離探討的主軸，而形成本末倒置的現象。

三、筆者過去曾認為：「要描述或分析一處的佛教發展狀況，有幾個相關要素，必須加以考慮，亦即要能指出：

1. 主導僧侶（專業、活動力）。

2.主要護持信徒（財務、人力與土地贊助）。

3.道場建設和活動。

4.社會環境。

5.教勢發展。這五個要素，息息相關，缺一不可，必須統合來看，整個情況才能頭緒清楚，全貌才能呈有機浮現。」[103]

但，日治時期的臺灣佛教研究，除以上五項因素之外，還必須持續地將官方的政策與殖民統治的方針，也列入其中的一大要項來討論，並且是很關鍵的要項。故本章此後仍將隨時視情況需要，將此一大要項納入其中，以串聯相關的議題，使文中整體的表達，能呈現出有機結構的歷史風貌，而不是切割式的或個別式的刻板表現。

（2）李添春所遺留未解的初期臺灣佛教史懸案

其次，由於過去筆者在研讀此領域的開創前輩李添春的著作（《臺灣省通志稿・卷二人民志・宗教篇》）時，關於日治初期直到「西來庵事件」爆發之前的日本佛教來臺發展，其中最重要的一段說明，對筆者雖有啟發之處，但亦讓筆者有費解和迷惑之處。而此段文字為：

【日本傳來之佛教】——甲午戰爭以後，臺灣割讓予日本。……於是日本討伐軍出發當時，佛教各宗亦從軍佈教，因此駐錫在各地，此為日本佛教傳來之始。……最初日人之來臺者尚少，佈教之對象，多向於漢人。殊因言語關係，雖設有佈教所亦無作用，於是開設日語講習班，或慈惠醫院。在戎馬倥傯之間，略為成立，至光緒25（明治32）、26（明治33）年（1899～1900）時，各宗派本山，因經濟困難，不得不變更方針，以節省佈教費之支出，或全部中止。至此在臺之佈教師，迫於獨立自營之必要，轉其傳道之方向注重有錢日人為本位，而且來臺之官警軍商各

界漸次增加，應付喪葬法事無有寧日，遂至閑卻漢人之佈教。[104]

　　李添春這一段文字，最關鍵之處，就是提到明治 32 年至明治 33 年之間，因「各宗派本山，因經濟困難，不得不變更方針，以節省佈教費之支出，或全部中止」。可是，筆者始終未在日本佛教史的相關著作中，找到日本國內在這一期間，有何重大的經濟蕭條現象出現，因而使日本佛教各大本山面臨經濟的困難，並導致其在臺僧侶對漢人的佈教，必須中止，以節省開支。這就是筆者多年來一直費解和迷惑之處。而李添春這一段文字，早在日治時期昭和 4 年（1929），他在臺灣總督府文教局社會課宗教調查係擔任「囑託」調查之職時，即以日文在其所親撰的《臺灣佛教事項一班（斑）》中提到了（在原稿第 6 頁）；並且這一段文字後面最關鍵的部份，整個句子和內容，除了使用日文是不同之外，其餘全同。也因此，更令筆者一直不知如何是好？

　　不過近年來，經過筆者反覆仔細思考後，認為原先之所以有費解和迷惑之處，其實是李添春只看到一些變化的現象，卻無法提供進一步的史料證據，但他不肯自認無知，於是又作了似是而非的解答，故導致後來學者亦依樣畫葫蘆，跟著引用[105]，卻不知其實原本就有問題的。於是此後，從「兒玉、後藤體制」到「西來庵事件」爆發之前的相關研究，只著眼在「西來庵事件」為何會爆發？以及其經過和後來的影響如何？至於「兒玉、後藤體制」到「西來庵事件」的官方佛教政策、以及日本在臺佛教此時的頓挫與轉型，皆以「舊慣溫存」或「放任政策」來交代，即一筆帶過。

　　如今，有必要重新來檢討這一段較不為人了解，卻極為重要的臺灣佛教發展史。

---

[104] 李添春：《臺灣省通志稿·卷二人民志·宗教篇》，頁 102-103。

[105] 蔡錦堂：《日本帝國主義下宗教政策》（東京：同成社，1994），頁 28。蔡氏是將這一整段從中文再重翻為日文，納入其博士論文之中。

（3）重返歷史場景的新探索之一：屠殺與仇恨中的宗教處境

其實，針對李添春的原說法，如果改以不同的原因來解釋，就不難理解了。而首先必須檢討的，就是存在於統治初期中挾雜著官方屠殺與民眾仇恨的尷尬宗教處境。因初期日僧以「隨軍佈教使」的身份到臺灣來，是在兵荒馬亂的惡劣環境中，加上官方和臺灣民間的溝通不良，所以雙方激烈衝突和殘酷的報復行動，隨時都有可能發生。

而日軍軍威所至，雖每能掃蕩或擊潰臺人臨時所集結且武裝顯然不佳的小規模反抗游擊隊，但仇恨和敵意始終未能有效化解。不能化解的原因，主要是因被殖民者的社會資源被新來的殖民者強加掠奪，以及日軍挾怨大肆殺害無辜的臺灣民眾而導致更激烈的反抗行動所致。

以前者來說，例如明治29年（1896）6月27日，臺灣總督府軍務局在所發布的「第231號通牒」中即曾提到：「近來紛紛據報各地有土匪蜂起之情事，據可靠來源之報告，竟係淺慮無識之（日人）夫役、職工，乘戰勝之餘威，蔑視土人，以不當代價強購貨物，或掠奪雞豚之類等，逞其暴行，遂結怨土（臺）人，激起連合一村一市以報積怨之念，……與臺灣固有之土匪，其起因迥異……」[106]。同年10月14日來臺接任新職的第三任臺灣總督乃木希典，在就任之前，即公開對日本新聞界宣示：「到任之後之首要工作，並非討伐土匪（抗日份子），而是懲治暴官污吏。」[107]雖然乃木來臺僅一年多，即於明治31年（1898）2月卸任，但乃木返日後，在其東京的住所中，仍嚴辭批評日本在臺官吏的驕縱醜態，他不客氣地指出：「彼等（日本在臺官吏），身著禮服，上官衙，儼然神氣十足，然遊蕩在外，其醜態不忍一睹，赤裸醜行，（尚且）嘲笑清服之怪……（然）臺人雖多不諳歐美之語，但其悉知禮儀廉恥實優於日

---

[106] 臺灣省文獻委員會編譯：《臺灣前期武裝抗日運動有關檔案》（臺中：臺灣省文獻委員會，1977），頁239。

[107] 臺灣省文獻委員會：《日據初期官吏失職檔案》（臺中：臺灣省文獻委員會，1978），頁6。

人……。」由於這樣，曾長期擔任「兒玉、後藤體制」下的學務部長持地六三
郎，即曾清楚地觀察到，當時來臺日人與臺民之間的關係，已漸次疏隔，因兩
者的交情，不只相當冷淡，簡直已朝進一步背道而馳的趨向在發展。再加上伴
隨新拓殖政策而來的經濟利益顯然獨厚日方的偏頗事實，更使雙方原已惡化
的關係雪上加霜。因此，「兒玉、後藤體制」的首要工作，就是極力安撫臺人，
以緩和雙方的緊張關係[108]。

　　至於後者，繼乃木上任的第四任臺灣總督兒玉源太郎，亦坦承：造成臺人
紛紛武裝反抗的主要原因，應和「軍隊討伐之際，由於偵探通譯之謬誤，或憤
不當殺戮而為土匪者」，以及「怨恨日軍警憲妄殺良民之父母兄弟，而謀復仇
加入土匪者」有關[109]。但像這樣挾雜「強烈反抗道德正當性的血仇」，日本官
方並不能一昧地以優勢的精銳武力來斬草除根，或靠種族滅絕的「大清洗」來
徹底瓦解。事實上，據鄭天凱的傑出研究，明治 29 年（1896）6 月 18 日至 23
日，約一星期，日軍曾持續在雲林縣進行「無分別掃蕩」，亦即不分良匪或老
弱婦孺，一概悉數屠殺淨盡。據事後調查，共 55 庄，近 5 千戶臺胞罹難。其
殺戮之慘，連當事者之一的今村平藏，都認為當地已成「慘絕人寰之地獄」，
「腥風捲煙，陽光凄然，……殘煙死灰未滅，滿眸極其鼻酸」。3 個月後，民
政局內務部長古莊嘉門親臨當時視察，亦回報總督府說，途經雲林縣九芎林，
見其村落中：「約有五、六十歲之老婦，或攜兒女，或懷嬰兒，人數 6、7 名，
纏倚本官坐轎，喃喃泣訴：其夫、其子弟均被殺戮，住屋被焚毀，目前無五穀
可食，唯食蕃薯、荀仔等以充飢，苟維殘喘，慘不忍睹。」[110]此外，素以讚揚
「兒玉、後藤體制」聞名的竹越與三郎，在其所著並由後藤新平作序的《臺灣
統治志》一書中，亦評論明治 31 年（1898）至 35 年（1902）之間，臺灣人口

---

108 持地六三郎：《臺灣植民政策》，頁 406-407、413。

109 臺灣省文獻委員會編譯：《臺灣前期武裝抗日運動有關檔案》，頁 239。

110 鄭天凱：《政權交替下的地方社會——雲林事件（1896）的探討》，臺灣大學歷史研究所碩士論文，
　　1995，頁 10-11。

增育率與「土匪掃蕩」所殺戮的人數之比說：

> ……（明治）31 年以來，每年人口的生育率都在下降（反之，即死亡率
> 提高），到（明治）35 年時，生育人口數只超過死亡人數 565 人而已。
> 就此 5 年間統合來算的話，臺灣人口一共增加 2 萬 6 千 9 百 87 人，即
> 每年平均增加 5 千 3 百 97 人，因此每 1 千人只增 1.7 個人。當然，31
> 年以來，由於執行土匪掃蕩政策，導致當地壯丁也被殺戮，至 36 年為
> 止，共殺死土匪 7 千 5 百人，而當地壯丁因此也被殺戮的約在 2 千 4 百
> 餘人，並皆可視為最富生產力的成年男性。假使不減去以上因掃蕩土匪
> 才遭殺戮的眾多男丁人口，亦即彼等若尚存人世，則人口的增加數當更
> 提升。[111]

　　所以改為從大量加強警力的全面防備著手，以取代之前專恃軍力鎮壓卻
無長效的殘酷作法。但，由於有關此一時期警察制度的重大變革及其產生的深
遠影響，幾乎在每部關於日治時期的統治史著都會提到，故此處僅扼要提及。
陳巨擘曾將其歸納為幾個重要措施，他說：
　　一、「兒玉對付反抗日軍的基本政策是『軟硬兩用政策』」。鑑於過去以
武力討伐策略，常無法奏效，於是「一方面改革統治政策，以民政為主，軍政
為輔，規定陸海軍幕僚沒有民政部的要求，不得使用武力」。另一方面，「則
繼續實行招降政策。對主要首領『或授與紳章，或賦予特權，或派任巡查補，
或給予授產費，使從事道路工程，或使之包辦遞送郵件，使其生活得以安定』」。
但「也有以招降為餌，在所屬『歸順會』上屠殺抗日份子。例如，1902 年 5 月
25 日在島六歸順會上屠殺了張大猷等人，以及以招降為餌，屠殺了歸順的黃
國鎮、阮振、和林少貓等人」。

---

[111] 竹越與三郎：《臺灣統治志》，頁 331。

　　二、「廢除事權不一的『三段警備制（前軍隊、中警察、後憲兵）』」，強化警察的功能；從此臺灣成為一個警察國家」。「1898 年 8 月 31 日，以律令第 21 號頒佈「保甲條例」，回復清乾隆以來所推行的保甲制度，其目的在於以連坐責任來維持地方的安寧」。另外，「規定在保甲裡要設置保甲壯丁團，由所在地主管警察指揮」。以及在「同年（1898）11 月，根據六三法以律令第 24 號頒佈嚴苛的『匪徒刑罰令』」[112]。於是「在『糖飴與鞭』的政策之下，到了 1900 年 1 月，歸順人數已達 5 千 6 百人，首領有 38 人。抗日軍出擊數目亦相對減少」。「特別是經過了 1901 年後壁林一役，被捕者 8,030 人，被殺者 3,473 人，武裝抗日的兵將盡失，大規模的武裝抗日從此一蹶不振，一直到 1907 年的北埔蔡清琳事件，才又開始了另一波小規模的武裝抗日活動。日方稱此時段的抗日運動為『陰謀與暴動』」。

　　三、「對於武力抗爭運動的另一致命的打擊，就是人民私有槍枝的控制」。「1897 年 4 月以律令第 5 號頒佈『銃砲取締規則』，規定若不在此規則頒佈後 6 個月以內獲得許可，則一律不准私有，以便控制人民槍枝的私有」。「1901 年則開始扣收槍枝，對於不堪使用者予以毀棄，其他則捐贈保甲壯丁團，或由警察署保存。依日方在 1904 年的調查，共扣收槍枝 51,239 枝。日方從此很容易獨佔武器使用權，這一事實多少解釋由 1907 到 1915 年的抗日活動，不但規模小，而且很容易被鎮壓」。「1915 年以後，非武力對日抗爭運動，在客觀環境的改變之下，開始取而代之」[113]。

　　而大正 4 年（1915）所爆發的「西來庵事件」，就是從「武裝抗日」到「非武裝抗日」的分水嶺。不過，矢內原忠雄亦曾指出：包括「西來庵事件」在內，

---

[112] 當時此一規定，極為嚴苛殘酷，其第一條即規定：「無論基於何種目的，只要是欲以暴行或脅迫，且結集多數民眾者即為匪徒罪，依下述區別加以斷處。（一）首魁及教唆者處死刑、（二）參與謀議或從事指揮者處死刑、（三）追隨者或從事雜役者處有期徒刑或從重懲役。」引自，戴天昭著、李明峻譯，《臺灣國際政治史》（臺北：前衛出版社，1996），頁 295。

[113] 以上見陳巨擘：〈日據時期臺灣的社會運動〉，載李國祁總纂：《臺灣近代史》（南投：臺灣省文獻委員會，1995），頁 145-146。

之前臺灣民眾歷次的「武裝抗日」行動，「……不論就其首謀者的閱歷動機，或民眾的附和，或運動的迷信色彩以及暴動的性質而言，多為個別的、衝動的、地方的，尚未成為近代的、組織的民族運動。這因資本主義的發展與浸透、教育的某種程度的普及、政治的自由思想的發生，乃為近代民族運動的必要前提故也」[114]。

儘管如此，由於初期官方在文教政策上，正如本章之前已詳論過的，其整個施政的大方向，既以朝向「去宗教化」為原則，故臺灣舊慣宗教是否屬於「迷信」或「功利取向太濃」？並不重要，只要其中不涉及治安或叛亂的大問題，則站在日本官方的立場，其實是可以較持平的來看待臺灣宗教上的此類問題[115]。也因此，在「西來庵事件」爆發之前，日本官方並不須越俎代庖地來改變臺灣人的信仰──儘管心中相當不以為然[116]。特別是「宗教」的問題，基本上既已被隔離在官方正規的教育體制之外，則更加不須對此類問題操之過急，以致於反惹來一些無謂的麻煩，根本不划算。

另一方面，基於歐美國家在殖民地的統治經驗，此一已在殖民地民眾中根深蒂固地相信或已長期生活其間的原社會習俗和宗教信仰，若冒然採取強制手段來進行大幅度的改變，極易挑起民族的仇恨和招來激烈的反抗。這對殖民

---

[114] 矢內原忠雄著，周憲文譯：《日本帝國主義下之臺灣》，頁176。

[115] 例如第二任臺灣總督桂太郎即曾頒佈訓示，其中提到：「內地之法律規則雖須使之漸次普及於臺灣，然相異之人情風俗若不分彼我之別，而置於同一法律規則之規模下，則不但無法免除兩者之衝突，亦不能達成安固人民生命財產之目的。因此，施行地方行政之際，亦應同時考察各地之人情、風俗、語言，使之適用於法律規則。敕令及律令之外，尚須斟酌情規定例之外，以達到法律規則之目的。」第三任的臺灣總督乃木希典，亦訓示關於其對臺的施政方針為：「本島土民對於祖先遺留下來之舊慣風俗，信仰頗深，幾成為不文之法度。其中，若有明顯違反本國之定例而造成施政之障礙者，固然應予廢止，但如髮辮、纏足、衣帽之類，其是否更改，則一任土人之自由，又吸食鴉片之惡習，希於一定之限制下，漸收其過止之效果。其他良美風俗，則應多保存，以供施政之便。」以上轉引陳玲蓉：《日據時期神道統治下的宗教政策》（臺北：自立晚報文化出版部，1992），頁87。

[116] 例如竹越與三郎即認為臺灣的宗教，整體來看，幾可說完全缺乏「倫理」的成份。因民眾幾全被神靈之力所支配，心靈中所存在的偶像毒素，幾已和暗黑邪惡的夢魘相彷彿。見氏著，《臺灣統治志·宗教》，頁487-489。

地母國來說，反而是不利的。因此，當時的日本在臺殖民地官員，像曾長期擔任學務部長的持地六三郎，即花費了極大的力氣，再三參照歐美國家研究殖民地統治經驗的權威著作，來構思日本在臺應行採取的統治策略[117]。

（4）重返歷史場景的新探索之二：日臺佛教的異質鴻溝與同化變革的
　　　困境

而有關臺灣宗教的問題，當時殖民地的官員和日本真宗西本願寺的僧侶，也在深入觀察後，發覺若要改變臺人原有的信仰習性，簡直是不可能成功。但為何日本真宗西本願寺派的來臺僧侶，會認為簡直無法改變臺人原有的信仰習性呢？

其實在初期來臺各宗的日僧侶裡，該宗原是在日本國內各大本山中，財力最雄厚、也願提撥總數達 360 萬圓之巨款，分 10 年持續用於該宗在臺灣地區的佈教、日語教學和建該宗「臺北別院」之所需[118]。反之，當時曹洞宗的大本山，則每年擬編列作臺灣佈教的總經費，才只區區 9,730 圓而已，並且還通過要向日本國內該宗的各寺院定額扣繳，方能湊足。所以在自己的《宗報》中，羨慕地提到日本真宗西本願寺派的提撥經費，簡直可以說是「無限的」！[119]

一、真宗西本願寺派初期來臺僧侶的變革困境。對於此一問題，從真宗西本願寺派初期來臺日僧的實際經驗，最可看出該宗被臺人接納的困難度與日臺佛教之間的本質差異所在。因彼等在歷經初期來臺發展的快速成功與中途突遭重挫的嚴重打擊之後，即不得不坦白承認：該宗於「……明治 29 年（1896）開教當時，因值領臺未滿一年、民心惶惶然，故從事開教之際，既有來自官方（民政長官、辦務署長）的注視，又採用了勸誘方式使臺人成為本宗門徒；而臺人方面亦喜加入為信徒行列，因當時，彼等幾將呼六字尊號（南無阿彌陀佛）和持念珠一串，視為良民證明，欲藉此確保免於遭受土匪和來自敗兵的掠奪，

---

[117] 氏著，《日本殖民統治政策・附錄》，頁 441-594。

[118] 鹿山豐編：《教報》第一號，頁 41。

[119] 曹洞宗務局文書課：《宗報》第一號，頁 14-15。

因而在短期內即可獲得數千信徒，於每月初八的宣教日，或遇有佈教使巡迴演講之際，皆欣然會集」。

並且「自同年（1896）7月以後，所皈依者，不單臺北市內，近郊亦不必說，縱使遠至基隆、淡水、桃園、中壢等地，在當時交通不便的情況下，亦能設法儘量將佈教範圍擴展到彼處。這應歸功於懂幾分清朝官話的紫雲玄範佈教使（清韓語言研究所出身）和本地歸屬僧侶王岱修氏真誠熱心的協助，方能奏效如此顯著」。

不過，「自明治32、33年以後，儘管長期誇稱擁有信徒3千戶（內地人外僅500戶），實際上自「臺北別院」獲官方正式核可（公稱）之後，之前的皈依熱即漸次冷卻，未來甚至可能整個流失」[120]。針對此前熱後冷的情況轉變，據當事者之一的紫雲玄範本人所作原因分析是這樣的：

> ……至明治31年，歸入信徒已達3千餘戶。而其中甚多信徒，只希望能藉此來請求保護其財產和權利；然因伴隨地方警察制度的完備，實際上已無向宗教方面請求者，如此一來，基於佈教經費的考慮、以及別院創設後百端待理，故至32、33年左右，不得不將地方的巡迴佈教演講暫緩下來，再加上別院的輪番（當任佈教總監之謂）屢屢更動，所以有關對臺灣本島人的佈教設施，遲遲未能重振。[121]

不過，從事後發展的歷程來看，真宗本願寺派，雖在明治32、33年間，出現了有臺人信徒大量流失的情況，仍再三試圖設法挽回，並且也向官方表示此意。例如首任該宗「臺北別院・輪番」龍口了信，在2年後，即明治35年（1902）8月，在向臺北廳長的報告中，便曾提到：「為期將來之目的，首先，

---

[120] 大橋捨三郎等編：《真宗本派本願寺臺灣開教史》：130-131，臺北：芝原玄超，1935。

[121] 同上註，頁131。

臺灣本島人佈教機構的欠缺，即非其本意。欲向本山（該宗日本總部）商量後，再展雄圖」。

但，接著第二任「臺北別院・輪番」大洲鐵也，在明治36年（1903）9月，則向官方解釋說：「當地的（日人）信徒，歸去、轉移者甚多，願長居者甚少，致使佈教上的財務出現困窘。另一方面，臺灣本島人雖因處於匪徒蜂起之際，欲以皈依作為良民證明者，如今大多只是掛名信徒，致使（本宗）葬儀佛事清淡至極。」[122]

可是，為何臺人對真宗的「葬儀佛事」絲毫不感興趣呢？據該宗後來進一步分析後，認為其根本可能原因如下：

……本島人士根本缺乏醒目的信念革命，在彼等未對真宗教義的真髓有了悟之前，是不可能見到真正成功的曙光的。彼等雖表面上安置阿彌陀佛，卻另於後面鄰室向其他的神明禮拜燒金（燒金紙拜拜，是舊有禮式），可以說使其原義盡失。這應是臺灣全島佈教所面臨的根本問題……。

……本島人由於向來都從南中國（福建、廣東）移住此地的關係，在佛教方面似大多屬於南中國系統的福州鼓山湧泉寺的末端信徒。因信仰觀音者極多，連帶也常參拜阿彌陀佛，但精進研讀經卷的僧侶很少，以及齋堂素食的尼僧、俗人固然很多，仍令人感嘆彼等要進入真實佛教正信的機緣，猶未成熟。總之，主要是每個家中的老翁、婦女，都深中舊有迷信之毒，以致被極端現實的利益或眼前的祈禱所縛綑了，此外亦因今日新進智識階級者，仍未臻脫離之此桎梏的覺醒時機所致。[123]

對於這兩者的巨大差異，是很難由真宗方面的僧侶來克服的。以長期任職

[122] 同上註，頁132。
[123] 同註120，頁136-137。

的紫雲玄範來說，直到後來方逐漸了解到此一事情的解決之道，不能仰賴日本官方的協助，而最有效的方法，就是將佈教的重責大任改由該宗所培養的臺籍宗教師（包括蕃漢兩者）來承擔才行，他估計每年該宗的「臺北別院」應培植出 5 名以上的臺籍宗教師，方才夠用。

但紫雲玄範的此一新見解，經由該宗第 10 任「臺北別院‧輪番」片山賢乘熱心地在臺北地區試辦一段時間後，因發現該宗日僧並無決志在臺久居之意，而辛苦學會了臺語，一旦離境又乏使用機會，因此皆不願熱心學習，於是他認為最好還是改送臺人子弟，至該宗大本山的中央佛教學院去留學。

並且，隔年（1921）9 月 20 日，他又提到：「針對本島人的開教而施行的教化手段，須使內地（日）人培養熟練本島人語言習慣的留學生成為本宗僧侶，以教導本島人子弟。將來彼等勢須分散至各地開教的二途徑中：前者將來要到成為本島人的墳墓地，可能有找不到人去的困難。

至於後者，因向來中國的風俗，常將青年男女當成人身買賣的標的，被父兄將彼等視為財產，若欲收容小學畢業的程度者，使其將來能成為本宗僧侶，但伴隨而來的困難是，基於過去在本島人間，僧侶的社會地位及待遇都相當低劣的慣例，很難有秀才或中產階級以上者願來；並且，本島人對於須接受義務教育的學齡兒童，有遲至 10、9 歲方讓其就學者，致使彼等在公學校畢業的年齡不一致，要再入日本內地的中學進修，亦會有種種困難。儘管如此，相較之下，若要在臺地開教能貫徹始終的話，還是寧可認為後者優於前者。」[124]可見該宗最後所能採取的，還是改以培訓「臺籍宗教師」，來作為該宗最終能打入臺灣人宗教心靈深處的有效工具。

並且，在事實上，該宗仍得等待日後有臺籍佛教精英王兆麟和許林二人的歸入為佈教師，才使其對臺人信徒的佈教活動，有了急遽的顯著發展。這在筆者後文的相關討論中，將會再觸及，此處只需證明其困難之處及其試圖解決之

---

[124] 同註 120，頁 134-135。

道。

二、日本官方類似的觀察及事後的相關檢討。相對於真宗西本願寺派來臺日僧的自我評估，日本官方也有類似的觀察和事後的相關檢討，茲舉出現在臺灣總督府檔案中的幾條重要史料為例：

（一）明治 33 年（1900）12 月 28 日，臺北縣知事村上義雄在呈報臺灣總督兒玉源太郎的「宗教相關事項報告——明治 33 年 11 月份‧附件」中，先是提到在轄區內的「……各派佈教師……若大致加以觀察，則仍可知除石井大亮、紫雲玄範等少數 2、3 人之外，其餘任何人平素之行為無不十分惹人嫌惡，常將醜名流於世上，其結果成為報上攻擊之體材者不少。……彼等之素行……甚難符合一身為佈教師所應有之資格」。接著又說，「無邊多論，各宗之目地均在開教新附之民，故據臺後各宗爭先擴展開教領域，於各地設說教所，利用各種手段全力吸收信徒，導致各宗皆暫時獲得多數，而互誇其多。惟此種佈教之結果並非所謂精神上之皈依。進入本地人腦海裡者，卻誤以為，只有成為信徒，即可受到特殊之保護且增進福利，而爭先投效於各宗門下，惟此不外係一種形式上之皈依」[125]因此，他認為這些因素導致日僧在臺佈教成績逐漸式微。

（二）臺南縣知事今井艮一，也曾在同年的 12 月 19 日，於呈給臺灣總督兒玉源太郎的報告中，提到有關該地區臺灣佛教的狀況。但，他先點出臺灣的宗教問題說，當地的宗教師一向素質低落、普遍遭社會歧視，而信徒亦過度仰賴神明決定人生禍福、不惜典當家產耗用於取悅神明等。所以他認為：「本縣轄下……一般而言，其稱寺廟者，亦均鮮有服務於該寺廟中之神職人員、僧侶……或有住持或僧侶之類，惟並非德高望重、學識淵博之輩，甚至於彼等於社會中之地位頗低，因此絲毫沒有喚起民眾信仰心等高尚之觀念。民眾對於此等僧侶亦不信其能傳播神佛之福音，寧可待之以劣等之種族，故其平素僅止於守護堂宇，行點火、奉饌之事，時而列席儀式」。

[125] 溫國良編譯：《臺灣總督府公文類纂宗教史料彙編——明治 28 年 10 月至明治 35 年 4 月》，頁 56。

「如斯，本縣轄下一千多間之寺廟中，雖無宗教上值得認可者，如統轄寺廟之宗派，亦或宗教上之領導者，即率領大眾庶民之宗教家，惟彼等潛藏於腦海裡之那種宗教心卻頗為頑固、倔強，相信彼等之吉凶禍福全由神佛定奪，故平素似不吝嗇、汲汲於爭奪錙銖之利。其於奉行祭祀之際，全家、全庄必傾全力，投下巨資，狂熱奔走，典當衣物，變賣田園，以供其資，唯恐落他人後」。

日本「內地佛教，其傳來亦因時日尚淺，未具感化力，故本縣轄下九十七萬人民依然為迷信所支配，年度撒下鉅額財富。對此，一旦知之，縱然其不欲成為一整然有序之宗派，此豈無留意之價值乎」[126]？而這也是當時來臺日僧普遍的見解，但整個問題依然出在兩者的信仰內涵及方式，在本質上即是截然不同的，很難克服。

（三）因此，臺南縣知事今井艮一在同報告中，亦對日僧來臺後佈教方式之得失，提出他個人很不客氣的批評說：「內地佛教之傳來，在於據臺以後，非但時日尚淺，且亦為一佈教勸化至難之事業，非一朝一夕所能為也。

話雖如此，在原有之宗教中，或有純然之佛教，或帶佛教之氣味，加上同文同種之故，是以若將此比較之與異文異種之傳道士依然絕對排斥原先之宗教，而與彼等之迷信水火不相容者如耶穌教，則佈教之難易已非同日而語。從事者若能選擇得宜，堅忍不拔，孜孜不倦，善加利用其迷信，漸次導之於法，則將來應大有可為。

現或有人試向各人進行說教，或藉由國語知識傳習之便而節節得勢，惟因從事者未得其宜，更迭頻繁，或寄寓日深，致使思想漸次薄弱，而忘卻初志，僅欲與內地人相互往來，盼其多加捐獻香錢。

比較之與耶穌教自開教以來即能忍受艱辛，十年如一日，以堅定奉獻之理想致力佈教，則其頹靡之舉，實非言語所能形容，如斯，從事者對於此一迷信頗深且又頑固之本島人，欲收感化之實效，則如所謂緣木求魚。

---

[126] 同上註，頁 59-60。

而試向佈教師本人質問其信徒數，雖然答以本島人有數千百人，惟可謂為宗教心發悟之起點，且亦人生之最大禮，及本島人最重視之葬儀，卻未曾聞有以佛教之佈教師擔任導師者。」[127]

然而，假若以上臺南縣知事今井艮一對日僧的佈教不力有所批評，但從其愷切的責備語氣中，猶帶有恨鐵不成鋼的期待，故並非全以絕望的角度來評論。但，幾可稱為「後藤新平殖民政策代言人」的竹越與三郎，則無法如此樂觀。因竹越與三郎除了贊同耶穌教著名的傳道士馬偕博士（George Leslie Mackay, D.D.1844-1901）在其《臺灣遙寄》（*From Far Formosa*）中批評臺灣民眾有極端迷戀黃金之癖好外，亦認為傳統臺灣社會中，上流者對腐敗之政治絕望，轉而沉淪於酒池肉林的享樂生活；下流者既乏法律正義與政治保護，故天地間唯獨手中所握黃金可以依靠，以致連應講究真情的男女婚姻和應有倫理道德自覺的宗教信仰，皆從現實功利的經濟角度來著眼。故處於社會底層的臺灣佛教僧侶，既被社會輕蔑和貶抑，實不能仰賴彼等為臺灣民眾解明人生的道理。此所以在此環境中，亦相繼滋生許多含有毒素的新佛新神。因而臺灣雖有號稱佛教徒者，更不能忘記彼等尚有其他的淫祠信仰[128]。

至於比較客觀持平的學務部長持地六三郎，則認為異民族不同生活習慣和宗教禮俗等，必須加以尊重，不能以政治力加以強制改變，因日治初期官方雖曾一度信誓旦旦，欲執行「急進的風化」政策，以達到禁鴉片、斷頭髮、解纏足的目標，但最後都決定暫緩嚴格執行，而採取漸進的改善方式。

所以，他認為，雖然移易形而下的風俗習慣，可以見到急遽的進步出現，但對於改革形而上的思想及信仰之類，其能達到何種程度？只要看臺灣本地人對大和魂的感受如何？即不得不承認並非輕易之舉所能獲致。他以來臺日僧的佈教活動和耶穌教的傳教士之獻身情況相比，認為日僧的活動主要仍限於來臺的日人之間，就其對臺灣本地人的感化來說，實不能不對其無法與耶穌

---

[127] 同上註，頁60。

[128] 竹越與三郎：《臺灣統治志‧教育、宗教、慈善》，頁478-495。

教士偉大成就相比而感到汗顏！

　　這證明形而下的同化易、形而上的同化則難於短期內有成效。而從人類歷史上來看，征服人種對被征服人種進行的形而下同化改變，卻在形而上的部份反被對方同化的情形也屢見不鮮。至於像中國成功的民族同化，則史上罕見其匹。故日本對此民族同化的事業，雖具宏圖之心，但是否真能收效，可能尚待商榷。總之，此一事業，他不能贊成如皮相者流的見解，僅只滿足於在形而下方面的同化成果[129]。

　　特別是，他當時看到移住臺灣的日人，在地方上與本地人的相處，尚稱關係良好，至都會區則漸冷淡疏離。而一到大都會的話，日人社會與臺人社會全然區隔，尤其在社交上兩者幾完全斷絕往來。事實上，藉優勢人種之威，以壓迫當地人的社會，在經濟上也造成侵害。此類行為，雖亦有其不得不然的發展趨勢，但若日本大和民族未來要有大發展，當以大國民自省，以減輕對新依附殖民地民眾的此種威逼與奪利，如此才可能改善雙方的疏離冷淡關係。也因此，兒玉源太郎的新政措施，用了相當大的心力來綏撫和懷柔臺灣百姓，其用意可以概見[130]。

　　（5）重返歷史場景的新探索之三：官方採無方針宣示與警察實際干預
　　　　的雙面政策

　　但事實上「兒玉、後藤體制」的新政，完全從「馬基維利式」的政策實效出發，因既然臺灣的宗教活動，已大多交由威權十足的地方警察來監控，並且對帶有暴力傾向的民眾集體行動，視同土匪組織來處理，則其所謂「舊慣溫存」的美名之後，正如在處理「禁（鴉片）煙政策」的兩面手法，即一方面嚴厲管制日人介入其間；一方面依舊讓臺人吸食和沉溺其中，而官方則藉機課高額煙稅而獲大利。雖然在宗教方面官方不能課稅，可是眾多官方辦公室、部隊駐防

---

[129] 持地六三郎：《臺灣植民政策》，頁 400-402。

[130] 同上註，頁 402-405。

處及公務人員宿舍等，不是有眾多臺人寺廟已被長期徵用和入住嗎[131]？這難道不是另一種方式的權利掠奪和威逼嗎？所以，教育家持地六三郎所談的，不如當作當時的另一種自省之聲，而無法當作現實的措施來看[132]。

因根據翁佳音的研究，明治 34 年（1901）5 月，發生在臺灣中部的「崙背支署及油車派出所匪擊事件」，當時官方雖將此事件推委於當地警官風紀頹弛、濫捕當地人民所致，但從文獻判斷，導火線其實是由「取締迷信」才爆發的。因當日該地的民眾迎關帝，入夜以後又有演戲，卻遭到日警的兩度勒令停演，連該地的保正和街民都「哀求肯願」，日警態度仍非常強硬，終而激怒了全街的民眾群起抗日。翁佳音認為，是因官方在宗教上的失策，日治前期的武裝抗日「才有民間宗教人物的參加，與宗教色彩顯著之現象」[133]。於是，他也提到如下的評論意見：

> 日人在面臨此種宗教氣氛下，便繼續發佈取締利用迷信者，進而在 1908
> 年公佈「臺灣違警令」，其中規定取締「對病人行禁厭、祈禱符咒等，
> 又給神符神水等妨害醫藥之行為者」。此令一經實施，執行者為警察，
> 而「領臺之初，各種匪亂利用民間信仰。因而總督府，尤其是警察系統
> 的人，認為臺灣迷信是匪亂的禍因。極端者則誤認為臺灣一切信仰為迷
> 信，而對於臺灣人的信仰生活毫不同情」。在這種臺灣民間宗教背景、

---

[131] 溫國良編譯：《臺灣總督府公文類纂宗教史料彙編──明治 28 年 10 月至明治 35 年 4 月》，頁 205-254。此種長期的挪用情況，甚至在大正 8 年丸井圭治郎提出的《臺灣宗教調查報告書》第一卷，後面的附錄〈第五・廟宇供其他用途〉表中（頁 12-16），仍可見到。

[132] 東鄉實、佐藤四郎：《臺灣植民發達史》一書，其中亦一再就異民族的同化政策提出必須慎重處理的呼籲，彼等認為，異民族統治的最大要件，就是殖民統治者及其國民，須具忍耐持久的大國民佳量和能擁有清濁並吞的大度量。例如施恩與威壓，雖是異民族統治常用的手法，但若無正義則無尊嚴，無尊嚴則易生屈辱之感及萌生反抗壓迫之意。因此，注重正義的維持，對被殖民者的感受來說，實較被殖民者挾帶恩惠的干預更為重要。所以彼等認為，日臺民間的相處，若能採共棲主義來調節融和彼此的利害關係，才能真正收效。但當時，似乎未被大力發揮，不無遺憾。見原書，頁 484。

[133] 翁佳音：《臺灣漢人武裝抗日史研究──1895～1902》，臺灣：國立臺灣大學出版委員會，1986，頁 168。

初期武（裝）抗（日）有宗教色彩，與後來日本警察執行的偏差下，1907
年以後的武抗宗教色彩濃厚，及其領導者中，民間的宗教人員（乩童、
賣卜者、降筆會看字之類）之所以占不少比例，不能不謂其來有自。[134]

對於翁佳音的如此評述，本章不認為在當時「取締迷信」和「武裝抗日」
之間的因果關係，可以孤立的來看待。因臺灣在日治時間之外的前後歷史經
驗，已足以說明「取締迷信」始終是官方的一貫政策，只是在執行上態度有緊
鬆之別罷了。

並且，誠如矢內原忠雄的批評所言：「……（之前，此類的反抗行為），
不論就其首謀者的閱歷動機，或民眾的附和，或運動的迷信色彩以及暴動的性
質而言，多為個別的、衝動的、地方的，尚未成為近代的、組織的民族運動。
這因資本主義的發展與浸透、教育的某種程度的普及、政治的自由思想的發
生，乃為近代民族運動的必要前提故也。」[135]

不過，本章在此，主要是藉以引出官方在宗教政策上的兩難：干預？或放
任？然後，吾人可以知道一般臺灣學界所謂的「舊慣溫存」或所謂宗教「放任
政策」，都是過於簡化其中的複雜性，而忽略了其中的施政考量，其實是多層
次交錯，甚至是階段性妥協的結果。

也因此，東鄉實和佐藤四郎共著的《臺灣殖民發達史》一書中，一方面指
出當時臺灣南部突發的「土匪事件」是奠基在「土民（臺人）的無智」之上，
但彼等更呼籲應對臺人的民族心理和宗教問題作研究調查，並在施政上加大
其比重，使殖民者與被殖民者之間的緊張關係，得以真正改善[136]。然而，這於
當時實際反映在臺灣佛教的發展上，又是如何呢？底下即就此一問題再展開

---

[134] 同上註，頁 168-169。

[135] 矢內原忠雄著，周憲文譯：《日本帝國主義下之臺灣》，頁 176。

[136] 東鄉實、佐藤四郎：《臺灣殖民發達史》，頁 481-482。

必要的討論，以了解有無出現新的化解難題之道？只是此處擬觀察的線索，不再是日本官方和真宗本願寺派的僧侶，而是和臺灣本土佛教關係最密切的、影響也最大的曹洞宗。

3. 日臺佛教平行發展與重新出發的轉機

（1）曹洞宗日僧轉型經驗的歷程

由於日治時期對臺灣本土佛教有最大影響的，是來自日本曹洞宗的來臺僧侶，並且在此後的歲月中，該宗其持續的影響力亦始終不衰。但，同屬日僧的其他宗派卻無法做到與日本曹洞宗同樣成功的地步呢？故此處仍有必要再針對此一問題，重新檢視一下當時因官方宗教政策調整，而受到巨大衝擊的日本洞宗，當初究竟是如何將這場大風暴的掃蕩威力大幅度的降低，甚至逐漸走出谷底，並達成了轉型的另一條道路。

但，由於釋慧嚴博士已撰有兩篇關於此問題的長篇論文：1.〈西來庵事件前後臺灣佛教的動向──以曹洞宗為中心〉（載《中華佛學學報》10：279-310，1997）；2.〈日本曹洞宗與臺灣佛教僧侶的互動〉（載《中華佛學學報》11：119-154，1998）。雖然其中有不少論點是筆者所不能苟同的，並且在本章之前的相關處也提出了辯駁，但基本上其文首先引用曹洞宗的《宗報》史料，仍應加以肯定。也因此，底下將不再過於重複交代釋慧嚴博士已大篇幅介紹過的內容，而只針對和本章論題較切近的部份，加以說明。

首先，此處仍必須從佐佐木珍龍的成功經驗談起。因當時日本曹洞宗的佐佐木珍龍，不但是影響日本曹洞宗日後決心繼續來臺發展的主要外派僧侶，並且他在來臺初期首創採取與臺人寺廟私下大量簽約的靈巧手法，雖不無有趁火打劫之嫌，卻達成了當時其他來臺日僧所無法獲致的輝煌成果[137]。而也由於佐佐木珍龍的初期成就至為可觀，促使日本曹洞宗從第 2 年開始，即加派多名

---

[137] 對此，若用大發戰爭財的「宗教爆發戶」來形容他的作法和成就，也不算太過份。但在當時，甚至連其他來臺的各派日僧，也公認他的來臺活動績效最豐碩。

活動力甚強的佈教師來臺協助佐佐木珍龍，以繼續維持原有的領先趨勢，所以該宗當時在全臺教勢的擴充之快，可謂一枝獨秀，幾達壟斷全局的地步。

不過，儘管有這樣的傲人成就，但在另一方面，也須指出：當時日本曹洞宗之所以決定傾力於臺灣此一新領地的佛教經營，其實是帶有向朝廷贖罪的心理來回饋的[138]。因此，該宗是從「甲午戰爭」後，才決心配合官方政策，不惜投入大量的人、物力，在臺灣（南方關門）和北海道（北方鎖鑰）兩地一齊展開的。至於朝鮮和滿州兩地，則要到「日俄戰爭」以後，才正式積極開教的。

但，就日本曹洞宗本部來說，由永平寺與總持寺合作，彼此輪流當該宗大本山的新運作模式才試行未久，不同派系之間的激烈內鬥仍未平息[139]。所以當務之急，就是：（一）化解內部紛爭以凝聚共識、（二）廣辦中學以培育新才、（三）改善宗門本山惡化的財務狀況，以便上繳贊助軍務捐款和補助在臺灣、北海道兩地的佈教經費。而這三者又息息相關。尤其宗內財務不佳的問題，並非直到如之前李添春所說的發生於明治 32、33 年之間；因從該宗的《宗報》上，即可看出，有關「財務整理」的呼籲，早在明治 29 年 12 月 15 日的創刊號上即已提出，並且官方主管單位，也一再督促其提出相關的財務報告，其中包括了兩本山永續金、高等中學林經費、軍隊慰問追弔費等[140]，可見該宗財務老早就有問題了。

但，當時該宗仍存有極大的投機心理，以為臺灣絕大部份的重要寺廟齋堂既已被該宗藉私下簽約而輕易納入派下寺院，此一寺產及其附屬田園為數極為可觀，只要再設法取得臺灣殖民當局的首肯，即可合法生效[141]。

---

[138] 該宗《宗報‧宗令第一號》中，提到：「……現時宗門態勢與當前國家情勢日趨背道而馳，國家與宗門之關係自然呈逕庭阻隔之觀，是故國家之所以待宗門冷若冰霜，實亦起於宗門未對國家有所貢獻也……應對國家感到羞愧才是。」，頁3。

[139] 該宗《宗報》第一號中提到：「……蓋我宗內閱牆多年，黃金歲月徒耗於紛紜騷擾中，佈教與興學瞠乎佛教各宗之後，以致陷於今日悲慘之處境。」，頁3下。

[140] 〈所謂宗門 革新〉，《宗報》第一號，頁 25-26。

[141] 《宗報》第一號，頁 13-14。

但，如此曖昧的作法，也出現極大的後遺症。例如當時臺南名剎開元寺的住持寶山常青，在與該宗私下簽約合作之後，即變得驕縱異常，騎馬出門時，身著黑色法衣，頭上纏繞曹洞宗兩大本山所下賜的安陀衣[142]，腰部以下穿大口褲子，並僱有一日僕為前導。而當時（1897.6.14）他正吃上官司。

他是因繼臺南大天后宮住持林普華、法華寺監司隨緣等人之後，率先代表開元寺與日僧私下簽約合作者，故早在前一年春，曹洞宗在臺灣南部的佈教使若生國榮便給予他甜頭嚐，讓他兼任鳳山縣舊城觀音堂廟的副住持，他則藉此每年兩次前往收取廟產租米，但完全不管廟方的相關宗教事務，信徒對此無賴行徑甚為不滿，便具狀向當地主管縣廳投訴。

於是官方將其起訴，並傳寶山和日僧芳川雄悟前來受審，以了解究竟。根據芳川雄悟的說法，官方於同月25日向其表示：身為隨軍佈教使應停止濫用宗制，縱使雙方簽有誓約也不算手續完備，特別寶山自稱是該廟住持卻光只收租而不顧廟務，實非宗教家所應為，依法必須處刑。但，芳川雄悟請該宗另一位具有清望和甚受官方好評的陸鉞巖佈教使，出面代寶山求情，寶山才算免了這一場牢獄之災。

事實上，當年芳川雄悟在寫這段報導時，不但語多保留，同時也一併記載這一期間有軍人罹患霍亂死亡、南仔坑蜂起300名臺人「土匪」擊斃和殺傷各一名日本警官的生死交關場面，以及日僧及時在當地主持葬儀佛事，以慰亡靈和生者的活動[143]。

但，由此可知，當時日本曹洞宗的僧侶，亦宛如日治之前西洋傳教士在臺利用特權向官方關說，使其教民或神職人員逃避法律應有的制裁，其宗教手法之齷齪行徑根本沒兩樣。並且，日僧與臺廟雙方私下簽約——若無官方背書即

---

[142] 「安陀衣」原稱「安陀會」，是印度梵語的譯音，意譯則為內衣、中著衣、作務衣等。此衣由5條布作成，故又稱「五條衣」。通常是在工作和就寢時所穿的。參考《佛光大辭典·3》（高雄：佛光出版社，1989，四版），頁2401。

[143] 曹洞宗務局文書課編：〈芳川雄悟——鳳山縣布教〉，《宗報·雜項》第十五號(1897.7.15)，頁15-16。

無效的嚴重問題，亦在此事件中流露無遺！

不過，在另一方面，日本曹洞宗的在臺僧侶，雖藉同屬佛教禪門，而多方參與臺灣齋堂及寺廟的活動，可是雙方在佛教信仰上所存在巨大差異，彼等當時除了表面默許、私下批評之外，其實也很清楚其中改善的困難度之大，幾有無從著手之感。

以該宗來臺佈教最受官民敬重、返日後即出任「曹洞宗大學林」（駒澤大學前身）代理（心得）林長的陸鉞巖佈教使來說，即曾在該宗的《宗報》第 8 號（1897.4.1）上坦承：臺灣雖許多民間寺廟堂宮，被日本佛教各宗競相爭取簽約為末寺，但其契約不一定有效，並且說到「要如何佈教的話，將來恐怕亦只成一時的畫餅罷了」[144]。換言之，由於問題始終未有妥善的解決辦法，故縱使簽了許多合約，最後可能也只是空歡喜一場而已。

果然，明治 32 年（1899）7 月，當臺灣總督府民政部新的宗教法規〈社寺、教務所、說教所設立廢除合併規則〉一頒佈，該宗之前的幾乎整個壟斷全局輝煌成就，幾乎化為烏有。

因自前一年（1898）春季，「兒玉、後藤體制」確立不久，即迅速核可禁止臺灣本地的原有寺廟私下簽約成為隸屬於日本佛教各宗下游的分寺；接著更嚴厲的規定，是明治 32 年（1899）夏季，以「府令第 47 號文」頒佈的〈社寺、教務所、說教所設立廢除合併規則〉，要求新舊神社、寺廟、庵、堂等宗教設施，包括人員及財產等，於下令 2 個月內，全部依新規定向所屬主管機構重新辦妥相關手續[145]。於是日本佛教的來臺僧侶，尤其當初與臺人寺廟私下簽約的日本曹洞宗僧侶，頓時面臨了重大的打擊。

不只如此，更雪上加霜的是，日本佛教僧侶來臺初期所能提供的日語教學、簡易醫療所（慈惠醫院）、天皇萬壽至尊牌等輔助功能，如今官方已繼續

---

[144] 陸鉞巖：〈臺灣島視察書〉，《宗報》第 8 號，頁 10。
[145] 溫國良編譯：《臺灣總督府公文類纂宗教史料彙編——明治 28 年 10 月至明治 35 年 4 月》，頁 187。

改以大量正規國（日）語師範學校的設立與師資的養成、正規醫師的大量培育、官幣神社及神職人員的法制化等措施，來取代日僧及西洋傳教士的大部份社會功能，並且使得官方藉此而得在每一項上都居於絕對優勢的主導地位，而這正是當時來臺的各宗派僧侶所無能力與其競爭的地方。

因而日本曹洞宗的國內兩大本山，在面對此　嚴酷的新變局終於來臨時，亦曾一度徘徊於是否放棄在北海道和臺灣佈教區，或要繼續勉強撐下去的困難抉擇。於是在第 2 年夏秋之交，也就是明治 33 年（1900）7 月 18 日，因基於日本國內日益高漲的物價指數、宗門巨額辦學款項的開銷，以及臺灣、北海道兩地的日僧佈教師支出，使得宗門財務一直不佳，已不勝負荷此嚴重壓力的日本曹洞宗兩大本山，不得不將此重大的抉擇難題向該宗的宗務大會提出，並具明詳細理由和相關狀況說明，整個交由出席大會的代表來投票表決。

結果，在全部 53 位由該宗全國下游寺院所選出的大會代表中，同意繼續者佔 41 名、反對者 4 名、提臨時動議者 6 名、棄權者 2 名，終於順利闖關成功。同時並決定該宗所屬全國下游各寺院，自明治 34 年（1901）元月起，再分攤增繳所需經費來共渡難關[146]。顯然該宗全體代表有意繼續維持該宗對外發展的強烈使命感，超越了該宗兩大本山原先急於減輕宗門須承擔嚴重財務壓力的相對考量。可是此舉，也意味著，此後該宗必須改變向來的作法，亦即必須轉為朝向自行建寺來弘法了[147]。

（2）日臺佛教平行發展與兩者合作的新模式

由於上述官方的這些大動作，一方面固然暫時大大壓制了日僧的氣焰及發展的優勢，但另一方面卻也同時提供了臺人寺廟的再興機運。因臺人寺廟即可藉此良機，也紛紛試行脫離日僧的掌控，而自尋發展的途徑了[148]。

故相對來說，日治時期臺灣佛教發展的平行現象，事實上，也是至此時才

---

[146] 曹洞宗務局文書課編：《宗報・附錄》87 號 (1899.8.1)，頁 2-3。

[147] 曹洞宗務局文書課編：《宗報》第 267 號(1908.1.1)，頁 40-45。

[148] 同上註，頁 41。

得以逐漸出現。亦即，由於日僧、臺僧已能或必須各擁有自己的弘法道場，於是此後兩者之間，彼此究竟是要採取合作的模式（當時稱「內臺聯絡」）？抑或選擇了處於對立競爭的局面？都因官方的此一重大決策，而有了新的可能。

但，在分析上述關於由來臺日僧主導初期臺灣佛教發展的同時，有幾個新的轉變現象也必須在此略先提及。

例如臺灣在接受日本殖民統治之後，由於法律制度的改變以及社會、經濟和教育等領域，都較之清廷統治時期有極大的更新，因此在臺灣漢人的社會中，其原有的階層意識、婦女地位、教育內涵[149]、宗教管制等，自然也跟著鬆動、變化和再調整。因此，首先，儒生和僧侶之間的原有階層差距[150]，由於儒生為居優勢的求取功名之途已絕（改由日人壟斷），故兩者之差距就有逐漸拉近的可能，甚至會出現僧升儒降的情形。

其次，婦女行動的自由度，也因無法律上的約束而大大提高，再沒有限40歲以上才准出家的嚴苛規定，隨時進出公開的宗教道場也不會被視為違法之舉，教育及就業的機會增加，女性的自主意識也相對提高[151]。如此一來，女性參與及影響宗教社群的程度，將大幅度地提升，而沒有這些改變的可能性作基礎，即不可能有日後眾多由女性所創立的新佛教道場的出現。再者，由於是否選擇出家及有無擴大收徒的打算，都屬非官方管轄之事，且無戒臘（出家年資）上的嚴格限制，故有為者，在出家未久即擁有眾多徒弟的情況，也無人可以阻

---

[149] 日治初期，臺人子弟學生日語學習與接受工商實業學校的知識及技能的傳授，與科舉重視傳統儒家經典的情況迥異。此種內容的改變，也使就業市場的生態相隨改變，工資也跟著增加，使經濟自主性大為提高，有意願接受新觀念和新信仰。

[150] 臺灣傳統漢人社會，原存在上九流和下九流的區分，上九流為：1.師爺。2.醫生。3.畫工。4.地理師。5.卜卦。6.相命。7.和尚。8.道士。9.琴師。下九流為：1.娼女。2.優。3.巫者。4.樂人。5.牽豬哥。6.剃頭人。7.僕婢。8.拿龍。9.土工。但山根勇藏認為，儘管和尚、道士亦列入上九流之7、8的位置，且已屬尾端，可是身為警察人員的他，仍質疑在實際上可能未有這樣高。可見僧侶當時地位之低落。見氏著，《臺灣民族性百談》(臺北：山田書店，1930)，頁417。

[151] 竹越與三郎特別注意到日治以後，臺灣漢人社會的兩性關係，已呈現「女尊男卑」的新局面。見氏著，《臺灣統治志·臺灣歷遊雜錄》（東京：博文館，1905)，頁503-504。

擋此一發展趨勢。加上來臺各宗派日僧的從中拉攏與串聯，於是所謂如加盟店或連鎖店般的佛教「大法派」──系統道場也有可能出現了。例如日治時期臺灣本土佛教的「四大法派」：

一、以基隆月眉山靈泉寺為核心所形成的「月眉山派」。

二、以臺北五股庄觀音山凌雲禪寺為核心所形成的「觀音山派」。

三、以苗栗大湖觀音山法雲寺為核心所形成的「法雲寺派」。

四、以高雄大崗山超峰寺為核心所形成的「大崗山派」。

以上，臺灣本土佛教的「四大法派」，皆是出現於日治時期的此一佛教環境之下，應不是偶然的結果，而是趁勢崛起才對！

以臺灣北部新興重要道場之一的基隆月眉山靈泉寺來說，其申請建寺的時間，是在明治 36 年（1903）[152]，正值「兒玉、後藤體制」的後期。

而日本曹洞宗在臺正式起建位於臺北東門的「曹洞宗大本山臺北別院」，則遲至明治 40 年（1907）2 月才完成購地手續。至明治 43 年（1910）5 月 28 日，舉行開堂儀式時，其供奉的「本尊」釋迦牟尼佛坐像，是由兩本山代理管長山腰天鏡本人特地從日本持奉渡海來臺的[153]。反之，當時已決定加入日本曹洞宗下游為「聯絡寺院」的基隆月眉山靈泉寺，其大殿佛像則是特從大陸福建聘請名匠林起鳳親自來寺雕塑的[154]；但該寺開山住持江善慧的晉山典禮，仍由曹洞宗管長石川素童親臨主持。可見其中仍允許存在著原有的差異性。

至於在「曹洞宗大本山臺北別院」右側，又另加蓋專供臺灣民眾前往禮佛的「觀音禪堂」，更晚到大正 3 年（1914，「西來庵事件」爆發之前一年）才破土興建。雖然此堂全部竣工日期是在大正 6 年（1917），但臺灣佛教史上的首創「私立臺灣佛教中學林」，正是在此堂內開辦的[155]；而日後最優秀的臺灣

---

[152] 林德林撰：《靈泉寺沿革》（手稿，未標日期），頁 3。

[153] 《宗報》第 325 號(1910.7.1)，頁 10。

[154] 林德林撰：《靈泉寺沿革》（手稿，未標日期），頁 4。

[155] 參考《東和禪寺滄桑史》(臺北：世佛雜誌社，1993)，頁 1。

本土佛教學者，有幾近半數是出自此一「私立臺灣佛教中學林」，例如第一屆的畢業生，就出現了李添春、曾景來、林德林三人，可見其重要性。但也因此，彼等都高度認同日本曹洞宗的佛教觀念[156]。

而此處必須注意的，即是上述日臺佛教合作的新模式。因此一雙方合作的新模式，較之明治 33 年以前增加或改變的地方在於：採用並存的雙軌制，而不強求臺僧或臺人信徒快速同化於日僧或日本佛教。

即以上述「觀音禪堂」的實際負責人孫心源（1881～1970）為例。他是臺北擺接堡秀朗庄（今臺北縣永和市地區）的農家子弟，原名孫保成，他的父母親於明治 41 年（1908）3 月 15 日，將已 27 歲，但「形體虧損、精神散亂」的他，送到已成日本曹洞宗佈教所的艋舺「聖國山保安堂」求道，父母和他三人，也同於當天皈依為該堂弟子。孫保成並入住堂中調養身體，漸次平安，三年後復元。後又續住於堂中，教習誦經禮佛 3 年。他前後一共住在堂中 6 年，故研讀佛典與漢文書籍都大有進步，然後出家改名為孫心源[157]。

因他已於明治 42 年（1909）4 月 14 日，由日僧大石堅童收為臺籍入室弟子，並接受大石堅童頒授給他的曹洞宗師承第 23 代血脈書卷，法名「心源圓融」，故有此法名。明治 45 年（1912），孫心源曾一度（首次）西渡對岸大陸，朝禮福建廈門的南普陀寺、福州鼓山湧泉寺、浙江寧波阿育王寺、天童寺、普陀山法雨寺、普濟寺、佛頂山等著名佛教道場。返臺後，即參與籌建供臺人參拜禮佛的「觀音禪堂」[158]。

不過，像這樣於該宗在臺佈教總部「臺北別院」旁，居然允許採用臺日佛教雙道場並存的雙軌制，在當時來臺的日本佛教各宗派中，雖屬唯一的例外，但確是充滿睿智的決定。

---

[156] 其最大的特色是強調「純禪」，與中國近世以來主張「禪淨雙修」的流行觀念不同。

[157] 蘇澤養：《靈驗諸經寶卷》（艋舺：保安堂，1915 初版、1927 四刷），頁 44。

[158] 參考《東和禪寺滄桑史》，頁 13。事實上，孫心源亦在大正 7 年（1918）第 2 次前往大陸參訪，反而直到大正 13 年，才首度赴日，朝禮曹洞宗的兩大本山。

因這雖不無有對一時不易解決的日臺佛教同化問題作出重大讓步的意味
——儘管區別本身亦帶有差異和（日）優（臺）劣之分，卻也等於同時承認對
方擁有本身信仰型態的某種自由度，而能擁有這一自由度其實也正是保持本
土佛教尊嚴和繼續滋長宗教本土文化主體性的基礎所在。故這從被殖民者自
身的觀感來說，是極為重要的一點。

也因此，這一道場才能在近幾十年來，雖歷經不同政權統治的衝擊，但之
後依然於原地屹立不搖——「臺北別院」則已被拆毀無遺，而孫家後人迄今，
亦未將大石堅童的雕塑像自「祖堂」內移除。同時，此一「觀音禪堂」在「西
來庵事件」之後，迅速成為蘊釀大正中期臺灣新佛教運動的重要發祥地之一，
這在在證明當初採並存雙軌制的策略是睿智與正確的。

但，「採並存雙軌制的策略」仍必須視為階段性的作法，否則即與最終「真
正同化於日本人」（包括佛教）的目標牴觸。所以當管長石川素童來臺主持江
善慧的住持晉山典禮時，也同時看上了江善慧徒弟中日語熟練，並善於與日方
官私交涉的最得力助手沈德融（此年已 25 歲），攜回日本先後進「大雄山最勝
寺」和「曹洞宗第一中學林」培植成為該宗「第一位真正日本化的臺籍日僧」[159]。

因此他後來不但曾繼任為該寺的住持，也長期擔任「私立臺灣佛教中學
林」的學監，更是第一位仿日僧公開結婚的臺灣出家僧侶[160]。

可見能懂日語而無太多傳統包袱的新出家臺籍僧侶，只要經過數年純日
式佛教的培訓，依然可以成為典型的日式僧侶。所以對臺籍僧侶的教育與改
造，也並非絕對不可能。

其次，必須知道臺灣佛寺與日本佛教宗派之間的「聯絡」關係，若無經過
臺灣總督府的正式批准——即「佛寺」與「佛寺」的加盟關係，是既無效亦無

---

[159] 李添春：〈臺灣佛教史料：上篇曹洞宗史〉，原載《臺灣佛教》季刊第 25 卷第 1 期(1971.11)，頁
10。

[160] 由於沈德融被視為純粹的日化僧侶，所以公開結婚時，並未遭受社會或臺灣佛教界的非議，反之其
同門師弟林德林，則因公開結婚而遭到社會嚴厲的指責。

約束力的，故亦可能出現中途改宗的情形。例如南臺灣最大古剎之一的臺南開元寺，日治初期一直是與日本曹洞宗關係密切的簽約臺寺[161]。

但到後來（大正 6 年 6 月 4 日），由於日本臨濟宗妙心寺派僧侶積極的爭取和說服，便正式向官方請准加入為日本臨濟宗妙心寺派的「聯絡寺院」[162]。

不過，寺中一方面固然新安置了當任天皇的「御金牌」[163]；另一方面則仍按該寺來自福建的傳統中國臨濟宗佛教儀軌行事[164]。而這也種下了日後臺南開元寺內部不同派系僧侶爭鬧不斷的惡果。

但，在此同時，日治時期之後，兩岸漢族僧侶如何繼續往來的問題，也跟著浮上臺面。因日治以前，臺灣本土的僧侶若要受戒，即必須渡海前往福建福州鼓山湧泉寺參加寺中所舉辦的傳戒活動才行。

同時，福建佛教的信仰方式，包括所謂在家佛教型態的「齋教三派」在內，亦隨移民臺灣居多數的漳、泉漢族而相繼傳入臺灣，並構成臺灣傳統漢族佛教的基調。如此一來，根據原〈馬關條約〉的規定，在日治初期第 2 年之後，既已確定要逐漸最終朝「同化」於日本民族的方向走，則如何將臺人「去中國化」便成了官方施政上的應有之舉。

但在事實上又出現相互矛盾的現象。亦即，在「法律上」原已「屬於日人」的臺灣漢族僧侶，由於「兒玉、後藤體制」主政時期異乎尋常地加強對大陸福建的實際操控（詳後），故在「區隔日華」的同時，卻又必須兼顧對當地華人逐漸萌生反日情緒的安撫，於是在日華民族之間能凝聚較大宗教文化情感共識的，就是利用彼此有深厚淵源的禪佛教信仰，以作為輔助性聯誼與溝通的非

---

[161] 開元寺至明治 41 年 11 月 31 日，曹洞宗管長石川素童蒞臨該寺時，寺中仍有 20 餘名自稱是「大日本曹洞宗僧」。見《宗報》第 293 號(1909.3.1)，頁 10。

[162] 鄭卓雲手稿：《臺南開元寺誌略稿‧法派》，1929。

[163] 黃慎淨編：《開元寺徵詩錄》(臺南：開元寺客堂，1919)，頁 3。

[164] 鄭卓雲手稿：《臺南開元寺誌略稿‧法派》。其中有一段提到：「本寺僧侶多掛籍於大本山妙心寺者，然因內臺風俗習慣懸殊甚遠，故本寺制度不能與妙心寺同例，惟佈教機關之聯絡，而寺制則仍依舊例，自為獨立也。」

官方管道。

如此一來,「福建漢族華僧」與「日籍漢族臺僧」之間的繼續交流,不只未被阻止,甚至於也因官方間的插手促進,使彼此更為熱絡地聯誼和合作。也因此,原本應因日本在臺實施「去中國化」文教政策而逐漸與「福建漢族華僧」疏離的「日籍漢族臺僧」,其實是逐漸分裂為兩大異質的認同現象。

亦即,在同樣支持和從事兩岸佛教聯誼的「日籍漢族臺僧」之間,共分兩派:有一派是已認同日本佛教者,但基於官方在大陸的擴張政策而願配合來促成兩岸佛教僧侶繼續聯誼和合作者;另一派則是因心態上和思想上仍繼續認同「祖庭佛教」而願保持接觸,甚至更積極請求對方來臺(或親赴大陸)傳承中國佛教者。

事實上,若無這樣的區分,將不能釐清大正、昭和之際,兩岸的漢族僧侶究竟是如何在日本官方所熱切推動的「日華親善」大架構下,來從事積極的佛教交流;也無法釐清在此種交流中,有部份「日籍漢族臺僧」為何也同時展張對傳統中國近世佛教的強烈批判。故此處將「兒玉、後藤體制」所主導的大陸擴張政策[165],視為對臺灣佛教僧侶(包括在臺日僧和華僧)有長期影響的原由,

---

[165] 兒玉就任之初,日駐清矢野公使和西園寺外相與清交涉的結果,於 1898.4.22/24,取得清朝不得將福建及沿海割讓或租與他國的照會。以此為契機,兒玉總督於 1889 年 6 月,在《關於統治台灣的過去與未來備忘錄》便主張:「一、若欲完成南進政策,內須屬行統治,外要努力善鄰,儘可能避免發生國際事端,並講究如何在與對案清國及南洋的通商上佔優勢之策。二、若欲收統治本島之全效,不僅須以鎮壓島內與收攬民心為主眼,更須注意對岸福建省(特別是廈門)的民心,察其歸向,反射性地謀求島民的安篤,採取達成統治目的的方針。」順此方針,後藤新平在《台灣銀行設置廈門銀行論》中,更具體和詳細地指出:「……我國最近與清國締結永不割讓福建省的條約。今後,國際上的競爭不再是以武力侵略土地人民,而是以財力佔領土人民。亦即,戰略之爭已變為商略之爭。日本帝國佔領台灣,若僅止於經營台灣,則帝國的拓殖亦只是台灣的拓殖。倘帝國以北守南進為國是,則沐帝國之澤者不單是台灣人民。若欲佔領台灣成為『殖民站』的獲得,以儘早使華南及南洋諸島人民能沐浴帝國恩澤,即須採用拙見,並望能速斷此事。」所以在 1900 年 1 月,即於對岸設立台灣銀行的廈門分行。半年後,因「義和團事件」爆發,日本陸戰隊先暗中放火燒燬廈門的東本願寺,然後以保護日橋為由,登陸入據廈門領事館所監督的「東亞書院」,而由兒玉、後藤從中鼓動,續增兵佔領了廈門。但因此事不久,即引起清日的緊張和列強的關注,日本內閣下令中止行動,使兒玉等深感挫折和內疚。以上摘述戴天昭著、李明峻譯:〈日本統治下的台灣與列強〉,《台灣國際政治史》,頁 272-277。

是絕對有必要的。

　　另一方面，「兒玉、後藤體制」所主導的大陸擴張政策，也才是日本臨濟宗妙心寺派之所以一度在兒玉源太郎的囑託和資助之下轉至福建發展的主因[166]。並且，也是基於「兒玉、後藤體制」認為福建佛教的前進基礎脆弱有困難後，才改以臺灣為發展總部而著手促成的[167]，而非當代有學者所認為的是由於兒玉總督想藉佛教安撫臺民激烈反抗的緣故[168]。

　　事實上，此種見解是上了黃葉秋造所編《鎮南紀錄帖·鎮南山緣起》（1913）的當，因《鎮南紀錄帖·鎮南山緣起》只從兒玉源太郎關懷福建禪佛教的興衰來著眼，卻遺漏了「兒玉、後藤體制」時期在福建的激進擴張政策，可以說將更本質的「領土侵略」動機完全忽視了[169]。

　　再說，臨濟宗妙心寺派在臺北市圓山西麓所建的在臺佈教總部「鎮南山臨濟護國寺」，雖在「兒玉、後藤體制」時期，官方（1900.11）曾私下設法請板橋林家（業主為林熊光）以私有土地免租、長期提供梅山玄秀建此新寺之用[170]，

---

[166] 松金公正：〈日本佛教之臺灣佈教與臨濟護國寺〉，發表於內政部民政司等主辦「都市、佛教與文化資產學術研討會」（1999.4.10），頁1-2

[167] （一）胎中千鶴，〈日本統治期臺灣における臨濟宗妙心寺派の活動──20-30年代を中心に──〉，《臺灣史研究》第16期(1998)。（二）松金公正，〈日本佛教之臺灣佈教與臨濟護國寺〉。

[168] 如：林奇龍：〈圓山臨濟寺的歷史〉，《妙林》第9卷第10期(1997.10)，頁42-49。

[169] 黃蘭翔在其〈日治初期都市空間結構中的「圓山公園」之意義〉一文，（內政部民政司等主辦「都市、佛教與文化資產學術研討會」，1999.4.10），雖然也提到：「兒玉在當時臺灣政治、社會動盪不安之際，寄望臨濟宗的宗教力量有益於統治」，但同時也還能注意到：「因為日本把臺灣當成入侵中國的跳板，以及作為學習殖民地的教材，所以日人將臺灣的佈教視為華南佈教的一環。『鎮南護國禪寺』的『鎮南』兩字，其實是包括華南地區在內而稱的。」（頁16）可謂有慧眼。至於對福建廈門「領土侵略」的問題，可參考戴天昭著、李明峻譯：〈日本統治下的臺灣與列強〉，《臺灣國際政治史》，頁272-277。

[170] 臺灣總督府宗教檔案「有關核准梅山玄秀申請寺院興建事宜」，明治33.11.12所發的「民縣第1119文」。溫國良編譯：《臺灣總督府公文類纂宗教史料彙編──明治28年10月至明治35年4月》，頁147-152。

但真正竣工的時間[171]，其實是在兒玉源太郎總督去世之後[172]，故等於是當作兒玉佛教紀念堂來設置[173]。何況，日治初期打擊日本來臺日僧佈教方式的歷屆臺灣總督中，以「兒玉、後藤體制」最嚴重，故將「鎮南山臨濟護國寺」解釋為「是由於兒玉總督想藉佛教安撫臺民激烈反抗」，可以說與真正的情況出入甚大。

另一方面，必須注意的是，在「兒玉、後藤體制」的後期，日本又在「日俄戰爭」中獲勝，國威更是達到前所未有的高峰。雖然當時兒玉以「總參謀長」前往指揮，並贏得勝利，卻在戰後隔年（1906.7.23）即過世。但，之前在兒玉凱旋臺灣時，曾訪隨軍佈教使梅山玄秀，並許諾贊助與促成「鎮南山臨濟護國寺」的籌建。

因此，在兒玉過世以後，以繼完兒玉曾許諾建寺的遺願為名，以及藉著每年為兒玉舉辦週年忌日追悼法會，使得官方同意梅山玄秀向外勸逐年募建寺的巨額款項，並於明治45年（1912）正式啟用。

但據松金公正的研究，在建寺期間，由於曾 3 次申請展延募款的截止期限，官方已擔心會嚴重影響民眾的觀感而要求除最後一次特許之外，下不為例。幸好臺灣民眾——主要是新貴的「御用紳仕」的大力捐獻，才得足夠的款項，將寺建成。所以松金認為：「日本臨濟宗妙心寺派此後即由於此一原因，在佈教對象方面，逐漸改變過去一向以守護陸軍墳墓和以日人為中心的作法，而轉移到臺灣民眾方面來」[174]。換言之，臺灣民眾的經濟贊助，在宗教上已顯著地被體認到了。

---

[171] 此處非指之前的「圓山精舍」，而是指後來作為「本山格」的「鎮南山臨濟護國寺」。

[172] 兒玉在明治39年（1906）7月過逝。

[173] 梅山玄秀於明治39年7月28日，為兒玉總督開追悼會。以此為契機，於隔年（1907）7月5日的逝世週年紀念會上，地方官和總督府達成建寺以完故兒玉總督的遺願之決議，於是展開對外募款，分期籌建。全寺大殿迨明治44年（1911）才完成。明治45年6月20日，由臨濟宗妙心寺派管長代表　上宗詮主持奉佛開光大典；24日起再為故兒玉總督舉辦7週年忌日法會。見松金公正，〈日本佛教之臺灣佈教與臨濟護國寺〉，頁4-5。

[174] 同上註，頁5。

　　而幾乎在同一時期，基隆月眉山靈泉寺的擴建工程，經總督府許可對外募捐後，由信徒總代表「辜顯榮、顏雲年、許梓桑、許松英」等人帶頭發起，很快就募得所需的一萬圓經費[175]。這就是李添春所說此款係由日本曹洞宗大本山撥下贊助的，因而轟動全臺宗教界，處處有人欲聘寺主江善慧兼領彼等寺廟住持的背景[176]。

　　事實上，「月眉山派」的形成，和臺籍新貴的「御用紳仕」或富商與土豪的大力捐獻，有絕對的密切關係。茲再以另一後來亦成為「四大法派」之一的「觀音山派凌雲禪寺」為例，該寺的啟建因緣，也是因明治 42 年（1909），有來自臺北大稻埕的富商劉金波家捐獻的 3 千圓初期工程款，欲藉以供建寺供養亡父之用，才促成建寺因緣的[177]。

　　而據真宗西本願寺派的僧侶回憶，當該宗在大正 2 年（1912）3 月 28 日，欲建一專供臺灣民眾子弟就讀的「私立臺灣真宗中學校」，原預算由辜顯榮、李春生等籌募的只 11 萬圓左右，但辜顯榮認為須盡量達到 20 萬圓的程度[178]。此校後來雖未建成，但其經濟的雄厚可見一斑。並且，辜顯榮也擔任艋舺龍山寺的「管理人」之首，同時對全臺各地大寺廟的捐款，亦毫不吝嗇[179]。因此在這種情況下，日本曹洞宗、臨濟宗妙心寺派、真宗西本願寺派等來臺僧侶，會繼續注意到對臺灣民眾的持續佈教——不管其動機是什麼？也是必然的趨勢！

　　在另一方面，既然官方允許海峽兩岸的僧侶有交流的機會，基隆月眉山靈

---

[175] 李添春：〈臺灣佛教史料：上篇曹洞宗史〉，原載《臺灣佛教》季刊第 25 卷第 1 期(1971.11)，頁8。

[176] 臺灣社寺宗教刊行會編：《臺灣社寺宗教要覽（臺北州の卷）》「附錄一之 3・靈泉寺」條(臺北：臺灣社寺宗教刊行會，1933)。

[177] 臺灣社寺宗教刊行會編：《臺灣社寺宗教要覽（臺北州の卷）》「附錄一之 5・凌雲禪寺」條說明。

[178] 大橋捨三郎等編：《真宗本派本願寺臺灣開教史》，頁 202。

[179] 臺灣社寺宗教刊行會編：《臺灣社寺宗教要覽（臺北州の卷）》「附錄三之 1・龍山寺——管理人辜顯榮氏略歷」條說明。

泉寺便在明治 45 年（1912），開辦所謂「愛國佛教講習會」。而當時擔任講師的有來自中國大陸叢林的釋會泉（1874〜1943），主講《金剛經》，日本曹洞宗方面有剛學臺語的渡邊靈淳師[180]，加上代表臺灣本地的江善慧自己。參加的會員，則有來自臺南、嘉義、臺中、新竹、臺北和阿猴（今屏東縣）等 40 餘人。這也是臺灣佛教史上第一次由寺院主辦大規模的全臺佛教講習會[181]。不過，在講習宗旨中提到：「欲養成佈教人才，令一般人民共發遵皇奉佛之精神」[182]。可見有信教和思想改造的雙重目的。而事實上，課程的安排和講師的邀請，也曾和當時曹洞宗大本山「臺灣別院」的院長霖玉仙[183]商量過。所以中、日、臺三角關係，是當時臺灣佛教的主要方向之一，並且是官方許可的。而代表中國大陸閩南佛教叢林的釋會泉，直到中日全面戰爭爆發為止，仍經常應邀來臺講經弘法，因此他可以說是在日治時期持續維持臺灣傳統佛教最具影響力的僧侶之一。例如日治時期臺灣「四大法派」之一的「高雄大崗山派」龍湖庵——全臺最大的專屬女眾道場其叢林制度和佛法知識，即是專聘釋會泉上山傳授的。

　　不過，此次「愛國佛教講習會」最重要的影響之一，可能是來自臺灣中部龍華派「慎齋堂」的信徒林茂成（原籍雲林縣），在此次講習會後，即決定在靈泉寺落髮出家，禮江善慧為剃度師，法號「德林」，屬「德」字輩排行，為李添春的師叔、曾景來的師父。而林德林日後有「臺灣佛教馬丁路德」之稱，

---

[180] 渡邊靈淳學臺語，見林德林的記載，他在〈臺灣佛教新運動之先驅〉一文提到：「渡邊師自大正元年（1912）渡臺，熱心研究臺灣語，是時已經能自由與島人對話，並且能用臺灣話說教。」載張曼濤主編，《中國佛教史論——臺灣佛教篇》現代佛教學術叢刊第 87 冊(臺北：大乘文化出版社，1979)，頁 82。

[181] 梅靜軒在其論文〈日本曹洞宗在臺佈教事業（1895〜1920）〉(頁 6)，發表於法光佛教文化研究所，1997。曾將筆者所說明的此次「愛國佛教講習會」和南臺灣由齋教三派所組織的「愛國佛教會」類比，然後說令她十分迷惑，不知真相。事實上，前者為一次活動的名稱，後者為齋教三派的聯合組織，怎麼說分辨不清呢？其指導教授為中華佛學研究所的釋慧嚴博士，程度如此，令人慨歎！

[182] 林德林手稿：〈愛國佛教講習會〉，《靈泉寺沿革》，頁 11。

[183] 霖玉仙為第 6 任，任期自明治 44 年 4 月至大正 2 年 8 月。

也是日治時期爭議性最大的佛教風雲人物。

此外，「四大法派」核心寺院（大本山）的開創，除上述所提到的「臺北觀音山凌雲禪寺」和「基隆月眉山靈泉寺」之外，臺南開元寺於明治 36 年（1903）開始分裂，原寺中監寺兼住持的林永定辭職，由另一派系的蔡玄精接掌。林永定改應聘為高雄大崗山超峰寺的新住持，並於明治 41 年（1908）起，與其師周義敏將原為一處古老沒落的「香火道場」，逐漸經營為南臺灣教勢最大的本土佛教法派。至於新竹州大湖郡的「觀音山法雲禪寺」，由於當地土豪開墾時與原住民部落血腥械鬥多年、殺戮甚慘，故亦決定籌建鎮壓亡魂怨靈的新佛寺，於是敦聘曾來臺灣尋求機會不順的福建鼓山湧泉寺僧侶林覺力再度來臺（1913），主持「觀音山法雲禪寺」的創建工作。以後，林覺力即因此開創了「法雲禪寺派」，並由辜顯榮等管理人聘為艋舺龍山寺的新住持，而他也是日治時期由「漢族華僧歸化為日籍漢族臺僧」的著名樣板。

而有關這些「法派」的開創，無一不是出現在「西來庵事件」爆發之前，可見臺灣佛教發展的轉機，的確是發生在明治 32 年（1899）夏季，亦即在「兒玉、後藤體制」頒佈「社寺、教務所、說教所設立廢除合併規則」之後。並且，在「西來庵事件」爆發之前，即已大致確定未來的走向和初步規模了。也因此，吾人的確可以斷言：日治初期，其實是直到「兒玉、後藤體制」的殖民統治確立之後，才真正對此後臺灣本土佛教的發展，產生了關鍵及持久的轉折影響。

二、「西來庵事件」爆發後的佛教發展

（一）繼「兒玉、後藤體制」之後的官方「同化方針」

1.矢內原忠雄對歷任臺灣總督的政策評述

不過，儘管日治初期，「兒玉、後藤體制」對臺灣佛教的發展，影響極為

重大，可是，現實的世界環境也一直在變動中。因此，隨著兒玉總督的去世，民政長官後藤本人不久也轉往中國東北（滿州）擔任新職。並且，繼彼等職位的歷任新當局者，亦可能為因應新情勢的發展，而必須對之前「兒玉、後藤體制」的「無方針政策」有所調整。

對此轉變的歷程及其施政特性，矢內原忠雄在其著名的《日本帝國主義下之臺灣》一書中，是以 1918～1919 年之交為分水嶺，將歷任臺灣總督的施政方針，分成前後兩期。而前期即是「以兒玉、後藤政治為基調」，並且對此「基調」的特色與內涵，矢內原忠雄亦將其概括為，是「根據臺灣社會的特殊性認識，社會方面則尊重舊習慣，政治方面則為對於臺灣人之差別的警察專制統治；政治的內容則為治安的安定、島內產業之資本主義的發展、日本人的官僚及資本勢力的確立、對於教育措施的冷淡等」[184]。

相對於此，「後期則自明石總督以迄 1928 年新任的川村總督，凡 10 年間，總督雖經 6 次更換，但其一貫的基調，可求之於田（健治郎）總督的訓示[185]。即由臺灣社會的特殊性認識，轉移為日本延長主義、同化主義，一方面提倡尊重教育、文治政治、民族融和，同時在經濟方面，則由島內產業的開發，進而特別強調臺灣與日本的聯結及向華南、南洋的發展」[186]。

但矢內原忠雄本人也承認：在所謂「同化」與「不同化」之間的政策考量，其實只是依是否對日本人有利來決定的，例如有關政治權力的部份絕不下放與臺人分享（部份「御用紳士」除外），故所有的日治時期「同化」主張，皆

---

[184] 矢內原忠雄著、周憲文譯：《日本帝國主義下之臺灣》，頁 173。

[185] 按此處所指的訓示，是指 1919 年 10 月，田健治郎就任時所發表的未來施政方針，矢內原忠雄曾在書中加以摘述，例如其中提到田健治郎曾表示：「臺灣構成帝國領土的一部份，當然從屬於帝國憲法統治的版圖……因此，其統治方針，概以此大精神為出發點，而從事各種措施與經營，使臺灣民眾成為純粹帝國的人民，忠於日本朝廷，且須予以教化與指導，使涵養對於國家的義務觀念。……先求教育之普及……使達與日本人在社會的接觸並無任何徑庭的地步，結果須予教化並善導，使其進至政治均等的境界……」同上註，頁 172。可是 1927 年 7 月 1 日的《臺灣民報》卻批評田健治郎的「地方自治制度」是：「好看不好吃」，並且他其實是一個「滑頭的政治家」。

[186] 同上註，頁 173。

不包括「政治同化」在內；反之有關「經濟」與「教育」的事務，可以允許逐漸「同化」，即是因此兩者有助於日人從中取利[187]。故有關臺灣佛教的發展，也須放在這樣的架構下來考量。

2.「西來庵事件」的爆發及其對官方宗教行政措施的影響

不過，在展開此後有關臺灣佛教的討論之前，此處仍須先稍微交代關於「西來庵事件」的爆發原因、經過及其影響。雖然此一事件，幾乎已是研究日治時代臺灣史經常涉及的課題，卻由於它與此後的臺灣本土佛教的發展關係特別密切，故儘管其中的細節似可加以省略，仍無法完全一字不提，否則在後續的討論中，將難以解釋其他相關的影響。

此外，正如本章之前曾提過的，「西來庵事件」的爆發與被血腥鎮壓，通常也被視為初期所謂漢人「武裝抗日」的完結篇。因事實上，日本在臺初期殖民統治的前 20 年間，除了部份清廷在臺官僚、軍隊和臺灣士紳、民眾以「臺灣民主國」為號召，曾在初期短暫對抗來臺日軍但迅即被擊潰之外，其間共經歷 5 個軍人出身的臺灣總督：樺山資紀（1895～1896）、桂太郎（1896）、乃木希典（1896～1898）兒玉源太郎（1898～1906）和佐久間左馬太（1906～1915）。而其中尤以兒玉總督時代，因任命幹練的民政長官後藤新平，一面在臺灣展開大規模的全島舊慣調查工作，另一方面又同時展開各種政經建設和招降本島的武裝反抗力量，使得平原地帶的漢人反抗力量大為削弱。

此因在「兒玉、後藤體制」以「棍棒和胡蘿蔔交加」的策略，來馴服臺人的武裝反抗之背後，其實是有大量堅實的現況調查資料，和極精湛的相關專家來作為政策指導，故其施政成效也相對顯著。

當然在此同時，官方為了政治局勢早日穩定而展開的血腥鎮壓與屠殺，亦較之任何時期都更有效和更不手軟。而此種局面，一直維持到大正 2 年（1913），

---

[187] 同上註。頁 167。

即羅福星等臺民有組織的反日領袖，於苗栗和淡水被捕、就義時，照說武裝抗日應接近尾聲了。

但，不料到了大正 4 年（1915），卻又爆發了有不少臺民利用宗教迷信為號召的「西來庵事件」。然而此一行動，迅速被官方發現而遭到逮捕與鎮壓，結果被捕者 1,957 人，判死刑者 866 人（一部份改判無期徒刑）。而在事件的過程中，日本警方曾不分青紅皂白地濫肆屠殺，審判後又處死眾多的參與者，使臺人和日人雙方，都為之震撼良久！

然而，「西來庵事件」事實上也可以說，是和臺灣舊慣宗教迷信關係最密切的抗日運動。主謀者余清芳（1879～1915）、羅俊、江定等人，曾利用臺南市鸞堂「西來庵」董事的職務，煽動信徒，並奔走南北寺廟庵堂，串聯同志，欲圖藉此建立所謂「大明慈悲國」和討伐在臺日人。因此其中很多「齋教徒」也被牽連在內。故「西來庵事件」爆發後，影響所及，隱隱然地可以牽連到在臺灣的全部傳統宗教團體。

而日本在臺殖民當局，也警覺到臺灣民眾的反抗運動中，藉傳統宗教信仰來凝聚組織與溝通反日行動的共識，其實是一股對治臺安定造成極大威脅的潛在力量。於是繼後藤新平時期的舊慣調查之後，日本在臺的總督府又展開了長達 3 年（1915～1918）大規模的臺灣宗教調查。

根據主持此一調查任務的丸井圭治郎本人的事後回憶，他從大正 4 年 10 月至隔年（1916）3 月展開調查的結果，發現並不理想：原因是時間太過匆促，人員的訓練也欠成熟，故資料不可靠。接著第二次展開的宗教調查，改由當時各廳轄區內的公學校教員（本島人就讀的小學教員）和警員，作為時一年的全島宗教普查。

然而，從大正 5 年（1916）4 月至 6 年 8 月止，丸井仍感覺此次的整個調查記載，既欠標準化，也未符預期目標。於是他在大正 6 年 9 月，又印製「有關宗教調查體例」，並發給各廳所屬的宗教事務人員，要求彼等按所發體例填寫調查資料。結果在大正 6、7 年之交，全部調查資料終於填報完成。

　　當然，這個調查相當徹底，是臺灣有史以來首次標榜全島性宗教調查的專案，欲圖深入和普遍地掌握臺灣島上各種宗教的資料和樣相。然而據丸井自己說，他當時面對堆積如山的資料，要據以來撰寫報告時，頗有無法在短時間通讀之苦；同時，他也發現有關臺灣宗教的記述，很多都是抄自原有的中文宗教書籍；而更嚴重的是，表面看似多種來源的文獻資料，其實可能是輾轉自同一本書抄襲而來，所以在史料價值上，其實不高。

　　何況，丸井原隸屬日本佛教的臨濟宗，原本對禪宗的源流和典故，相當熟悉，故他一翻閱號稱傳自六祖惠能的齋教系譜時，立刻發現和實際的禪宗史出入甚大，人名和世系都有問題。可是由於臺灣齋教的傳說一向如此，他只好一面照傳說資料撰述齋教起源歷史；一方面則在《臺灣宗教調查報告書》的第一卷裡，將此種資料疑點指出，並要求閱讀者注意其缺乏精確客觀性的問題。

　　大正 8 年（1919）3 月，第一卷報告書終於完成了，於是撰寫調查報告的丸井圭治郎──當時擔任總督府的編修官兼翻譯官，於大正 8 年（1919）3 月，向當時的總督明石元二（1864～1919）[188]提出《臺灣宗教調查報告第一卷》。但其餘的卷數則始終未曾提出[189]。

　　然而，此一過去長期受到臺灣學界評價極高的《臺灣宗教調查報告第一卷》，雖然在有關臺灣舊慣宗教的解說方面，曾對「宗教迷信」展開旗幟鮮明的強烈批判，但此舉在當時曾一度遭官方同僚柴田廉的公開反駁[190]。其實，他（丸井）在全書的整個詮釋體系（統計資料除外），是大量襲用織田萬和岡松等人原有觀點及其法制化的定位。並且，以後丸井全書的整個詮釋體系又被李

---

[188] 第 7 任臺灣總督，在臺一年餘即病死。

[189] 實際上，調查報告書後面精心統計的各類大量統計表，包括基督教、神道、日本佛教來臺各宗派、官方徵用未返之臺人寺廟等，都未被丸井在前面的解說中觸及，可見不是無能就是偷懶或有意迴避。因此，第二卷未續出，早在預定之中。

[190] 有關丸井與柴田廉的辯論，詳後討論。

添春繼續援用[191]。

　　因而，九井所大量襲用的部份，又屢次成為戰後《臺灣省通誌稿‧宗教篇》等官書的主要解釋架構和基礎資料，這對織田萬和岡松等人的原有貢獻，是既不公平也不應該的。故如今應是還其公道的時候了。

　　當然，在另一方面，伴隨九井圭治郎的臺灣全島性宗教調查工作而來的，即是在「宗教」與「迷信」之間，試圖加以區隔。因若從當時官方的立場來看，「西來庵事件」的爆發，雖有其他各種非宗教迷信的因素[192]，但在整個事件爆發前的群眾動員過程中，很明顯的曾利用了傳統的臺灣「宗教迷信」和歷代「易姓革命」的變天思想。既然如此，於是在有關臺灣舊慣「宗教迷信」是否須加以掃除的問題上，官方在此之前，所採取的策略是儘量不在政策上公開的批判，甚至加以默許；但在此之後，則必須加以批判。

　　此因臺灣舊慣「宗教迷信」的問題，既已涉及重大叛亂，故官方即不可能再坐視不管，而轉為主動地試行將其導向正軌；可是若不先將「宗教」與「迷信」有所區隔，事實上除了禁絕一切臺灣舊慣宗教活動之外，根本難以執行。這就是官方政策上，之所以會有前後階段的不同之所在[193]。

---

[191] 李添春的參考資料，除自行調查外，雖在「主要參考書」中，提到《清國行政法》第 2、第 4 兩卷，《臺灣私法附錄參考書》，可是岡松參太郎的《臺灣私法》第 1、2 兩卷，並不在其內，可見最重要的部份被他忽略了。見李添春：《臺灣省通志稿‧卷二人民志‧宗教篇》(臺中：臺灣省文獻委員會，1956)，頁 272。並且，近來松金公正也批評，李添春在關於日本佛教來臺的資料，是將《臺灣的神社及宗教》一書「省略了不必要的內容，並翻成中文編列於《臺灣省通志稿》中。不過，翻譯時，其內容是否經過詳細考證，值得懷疑。見氏撰，〈日據時期日本佛教之臺灣佈教──以寺院數及信徒人數的演變為考察中心〉，載《圓光佛學學報》第 3 期(1989)，頁 202。

[192] 從事變之後，官方審問參與者的口供來看，彼等之所以參與，是由於稅金太苛、日人傲慢、警察橫暴、製糖公司的剝削、官方林野調查時沒收私有地、對奴化教育的反感等。見大正 4 年（1915）8 月 13 日，《臺灣日日新報‧第 2 次陰謀事件始末》的報導。

[193] 不過，這種認知上分歧與改變，並不始於「西來庵事件」。例如臨時臺灣舊慣調查會的第一部長岡松參太郎，即採現代法制化的立場，並從學術客觀的角度來釐清其中複雜的現象和本質，然後將其納入現代「法制化」的體系來詮釋和定位。反之，當時著名的人類學家伊能嘉矩，在來臺之前，即已將自己欲研究的「宗教」領域，劃分為「信仰」與「迷信」的兩大類。見黃智慧：〈日本對臺灣原住民宗教的研究取向：殖民地時期官學並行傳統的形成與糾葛〉，載徐正光、黃應貴主編：《人類學在臺灣的發展：回顧與展望篇》(臺北：中央研究院民族學研究所，1999)，頁 157-166。

　　以鄰近「西來庵事件」爆發地的臺南廳大目降（今臺南縣新化鎮）公學校校長小田平六來說，即曾在大正4年（1915）11月9日，以「大公學秘第11號函」附有所撰的「取調事項」及「意見書」，向臺南廳長提出建議，其要點為：

　　（一）臺灣人原有的信仰過於迷信、功利，與日本帝國的國民性背道而馳，對教育有惡劣的影響，故若要以之作為學校教育之用，宜以其中的文廟、武廟和義民廟三者為涵養國民性之資。不過，在當地僅有併在媽祖廟之內奉祀的倉頡聖人而已。

　　（二）臺灣原有寺廟外觀，影響民眾甚大，須利用修繕或改建時，以純日式的神社和寺院的建築造型代之。

　　（三）臺灣神社之分靈，仍以在臺日人參拜居大多數，而臺人幾乎不拜，此後須令臺人前往參拜，以涵養日本國民性，否則單靠教育要收預期效果非短期內可達成。

　　（四）臺人在祭典時所演出的戲碼，常見梟雄崛起、弑帝自代的情節，與日本向來的演法迥異，與國民性的教育宗旨背離，宜特加注意[194]。並且，新竹廳南庄公學校，亦提出類似的看法[195]。甚至也有提出乾脆全部廢除的建議等等，但實際上不可行。因此，蔡錦堂博士將其定位為「妥協的同化」，來反映大正年間日本治臺的施政基調[196]。筆者也完全同意此一精確的論斷。

　　但是，反映在「西來庵事件」之後的實際宗教行政措施，除了上述臺灣全島的現況宗教調查及各種建議書或報告書的提出之外，在總督府民政部主管的社寺業務，也相應被單獨地劃歸由新成立的「社寺課」來辦理。根據蔡錦堂博士的詳細研究，此一新成立的「社寺課」，實際上僅存在6年半（1918.6～

---

[194] 參考蔡錦堂：《日本帝國主義下臺灣の宗教政策》，頁58-59。
[195] 同上註，頁60-61。
[196] 同上註，頁62-63。

1924.12.25）而已，並且從成立到裁撤都只丸井一個人從頭幹到底。

　　因此，大正 13 年（1924）12 月 25 日之後，「社寺課」被降級隸屬於民政部內務局文教課之下的「社寺係」。到大正 15 年（1926）10 月 12 日之後，再隸屬於民政部文教局社會課之下的「社寺係」[197]。故大正昭和之際，事實上也是新宗教情勢變革的重要分水嶺之一，並且在稍後的章節中，本章仍將會就此新發展，有進一步的討論。

（二）臺灣佛教組織的新變革

1.有關「西來庵事件」之後新佛教組織的新舊論述

　　有關「西來庵事件」之後，所陸續出現的新佛教組織，對日治時期臺灣本土佛教的啟蒙和轉型，提供了最根本及最大的推動力量。不過，對於這些新佛教組織的陸續出現，目前臺灣學界存在兩種不同的思考架構，有必要將其新舊的差別點，先略加說明。以第一種來說，通常是按學界過去對此新佛教組織的討論架構來思想的。

　　亦即，彼等在其初期的論述，就如本章之前的作法，會先以「西來庵事件」的爆發為重要轉折，但主要是在藉此來介紹丸井圭治郎所負責的全島性宗教調查，及其所提出的第一卷《臺灣宗教調查報告書》的重要貢獻。然後再連帶介紹一些當時新出現的宗教組織，像由黃玉階所構想但未實現的「本島人宗教會規則草案」、「愛國佛教會臺南齋心社聯合約束章程」、「臺灣佛教青年會」、「臺灣佛教道友會」和「臺灣佛教龍華會」等，然後即過渡到丸井圭治郎籌組「南瀛佛教會」的經過等。

　　當然，像這種綜論的簡化處理方式，在相關史料不足時，也自有其可取之處。因此，自李添春在《臺灣省通志稿・卷二人民志・宗教篇》首開風氣以來，經王世慶、瞿海源（實際執筆人為張珣），到筆者過去的研究，也大致承襲了

---

[197] 同註 194，頁 67-70。

此一討論的架構。

　　然而，第二種是近年來興起的討論架構，較之第一種，已出現極大的轉變和突破。而其較不同的 7 點是：

　　（一）筆者另闢日治時期臺灣本土佛教四大法派的討論進路。

　　（二）王見川亦對「臺灣佛教龍華會」等齋教組織和日僧東海宜誠的佛教事業，有了較突破性的開展。

　　（三）釋慧嚴博士主要貢獻，是繼李添春之後，再度先啟用了日本佛教的內部刊物如曹洞宗的《宗報》等新史料，因而間或也同時訂正了筆者過去限於資料不足的一些屬於細節上的錯誤。

　　（四）松金公正則是繼釋慧嚴博士之後，幾乎把過去未被使用的日本佛教內部資料都找出來了，並用了許多統計圖表來介紹日治時期日本佛教在臺灣活動的狀態，但討論都只點到為止而已[198]。

　　（五）至於胎中千鶴的相關研究，除了側重在日本臨濟宗妙心寺派的研究以外，其他論文的篇數既少，也無重要突破之處。

　　（六）而早期《臺灣日日新報》有關佛教的報導，也陸續被王見川、李世偉等人所引用，最具體的成果，就是集合松金、范純武等人合編了《臺灣佛教史年表──日據篇》（中壢：圓光佛學研究所，1999.8），其優點是此表能貫穿整個日治時期，並且史料日期正確、出處清楚；但其缺點則是內容過簡和未成解釋系統，故使用價值有限。

　　（七）儘管如此，當時曾首任新設「社寺課長」的丸井圭治郎本人，在大正後期親手所促成屬於官方體制外的臺灣本土全島性佛教組織（包括齋教三派在內）──「南瀛佛教會」，則是影響至為深遠的。

---

[198] 以上作者所用這些資料，後來也輾轉到了筆者手中，筆者特別感謝王見川先生的幫忙。不過，現在的研究者已無法像過去那樣，想單賴掌握新史料就能取勝。因而，此後當須有更新的視野，以及更強的分析力和組織本領，方能有更卓越的研究表現。

這是由於此一組織在丸井去職之後，仍繼續長期存在，並成了對日治時期臺灣本土佛教現代化啟蒙運動成果最輝煌的民間佛教團體。儘管後面實際上是由臺灣總督府的主管官僚在操控著，也無法抹煞其實質上的巨大貢獻。

所以不論怎麼討論，「南瀛佛教會」還是其中最重要的臺灣佛教組織，而且這必須歸功於丸井圭治郎個人的構想和實際推動。但，他在大正 10 年（1921）提出構想，大正 11 年正式成立，並被推為「會長」，固然是一歷史事實。然而，站在瞭解日治時期臺灣佛教史的立場，吾人接著必須追問：

（一）丸井當初推動籌組「南瀛佛教會」的動機是什麼？

（二）丸井在實際上是如何進行籌組？並使此一組織的存在得以延續到他去職（大正 13 年，1924）以後？

（三）「南瀛佛教會」的組織性質和功能，究竟有哪些地方是新出現的？

事實上，在這些問題的背後，是關涉到如何理解日治時期臺灣佛教轉型的主要原因和相關的內在條件。故有必要再進一步說明，以使這一重要的佛教問題，有一較深入和較大視野的了解。

不過，為求解說方便起見，此處仍循著丸井的這條線索來理解。

因首先必須考慮的是：丸井在推動「南瀛佛教會」的組織成立時，他的行為有無和總督府的宗教政策牴觸？假如有，則「南瀛佛教會」為一「違法」組織，其不能長期存在，將是可以預期的。而假如是「合法」的，那麼要問：像「南瀛佛教會」這樣一個以臺灣佛教徒（包括在家、出家）為主體的「全島性」聯合組織，有何必要性由身為總督府社寺課長的丸井來負責推動？

按說，丸井到臺灣來，先是擔任翻譯官兼編修官，後來則是執行總督府在「西來庵事件」爆發後所進行的調查。不過他其後雖擔任「社寺課長」一職，可是日本宗教法律規定和歷任總督府的訓示，皆顯示臺灣的宗教信仰，除非過度迷信或對社會有不良影響，否則官方是要尊重當地習慣和加以保護的。

因此，丸井本人不可能在法律的規定之外，過度的干預屬於私人組織臺灣佛教事務。換言之，「南瀛佛教會」的成立，不論丸井如何熱心推動，乃至在

成立後兼任「會長」，也無法改變它是屬於「民間宗教團體」的性質。

　　假如這一立場不能改變，那麼，身為總督府「社寺課長」的丸井，假如要推動臺灣人的佛教組織，則在他著手之前，必然有相對的內外環境需求，來促使他採取行動。否則他的這一措施，就成了不可解。

　　因而，若要說明「南瀛佛教會」成立的相對內外環境需求，此處仍須先再簡介一下當時臺灣島上所出現的新潮流，和各階層所受到的巨大影響。

　　由於時值第一次戰後，美國總統威爾遜在戰後和平計劃中，所提出的「民族自決」思潮，正瀰漫全球，故對世界各地的殖民地區民眾鼓舞甚大。而臺灣在日本統治下，雖已歷 26 星霜，但政治、法律、教育和經濟等各方面，都受到明顯差別待遇，因此對「民族自決」的呼聲，自然反應熱烈。何況當時在亞洲地區同屬日本統治下的朝鮮殖民地，曾爆發大規模的「獨立運動」，以及在中國大陸也掀起反日的「五四運動」，促使日本統治當局必須對這樣的大變局有所因應，否則在臺灣的反抗運動，將無可避免地會隨之爆發開來。

　　而事實上，當時臺灣的留日青年，在「南瀛佛教會」籌組之前一年，已在日本組成「新民會」，推林獻堂為會長，要求日人讓臺灣人高度自治。機關刊物《臺灣青年》亦在當年（1920）創刊，並將影響力自日本傳回臺灣本土。而「臺灣文化協會」的成立（1921），更使知識份子的文化下鄉運動，在臺灣全島展開，直接對民眾展開思想啟蒙的工作；同時「議會設置請願運動」，也持續進行著。

　　但若就日本統治後的臺灣宗教界來說，其實從明治時期到大正年間，最活躍、最獲民眾愛戴和最受日本政府重視的，其實是先天派的黃玉階而非佛教僧侶。黃氏在日本據臺之年（1895）已 46 歲，除熱心於先天派的道務開拓之外，黃氏更以精通醫術和熱心公益聞名。

　　日治初期，臺灣地區流行各種傳染病，如霍亂、鼠疫等，黃氏不但救活千人以上，更撰文告訴民眾預防或治療之道。此外黃氏還協助推動民眾剪辮和改

天足，頗有功於新生活習慣的提倡。因此黃氏生平深受各界推崇，除被選為仕紳、評議員和區長，更影響青年輩習醫的風氣；例如前臺大醫學院長杜聰明博士，即是仰慕黃氏並受其影響才習醫的。

而就宗教事業來看，他除在全臺拓展先天道教務外，還倡導「齋教」各派和曹洞宗聯合，因此大正 5 年（1916）籌組的「臺灣佛教青年會」，黃氏列名 8 位臺籍發起人之首，隔年並被推為 2 名「副會長」之一（會長大石堅童和另一副會長木村泰治皆日籍）；而基隆月眉山的江善慧（1881～1945），則擔任「幹事長」。可見江善慧這時的影響力，遠不如黃玉階[199]。由這些說明裡應可得一印象，即「齋教」在當時是強勢「團體」和正統佛教也能和諧共處，而不發生「正統」對「異端」的互相排斥問題。

可是，在「西來庵事件」之後，臺灣佛教界如何走出此一風聲鶴唳的驚恐震撼呢？[200]因這並非靠黃玉階一個人就能加以改變的。這需要有更強而有力的振奮情勢出現，然而官方是不可能提供這一巨大動能的，又如何能無風起浪或憑空出現呢？恰巧，「始政 20 週年」的首次臺灣博覽會的舉辦，正好提供了一次引爆的機緣，於是意外地促成了臺灣民眾心靈的覺醒和轉機。其前後經過如下所述。

2. 臺灣新佛教運動的出現及其影響

大正 5 年（1916），恰為日本領臺 20 週年，又逢臺灣總督府新建大樓完

---

[199] 其實，黃玉階亦是「御用紳仕」之一，故他不只是曹洞宗的大信徒，同時也和辜顯榮一樣，又是日本真宗本願寺派的大功德主（捐款者）之一。見大橋捨三郎：《真宗本派本願寺臺灣開教史》，頁97。

[200] 根據後來增田福太郎在獅頭山訪問「勸化堂」和「元光寺」的結果，可以確定幾點：（一）擴充或改建，皆在「兒玉、後藤體制」中後期。（二）在大正 4 年「西來庵事件」未爆發之前，是香火頂盛、遊客不絕之大好時光；但自「西來庵事件」爆發之後，因風聞有餘黨在山上藏匿，故警察常上山盤問和嚴屬取締，故遊客都為之裹足不前，朝拜香客從此銳減，再也無法恢復先前盛況。見氏著，《東亞法秩序序說──民族信仰的中心にして》（東京：ダイモント社，1942），頁 276-278。此外，如陳火是「南瀛佛教會」的創會要角之一，但亦曾遭受牽累被刑。見林學周：《臺灣宗教沿革志》，頁 2。

成，故在臺北舉辦為期月餘的大規模「臺灣勸業共進會」。當時，總督府方面邀請英國籍的甘為霖牧師（Rev. Willian Cambell, A.D.1871～1917 在臺），擔任臺灣史專題的演講[201]，由總督府的翻譯官翻譯。另外，又有基督長老教會向大會申請設攤，欲舉辦佈教演講會。當時負責宗教事務的柴田廉認為，此事不宜獨厚基督長老教會，便知會佛教方面，亦可同時設攤舉辦佈教演講會[202]。於是，臺北佛教徒方面，這才臨時緊急架篷設臺，並調來人手登臺演講。

可是，由於基督長老教會的講者，首先不斷地在演講中嚴詞批判佛教的種種不是，引起佛教徒方面的不滿，決定也還以顏色。於是，以佛教徒林學周為主的演講會[203]，和以長老會牧師吳廷芳、陳清義為主的演講會[204]，最後演變成互爭優劣、相互攻擊的宗教批判大會[205]，雙方你來我往，針鋒相對，誰也不願先服輸。林學周本人則是靠日本友人寄來日本國內著名學者批判基督教專號的《大國民》雜誌，以作為在臺批判基督教的參考資料，將日本本土的批判火炬，重新在臺灣地區燃起熊熊大火。

如此一來，由於雙方都力挺不肯退讓的結果，在那長達一個多月（35 天）的「大演講會」裡，幾乎把全臺的佛教精英都匯聚到臺北都會區來助講[206]。因此佛教徒方面，不但未落下風，反而愈辯愈引來大批支持者的聽講和觀戰，並且無論在氣勢和聽眾人數上，都大大勝過對手基督長老教會的場面和表現。

而由於，當時像這樣能和一向社會地位佔優勢的西洋基督教互相激烈爭辯而絲毫不遜色的情況，對臺灣整個佛教界來說，乃是前所未見的嶄新經驗，

---

[201] 臺灣基督長老教會總會歷史委員會編，《臺灣基督長老教會百年史》(1965)，頁 119。講題是：1.臺灣歷史資料。2.荷蘭的臺灣佔領。3.中國的臺灣統治。4.日本最初的殖民地。

[202] 據林學周本人的自述。見《臺灣宗教沿革志》，頁 2-3。

[203] 同上註。

[204] 同上註。

[205] 同上註，頁 22。

[206] 連雅堂本人（當時為臺南新聞記者），也北上登臺，助講三夜，以增氣勢。同註 202，頁 3。

所以「大演講會」的獲勝消息，不斷地振奮了全臺的佛教徒，甚至將彼等在「西來庵事件」之後，一直鬱積在心頭的卑怯和沮喪的陰霾，也一掃而光，宛如脫胎換骨般地，較之從前，開始更明顯地在臉上流露自信的光采。因這等於意味著：彼等從此不僅敢於向鴨霸的異教徒公開反駁，同時也敢於在臺北都會區向社會大眾發出自己信仰的告白。於是林德林則首先撰文，將此次「大演講會」稱之為「臺灣新佛教運動之先驅」，可謂慧眼獨具[207]。

此外，由於在這次「大演講會」期間，有大批佛教徒前往聲援，響應極為熱烈，會後幾個主要的演講者，都受到了曹洞宗臺灣佈教總監大石堅童的激賞，立刻呈報日本的「大本山宗務院」，分別給予每位演講者一張獎狀[208]。

但此次「大演講會」（原名）的重要影響，是在會後成立了「臺灣佛教青年會」和創辦了「臺灣佛教中學林」。而江善慧在這兩樣重要的佛教事業中，皆擔任了重要的角色。茲說明如下：

一、「臺灣佛教青年會」是林學周首倡的[209]，但江善慧不但列名「發起人」之一，而且是組織正式成立後的「幹事長」。根據〈臺灣佛教青年會規則〉第8條：「幹事長受會長指揮、掌本會應務會計等」[210]。當時任「會長」的，是「曹洞宗大本山臺北別院」的負責人大石堅童，為日籍。而江善慧則是業務的實際執行者。可見在此一新組織中，他已開始嶄露頭角，是臺籍僧侶中最令人注目者。

二、「私立臺灣佛教中學林」是臺灣佛教史上第一所正式的佛教學校。根據村上專精（1851～1929）在《日本佛教本史綱》的說法，日本本土自宗制、寺法於明治17年（1884）規定後，各宗都劃分區域，辦理學校，其中曹洞宗

[207] 林德林：〈臺灣佛教新運動之先驅〉，《南瀛佛教》第13卷第5期 (1935.5)，頁23。

[208] 同上註，頁28。

[209] 林學周：《臺灣宗教沿革志》，說明當時的活動真相。而該組織均籌備〈趣意書〉亦為林氏手筆，頁3。

[210] 同上註，頁4。

除有「大學林」外，以「中學林」設 30 個為最多[211]。

　　但「私立臺灣佛教中學林」，則是曹洞宗「臺北別院」第 7 任（1913～1920）佈教總監大石堅童，在任內極力促成者。大石堅童在明治 40 年 11 月至明治 44 年 3 月（1907～1911），已擔任過同一職務，是為第 5 任總監，與江善慧結緣甚深[212]。因此「私立臺灣佛教中學林」的創辦，他自任「林長」而委由江善慧任「學監」[213]。

---

[211] 村上專精：《日本佛教史綱》，收在藍吉富編：《現代佛學大系》第 29 冊(臺北：彌勒出版社，1984)，頁 366。

[212] 李添春編撰：《臺灣省通志稿・卷二人民志・宗教篇》，頁 123。

[213] 此一「中學林」的發展和日後的名稱變革如下：（一）大石堅童是在大正 4 年開始籌劃，也就是在臺灣爆發「西來庵事件」後，開始考慮加強現代佛教知識，以消除迷信，而有了設「佛教中學林」的構想。初期的目標，是為了加強就學者的日語能力，以利銜接日本佛教教育，為曹洞宗在臺灣的發展奠下更深的基礎。因此，初期的開辦經費，是由日本曹洞宗的兩大本山與臺灣曹洞宗僧眾及皈依信徒共同籌措。學制是採 3 年制，每年收學生 25 名，分本科和研究科 2 級。但日本本土的中學制是 5 年，因此在臺灣讀完 3 年，可編入日本山口縣（在瀨戶內地方，本州南部）曹洞宗辦的「多多良中學」4 年級就讀；畢業後，可進入「曹洞宗大學林」（即日後的「駒澤大學」）深造。（二）「臺灣佛教中學林」正式開學，是在大正 6 年（1917）4 月 10 日，所以也稱得上是由大正 5 年的「大演講會」所促成的。初期招收的學生中，出家僧侶和在家信徒各其半。教授 8 人，臺籍僧侶和日僧，亦各佔其半。當時，靈泉寺江善慧的出家弟子，即有 4 人在「中學林」就讀。江善慧的大徒弟沈德融駐校幫忙。4 個日籍教授，有 2 人才從「曹洞宗大學林」畢業來臺。但一般說來，皆學有專長。大正 11 年（1922），擴建校舍，改稱「私立曹洞宗臺灣中學林」。昭和 10 年（1935），採 5 年制，又改名為「私立臺北中學」。昭和 12 年（1937），學生增加，男生移至士林新址，原址改稱「修德實踐女子學校」。戰後，再易名為「私立泰北高級中學」。是臺灣佛教界所辦最悠久的一所中學。迄今校中猶有「善慧圖書館」以為紀念，可見江善慧與此「臺灣佛教中學林」的因緣之深！

此一「中學林」的發展和日後的名稱變革如下：（一）大石堅童是在大正 4 年開始籌劃，也就是在臺灣爆發「西來庵事件」後，開始考慮加強現代佛教知識，以消除迷信，而有了設「佛教中學林」的構想。初期的目標，是為了加強就學者的日語能力，以利銜接日本佛教教育，為曹洞宗在臺灣的發展奠下更深的基礎。因此，初期的開辦經費，是由日本曹洞宗的兩大本山與臺灣曹洞宗僧眾及皈依信徒共同籌措。學制是採 3 年制，每年收學生 25 名，分本科和研究科 2 級。但日本本土的中學制是 5 年，因此在臺灣讀完 3 年，可編入日本山口縣（在瀨戶內地方，本州南部）曹洞宗辦的「多多良中學」4 年級就讀；畢業後，可進入「曹洞宗大學林」（即日後的「駒澤大學」）深造。（二）「臺灣佛教中學林」正式開學，是在大正 6 年（1917）4 月 10 日，所以也稱得上是由大正 5 年的「大演講會」所促成的。初期招收的學生中，出家僧侶和在家信徒各其半。教授 8 人，臺籍僧侶和日僧，亦各佔其半。當時，靈泉寺江善慧的出家弟子，即有 4 人在「中學林」就讀。江善慧的大徒弟沈德融駐校幫忙。4 個日籍教授，有 2 人才從「曹洞宗大學林」畢業來臺。但一般說來，皆學有

3. 臺灣佛教中學林的重要教育功能及其導致的教派大分裂

（1）臺灣佛教中學林的重要教育功能

但，「私立臺灣佛教中學林」的創辦，其最重要的功能是，臺灣本土佛教僧侶從此「似乎」有了較正規的現代養成教育之所在，亦即藉此中學教育的知

專長。大正 11 年（1922），擴建校舍，改稱「私立曹洞宗臺灣中學林」。昭和 10 年（1935），採 5 年制，又改名為「私立臺北中學」。昭和 12 年（1937），學生增加，男生移至士林新址，原址改稱「修德實踐女子學校」。戰後，再易名為「私立泰北高級中學」。是臺灣佛教界所辦最悠久的一所中學。迄今校中猶有「善慧圖書館」以為紀念，可見江善慧和此「臺灣佛教中學林」的因緣之深！此一「中學林」的發展和日後的名稱變革如下：（一）大石堅童是在大正 4 年開始籌劃，也就是在臺灣爆發「西來庵事件」後，開始考慮加強現代佛教知識，以消除迷信，而有了設「佛教中學林」的構想。初期的目標，是為了加強就學者的日語能力，以利銜接日本佛教教育，為曹洞宗在臺灣的發展奠下更深的基礎。因此，初期的開辦經費，是由日本曹洞宗的兩大本山與臺灣曹洞宗僧眾及皈依信徒共同籌措。學制是採 3 年制，每年收學生 25 名，分本科和研究科 2 級。但日本本土的中學制是 5 年，因此在臺灣讀完 3 年，可編入日本山口縣（在瀨戶內地方，本州南部）曹洞宗辦的「多多良中學」4 年級就讀；畢業後，可進入「曹洞宗大學林」（即日後的「駒澤大學」）深造。（二）「臺灣佛教中學林」正式開學，是在大正 6 年（1917）4 月 10 日，所以也稱得上是由大正 5 年的「大演講會」所促成的。初期招收的學生中，出家僧侶和在家信徒各佔其半。教授 8 人，臺籍僧侶和日僧，亦各佔其半。當時，靈泉寺江善慧的出家弟子，即有 4 人在「中學林」就讀。江善慧的大徒弟沈德融駐校幫忙。4 個日籍教授，有 2 人才從「曹洞宗大學林」畢業來臺。但一般說來，皆學有專長。大正 11 年（1922），擴建校舍，改稱「私立曹洞宗臺灣中學林」。昭和 10 年（1935），採 5 年制，又改名為「私立臺北中學」。昭和 12 年（1937），學生增加，男生移至士林新址，原址改稱「修德實踐女子學校」。戰後，再易名為「私立泰北高級中學」。是臺灣佛教界所辦最悠久的一所中學。迄今校中猶有「善慧圖書館」以為紀念，可見江善慧和此「臺灣佛教中學林」的因緣之深！此一「中學林」的發展和日後的名稱變革如下：（一）大石堅童是在大正 4 年開始籌劃，也就是在臺灣爆發「西來庵事件」後，開始考慮加強現代佛教知識，以消除迷信，而有了設「佛教中學林」的構想。初期的目標，是為了加強就學者的日語能力，以利銜接日本佛教教育，為曹洞宗在臺灣的發展奠下更深的基礎。因此，初期的開辦經費，是由日本曹洞宗的兩大本山與臺灣曹洞宗僧眾及皈依信徒共同籌措。學制是採 3 年制，每年收學生 25 名，分本科和研究科 2 級。但日本本土的中學制是 5 年，因此在臺灣讀完 3 年，可編入日本山口縣（在瀨戶內地方，本州南部）曹洞宗辦的「多多良中學」4 年級就讀；畢業後，可進入「曹洞宗大學林」（即日後的「駒澤大學」）深造。（二）「臺灣佛教中學林」正式開學，是在大正 6 年（1917）4 月 10 日，所以也稱得上是由大正 5 年的「大演講會」所促成的。初期招收的學生中，出家僧侶和在家信徒各佔其半。教授 8 人，臺籍僧侶和日僧，亦各佔其半。當時，靈泉寺江善慧的出家弟子，即有 4 人在「中學林」就讀。江善慧的大徒弟沈德融駐校幫忙。4 個日籍教授，有 2 人才從「曹洞宗大學林」畢業來臺。但一般說來，皆學有專長。大正 11 年（1922），擴建校舍，改稱「私立曹洞宗臺灣中學林」。昭和 10 年（1935），採 5 年制，又改名為「私立臺北中學」。昭和 12 年（1937），學生增加，男生移至士林新址，原址改稱「修德實踐女子學校」。戰後，再易名為「私立泰北高級中學」。是臺灣佛教界所辦最悠久的一所中學。迄今校中猶有「善慧圖書館」以為紀念，可見江善慧和此「臺灣佛教中學林」的因緣之深！

識培養，往後的下一個階段，所謂高級水準的宗教師或宗教學者才有陸續出現的可能。

此因之前臺灣僧侶的社會地位甚低，學養嚴重不足，常遭來臺日僧和官員的鄙視。而其中能通日語者，極為罕見，更不用說有進中學就讀的機會了[214]。

故事實上，若未經歷中學階段的正規教育，縱使有機會到日本國內深造，也不可能越級進入正規的大學就讀，更不用說再入研究所攻讀高等學位了[215]。

為了進一步了解其在臺灣中學教育史上的地位，底下所列出的是迄大正11年（1922），「由於『臺灣教育令』改正各中等學校實施『共學』制度」，導致臨濟宗的「鎮南學林」被併入「私立曹洞宗臺灣中學林」為止，全臺相關中學設置名稱、年代及法令的列表資料：

中等學校名稱	創立年代	中等學校名稱	創立年代
1.私立臺南基督長老教會中學	日治以前	9.私立臺南商業學院（淨土宗）	1918 年
2.私立臺南基督長老教會女學校	日治以前	10.公立臺北女子高等普通學校	1919 年

---

[214] 以江善慧的門徒沈德融為例，江善慧與日本曹洞宗的交涉，幾全靠懂日語的沈德融在奔走所促成的，李添春的日語也是由沈德融親自教會的，否則根本無法讀中學課程。而沈德融赴日進中學就讀後，尚未畢業，就因江善慧缺日語助手而強迫其綴學返臺幫忙。

[215] 例如在「私立臺灣佛教中學林」的第一屆畢業生中，即有李添春、曾景來二人，彼等日後不但繼續赴日就讀原曹洞宗大學林改制為「駒澤大學」後的佛教學科；畢業返臺後，又先後但任「南瀛佛教會」的機關刊物，也是影響日治時期臺灣本土佛教思想變革最大的佛教雜誌《南瀛佛教》主編。其中李添春個人甚至因此能協助增田福太郎從事第二次全臺的宗教調查，以及進一步受聘到新設立的「臺北帝國大學」服務，戰後更成為改制後的「臺灣大學」農經系教授，直到退休。可見此一「私立臺灣佛教中學林」對臺灣佛教影響之重大了。但臺灣第一位獲正式博士學位的佛教學者是葉阿月，並且她是戰後才在東京大學獲得，且非出身「私立曹洞宗臺灣中學林」或「私立泰北高級中學」。因此，日治時期臺灣佛教學者的學歷，僅止於大學畢業。

3.私立淡水中學 （長老教會）	1914 年	11.公立彰化女子高等普通學校	1919 年
4.公立臺中中學校	1915 年	12.公立臺北第二中學校	1922 年
5.私立鎮南學校（臨濟宗）	1916 年	13.公立臺南第二中學校	1922 年
6.私立靜修女學校（天主教）	1917 年	14.私立淡水女子學院（長老教會）	1922 年
7.私立臺灣佛教中學林 （曹洞宗）	1917 年	15.私立曹洞宗臺灣中學林 （改制）	1922 年
8.私立臺灣工商學校（東洋協會）	1917 年	16.私立苗栗中學園（真宗苗栗佈教所）	1923 年

說明：1.佛教界專為臺灣人子弟而辦的中學，最早是大正 2 年（1913）3 月提出的「私立臺灣真宗中學校」，但未辦成。2.臨濟宗辦的「私立鎮南學校」初辦於大正 5 年（1916），但非中學，大正 6 年才改中學課程；一直到大正 7 年才獲「公稱」，可是至大正 11 年，即被裁撤、併入「私立曹洞宗臺灣中學林」。3.因「臺灣教育令」是大正 8 年（1919）頒佈，故從此年開始，臺灣民眾子弟才能進公立的各工、商、農中學校。特別是公立女子中學對臺灣女子教育開闢了新途徑。並且，一般「公學校」的 6 年制義務教育，也確立下來。4.「臺灣教育令」頒佈後，新增臺灣學生須定期朝禮臺灣神社的條款。5.大正 11 年（1922），「臺灣教育令」修訂，各中學開始施行共學制度。但培養有關僧侶的教育，亦被禁止在正式體制內的學校中實施。

資料來源：《真宗本派本願寺臺灣開教史》，頁 302-303。

　　從以上的資料來看，「私立臺灣佛教中學林」的創辦，除西洋教會學校所辦的中學之外，僅次於臺人首創的「臺中中學校」，但早於「臺灣教育令」頒

佈之前 2 年。換言之，幸好是處於過渡的階段，才能允許此種培養佛教人才的私立中學存在，否則就必須在體制外的道場培訓或到大學去就讀佛教學科了。

　　其次，底下再增列一日治時期畢業於「私立駒澤大學」的臺灣學生名單、科別及畢業年度：

姓名	就讀科系	畢業年代	姓名	就讀科系	畢業年代
1.曾景來	佛教科	1928 年	14.蔡添火	佛專科	1940 年
2.李添春	佛教科	1929 年	15.宋春芳	佛專科	1940 年
3.高執德	佛教科	1930 年	16.張玄達	佛專科	1940 年
4.林秋梧	國漢專科	1930 年	17.張繡月（女）	佛專科	1940 年
5.許繼麟	佛專科	1930 年	18.呂竹木	佛專科	1940 年
6.莊名桂	東洋科	1931 年	19.楊聲喈	地理科	1940 年
7.吳瑞諸	東洋學科	1933 年	20.王傳烈	佛專科	1942 年
8.李孝本	人文學科	1933 年	21.林陳喜	佛專科	1942 年
9.黃英貴	佛教學科	1933 年	22.吳志誠	佛專科	1943 年
10.黃連指	地理學科	1934 年	23.陳吉村	佛專科	1943 年
11.李樹林	國漢科	1939 年	24.郭靜光（女）	佛專科	1943 年
12.王進瑞	佛專科	1939 年	25.吳振聲（肄）	佛專科	1943 年
13.楊水中	人文學科	1939 年	26.林金蓮（女.肄）	佛專科	1943 年

資料來源：《駒澤大學臺灣同學會名簿》，臺北：法光寺，1973。

以上的資料顯示：

一、臺灣佛教高等教育，後階段必須仰賴日本國內的佛教大學來完成。

二、有大學程度的臺灣佛教學者，必須到日本統治臺灣的第 33 年（1895〜1928）才出現。換言之，是日本殖民統治臺灣 50 年的後半部才出現，所以佛教的中學教育，在日治前期佔有相對重要的地位。

因此，「私立臺灣佛教中學林」第一屆畢業生林德林，即在此一從中學到大學過渡的階段中，迅速崛起和達到生平佛教事業的最高峰（詳後）。

三、由於日治時期臺灣佛教女性有大學畢業生，要遲到 1940 年才出現，但此時早已進入「皇民化運動」時期，整個臺灣佛教都已處在全面配合軍事的動員中，故不能有其自由揮灑的空間。亦即日治前期的臺灣本土佛教發展，事實上只能仰賴大學以下的佛教女性來奮鬥。

然而，又因「臺灣教育令」是大正 8 年才頒佈的，故有中學畢業的佛教女性，也是要到昭和初期以後的事了。但，這也同時解釋了何以在昭和初期，臺灣北部會出現有不少現代佛教女性紛紛自創新道場的教育背景。

（2）臺灣佛教中學林所導致的教派大分裂

不過，在另一方面，也由於「私立臺灣佛教中學林」的創辦，使日本曹洞宗在臺灣佛教獨霸的局面，遭受另一次嚴重的分裂與頓挫，並使同屬禪佛教的日本臨濟宗妙心寺派得以從中取利，迅速擴張至與日本曹洞宗在臺可以分庭抗禮的程度。

而其變革原因和後續的發展如下：

一、根據王見川的精心研究，在南臺灣極富盛名的清代古剎「大仙岩」（現名大仙寺），到大正初期——即「西來庵事件」爆發之前，是由當地的武術家兼龍華派的「太空級齋友」廖炭負責修建的。廖炭經過 4 年的奔走，籌得 3 萬圓的巨款，到大正 4 年（1915）秋天，即在「西來庵事件」尾聲，有基隆月眉山靈泉寺的沈德融（時已任「教師補」）及同門師弟林德林等數僧來遊，於是就在當年陰曆 9 月（桐月）將戶口申請寄留在「大仙岩」，並兼任住持之職，

林德林副之。使得「大仙岩」因而「諸事煥然，遐邇參詣絡繹」。

但大正 5 年（1916）4 月初，因在臺北舉辦領臺 20 週年的「臺灣勸業共進會」，並爆發了與基督教長老教會眾牧師互批的「大演講會」，於是德融、德林、德文、德圓等，便離寺聯車北上，參與了此次的「大演講會」，以及加入了新成立的「臺灣佛教青年會」。

到了同年 6 月 15 日，由於「私立臺灣佛教中學」開辦有望，德融、德林等決志轉往臺北來發展，於是正式辭退了寺職和遷出寄留的戶口。當然，改建工程規模才粗具，即遭大颱風襲毀，亦是彼等離寺北上的一大因素。但，從此「大仙岩」便與曹洞宗無關了[216]。

二、可是，由於「臺灣佛教中學林」在隔年正式創辦後，江善慧、沈德融師徒同任職其中，徒弟林德林、徒孫李添春（普現）、曾景來（普信）則入林就讀，等於囊括大多數的職位和好處，於是屬於臺南開元寺另一系統的新住持陳傳芳，與臺北五股庄觀音山凌雲禪寺住持沈本圓，便拉「大仙岩」的負責人廖炭一起，接受日本臨濟宗妙心寺派「鎮南山臨濟護國寺」新住持長谷慈圓（1914.6～1918.12.4 在職）的勸說，脫離原日本曹洞宗的聯絡系統，改加入日本臨濟宗妙心寺派的聯絡系統。

長谷慈圓安排彼等與丸井圭治郎先至大陸朝禮閩、浙佛教名剎，再東渡日本朝禮該派大本山——位於京都市右京區花園妙心寺町的妙心寺，其受到的禮遇，比日本曹洞宗大本山對待江善慧之前訪日時的等級，尤有過之。

亦即先安排彼等：謁見岡田文部大臣、柴田宗教局長，參觀貴族眾議兩院等之外，該派貫首「元魯大國師」又召見彼等開示禪法，並贈與臺南開元寺計有：1.「訓點大藏經」全套一部；2.大正天皇的「御金牌」一基；3.「臨濟祖師

---

[216] 參考王見川：〈略論日據時期的東海宜誠及其在臺之佛教事業〉，收入氏與李世偉共著《臺灣的宗教與文化》，頁 69-85，臺北：博揚文化，1999。及氏撰，〈日治時期的「齋教」聯合組織——臺灣齋教龍華會〉，《臺灣的齋教與鸞堂》（臺北：南天書局，1996），頁 143-168。

舍利塔」一座；4.「被下附 7 條金襴袈裟」二領；5.及「安陀衣」5 肩[217]。至於
廖炭的「大仙岩」則受贈（a）「千年古佛」一尊；（b）大正天皇的「御金牌」
一基[218]。儘管如此，根據臺南開元寺書記鄭卓雲的事後回憶，仍提到：

> ……開元自前清之禪德及寺中之行事，皆與湧泉有密切之關係。迨臺灣
> 改隸之後，大正 6 年丁乙 6 月 4 日，傳芳和尚為圓日臺佛教聯絡，闡揚
> 大法，乃與京都臨濟宗大本山妙心寺派聯絡，受統於轄下。由是本寺僧
> 伽多掛籍於大本山妙心寺者。然因內臺人風俗習慣懸殊甚遠，故本寺制
> 度不能與妙心寺同例，惟佈教機關之聯絡，而寺制則仍依舊例自為獨立
> 者也。[219]

可見臺日佛教之間的巨大差異性，並非表面上的榮耀和贈與一些禮品，就
能解決的。並且，在另一方面，促成臺南開元寺、臺北觀音山凌雲禪寺、臺南
白河大仙岩等臺人寺廟轉投日本臨濟宗妙心寺派的兩要角：長谷慈圓和陳傳
芳，都在締結「聯絡」之約後，即先後過世（長谷慈圓在 1918 年 12 月 4 日、
陳傳芳則在 1919 年 5 月 1 日）[220]，因而使得雙方正在展開的事業夥伴關係，

---

[217] 黃慎淨編：《開元寺徵詩錄》（臺南：臺南開元寺客堂，1919）提到：「……側逢安東總督閣下。
及下村民政長官。皆熱心於宗教。殫真力以贊成。所以北圖僧侶傳芳、成圓、本圓諸師。欲圖日臺
佛教聯絡。闡揚臨濟宗風化。導臺島人民。共仰帝國 皇恩。特與臺北臨濟寺主。長谷慈圓國師。丸
井文學士。杭華西。游踏花東渡。不辭洋海。遍歷中華。逕訪名山。視察宗教。飛錫於普陀洛伽。
渡杯於西湖靈隱。繼而觀光帝國。參詣京都。叩謁祖師蓮座。參拜桃山御陵。幸遇謁見岡田文部大
臣。及柴田宗教局長。拜覽 天皇陛下御園。參觀貴眾議兩院。更蒙妙心寺派。元魯大國師貌下。
開示禪宗法要。賜大藏經文全部。今上（按：即大正天皇）天皇陛下御金牌一基。臨濟祖師舍利塔
一座。被下附 7 條金襴袈裟二領。及安陀衣五肩。……」，頁 3。

[218] 《臺灣日日新報・漢文版》大正 6 年（1917）10 月 3 日報導。

[219] 鄭卓雲手稿本：《臺南開元寺誌略稿・法派》，1930。

[220] 陳傳芳的過世日期，盧嘉興誤記為大正 7 年；李筱峰在《臺灣革命僧林秋梧》一書，則據《國師同學
會五十週年紀念誌》：119，1972.3.認為是大正 9 年（1920）。但，王見川據《臺灣日日新報》（1919.5.7）
的報導，確定是屬於大正 8 年 5 月 1 日；而同報也登鄭成圓於同年 8 月 7 日晉山任住持。見王見川：
〈略論日據時期的臺南開元寺（1896～1924）〉，《圓光佛學學報》第 4 期(1999.12)，頁 289。

也跟著萌生了不少新的阻力。

其最大原因是，新負責前往臺南開元寺「聯絡」的臨濟宗妙心寺派日僧東海宜誠，雖極力推動以臺南開元寺為中心的南臺灣教勢擴張計畫，但未能獲寺僧的一致支持，寺中開始出現支持和反對東海宜誠過度介入寺內事務者，以致連開元寺本身也從此陷入長期內部的派系紛爭與處於半分裂狀態。因而日僧東海宜誠，正是導致此一紛爭與分裂的主要禍根之一。

4. 臺灣教派大分裂後的再分裂與全島佛教組織的重整

（1）從臺南開元寺內部的再分裂看臺日佛教「聯絡」的兩難困境

但此事客觀來說，其實涉及到如何兼顧「日臺佛教必須朝向同化」與「臺灣本土佛教主體性必須維護」的兩難。這也是殖民地宗教常會遭遇的抉擇困境。

況且事實上臺南開元寺與臺南天后宮，早在清代興建之初，就具有改朝易代後新中央權力布達或鎮服新領地臺民生活圈的濃厚政治意味在。而在歷經有清一代 200 餘年長期直接統治以後，代表前清官方正統宗教與祭祀威權的象徵意義，更已深入當地民眾與寺僧的文化積澱中，幾乎與革命者所服膺與信誓旦旦的「意識型態」沒有太大差別。

故日治以後，日僧在該寺中的大殿新供奉「今上」大正天皇的「御金牌」一基，或許可以接受──因實際上也已是殖民統治的終極政治權威；然而，在另一方面，日本臨濟宗原本又傳自中國大陸，恰巧陳傳芳本身又是長期在福建鼓山湧泉寺、怡山長慶寺接受臨濟法脈與叢林制度的薰陶，故特別堅持此一法統的延續性。例如在他生前所訂的〈開元寺例規〉第 4 條即提到：

任職要具備左（下）記各項資格方為合格。
1.通曉佛教宗旨，行解相應，兼備有學識者。
2.有德望，能說法開導後學者。

3.傳芳和尚之法類者。[221]

第 5 條提到：

> 本寺之執事，以本寺在住之僧侶及傳芳和尚之法類，並經本寺執事 3 年以上者選任之。[222]

從畫線的部份，即知開元寺的新僧職，必要條件之一，就是屬於「傳芳和尚的法類」，其他非此系者，便被排除在外了。

但是，其中亦帶有陳傳芳個人的私心和對先前其徒蔡玄精遭放逐之事挾怨報復之意。例如他和鄭成圓接掌臺南開元寺之後，雖一面舉辦傳戒大會，端正寺中僧徒的不良習氣；同時也設法改投臨濟宗妙心寺派，另謀發展。

但他一手拉拔的繼承人鄭成圓本身行為就是有問題的。例如在《臺南新報》上，即曾有一篇〈逐歸賊禿〉的長文報導，前面的一段，便是關於此段複雜內情的揭露，茲轉錄如下：

> 鄭從興（成圓），北之基隆人。父某，出家於福建鼓山，頗守法規，對於人生觀淡如也，且欲其子同歸不二法門。鄭 7、8 歲時，亦攜去為沙泥，未數月，某忽得疾日益危。彌留之際，即託孤於其師傳芳。傳芳本臺南人，深憐之，教之課誦，名之曰成圓。及弱冠，傳芳攜之歸臺，駐錫開元寺。越數年，傳芳果證涅槃，成圓承其住職，時年未及壯也。色界之天不能即破，拐帶人家侍妾以去，逃之南洋。故諺有之曰：賊心和尚。誰知我佛有靈，則於冥冥之中譴責之。所得非義之財約 6、7 千金，盡喪於商場中，乃嗒然返，寄跡鷺江，與諸無賴遊，討生活於賭博場裡。

---

[221] 鄭卓雲手稿本：《臺南開元寺誌略稿》(臺南：開元寺，1933)，頁 11。

[222] 同上註，頁 12。

去歲冬間，觳口計窮，乃謀其徒黨，截劫一支那人。案發，廈門領事派警察押解還臺，限以 3 年期，禁其不准重踏是地也。

當成圓在寺，曾收一徒曰詮淨，現任副監院。今聞其師犯案逐歸，意欲招之，相助為理，寺中眾僧極力反對。蓋以成圓既犯貪財、癡、殺、盜、淫十惡，何可使之復來，污穢清淨之地乎？況開元寺為鄭延平，北郭園故址，蓋臺南名勝推為第一，亦斷不容此賊禿，為臺南人士羞，故必深惡而痛絕之。詮淨何物？安得以個人之私情，而致不顧宗教體面，不恤人言，不視管理者。而欲以無垢之山門，收容此兇惡罪犯，奚可哉、奚可哉！[223]

　　換言之，鄭成圓是在陳傳芳過世之後，即接掌該寺住持的。但他原先也是在傳芳門下，由傳芳本人親自養育和一手啟蒙他的佛教知識。

　　後因鄭成圓的師父蔡玄精（傳芳之徒），在明治 41 年（1908），因被指控有「藉妖術詐財」嫌疑，遭警察拘捕，再於隔年（1908）被放逐回大陸泉州，於是便在傳芳的授意之下，開始代理開元寺監院的職務，而此時臺南開元寺仍與日本曹洞宗保持聯絡。因此嚴格說來，蔡玄精被誣遭放逐，才是導致臺南開元寺決心脫離日本曹洞宗轉投日本臨濟宗妙心寺派的關鍵事件。並且在蔡玄精遭放逐之後，日本曹洞宗一度還屬意由基隆月眉山靈泉寺的江善慧來擔任住持[224]。

---

[223] 轉錄《鳴鼓集》二集，頁 53。

[224] 據李添春說：「（靈泉寺）建大雄寶殿時，日本曹洞宗補助 1 萬元，這是破天荒的事，臺灣眾多的佛教徒都極羨慕，所以全省大廟古剎，都相爭請他當住持。最早是明末李茂春夢蝶園的（臺南）法華寺，其次開元寺也曾聘請他當過住持，汐止百萬富翁蘇家所建設的靜修院，也請他為住持，由他女弟子辦理。」見李添春，〈臺灣佛教史資料──上篇曹洞宗史〉，載《臺灣佛教》25（1）：8，1971.11。但，此 1 萬元，應是日本曹洞宗建「臺北別院」的補助款，李添春可能張冠李戴了。見《宗報》第 267 號(1909.2.1)，頁 40。此資料由臺灣的釋慧嚴博士首先使用，其後筆者透過王見川的協助，亦取得松金公正在日影印的全套一份，特此誌謝。

　　但此一提議立即遭到寺中管理人兼監院的鄭成圓等僧侶的抗拒。於是臺南當地的大商家首腦人物「三郊組合長」許藏春，風聞有清國籍原臺南商人出家的陳傳芳正於臺北地區弘法，便請其返臺南接開元寺住持之職；然因傳芳起初無意放棄清國籍，無法在臺出任正式的寺院住持之職[225]，故由徒孫鄭成圓掛名而實際由傳芳任住持之職[226]。

　　可是原先開元寺的傳統規定，非經在福建鼓山受完大戒，不能出任該寺住持之職[227]，因此，包括曾以監院兼任該寺住持，後來離寺前往高雄大崗山超峰寺應聘住持新職的林永定，亦必須讓位給曾正式前往福建鼓山受過大戒的僧侶，但此一慣例在傳芳決定放棄清國籍時，也一併加以廢除。然後，再經與鄭成圓、沈本圓等人的商議，以及丸井圭治郎和長谷慈圓的大力鼓吹，於是才有大正 6 年的改宗投靠問題。不過，後遺症是如何面對日本曹洞宗的反撲舉動？[228]

　　反之，東海宜誠也在該寺內部收臺僧為自己的徒弟，像在《南瀛佛教》第13 卷第 7 號，就有一則關於東海宜誠所收臺僧弟子的相關報導。而此一報導，略去前面冗長但不相關的說明之後，有兩段文字（原為日文，筆者中譯）是這樣的：

---

[225] 《臺灣日日新報》大正 8 年 5 月 7 日〈住持圓寂〉的報導。轉引王見川，〈略論日據時期的臺南開元寺（1896-1924）〉，《圓光佛學學報》第 4 期，頁 285。

[226] 事實上，鄭成圓是經過官方登記的管理人，為該寺寺產的法律代理人，本身實權原可凌駕住持之上。

[227] 曾景來：《臺灣宗教と迷信陋習》（臺北：臺灣宗教研究會，1939），頁 330。

[228] 這種情況，後來都分別在臺南開元寺及林永定的「大崗山派」內部，暗潮洶湧，例如魏得圓擔任住持之後，請來曾參與「文化協會」的林秋梧入寺，來共同對付東海宜誠和原鄭成圓派的僧侶；又因林秋梧敵視東海宜誠，故東海宜誠亦反對讓寺方贊助他赴日深造，可是魏得圓不但堅持到底，也導致林秋梧赴日後，不進臨濟宗辦的佛教大學，而是到曹洞宗辦的駒澤大學去追隨禪學思想家忽滑谷快天，甚至後也來一度請其師忽滑谷快天來寺中，擔任「南瀛佛教會」所舉辦的禪學講習會之主講者。另一方面，非林永定系的同門陳永達，也選擇基隆月眉山靈泉寺的江善慧為追隨的對象，以至遭到已歸屬東海宜誠臨濟系的林永定嫡系門下的排斥，於是在戰後轉往新興的大高雄都會區去另謀發展，而其門下釋開證便由此而開創了不同於「舊大崗山派」的「新大崗山派」，其影響力並持續迄今未衰。

（10）【法系】當山住職東海宜誠師（號海巖），嗣續臺北市圓山臨濟護國禪寺開山贈歷住妙心得庵玄秀大和尚之法系，為龍泉寺傳法始祖。而相續宜誠禪師法系之龍泉寺徒弟，於各地建立新寺，其初代住職正式就任者：

> 吳義存師　　　大林昭慶禪寺第一世
>
> 陳詮淨師　　　屏東東山禪寺第一世
>
> 賴耀禪師　　　北屯寶覺寺第一世
>
> 張慧光師　　　楊梅妙善寺第一世

（11）【法統】昭和 2 年 3 月 1 日，大本山妙心寺第 2 世圓鑑國師 550 年遠忌大法會之際，本派大本山管長特對現任東海宜誠師授予本山紋章金襴傳法衣，後來住職之法統，嗣當山世住職者，以正式稟承此傳法衣為其授記。[229]

其中筆者畫線的這一位，即後來擔任著名的屏東東山禪寺第一代住持的陳詮淨，正是東海宜誠原先在臺灣開元寺力挺的臺僧徒弟之一[230]。

　　相反的，在開元寺中另一極力對抗東海宜誠勢力擴張的是魏得圓（1882～1946）[231]。不只如此，魏得圓甚至於在大正 11 年（1922）初，還與另一在開

---

[229] 《南瀛佛教》第 11 卷第 3 期（1933.3），頁 46。

[230] 有關陳詮淨的背景，徐壽在《臺灣全臺寺院齋堂名蹟寶鑑》一書提到：「氏臺南州北門郡人，現年 41 歲（1892～1932），少習漢學，後在當地任雜貨商管理。大正 2 年（1913）棄商就道，入臺南開元寺為僧，虔心研究佛學，至大正 12 年（1923）遂為同寺監院。後越 13 年（1924）渡支視察佛教，並近玉佛十尊歸。昭和 3 年（1928）歷任臨濟宗妙心寺派大本山知客、藏主、首座諸職。同年遂任屏東東山寺住持職。氏曾受臨濟宗妙心寺之表彰兩枚，亦云榮矣」。

[231] 根據盧嘉興在〈北園別館與開元寺〉一文的說法是：「（得圓）字如松，俗家姓魏，嘉義縣店仔口馬稠後人，光緒 8 年壬午，西元 1882 年 12 月 14 日生，為魏繼昌的四子。光緒 25 年（1899）18 歲皈依龍華派，31 年（1905）剃度拜玄精上人師，翌年 25 歲往福建鼓山受比丘戒，住湧泉寺一年轉錫泉州崇福寺，宣統元年（1909）回臺住開元寺。歷任監院及臺南水仙宮、馬稠後關帝廟等住持。」盧嘉興此文刊在《古今談》雜誌第 27～28 期（1967.6.25）。後收在張漫濤主編，《中國佛教史論集 8——臺灣佛教篇》（臺北：大乘佛教文化出版社，1979），頁 302。

元寺原已擔任副寺的陳潑淨（1887～1975）及其他原鄭成圓住持系統的僧侶激烈對抗中，接任新開元寺住持職位。至於原住持鄭成圓本人，前面已交代過：他是因先前曾犯色戒和私自挪用大筆寺款出逃南洋，被開元寺除名。可是錢花光，又在外地犯罪，被遣回臺灣，一度還浪跡在賭場討生活，但最後實在已混不下去了，便又想靠徒弟陳詮淨的幫忙，重返臺南開元寺。

　由此看來，鄭成圓固然是促成和日本臨濟宗妙心寺派「聯絡」的功勞者之一，理應獲得東海宜誠的大力回報。

　可是，他的罪行累累，也嚴重影響了寺中僧侶的團結。也許東海宜誠可以放棄鄭成圓，但若不力挺陳詮淨和陳潑淨，開元寺恐將得而復失。因此一開元寺的內部鬥爭，都和東海宜誠處在夾縫中左右為難有關，並且因而使寺中不斷的紛爭，一直延續到丸井丟官去職返回日本之後，仍未停歇[232]。

　本來，臺南開元寺的改宗問題，在長谷慈圓和陳傳芳兩人未過世之前，因已曾先赴日拜會過中央主管宗教事務的岡田文部大臣、柴田宗教局長，相信彼等已確認無太大問題後，才敢在返臺後，大舉轉投臨濟宗妙心寺派的。

　而臨濟宗妙心寺派為了平衡日本曹洞宗的在臺優勢，也相繼成立了「臺灣佛教道友會」，以及將原「鎮南學寮」提升層級為「鎮南學林」，以滿足臺僧和齋友子弟進「中學」讀書的意願。並且，東海宜誠一開始，就是實際負責此一事務的。照理雙方是可以有和諧共事的基礎的。但此一「鎮南學林」不久也跟著出問題。其原因為何？後文會再交代。

---

[232] 因此，日治時期的臺南開元寺，從傳芳過世，到高證光（執德）接任新住持之前這段時間，即是處於魏德圓、林秋梧、鄭卓雲等陣營，強力抗拒東海宜誠、陳潑淨、陳詮淨等集團不當操控開元寺寺務與寺產的激烈紛擾局面。而高證光（執德）接任之後，所以能平息，是高本人在日本國內所受的佛學教育程度是「駒澤大學」佛學科畢業，並以師承禪學思想家忽滑谷快天的批判禪學為職志，故在專業上已高於東海宜誠一等。此外，又實際接任該寺住持職務之時，已進入日本對華全面戰爭的非常時期，臺灣佛教本身已無自主性可言，故高執德和東海宜誠此時不但沒有對抗或不和，相反的兩人還是密切合作的事業夥伴呢！怎麼可能會有衝突？只是暗潮並未真正平息，而是延至戰後爆發罷了。故高執德在戰後即因寺中對立派的檢舉，遭官方逮捕和被槍殺，可見報復之火，始終未熄。

　　此處必須先就日僧東海宜誠這個人略作介紹[233]。此因日治後期的臺灣佛教，幾乎處處都會提及他的所做所為，故不能將此歷史的串場人物，完全漠視他的個人事蹟和宗教性格，甚至於他有別於其他的日僧，不但精通臺語，也決心以臺灣為永久的事業基地等，都值得一提。

　　（2）關於日僧東海宜誠決心來臺發展的早期背景與來臺初期的困境

　　由於東海宜誠決心長期來臺發展後，對日治後期臺灣中南部臺人寺廟的影響極為重大，故此處引據新資料，就他的早期背景稍加說明[234]。他其實是從小出家的（6歲），不過後來雖然他在日本也只讀到該宗5年制的全科聯合中學畢業，以及只有4年多（1912～1915）在日本臨濟宗南禪派的虎溪山專門道場修禪明道的宗教經驗，但他知道以本身的中學程度，要在日本國內競爭激烈環境中出頭很不易[235]，故他在「西來庵事件」爆發後的當年秋天南來臺島後，即下決心長期留在臺灣發展，並努力學習臺語，以至於他後來精通的程度，在當時來臺各派日僧中罕有其匹[236]。

---

[233] 因「東海師」在臺南開元寺的負面形象，在戰後，其實是因李筱峰教授的名著《臺灣革命僧林秋梧》一書的精彩描寫，而聞名於學界的。但在李著中的「東海師」，很少有關他的背景資料，故他宛若黃俊雄布袋戲中的「藏鏡人」，聞聲而不見形影。故底下，先簡略地將其事蹟作一說明，以便於往後的相關討論。

[234] 此外，東海宜誠的佛教事業，涉及面甚廣，影響也非常深遠，可是，迄今不但臺灣的佛教學者罕有提及這方面的情形，僅王見川有一篇較佳的「略論」；至於在日本方面，連東海宜誠出身的本宗（臨濟宗妙心寺派）史書《增補妙心寺史——明治以降の妙心寺》（京都：思文閣，1975），對臺灣開教的部份雖有一些簡單的說明，卻完全沒提東海宜誠的重要貢獻，只是側重表彰初期開教的梅山玄秀和後期的高林玄寶如何成就而已。因此，對東海宜誠的重新探討和評價，也是必要的時候了。

[235] 以職務來說，「知客」一職是最低職等的，因日本臨濟宗妙心寺派教師的職等共分十級，名稱和級別如下：1.再住和尚（1級）。2.前住和尚（2級）。3.準前住和尚（3級）。4.東堂（4級）。5.準東堂（5級）。6.長老（6級）。7.前堂（7級）。8.首座（8級）。9.藏主（9級）。10.知客（10級）。由此可以看出，知客是第10級，也就是最低職等。這和中國佛寺的職事，常將「知客」看作重要職務，是有很大不同的。而東海宜誠的僧侶生涯就是從最低知客做起的。

[236] 因當時在臺日僧之間的語言溝通，可分四種情況：（1）透過翻譯者交談。（2）雙方使用中文筆談。（3）日僧學會臺語。（4）本島人學會日語。在當時的來臺日僧中，學會臺語並能流利交談的，非常罕見，而東海宜誠卻是其中最著名的精通臺語日僧。甚至在昭和2年（1927）2月22日的獲獎文，即首先提到他「渡臺以來，專心島語學習，堅志持久，宣教傳道精勤」。事實上，他不只在本

　　並且直到日治時期結束，他才真正返回原出家的岐阜縣高野永昌寺任職（岐阜縣是愛知縣的鄰縣，而這個縣是日本臨濟宗妙心寺派主要分佈地區，永昌寺在該縣的武芸川，當地有 6 個佛寺，包括永昌寺在內，都是屬妙心寺派的）。

　　他來臺後，從大正 5 年（1916）10 月 30 日起，至大正 7 年（1918）3 月 25 日之間，據愚善的說法，他是「任鎮南中學林教授兼舍監」[237]。可是，「鎮南學林」一直被視為沒有「中學林」之稱的，為何愚善會如此說呢？

　　其實，根據《明治百年紀念佛教大年鑑》的說法，即可一目了然。因其中提到：「鎮南學林」是大正 5 年開設，作為準日本僧堂，以充當臺灣僧侶的修行道場之用，這應類似東海宜誠在日本臨濟宗南禪派的虎溪山專門道場的培訓模式，而「鎮南中學林」則是在大正 7 年獲得「公稱」[238]。

　　換言之，大正 6 年（1917）3 月 14 日在《臺灣日日新報》所報導的「鎮南學林新設立是臨濟宗大飛躍」的消息，其實是之前的籌備會議，甚至於連向官方的申請都未提出。因其原內容是這樣的：「鎮南學林是在昨年 10 月 31 日舉行開林式……以臨濟寺住職長谷慈圓及同寺信徒總代星野政敏、中川小十郎、木村匡、木村泰治、吳昌才、王慶忠等人為始，與臺南開元寺、岡山超峰寺、竹溪寺、赤山岩、嘉義火山岩、臺北觀音山凌雲寺等相謀，希望依據私立學校令，向總督府申請許可。……本林的特色除培養本島僧侶及齋友子弟外，亦進而想擴大影響，促進中國佛教的革新。其課目有外國語、漢文、地理、歷

宗之內受肯定，連作為對手的曹洞宗日僧岡部快道（員林寺創立者）也在致其師忽滑谷快天（時任駒澤大學校長）的信中，加以稱道。所以東海宜誠來臺後，專心學習臺語，是他在臺佛教事業——和本島人聯絡時，得以順利展開的重要因素。為什麼這一點極為重要？因當時日僧來臺，主要打交道的，是日本在臺信徒；和本島人來往，通常要靠翻譯，在溝通上相當不易。而根據當時的資料記載：日僧不通臺語的原因，是沒有學習的意願——學會臺語要花費極多的時間和精力，可是一旦調職回日本或其他地區，臺語又派不上用場，所以寧可靠翻譯而不願花力氣來學會臺語。由這一點可以看出，東海宜誠的特殊之處，是他將臺灣地區的佛教事業，當作他的主要目標，因此才拼命將臺語學好，並且如預期的發揮了巨大的溝通效果。

[237] 愚善：〈高僧略歷〉，《南瀛佛教》第 7 卷第 2 期(1929.2)，頁 77-78。
[238] 佛教タイムス社編輯兼發行，《明治百年紀念佛教大年鑑》(東京：1967)，頁 197。

史、數學等。……曩有『佛教中學林』，今設『鎮南學林』，實本島佛教界之福音！」[239]

可是，最先申請核准的「臺灣佛教中學林」，也要到大正 6 年（1917）4 月 11 日，才由曹洞宗在「臺北別院」旁的「觀音禪堂」開辦，以專供臺人子弟入林就讀。因此，若論申請通過，則「臺灣佛教中學林」其實是早在前 1 年（1916）9 月 18 日就提出申請——亦即在「大演講會」結束的第 3 個月中旬，並於同年 11 月 4 日，便獲當任臺灣總督安東貞美（1915.4.30～1918.6.5 在任）以「第 12377 號令」許可設立[240]。

反觀「鎮南中學林」由於是到大正 7 年（1918）才獲准設立，則之前東海宜誠所負責的，應都屬「准日本僧堂」的培訓性質，而非正式中學教育——因其只有中學畢業的程度[241]，故無有擔任中學教師之資格。

而這也解釋了之前可以一直擔任「教授兼舍監」，並以表現優秀獲獎的他，居然在官方於大正 7 年（1918）核准設立之後，卻反遭解職的原因。

同樣的情形，例如當時在「臺灣佛教中學林」擔任學監的沈德融，亦因未

---

[239] 轉引王見川、李世偉共著：《臺灣的宗教與文化》，頁 73-74。

[240] 李添春：〈臺灣佛教史資料：上篇曹洞宗史〉，《臺灣佛教》第 25 卷第 1 期(1971.11)，頁 1。

[241] 按：東海宜誠在日本所受的佛教中學教育，是主要按普通中學的辦學方式進行，然後再兼顧佛教知識的吸收，所以日後要在高等學術機構深造或服務，也較無困難。在這一點上來比較臺灣傳統的僧侶學養，當然要超出許多。可是，東海宜誠如想在日本佛教界尋求發展，以這樣的程度還是不夠。因他並未進入 4 年制的「臨濟宗大學」，而這是高級部的課程訓練，他卻沒能進入，於是變成在學歷上差人一等，對他在教內的升遷也是不利的，所以他要另尋方法解決。此即他進「臨濟宗南禪寺派虎溪專門道場」修禪 4 年（1912～1915）的背景因素。然而，必須說明的是，妙心寺派於明治 7 年（1874），因臨濟宗九派聯合大教院廢止，早已自行獨立。明治 18 年（1885），妙心寺派按「宗教寺法」制訂本派管理規則，也獲政府的許可。在這種情況下，東海宜誠應該選擇進本派的專修道場才是適宜的。他之前沒進「臨濟宗大學」，可能是學業未符入學標準；可是「臨濟宗大學」之外，自己派下另有明治 37 年（1904）創立的「花園專修學院」和大正 3 年（1914）創立的「妙興禪林」，可讓他選擇。這也是專為派下子弟的教育而設的。可是，「妙興禪林」創立稍晚，而「花園專修學院」對他也未必適合，所以他才進入「南禪寺派虎溪專門道場」修禪吧？不論如何，他來臺之前，既有 5 年制的中學畢業程度，又有 4 年修禪經驗，可說已具備了擔任佈教師的資格。剩下的，就看他個人的努力和教內對他的如何評價了。

有大學畢業的學歷，故雖可私下教李添春等人的初階日語，依然無法出任林中正式的「中學教師」。

此外，根據林學周、愚善、《明治百年紀念佛教大年鑑》，這三種來源不一，但說法一致的事實來看，則所謂的「鎮南中學林」應是和最初草創的「鎮南學寮」，或籌備時期的「鎮南學林」，有其顯著差異性的，主要不同點應在於：

一、官方正式核准的時間。

二、所核准者為「正規中學」的性質。而這兩點，在大正 8 年（1919）「臺灣教育令」頒佈之前，因能對臺灣傳統的僧侶或齋友子弟提供社會中就讀中學的稀有機會，故吸引力是極大的。可是在「臺灣教育令」一頒佈之後，對臺灣社會民眾來說，只要能力許可、有錢、有意願，都能在臺灣讀中學，而不必遠渡日本國內才能就讀。

如此一來，原先「鎮南中學林」所具有的優勢盡失，誘惑力跟著大減，甚至出現因經費不足，被併入「曹洞宗臺灣中學林」的悲慘下場。

特別是一直和長谷慈圓共同鼓吹、促成此事的「社寺課長」丸井圭治郎，在長谷慈圓過世後，於隔年（1919）除了向新任臺灣總督明石元二郎提出辛苦多年的《臺灣宗教調查報告書（第一卷）》之外，另一方面也不惜下海親任「鎮南中學林」的林長兼教授，但儘管如此，「鎮南中學林」還是因缺錢而無法辦下去。

並且，根據江木生在《南瀛佛教》第 15 卷第 2 號（1937 年 2 月）發表的〈內地佛教　臺灣傳來〉一文，提到「臨濟宗妙心寺派」的說明時，便說：「……此一教育機構，堪與曹洞宗所辦的『臺灣中學林』並稱，是被臺灣本地佛教界期望能對未來發展有大作用的兩大教育機構之一，不幸因經營者的『佛教道友會』財務發生困難，僅送出三屆畢業生即告廢校，並被併入『曹洞宗臺灣中學林』。廢校當時，擔任校長的前內務局社寺課長丸井圭治郎氏，一面訓話，一面和在校學生灑淚相對的感人場面，迄今猶令與會者歷歷在目」。

又說「長谷慈圓師之前又已病逝，導致此一時期的臨濟宗在臺各項事業，全告頓挫，幾難東山再起。」[242]而東海宜誠和丸井圭治郎，卻正好在這一段期間扮演了過渡者的重要角色。

（3）丸井、東海分途承擔的宗務再振及其組織活動

但，在進一步說明上述東海宜誠和丸井圭治郎的合作關係之前，此處仍須先知道：由於日本臨濟宗在臺灣初期發展階段，曾與總督府方面的權力核心有特別的親密性，以致於此宗執行日本官方在臺掃除迷信的政策時，具有更高的配合度和影響力。並且，丸井圭治郎本身不但是總督府有關宗教事務的負責人，還兼有臨濟宗的「佛教道友會」評議員及「鎮南中學林」林長的特殊身份。

這對大正中期以後到昭和初期的臺灣佛教發展，將會產生極大影響力的。儘管這是逐漸背離官方宗教政策的主流立場，並且也容易招來對手的攻擊，故事實上難以持續太久。

因而在上述的關係中，必須將丸井圭治郎視為綜合性包裹型態的佛教政策設計者，並可將東海宜誠視為丸井圭治郎藉以暗助妙心寺派渡過宗門難關的實際執行者或推動者。

這也就是在展開探討東海宜誠和丸井圭治郎的合作關係前，必須先在腦海裡要加以考慮的問題方向，然後再就現存史料的記載求取實證性的問題解答。

事實上，「鎮南山臨濟護國禪寺」自梅山玄秀開基，並擔任開山住持之後，在荻須純道編的《增補妙心寺史——明治以降的妙心寺》一書，是將梅山玄秀的臺灣開基和佈教的事業表現，當作海外開教的典範。東海宜誠來臺後，雖是受長谷慈圓的領導，但到了大正8年（1919）10月10日，他還正式成了梅山

---

[242] 但，在事實上，因這是自長谷慈圓病死（1918年12月4日歿於任上）後，到較具影響力的高林玄寶來臺接任之前，一共歷經了多任住持，分別是：山崎大耕、平松亮卿、天田策堂、吉田萬賴、阪上鈍外計5位。可見這其實是一段人事更迭頻繁，佛教事業也績效不佳時期。因此，正好印證了之前江木生文章中所說的：「長谷慈圓師之前又已病逝，導致此一時期的臨濟宗在臺各項事業，全告頓挫，幾難東山再起。」

玄秀的法嗣，並升任該寺的副住持。於是，獲得此一新職的他，在環境的快速變化之下，其要進行的在臺佛教事業，便必須結合著丸井圭治郎的宗教事業而展開[243]。

　　根據愚善所撰的〈高僧略歷〉來看，東海宜誠在長谷慈圓過世之後的歷年活動及成果表現如下：

1. 1919/10/1············ 創立新營郡鹽水街本派佈教所，獲官方許可。
2. 1919/10/10················ 繼承梅山玄秀法嗣、任臨濟寺副住職。
3. 1919/11/23························ 任大本山開教使。
4. 1919/11/23······················ 任鹽水港佈教所主任。
5. 1920/3/10············ 創立中壢郡楊梅庄高山頂佈教所，獲官方許可。
6. 1920/4/1···················· 任楊梅庄高山頂佈教所主任。
7. 1920/5/7······················ 出任臺灣佛教齋教龍華會顧問。
8. 1920/10/6······ 因創立兩佈教所和出任齋教會顧問而受大本山表彰。
9. 1921/12/24········ 受命擔任臺灣聯絡寺廟、齋堂總本部宗務主事。
10. 1923/4/20········· 於開元寺內設總本部開教所及宗務主事駐在所。
11. 1923/12/26···············獲官方許可設立高雄市內惟龍泉寺。
12. 1925/2/18····························· 獲官方許可設立屏東街佈教所。
13. 1926/1/25············ 獲官方許可於臺南市設立臨濟宗本部教務所。
14. 1926/2/1·······························龍泉寺竣工。
15. 1926/9/20······················ 任龍泉寺住持之職。
16. 1926/10/12·············任該宗臺灣高等佈教講習會主監兼囑託。

---

[243] 雖然他於同年（1918）11 月 23 日，已受命為「大本山開教使」的職位，但，他因之前的活動範圍，還是侷限在臺北地區，故影響力有限。而此後，最重要的工作，仍是在和本地臺灣佛寺齋堂的受教人員，建立密切關係的開始。特別是他精通臺語，更是溝通雙方意見的有利武器。也因為這樣，當丸井圭治郎在臺灣宗教調查告一段落時，接續的籌組全臺佛教聯誼組織和發展臨濟宗的在臺勢力，都有賴於東海宜誠的配合和奔走，才容易有效。

17.1926/12/5-1927/2/11‧‧‧‧‧‧‧‧‧‧‧‧‧‧‧‧‧‧‧‧‧‧ 任屏東佈教研究會會長。

18.1927/2/23‧‧‧‧‧‧‧‧‧‧‧‧‧‧‧‧‧‧‧‧‧‧‧‧‧‧ 補任大本山西堂職、及東堂職。

19.1927/5/23‧‧‧‧‧‧‧‧‧‧‧‧‧‧‧‧‧‧‧‧‧‧‧‧‧‧‧‧‧‧ 任佛教慈濟團委員長。

　　從這一東海宜誠的事業發展表來看，究竟能得出何種意義呢？胎中千鶴和王見川兩人[244]，都曾特別針對東海宜誠在南臺灣的事業發展，作了極有用的解讀，尤其王見川能結合《臺灣日日新報》的當時報導資料來對照，更加難得。並且，根據上述的資料，如果將其與「社寺課長」丸井圭治郎籌組「南瀛佛教會」一事的前後行動，連在一起來看的話，即會發現有相關性和互補性的存在。

　　但，在了解上述東海宜誠和丸井圭治郎的合作關係之後，即可知道：當時丸井與東海的合作關係，其實主要是丸井以官方主管「社寺」行政業務的身份，在官方正式的體制之外，另成立以臺灣佛教僧侶與齋友的全島性組織「南瀛佛教會」，只是基於東海宜誠先前當顧問，促成廖炭等成立「臺灣佛教齋教龍華會」，最後發現：不但臺灣齋教三派的齋友程度太低，根本難以取代傳統臺灣僧侶的社會宗教功能，同時也等於繼續讓日本曹洞宗的「臺灣佛教會」掌握臺灣本土寺院與僧侶的優勢，故才另外起爐社，成立了以臺灣佛教僧侶與齋友的全島性組織「南瀛佛教會」。

　　雖然如此，因丸井本人在此一組織成立 3 年後，自己的官職已被裁撤而返回日本國內，故大正 14 年（1925）起，丸井欲藉「南瀛佛教會」來暗助日本臨濟宗妙心寺派，事實上已不可能。

　　因而此時東海宜誠個人在臺灣南部所締建的廣大佛教事業，比起日治初

[244] 胎中千鶴：〈日本統治期に於臨濟宗妙心寺派の活動──1920-30 年代を中心に──〉，載《臺灣史研究》16：4-23，1998。王見川，〈略論日據時期的東海宜誠及其在臺之佛教事業〉，收入氏與李世偉共著《臺灣的宗教與文化》：69-85，臺北：博揚文化，1999。及氏撰，〈日治時期的「齋教」聯合組織──臺灣齋教龍華會〉，收入氏著，《臺灣的齋教與鸞堂》（臺北：南天書局，1996），頁143-168。

期佐佐木珍龍那種趁火打劫、專撿便宜、大發戰亂宗教財的誇張作風，更具有貼近在地性的堅實基礎。而這也是東海戰後縱使人已返日多年，卻依然有不少臺灣僧侶與寺院對他懷念不已的重大因素。

在另一方面，由於「南瀛佛教會」始終是非官方的臺灣佛教組織，卻又由官方一手操控，因此出現的問題是：

一、官方無意讓它獨立和壯大，故寧可設在總督府民政部底下的一角落，讓相關的「囑託」人員在其中來聯絡會務和編輯《南瀛佛教》，如此一切都透明化和全在掌握中，甚至於可以不時的干預和訓示「南瀛佛教會」及《南瀛佛教》的活動方向和內容。

二、也由於第一個理由，官方雖在初期曾設法補助部份經費，以利會務進行和《會報》的順利發刊，但曾許諾撥地供建獨立會務辦事處的支票，卻始終藉口拖延，甚至於直到在臺結束 50 年的殖民統治時，都還未兌現。可見其缺乏誠意和別有用心之所在——無意讓它獨立和壯大。

三、初期的臺籍佛教領導者，除少數保持疏離之外，一般而言，都成了所謂的「御用和尚」，充當「日華親善」的馬前卒而已。然而，日本佛教僧侶，如水野梅曉和藤井草宣兩人，直接在大陸內部長期滲透、操控和協調的「日華（佛教）親善」的功能，其巨大成就，使臺僧所謂「御用和尚」的作用，幾乎完全被取代了。

因此臺僧的「御用和尚」之流，連跑龍套的機會都很少呢！其原因無他：程度太差！所以到後來——亦即到日治後期，彼等縱使在臺灣島內，也逐漸退到第二線去了。可見日語不行、佛學底子太淺，去到當時的大場面就無法獨撐下去，反而更加曝露了自己的無知和低能而已！

然而，相關殖民統治史宗教政策面的歷史發展，正是在上述時代環境下逐漸不斷出現與變化。所以，以下各章就是接續本章內容影響下的後續發展狀況。讀者可以期待又一新不同層次的歷史新視野的多面向深度分析及其樣貌呈現！

第六章　戰前東亞現代禪學思想西傳的先驅性著作：關於忽滑谷快天著《武士的宗教：中國與日本的禪學》的學術史溯源問題

一、問題的提出

　　日本禪學思想家，忽滑谷快天(1867-1934)的英文版 *The Religion Of The Samurai: A Study Of Zen Philosophy And Disciplinc In China And Japan*《武士的宗教：中日禪宗哲學及其學科探討》，於 1913 年在英國倫敦市 LUZAC & CO. 出版社問世。在英文版自序的開頭，忽滑谷快天就宣稱，此書是英文第一本有關日語發音的 Zen(禪)在英國或歐洲地區的著作，[1]並且提到此書是在日本本土之外的旅歐期間所撰寫的。

　　但由於他在日本書房中擁有的相關參考書籍大都未隨身攜帶，所以內容主要靠記憶來書寫，因而只能寫得內容簡潔，註解的出處或年代只好省略。[2]

　　不過，假若英文書籍中有相關者，像當時馬克斯・穆勒（1823-1900）所主

---

[1]　忽滑谷快天，英文版 *The Religion Of The Samurai: A Study Of Zen Philosophy And Disciplinc In China And Japan*《武士的宗教：中日禪宗哲學及其學科探討》（英國倫敦市：LUZAC & CO.出版，1913 年），頁 ix。

[2]　忽滑谷快天，英文版 *The Religion Of The Samurai: A Study Of Zen Philosophy And Disciplinc In China And Japan*《武士的宗教：中日禪宗哲學及其學科探討》頁 ix。本文以下各註，改引用林錚顗中譯版《武士的宗教：中國與日本的禪學》（新北市新店區：暖暖書屋文化事業公司，2018 年）。以方便讀者對照。

編的《東方聖書》中，即有其所翻譯的《無量壽經》、《稱讚淨土佛攝受經》、《金剛經》、《大般若波羅蜜多經》、《小般若波羅蜜多經》，以及日本佛教學者高楠順次郎(1866-1945)所翻譯的《觀無量壽經》等，他建議將上述這些經典內容與 1907 年鈴木大拙(1870-1966)用英文著作《大乘佛教要義》的內容作對比。[3]這其中其實存有學術上的意義，值得進一步探討。

至於有關忽滑谷快天的此書中譯本，則是由臺大歷史研究畢業、東京大學碩士的林錚顗所翻譯。2018 年 3 月此書中譯版，才由新北市新店區的暖暖書屋文化事業公司出版。這個現代中譯本出現的意義重大，此因原書英文版自 1913 年出版以來，歷經長達一個世紀又五年（1913-2018）間隔之後，才出現在當代台灣唯一中譯本（以下本文引述，全據此中譯本內容）。反之，日譯本至今仍未出現，可見台灣的中譯本是開風氣之先！

再者，中譯版書名為《武士的宗教：中國與日本的禪學》，相當簡潔易懂，但與原書的詮釋意圖有出入，並且作者在英文版的原序也被略去未譯。所以，我在本文開頭，將此書中文書名，改以稍嫌冗長卻較符合原書意旨的《武士的宗教：中日禪宗哲學及其學科探討》。[4]

之所以必須如此，是因為從事後的長期發展來看，當初忽滑谷快天將此書正標題以「武士的宗教」作標榜，可能是企圖仿效新渡戶稻造(1862-1933)在 1899 年於美國出版《武士道》一書之後，大獲成功的可羨經驗，[5]所以才將內

---

[3]　忽滑谷快天著，林錚顗中譯版：《武士的宗教：中國與日本的禪學》，頁 5 註 4 的說明。

[4]　為求行文簡潔，以下此書名的副標題，除非必要，否則將一概省略不提。

[5]　日本學者研究忽滑谷快天著作後，也有略似的看法。見山內舜雄著，《續道元禪的近代化：忽滑谷快天之禪學及其思想(駒澤大學建學史)》（東京：慶友社，2009 年），頁 100。可是，為何忽滑谷快天要效法新渡戶稻造的寫法呢？此因在此之前，東亞的日本武士道精神文化史的國際研究，是以新渡戶稻造(1862-1933)於 1899 年出版的英文著作《武士道》為其開端，其書出版後，迅即風行世界各國，且歷久不衰。可是，這和其書是運用基督教化的變相武士道特殊筆法有關，其後又得力於明治時代皇軍在日俄戰爭的艱難戰爭獲勝之高度國際軍譽有關，所連當時的美國老羅斯福總統，都好奇地大量買來自讀和送人，一時傳為美談，並喧騰於國際間。所以，忽滑谷快天要效法的對象，就是新渡戶稻造的《武士道》於西方快速大成功的傳播範例，所以其禪學思想是和日本武士的禪修

容其實是有關「中日禪宗哲學及其學科探討」當副標題。

可是，忽滑谷快天此書的主要內容，並非全與與日本武士道有關。因其全書內容為：1.導言。2.第一章：中國禪宗史。3.第二章：日本禪宗史。4.第三章：宇宙是禪的聖典。5.第四章：佛陀，宇宙精神。6.第五章：人的本性。7.第六章：開悟。8.第七章：生活。9.第八章：修心與參禪。10.附錄：《原人論》英譯。[6]

其中提到日本武士道與禪的關係，只在第二章日本禪宗史全部十三節內容中，第五至第十三節才約略提到而已。[7]其餘全無關武士道或武士與禪的解說。所以，這是內容與書名出入很大的誤導主題，雖有副標題加以限定，仍不足使讀者完全被說服的堅強理由。這可以對照之後的鈴木大拙同類型禪學著作的書名標示來看，就更顯然。

因為類似的內容，日後幾乎也同樣在鈴木大拙於 1938 年出版其作為日本官方文部省囑託、在歐美宣揚代表日本精神特色的英文版《禪與日本文化》，[8]以抵消或抗衡之前來自中國的林語堂（1895-1976），作為中日戰爭時期的國際文化宣傳推手，其英文名著《吾國與吾民》於 1935 年 3 月，在美國由賽珍珠（1892-1973）夫婦所主持的約翰‧戴爾公司出版後，大獲成功的巨大國際影響力。

可是，儘管當時鈴木的《禪與日本文化》一書，曾以兩章的內容：第三章專論日本武士道，第四章專論日本劍道與禪，卻未在其書名上顯示是關於武士道或武士的宗教的這樣字眼，而是放在日本文化的大架構下來陳述。[9]由此可見，1899 年新渡戶稻造的《武士道》、1913 年忽滑谷快天的《武士的宗教》

　精神鍛練相掛鉤的，故其英文禪學著作，才會以《武士的宗教》(The Religion of Samurai)命名。

[6]　忽滑谷快天著，林錚顗中譯版：《武士的宗教：中國與日本的禪學》，頁 275-300。

[7]　忽滑谷快天著，林錚顗中譯版：《武士的宗教：中國與日本的禪學》，頁 60-80。

[8]　參考西谷啟治編：《回想鈴木大拙》（東京：春秋社，1975 年），頁 437-439。

[9]　此處參照陶剛中譯本，《禪與日本文化》（臺北：桂冠圖書，1997 年，初版三刷），頁 25-44；頁 45-70。

和 1938 年鈴木大拙的《禪與日本文化》：這三本英文書，前後彼此之間事實上存在相互辯證關係。

　　然而，1899 年新渡戶稻造的《武士道》、和 1938 年鈴木大拙的《禪與日本文化》出版後都大獲成功，長期風靡世界各國：唯獨 1913 年忽滑谷快天的《武士的宗教》一書，出版後西方學界反應冷淡，甚至遭到瑞士著名分析心理學家榮格(1875-1961)與的德國著名新教哲學家魯道夫‧奧托(1869-1937)的相繼批評。而此兩位大學者批評，重點有二：一是引用太多西方著名類似的概念來詮釋，二是忽滑谷快天講「開悟」概念及其「自體」精神狀況，是源自其體悟的「宇宙性之佛，亦即生命意識之全體」，所以顯然過於理智詮釋了。[10]

　　反之，鈴木大拙在其禪學著作中，一直是用大量有趣卻充滿懸疑與機智反應的臨濟禪公案例子，以及極力強調禪的開悟不可思議，很難用語言描述的精神覺醒，因而受到容格與奧托兩者的激賞。[11]

　　但，上述這樣的批評觀點，如今依舊有說服力嗎？以及有關忽滑谷快天當年寫作或出英文版《武士的宗教》的成書背景為何？或當其長期置身明治時代進化論新潮長居主流趨勢下的強烈環境影響時，他又將如何對其多層面吸納？乃至他又是如何地將其抉擇並據以建構其禪學批判論的新詮釋體系等？尤其英文版《武士的宗教》作者（忽滑谷快天），在其書中所據以引述的各類

---

[10] 參考楊儒賓譯，榮格著：《東洋冥想心理學：從易經到禪》（臺北：商鼎出版社，1993 年），頁 158-163。但此批評，並不意味其了解：忽滑谷快天所講「開悟」概念及其「自體」精神狀況，是「宇宙性之佛，亦即生命意識之全體」的講法，與其來自明治時期（1868-1915）的宗教學新思潮影響下的學術史發展史意義，或者有關忽滑谷快天所講「開悟」概念及其「自體」精神狀況，其所涉及的新批判禪學相關詮釋意涵。因而對此，本文稍後將有近一步的解析。

[11] 鈴木大拙在其一度曾非常成功的英文著作《禪與日本文化》一書中，雖廣引有極力誘導傳統武士奮勇為主忘我「狂死」之嫌的《葉隱聞書》典故，也生動的將其和西班牙鬥牛士的勇於狂熱殉死相類比。但，此一不當的類比，隨後，也同樣在西方，遭到強烈的批判。反之，他用心英譯日本禪僧澤庵所談「禪劍一如」的名著《不動智》等書，因其與最高境界的武士道超越生死之念精神修養有關，所以迄今仍在西方享有盛譽和擁有不少讀者。而這與其在當代西方所面臨的沾染軍國主義禪學思想的強烈負面批判，恰成一鮮明的正反比。見 Victoria, Daizen. Zen at war / Brian Daizen Victoria 1939- Lanham, Md. : Rowman & Littlefield Publishers, c20062nd ed.

著作文獻來源出處，藉口因其是旅歐美期間所撰之書，相關資料參考不便，只憑記憶撰寫，所以將其一概省略標註原著出版時地。可是，其所衍生的原引書出處來源不清問題，若無解決，也將長期繼續地困擾讀者們的參考之所需。

　　所以，本文以下所要追索並試圖將其還原的，就是對於上述各問題的相關性學術史所進行的追溯性研究。

二、歷史的初步追溯：其成書年代及其周邊研究檢討

　　首先，讀者須知，由於過去從未有學術論文討論過此書，因此一旦要就此書寫作與出版的前後狀況進行了解，以及企圖進一步追溯其與當年的時代思潮之間的相關性，乃至如何受其影響等諸問題，就有必要如本文所採取的研究進路。

　　亦即，按照學術研究慣例，本文先檢討前人曾涉及相關研究，縱非直接針對《武士的宗教》的內容，也可從其周邊的文獻檢討展開：

　　一、有關 2009 年日本山內舜雄著《續道元禪的近代化：忽滑谷快天之禪學及其思想(駒澤大學建學史)》一書的學術問題檢討問題。

　　此因山內舜雄的這一著作，是迄今為止對於忽滑谷快天生平的行事風格及其相關學術爭論，已有最詳盡的資料解說的著作。因此先從此書切入。據其在書中自述，寫作此書之前，他在書中所引述的撰述資料來源是：他曾多方借重其所能接觸到眾多，他任職於駒澤大學校中的前輩學人，或者與其同輩的校內老同事等人的回憶資料。同時，他也參酌自行蒐集到的大批學術資料（包括《駒澤大學史》各版記載等，加以抄錄彙編之後，據以討論忽滑谷快天於 1934 年猝死後，他所主張的駒澤大學禪學思想，不久即完全被校內當權派衛藤即應

(1888-1958)宰制下的曹洞宗禪學思想所取代之經過。[12]

　　亦即，環繞著作為駒澤大學創校校長的忽滑谷快天本人及其禪學思想，何以在他死後不久便遭到如此的貶抑與冷漠對待？就是他想重新探索的。至於山內舜雄本人，為何會熱心討論此事的探索？

　　原因是，他曾看到日本禪學研究泰斗柳田聖山（1922-2006）在其著作中提及：忽滑谷快天兩巨冊《禪學思想史》，[13]具有開創禪宗史學的貢獻，以及確曾發揮影響及於胡適禪學。[14]所以他認為應該重新認識忽滑谷快天，乃至出版全集。此外，山內舜雄的同書中，還首次披露關於忽滑谷快天本人曾在 1902 年出版一本提倡大乘非佛說的日本先驅：德川時期富永仲基(1715-1746)的《出定後語》，[15]將其與之後亦持相同主張的服部天遊著《赤裸裸》合刊本的後背後原由，[16]雖於書中也提及，可能受當時大乘非佛說主流的影響所致。[17]

　　但，此一的理解，仍屬間接性與過於片面性。因其更直接的相關學術史理由，應是他其實意在追隨 1898 年時，姊崎正治出版其明治時期現代形態的佛經批判學著作《佛教聖書史論：大乘經典之成立及其批評問題》的作法。[18]而因姊崎在其書序文的最後，還特別把十九世紀中葉由費迪南德・克里斯蒂安・鮑爾（Ferdinand Christian Baur，1792-1860 年）的《牧者書簡論》一書與日本德川時代富永仲基的《出定後語》出版，作為他著此書的動機。[19]這是歷來的首次如此兩書內容對照。

　　於是，姊崎正治便在其《佛教聖書史論：大乘經典之成立及其批評問題》

---

[12] 山內舜雄著：《續道元禪的近代化：忽滑谷快天之禪學及其思想(駒澤大學建學史)》，頁 26-32。

[13] 忽滑谷快天：《禪學思想史》（東京：玄黃社，1923-24 年）。

[14] 柳田聖山著：《禪佛教研究──柳田聖山集第一卷》（東京：法藏館，1999），頁 674；頁 680，

[15] 山內舜雄著：《續道元禪的近代化：忽滑谷快天之禪學及其思想(駒澤大學建學史)》，頁 75-86。

[16] 山內舜雄著：《續道元禪的近代化：忽滑谷快天之禪學及其思想(駒澤大學建學史)》，頁 69-74。

[17] 山內舜雄著：《續道元禪的近代化：忽滑谷快天之禪學及其思想(駒澤大學建學史)》，頁 70-72。

[18] 姊崎正治著：《佛教聖書史論：大乘經典之成立及其批評問題》（東京：經世書院，1899 年）。

[19] 姊崎正治著：《佛教聖書史論：大乘經典之成立及其批評問題》，頁 153-167。

序言上，直接清楚宣稱：他其實是想效法費迪南德‧克里斯蒂安‧鮑爾在《牧者書簡論》所作所為那樣；或師法日本前輩中，最具批判性的富永仲基在《出定後語》，所曾主張大乘非佛說的先例，同樣也能開啟日本批判佛教聖書的新學風。[20]而後，才有忽滑谷快天的《出定後語》和服部天遊著《赤裸裸》兩書合刊本問世。[21]

由此可見，其正是追隨姉崎正治在《佛教聖書史論：大乘經典之成立及其批評問題》書尾所附的合刊本編輯先例。於是，他也繼續追隨姉崎正治在《佛教聖書史論：大乘經典之成立及其批評問題》的批判大乘佛教聖書學那樣，在三年後（1905），也出版其第一本著作《禪學批判論》；[22]而且同樣也在其書尾的附錄上，雄辯地提出，他對於禪宗根源聖典《大梵天王問佛決疑經》的否定性歷史批判；[23]並在其英文著作《武士的宗教》內的註 17，鄭重指出該經：所謂「拈花微笑」的「嫡嫡相傳」之説，「純屬虛構」。[24]

而這對他身為曹洞宗僧侶之一員，又是一間寺院住持來說，無疑會是一種背叛與一種不妥的異端表現。此後，他的所作所為，便從此被日本曹洞宗之內的保守派僧侶，一直被視野異端。[25]甚至在他生命的晚期階段，仍一直被捲入由該宗內某些保守派僧侶所發動的批判大風暴中，[26]最後導致他辭去首任駒澤大學校長的職務，不久就因心血管病變而中風猝死。但是，對與此一發展的相關學術史問題，山內舜雄並未了解其間的直接關連性，導致在其書內涉及《禪學批判論》一書的寫書動機時，即未能深入討論，而只介紹其全書的章節目錄、以及抄錄原書再版序文內容，以便交代《禪學批判論》原先的寫作動機

[20] 姉崎正治著：《佛教聖書史論：大乘經典之成立及其批評問題》，頁 2-18。
[21] 忽滑谷快天編：《出定後語、赤裸裸合刊》（東京：鴻盟社，1902 年）。
[22] 忽滑谷快天著：《禪學批判論》（東京：鴻盟社，1905 年)。
[23] 忽滑谷快天著：《禪學批判論》，頁 213-226。
[24] 忽滑谷快天著：《武士的宗教》，中譯本，頁 27。
[25] 山內舜雄著：《續道元禪的近代化：忽滑谷快天之禪學及其思想(駒澤大學建學史)》，頁 178-179。
[26] 山內舜雄著：《續道元禪的近代化：忽滑谷快天之禪學及其思想(駒澤大學建學史)》，頁 239。

罷了。[27]

此外，山內舜雄雖在書中亦曾提及，忽滑谷快天生前一直不滿於英國對其殖民地統治時所強加的負面基督教影響，[28]因此他之後縱使親履其國土，也未完全欣羨大英帝國當時燦爛的高度文明成就，所以未曾在英國學術機構註冊就讀或忙於到處拜訪當時舉世聞名的佛教學者。一如之前，曾從日本來英留學的南條文雄和高楠順次郎等人，所從事的那樣。至於忽滑谷快天為何有英文版的《武士的宗教》一書在英國出版？他完全沒有解釋。

他所持的理由是，忽滑谷快天本人雖在 1912 年，奉曹洞宗正式派遣，前往歐美考察宗教與學術研究三年，但是回國後，並未繳交相關的考察報告書。[29]所以，要解釋也沒有任何線索。

因此，對於其相關行程、以及英文版的《武士的宗教》成書過程，所留下的一切空白，很顯然地只能靠後來者為其補白了。而本文以下探索的銜接點，就是試著藉其他周邊資料，或藉著忽滑谷快天的其他先前著作，來進行相關學術史的補白探索。

二、不過要展開上述的補白前，仍須先提及由臺灣師範大學東亞學系教授張崑將博士所撰的：〈從《達磨與陽明》看忽滑谷快天的批判禪學特色〉一文。[30]

此因張教授是以其最擅長的日本陽明學研究及日本武士道論述專家的深厚學術基底，來回溯忽滑谷快天於 1911 年出版的《達磨與陽明》一書與日本明治維新(1868-1912)相關的日本陽明學發展及其與日本佛教之間的思想衝突史。

---

[27] 山內舜雄著：《續道元禪的近代化：忽滑谷快天之禪學及其思想(駒澤大學建學史)》，頁 75-86。

[28] 山內舜雄著：《續道元禪的近代化：忽滑谷快天之禪學及其思想(駒澤大學建學史)》，頁 128。

[29] 山內舜雄著：《續道元禪的近代化：忽滑谷快天之禪學及其思想(駒澤大學建學史)》，頁 95。

[30] 張崑將：〈從《達磨與陽明》看忽滑谷快天的批判禪學特色〉，載《漢學研究》第 31 卷第 1 期（2013年 3 月），頁 187-218。

同時，他也提及日本佛教政策的變化，以及因而開始國際先進佛教學術研究的積極學習與大量移植的發展狀況。之後，他從日本引進德國蘭克史學研究法，來推斷忽滑谷快天的禪學批判方法學，可能受其間接的影響。

於是，他接著批判忽滑谷快天的禪學批判，其實是跛腳的批判：甲、是其全書的陽明學比重還遠遠多於有關達磨的陳述，所以兩者不對等。乙、是他指出忽滑谷快天的禪學批判，並未針對權力的不合理進行批判，所以是選擇性的批判。丙、是他指出，日本曹洞禪師道元的禪風特色是遠離王公貴族，反之忽滑谷快天本人的禪學演講，往往有政府官員、軍警要員或社會賢達等大批聽眾參與，是與其宗派傳統禪風相悖離的。所以，他稱之為跛腳的禪學批判。[31]但，上述如此批判，可能未盡精確，所以值得繼續探討其他的可能觀點。

理由是，在張教授上述的批判之外，其實還可以有更詳盡與更深入的相關解析。例如在《批判禪學》與《武士的宗教》兩書中，忽滑谷快天都曾大量引用西方社會科學、自然科學與西方哲學的觀點，甚至引用當時風行一時的著名生物學家海克爾的宇宙生物與物質一元論的全體主義互攝觀點等，都不是張教授上述出色論文曾提及的重要相關資料。[32]所以本文亦將針對這些學術解析的不足處，試行加以增補或有所修正。

三、此處還有必要提及：在 1911 年 7 月前往歐美考察之前，忽滑谷快天先於當年四月，出版其新書《浮世莊子講話附田舍莊子》[33]與譯自英文版的《心靈之謎》。[34]於是，我們可以在此追問：為何他當時要在同一年出版顯然不同領域的自著或譯著？其中是否有無關聯性？若有，其間的關聯性又是如何？本文相信，以下的追問進路，若是沿著以上所述這樣的幾條問題意識的相關線索，則應是可以較貼近《武士的宗教》寫作當時，作者忽滑谷快天的相關學思

---

[31] 張崑將：〈從《達磨與陽明》看忽滑谷快天的批判禪學特色〉，載《漢學研究》，頁 206。

[32] 詳細討論與相關引書來源，還請參照本文以下各節，將會有很長篇的論述內容。所以，此處暫先省略相關引書來源的介紹。

[33] 忽滑谷快天著：《浮世莊子講話附田舍莊子》(東京：森將書店，1911 年)。

[34] 忽滑谷快天、門脇探玄共譯：《心靈之謎》(東京：森將書店，1911 年)。

歷程。

因此，以下即就其書如何被寫？或被譯？以及如今又是應該如何來理解？等等追問，來嘗試回溯此一學術史的進一步相關新探索。

三、歷史的解答之一：書是如何被寫或被譯？以及如何理解？從《武士的宗教》出版之前的日本武士道相關既有著作為探討中心

首先，有關《武士的宗教》的成書背景，可以從書名的主標題與副標題，連結其全書各章節內容及其引述資料來源，來分項探討：

其一，有關書名主標題的問題。我們可以 1899 年新渡戶稻造出版《武士道》一書的前後，在日本本土出版相關著作來觀察。以現代倫理學實踐的詮釋概念來書寫日本傳統武士道的倫理學體系，在新渡戶稻造的《武士道》之前，並無先例。

可是，新渡戶稻造此書有兩大缺陷：一是缺乏實際日本武士道變革史的知識學基礎，二是關於明治維新以後，以崇敬和效忠天皇為最高軍人武德的新武士道的發展狀況，新渡戶在其書同樣也未提及。然而，缺乏此兩點，卻是嚴重的問題。

因前者若由日本熟悉武士道歷史知識的讀者看來，新渡戶那樣的內容表達可能很新穎與的確很受各國讀者的大歡迎，卻對日本讀者沒有強大的說服力。

至於後者，因新渡戶當時的特殊身份，不但已是任教於京都帝國大學的法學科教授，更是被明治天皇授予貴族爵位的官職身份，豈能在其武士道的論述中，對天皇至上神聖，顯示任何不敬意味的武士道倫理陳述在內？

所以，新渡戶稻造的書，雖已在國外出版並暢銷各國，足堪光耀國族門面。可是，他自己其實很清楚，此書對日本的讀者來說，是有所不足的。因此，有關出版日譯版的問題，他起先一直婉拒。

直到 1905 年 4 月間，他先以「京都帝國大學法科大學教授從五位勳六等新渡戶稻造」的署名，敬呈一篇給官方轉報給明治天皇的〈上英文武士道論書〉，內容是對於當今天皇及其列祖列宗所代表的日本武士道神聖傳統，極盡歌頌之能事。[35]

這顯然是要避免 1891 年「內村不敬事件」的重演。[36]所以，此次新渡戶稻造要在日本出版之前，先上呈〈上英文武士道論書〉以表最高禮敬與效忠之赤誠，再將此上呈的全文及其全職稱的署名，放在由櫻井彥一郎（鷗村）所翻譯的欽定日譯版，於東京出版。之後，也就未再引發任何爭議。

至於有新渡戶稻造的英文版與日譯版中，所缺乏有關具體歷史發展的日本武士道變革史知識學基礎之問題，則他早在前一個月（1908 年 3 月）替前來求序的山方香峰所著《新武士道》撰寫序文，[37]已承認山方香峰所著《新武士道》內容，可以彌補他的原著所不足之處，所以沒有問題。

但在 1908 年的此兩書出版前與後，同時即有大量的武士道專書出版。[38]有必要也對其了解：

其一，首先是，1901 年 4 月由東京帝國大學哲學科名教授井上哲次郎博

---

[35] 新渡戶稻造：〈上英文武士道論書〉，載於櫻井彥一郎日譯，《武士道》（東京：丁未出版社，1908 年），頁 1-5。

[36] 所謂「內村不敬事件」，是導源於鑑三因本身信仰基督教，而未在學校倫理講堂向天皇署名的〈教育法令〉作最敬禮儀式，只是默默站立。亦即，內村表現出耶穌基督的至高神聖，高於天皇神聖，所以兩者的最敬禮儀不能等同。而此舉明顯出於對當今天皇至高神聖的大步徑行為，於是立即引起內村擔任教職的校內師生強烈抗議並被報章雜誌大肆報導及嚴厲批判之後，演變成內村被迫辭去教職的「內村不敬事件」的不幸後果。

[37] 載於山方香峰著：《新武士道》（東京：日本之實業社出版，1908 年），頁 1-7。

[38] 由於數量有數十種，無法一一列舉。此處只談具有指標性意義的幾種著作。

士，替足立栗園所著的開創性《武士道發達史》作序，[39]這是第一本日本武士
道發展史的現代書寫。此舉意味著新渡戶稻造的英文版《武士道》的書寫模式，
雖在國外獲得巨大成功，可是之後就成絕響。因不論新渡戶稻造本人或其他日
本學者，之後都未再重複類似的寫法，而改由以井上哲次郎博士所主導的日本
正統武士道史及其所代表的、以日本精神為核心的新類型寫法。

其二，因此，在替足立栗園所著的開創性《武士道發達史》作序後，同年
7 月，井上本人也出版了《武士道講話》一書。[40]特別值得注意的是，此書的
發行所，是專賣陸海軍圖書的「兵事雜誌社」，擺明了是要給日本陸海軍人閱
讀的標準讀物。

其三，於是，本身就是明治維新功臣（從三位勳二等子爵）、政治家、思
想家、著名武士、一刀正傳無刀流的開創者的山岡鐵舟（1836-1888），也於
1902 年出版根據其口述內容而成的《武士道》一書。[41]此書是深刻論評日本古
今武士道的典範及其代表的武德精神與作為何在的專業著作。特別是論及幕
末及明治維新初期的日本現代武士道出色表現，堪稱是最佳現身說法的第一
手報導資訊及相關精彩論斷。

其四，但更重要的是井上哲次郎的相關作為。因他於 1903 年，繼山岡鐵
舟之後，出版《巽軒論文初集》一書，[42]文中有相關明治文化與宗教思潮的評
述，更有武士道時代精神的相關詮釋。此書內容顯示，井上哲次郎的武士道論
述的熱情，是持續不斷的。於是，他在日俄戰爭期間（1904 年 2 月至 1905 年
9 月）的 1905 年 3 月出版與有馬祐正共編的三巨冊《武士道叢書》，一舉將

---

[39] 足立栗園著：《武士道發達史》（東京：積善館，1901 年）。井上寫序，在其書名左邊，就有「文
學博士井上次郎序」的黑字清楚標示。

[40] 井上哲次郎著：《武士道講話》（東京：兵事雜誌社，1901 年）。

[41] 山岡鐵舟口述：《武士道》（東京：光融社出版，1902 年）。

[42] 井上哲次郎著：《巽軒論文初集》（東京：富山房 1903 年）。

日本傳統相關武道論著，幾乎都彙編出版。[43]

　　然而，若改從日本的近代國家意識形態來觀察的話，則應該說：日俄戰爭的爆發與戰爭勝利，是促成巨大日本國族自信萌生與強權擴張意識暴漲的關鍵轉折期。而這是先前甲午戰爭勝利時，所無法比擬的高漲與強大民族自信。所以有關日本武士道著作，除上述之外，還有如下暴增的多種著作：

　　其五，1904 年 7 月，河口秋次撰的《武士道論》。[44]但，此書的作者序言，其實是寫於 1903 年 7 月。由於當時日本國內已在預備與俄國交戰，所以此書序言，即提到即將爆發的日俄戰爭。因而，日本武士道的軍人偉大典範傳統，必將再度發揮日本皇國精神而戰勝。此外，其全書內容，原是從先前山岡鐵舟的《武士道》一書的內容與觀點，引伸而來的再論述。所以，全書無異是針對日俄戰爭前所寫的：一本狂熱政治宣傳著作。

　　其六，1904 年 7 月，日本武士道研究會編纂，《日本武士道之神髓》（東京磯部太郎兵衛出版）。[45]全書有兩大主題，其一是武士道的沿革，其二是武士道的各種武德，如：忠、孝、武、膽、俠、慈、恕、潔、貞、忍等德目的簡潔解說。當時，「日俄戰爭」已爆發，是處於勝負未定的初期。所以此書的作用，與上述《武士道論》一書的狂熱國家意識形態宣傳一樣，都是在激勵前方作戰軍隊的士氣，以及鼓舞後方日本民眾對戰爭勝利期待的無比信心。

　　其七，1905 年 3 月，久保得二編著《古今武士道美譚》[46]與同年 6 月干河岸貫一所著《修養美譚（教訓講話）》。[47]此兩種著作，都是改以列舉各朝代的多種關於武士道著名人士的修養實例，來解說日本武士道精神的忠誠與武

---

[43] 井上哲次郎、有馬祐正共編，《武士道叢書》（東京：博文館出版，1905 年）。此書出版後三年內，就一共出了五版，因此成了主流的論述日本武士道基礎教材。換言之，早於新渡戶稻造的日譯版出版三年，井上哲次郎就主導了日本國內武士道的詮釋權，同時也成為日本在「日俄戰爭」艱苦奮戰後贏得偉大勝利新局勢的國民道德修養教材。從此「武士道」與「日本精神」兩者就成了同義詞。

[44] 河口秋次著：《武士道論》（東京：真言宗弘聖寺出版，1904 年）。

[45] 日本武士道研究會編纂：《日本武士道之神髓》（東京：磯部太郎兵衛出版，1904 年）。

[46] 久保得二編著：《古今武士道美譚》（東京：弘文堂，1905 年）。

[47] 干河岸貫一著：《修養美譚（教訓講話）》（東京：興教書院，1905 年）。

勇的典範表現。後來，忽滑谷快天的《武士的宗教》一書，雖不一定是從此兩書取材，但同樣選擇類似的武士道典範實例，以為解說日本武士道的歷史表現實例。

　　其八，1906 年秋山悟庵（直峰）與有馬祐正合編《武士道家訓》一書出版。[48]此彙編叢書，是延續先前井上與有馬合編的《武士道叢書》時，未能納入的《武士道家訓》彙編。

　　其九，之後，釋悟庵先於 1907 年出版《禪與武士道》一書。[49]又在 1911 出版《和魂之跡》一書。[50]前者的特別意義在於，它是首次出現的專論《禪與武士道》的專書，也是之後忽滑谷快天著述英文版《武士的宗教》一書的先驅。[51]

　　但是忽滑谷快天的《武士的宗教》一書中，也自有其獨到之處。例如他曾提到中國的僧肇（384-414），在被秦王姚興（366-416）判處死行被戮前，所吟出的著名偈語：

　　　　四大元無主，五陰本來空，將頭臨白刃，猶似斬春風。[52]

　　是他在 1908 年《和漢名士參禪集》一書，所舉的第十四個實例解析主題。[53]之後，他於《武士的宗教》一書中，將北條時宗（1251-1284）時期的禪僧無學祖元（1226-1286），面對入侵蒙古軍人的大刀斬頭前，仍從容吟出的著名

---

[48] 秋山悟庵（直峰）、有馬祐正合編：《武士道家訓》（東京：博文館，1906 年）。

[49] 釋悟庵著：《禪與武士道》（東京：光融館，1907 年）。

[50] 釋悟庵著：《和魂之跡》（東京豐文館，1911 年）。

[51] 兩者的差別是，忽滑谷快天著述英文版《武士的宗教》並非如書名主標題顯示的，專論《禪與武士道》的相關性，而是在詮釋現代性的日本禪宗哲學思想。

[52] 忽滑谷快天編評：《和漢名士參禪集》（東京：丙午出版社，1908 年），頁 16

[53] 忽滑谷快天編評：《和漢名士參禪集》，頁 16。又見忽滑谷快天著，林錚顗中譯版，《武士的宗教：中國與日本的禪學》，頁 66。

偈語加以對比：

> 乾坤孤筇卓無地，喜得人空法亦空：珍重大原三尺劍，猷似電光影裡斬春風。[54]

　　這是日本禪學史著作的首次出現。對比之後的鈴木大拙在其《禪與日本文化》一書，同樣對於無學祖元偈語的引用，卻未提及僧肇的偈語。[55]由此可知，忽滑谷快天的《武士的宗教》一書引用資料，比鈴木大拙之書所引述者更完整。[56]

　　此外，在《武士的宗教》一書中，論述日本歷代禪僧與武士道的密切關係之後，他在最後提及明治維新後期的武士道狀況。他所舉的實例，就是在日俄戰爭中的陸軍指揮官乃木希典大將（1849-1912），曾艱苦多次血戰，才終於攻下俄軍在旅順港頑抗要塞的的武士道精神典範表現；而且他特別提及乃木希典大將的兩個兒子都在戰爭中被砲彈炸死犧牲，是有意義之舉。[57]

　　據此可知，事實上，日本本土的武士道著作，之所以大為盛行，其主要因素，應與日俄戰爭的爆發及其經歷多次死傷慘重的苦戰後，終於贏得其偉大的民族勝利有關。[58]不過，儘管如此，本文接著討論的主軸，還是要回到其書的

---

[54] 忽滑谷快天著，林錚顗中譯版：《武士的宗教：中國與日本的禪學》，頁 65。

[55] 鈴木大拙著：《禪與日本文化》，頁 41。

[56] 但，鈴木大拙在其《禪與日本文化》一書，所提及的中日戰爭期間的軍中熱門武士經典殉死的《葉隱聞書》或禪僧澤庵的《不動智妙錄》，則都是忽滑谷快天的《武士的宗教》一書引用資料中，所未提及的。見《禪與日本文化》，頁 32-33：頁 51-60。然而，《武士的宗教》一書引用資料中，引述過的大劍客塚原卜傳的有名河舟巧計取勝的美談(中譯本，頁 74-78)，鈴木也同樣在次寫入其《禪與日本文化》（中譯本），頁 35-36。

[57] 忽滑谷快天著，林錚顗中譯版，《武士的宗教：中國與日本的禪學》，頁 76-78。附註：特別是乃木希典大將夫婦於 1912 年 9 月 13 日，為明治天皇過世而雙雙殉死的轟動日本國的大新聞，就剛發生於忽滑谷快天到歐美考察之年（1912）的二個月之事。所以他會寫在書中，也理所當然。

[58] 所以，本文上述的相關著作回顧，也是在於證明：忽滑谷快天的《武士的宗教》的書名，除了有意連結新渡戶稻造的英文版《武士道》一書的大獲成功之前例之外，另一個可能原因，就是反映日本

副標題：「中日禪宗哲學及其學科」的此一相關解析。

因此，在以下各節節，本文便把探討的主軸，轉入有關「中日禪宗哲學」的相關追索。以便繼續追問：其書大部分內容的詮釋體系又是如何被形成的？以及其根據何在？等待解謎團。

四、 歷史的解答之二：書是如何被寫或被譯？以及如何理解？從既有禪歷史哲學詮釋體系著作，來探討其與忽滑谷快天書中的「中日禪宗哲學及其學科」兩者之間的相關性

根據以上本文曾提及的，由於《武士的宗教》的副標題，已涉及有關「中日禪宗哲學」的相關學術課題。所以，先舉出二種相關但只是類似的著作來觀察。此即：

（一）非其所著的相關類似著作

在此部分，本文擬討論的是，曾以正統哲學詮釋的「禪宗哲學」的先驅型著作。此即：在 1893 年，由當時著名佛教哲學家及激烈批判者井上圓了(1858-1919)，所著的《禪宗哲學序論》一書。[59]而他當時，也是這類以正統哲學詮釋的先驅型「禪宗哲學」著作的唯一作者。

不過，首先須知，井上圓了其人是東京帝大哲學系畢業，有留德的國外經驗，專業為德國哲學領域。所以他是直接採用康德(1724-1804)主要的三大批判理論(《純粹理性批判》、《實踐理性批判》、《判斷力批判》)的不同範疇知

在日俄戰爭後，日本舉國都為勝利狂歡之後，所大量出現的新武士道思潮盛行現象。

[59] 井上圓了著：《禪宗哲學序論》（東京：哲學書院，1893 年）。

識，先將整個佛教哲學也同樣區分為主智、主意、主情三類。[60]

接者再把各宗的教理先規定屬於認識論領域的主智哲學，其次禪學則屬於實踐的主意哲學，最後則把淨土信仰劃歸主情哲學。然後，他才開始往下建構其全書關於禪宗哲學的整個詮釋體系。

只是，在展開其全書關於禪宗哲學的詮釋體系之前，他又先列有六章相關內容：一、禪宗歷史，二、禪師傳記，三、本山及開山，四、寺院統計表，五、臨濟宗大意，六、曹洞宗大意。以上都是歷史層面的具體陳述，所以甚至包括日本禪宗寺院統計表在內。[61]之後，才是全書有關禪宗哲學的整體論述。

至於，最後在書中「本論」的主體部分的論述方法，井上圓了是按照西方大學哲學教材的編排順序，先將禪宗哲學分成七大段來處理：第一段是緒論。第二段是哲學總論。第三段是佛教總論。第四段是禪宗總論。第五段是禪宗各論第一。第六段是禪宗各論第二。第七段是結論。[62]因此其全書論述體系的詮釋邏輯思維，堪稱條理分明，陳述次第井然。

不過，有關禪宗哲學的相關論述，他主要仍是根據華嚴禪思想來處理。然後再根據當時日本哲學界習知，在 1897 年由井上哲次郎首次建構的「現象即實體」一元論概念，[63]來自由詮釋華嚴哲學之理事互融無礙的相關禪宗經典思想或公案禪思想。

因此，1902 年，井上又出版《禪宗哲學大意與真宗哲學大意》一書。[64]但其禪宗哲學的內容，仍大致維持原樣，無巨大變動之處。

可是，上述井上的先歷史後哲學的論述編排方式，及其相關的詮釋概念，之後也確曾反映於：1913 年忽滑谷快天所出版的，《武士的宗教》全書編排順序及其書內的詮釋概念之中。

---

[60] 井上圓了著：《禪宗哲學序論》，頁 113。

[61] 井上圓了著：《禪宗哲學序論》，頁 1-64。

[62] 井上圓了著：《禪宗哲學序論》，頁 81-208。

[63] 普爾維沙那原著，江日昇中譯：《日本近代哲學思想史》(臺北：東大圖書公司，1989 年)，頁 33。

[64] 井上圓了著：《禪宗哲學大意與真宗哲學大意》(東京：四聖堂，1902 年)。

　　所以，以下我們即接著討論有關忽滑谷快天的《武士的宗教》一書的相關內容，以及引述的資料出處，來往前追溯其據以建構其書的根源之所在。

（二）溯源《武士的宗教》之前各著作引述資料的追問及其詮釋狀況的相關解析

　　在此探討的切入點，之可以藉由《武士的宗教》一書的相關內容，以及引述的資料出處，來往前追溯其先前著作中的詮釋狀況，或其曾引述過的資料來源。此因《武士的宗教》一書內容及其引述的資料出處，較之先前所討論過的井上圓了著作，都明顯的更有體系但也較之更顯複雜與呈顯混融現象。

　　再者，此一英文著作，雖堪稱其歷來註解著作最詳者，但其中未能清楚註明其引書的出版時地資料，則是現代學術著作規範中所不許的。因而此處即循其書中大量有註無源的欠補線索，據以追溯其原出版時地之所在。

　　另一問題是，此書的主要內容，並非全與與日本武士道有關。並且在之前各種著作中，他也從未涉及較系統的日本武士道問題，而只呈現相關禪宗典籍的歷史批判而已。於是在《武士的宗教》一書中，他除批判禪籍之外，更進一步對中國天臺宗所自創的天臺五時判教，提出其與歷史不符的直接批判。[65]所以，關於佛教史或禪宗史的歷史批判，才是其著作的最顯著特色之所在。

　　不過，值得注意的是，其在《武士的宗教》一書中，亦涉及他在之前相關著作中，所試圖建構的禪宗哲學詮釋概念及體系。從其第一本《禪學批判論》所提出的最初詮釋理論之後八年，又於 1907 年，出版其最新詮釋的《批判解說禪學新論》一書中。[66]

---

[65] 忽滑谷快天著，林鈺顥中譯版：《武士的宗教：中國與日本的禪學》，頁 91-93。

[66] 忽滑谷快天著：《批判解說禪學新論》（東京：山忠孝之助出版，1907 年）。根據忽滑谷快天生前出版的各種著作版次來看，此書也是最暢銷的著作之一。因在 1907 年 7 月 8 日初版後，同月 13 日再版發行，同月 24 日第 3 版又發行。而本文目前所根據的，就是該書的第 3 版，可見此書當時之大受歡迎的程度。另一面來看，這也意味著他所傳播的詮釋理念，已被當時相當多的社會大眾所知曉了。而之後的發展，就是在 1913 年所著《武士的宗教》一書內，反映了之前著作中的許多相關詮

　　而我們又須知，此書最初是忽滑谷快天為紀念與他生平從事禪學批判論
述與佛教革新的至交、前《佛教時論》主筆宮坂大眉所出版的。因他曾與忽滑
谷快天相互深交十年，彼此同為「佛教靈光會」組織與「佛教同志會」的親密戰
友；[67]但宮眉氏於 1906 年病逝。所以他才感觸至深的出版此書，以為紀念。

　　同時，他又於書前與書後，清楚地標出自己於書中，所進行批判與詮釋的
理論體系，就是：一、唯心論。二、現象即實在論。三、物心合一論。四、萬
有一體論。五、安心立命論。[68]從此他有關禪宗歷史哲學的論述建構概念，幾
乎已定型下來。值得注意的是，他在書前宣示的「批判新解」，是指以現代學
術的詮釋方法，對於傳統禪書文獻進行譯解的再詮釋，務必解明向來禪語曖昧
含混的難解之處。[69]所以，他在書後的附錄部分，特別列上「禪語略解」的名
詞小辭典，並一一用現代語言解析。[70]他也不諱言，其中詮釋語意，不盡同於
傳統禪書的詮釋方式。所以這是其禪學批判論的精髓之一。[71]

　　但在此書之後，直到他於 1912 年奉命到歐美考察之前，他還出版其他著
作。[72]因而，其中究竟是否有新的相關知識或新理論被增添進來呢？若有則又
是哪些性質的？有無出現未被發現卻很重要的詮釋概念？都是必要進行檢視
的。否則，前述的詮釋定型說，就不一定能夠成立。

　　而若要理解這一點，其最佳辦法，就是直接從《武士的宗教》一書中，來

　　釋上。儘管兩者內容有些異同，但大致上有其延續性，則是很明顯的。

[67]　忽滑谷快天著：《批判解說禪學新論》，頁 2。

[68]　忽滑谷快天著：《批判解說禪學新論》，「新書廣告」頁上；「注意十則」頁上。

[69]　忽滑谷快天著：《批判解說禪學新論》，附錄，頁 1。

[70]　忽滑谷快天著：《批判解說禪學新論》，附錄，頁 2-26。

[71]　他在自序中說：禪宗是宗教信仰的同時，也是知識的研究，但古來禪門龍象只偏重前者而忽略後者。
　　於是導致在現在的科學新知下，被當成迷信來粉碎。所以非用批判性的知識研究，來重新解析禪學
　　與其精確的知識性涵義不可。見忽滑谷快天著，《批判解說禪學新論》，頁 2-3。

[72]　忽滑谷快天著：1.《達磨與陽明》（東京：丙午出版社，1908 年）、2.《鍊心修道：參禪道話》（東京：
　　井冽堂，1908 年）、3.《和漢名士參禪集》（東京：井冽堂，1909 年）、4.《清新禪話》（東京：井冽堂，
　　1909 年）、5.《宇宙美觀》（東京：服部書店，1910 年）、6.《樂天生活之妙味》（東京：服部書店，1910
　　年）、7.忽滑谷快天，《浮世莊子講話：附田舍莊子》（東京：服部書店。1911 年）。

觀察到書中的資料來源，為何出現多處是引自英譯版的各種當代印度瑜伽詮釋著作？而且，這類被引述英譯版的各種當代印度瑜伽詮釋著作，又為何會出現他於 1913 年 7 月於日本本土的《養氣鍊心之實驗》一書內容？以及為何全在當時歐美——特別是在美國地區——出版此類著作？

　　不過，對於上述問題的各類謎團解答之道，並非無路可循，其實只要直接去閱讀《養氣鍊心之實驗》內容，即可清楚地發現。因他在其書中早已提到：此類著作之所以在北美地區盛行，主要是源自 1893 年在美國芝加哥市舉辦紀念哥倫布發現美洲 400 週年時，既舉辦的世界博覽會又同時辦「萬國宗教博覽會」，並廣邀世界各國的宗教派代表，前來參與「萬國宗教博覽大會」發表演講介紹自己的宗教，以便促成雙方平等交流。[73]不久辨喜就成了當代新印度瑜伽詮釋的著名代表。就是由於他的大獲成功，才促成各類印度瑜伽著作，如雨後春筍般在歐美社會風行。[74]

　　而，更令人訝異的是，以上這一事實，居然很少在 1893 年與日本佛教界五位各宗代表訪美報告中提及。[75]甚至連隨同釋宗演前來翻譯的鈴木大拙本人在內，都很少在大會之後提及。[76]

　　然而，他在 1912-1914 年的歐美之行，雖已距 1983 年的大會有 20 年之隔了，仍使他廣泛接觸這類大量相關著作。之後，不但立刻在其英文版的《武士

---

[73] 當時有一位從印度自費前來出席大會的年輕代表辨喜(1863-1902)，他是印度新一代瑜珈哲學詮釋者，在他登台發表演講時曾轟動全場。大會之後，他隨即應邀到北美各城市各處演講，大受各地民眾熱烈歡迎，並引發巨大的新聞傳播效應。馬小鶴著：《辨喜》(臺北：東大圖書公司，1998 年)，頁 46-59。

[74] 忽滑谷快天著：《養氣鍊心之實驗》(東京：東亞堂，1913 年)，頁 3-6。

[75] 這裡指的很少，是指辨喜的大會演講大活動之後，在北美造成巨大影響，並由於他的大獲成功，才促成各類印度瑜伽著作，如雨後春筍地大量在歐美社會出版這個新變化。見釋宗演著：《萬國宗教大會一覽》(東京：鴻盟社，1896 年)一書。

[76] 本文雖初步查看鈴木的著作及其自述傳記後，沒有找到有關他對於辨喜的大會演講轟動的事及其巨大北美影響下的印度瑜伽著作流行潮，所做的任何相關評論。或許此事，還可繼續追蹤。

的宗教》多處引用，[77]並且隨即將其翻譯在日本國內出版。[78]

於是，他除了成為日本介紹當代歐美風行的多種現代印度吠檀多瑜伽哲學的先驅者之一。[79]同時，當他在十年後，預備撰寫其博士學位論文《禪學思想史》的第一卷：有關印度的外道禪的禪學思想史論述章節時，就能駕輕就熟的派上用場了。[80]而且，它也成了首部有關《禪學思想史》著作，能真正溯源在佛教之前的古印度瑜伽思想的開創性詮釋特色。[81]

然而，在英文版的《武士的宗教》一書，還曾提及幾本中國哲學史著作、鈴木大拙的英文《大乘佛教要義》一書、以及多種西方哲學著作等，如今又要如何來追溯其先前曾引述過的狀況呢？

以下，本文即直接針對這些問題加以探索，以補足上述各節仍未曾實際涉及的全書其餘部分，並促使全書內容都獲完整的學術史解析。

五、歷史的解答之三：書是如何被寫或被譯？以及如何理解？《武士的宗教》一書中的批判禪宗哲學及其與時代思潮的相關性解析

（一）有關《武士的宗教》內所曾引述的中國哲學著作問題

由於在英文版的《武士的宗教》的開頭註解，忽滑谷快天曾提到三種著作，但沒有註明出版時地。所以以下本文即先嘗試將其完整出版資料還原，並儘量

---

[77] 忽滑谷快天著，林錚顗中譯版：《武士的宗教：中國與日本的禪學》，頁 23-25。

[78] 忽滑谷快天著，《養氣鍊心之實驗》(東京：東亞堂，1913 年)。

[79] 姉崎正治著：《上世印度宗教史》(東京：博文堂，1900 年)一書，已根據當時西方各國研究印度上古宗教典籍及其與瑜伽派的大量成果，將佛教興起的各派宗教思想有系統地完整概括。他才是當時日本這方面的一流學者。可是將中印《禪學思想史》上卷(東京：東玄黃社，1924 年)印度部，第一篇「外道禪」的印度淵源，上溯古代印度的「梵我一如」瑜伽思想納入書中長篇論述，則他是先驅者之一。

[80] 忽滑谷快天著：《禪學思想史》上卷，印度部，第一篇「外道禪」部分。頁 1-74。

[81] 忽滑谷快天著：《禪學思想史》上卷，印度部，第一篇「外道禪」部分。頁 1-74。

扼要介紹作者在《武士的宗教》的可能原始構想；否則，其書內所曾引述過的中國哲學著作問題，仍會繼續困擾有意願閱讀本書的多數讀者。而此三種著作的相關出版資訊，可分別陳述如下：

其一，他曾引用 1900 年 3 月，由遠藤隆吉著《支那哲學史》。[82]而此書其實是由東京帝國大學哲學科教授井上哲次郎，所指導的優秀著作，同時也是日本學界，所出版的第一本完整的中國哲學史現代論述。其書中內容，是從中國上古時代到晚明王陽明的良知學都有最完整的敘述，所以足堪被引述。

其二，他亦曾引用 1903 年 2 月，中內義一著《支那哲學史》。[83]此書與遠藤隆吉著《支那哲學史》的不同之處，是中國古代哲學改從儒家的孔子開始，不在涉及上古的時代。至於此書的下限，則敘述到清末的中國哲學。所以全書體系更簡潔與完整，作為參考著作很理想。

其三，他曾多次引用 1904 年 5 月，由高瀨武次郎（1869-1950）的《王陽明詳傳》[84]與高瀨武次郎著作目錄所無的《王陽明出身靖亂錄》。[85]反之，則有 1906 年 5 月的《王陽明新論》[86]與 1899 年 10 月的《陽明學階梯（精神訓練）》，[87]則未見忽滑谷快天提及。

可見，從上述三種書籍的出版時間來看，忽滑谷快天在其書的引據來源，主要是出現日俄戰爭以前的著作。而其證據則是，忽滑谷快天於 1908 年 9 月，出版上述曾提過的，由張崑將教授專文討論及批評的《達磨與陽明》一書。之後，在 1909 年 2 月出版的《清新禪話》並在書中轉引大量來自《達磨與陽明》

---

[82] 遠藤隆吉著：《支那哲學史》（東京：金港堂書籍株式會社，1900 年）。

[83] 中內義一著：《支那哲學史》（東京博文館，列入帝國百科全書第九十三編，1903 年）。

[84] 高瀨武次郎著：《王陽明詳傳》（東京：文明堂，1904 年）。

[85] 本書是明朝馮夢龍的傳記小說，原名是《皇明大儒王陽明先生出身靖亂錄》，日本有弘毅館三卷的刊本。

[86] 高瀨武次郎著：《王陽明新論》（東京：神原文盛堂書院，1906 年）。

[87] 高瀨武次郎著：《陽明學階梯（精神訓練）》（東京：鐵華書院，1899 年）。

的陽明學內容。[88]而之前，他在此兩書中，並未註解引述資料來源。所以，英文版的《武士的宗教》的開頭註解，[89]所引述的，都是寫作《達磨與陽明》一書的相關印象。

但，他在英文版的書中，曾補充註解有關達磨的資料，是來自松本文三郎於 1911 年 3 月出版的《達磨》一書。[90]而這是他先前未曾提過的。

至於他在《武士的宗教》一書中，所引的《浮世莊子講話：附田舍莊子》的資料，[91]雖是他於 1911 年 4 月問世的本身著作；可是，本文推論它有可能，是參考另一本高瀨武次郎於 1909 年 3 月出版的《老莊哲學》。[92]只是，他仍保有自己更具文學性且更生活化的寫作風格。

不過，由於忽滑谷快天在慶應義塾大學就讀期間，曾接受不少現代實證史學及著作，[93]所以他的第一部著作就取名《批判禪學論》。書中除批判當時日本社會往往在情感上表現過激或病態，未能從理性冷靜的禪宗精神，來實踐現代性的健全禪學原理之外，就是在全文的最後的「附錄」部分，他發揮了他的實證史學批判精神，逐一批駁作為中國禪宗起源根據的《大梵天王問佛決疑經》，其實是偽造的。[94]

因其關於此經倡說禪師的面授相承，一如佛陀對於迦葉傳法時只用「拈花微笑」而「毋須經證」的傳統作法，他是強烈質疑其有歷史的依據。之後，他在《武士的宗教》中的第一章第十七號註腳內，又再次強調他早已在《批判禪學論》中的論述中，將引為禪宗引為起源的傳法典故，判定為「純屬虛

---

[88] 忽滑谷快天：《清新禪話》，頁 17-19；頁 28-30；頁 39；頁 62-64；頁 209。

[89] 忽滑谷快天著：林錚顗中譯版，《武士的宗教：中國與日本的禪學》，頁 26-27。

[90] 松本文三郎著：《達磨》（東京：東亞堂書局，1911 年）。

[91] 忽滑谷快天：《浮世莊子講話：附田舍莊子》（東京：服部書店。1911 年）。

[92] 高瀨武次郎著：《老莊哲學》（東京：神原文盛堂書院，1909 年）。

[93] 山內舜雄著：《續道元禪的近代化：忽滑谷快天之禪學及其思想(駒澤大學建學史)》，頁 54-55。

[94] 忽滑谷快天著：《禪學批判論》，頁 213-226。

構」。[95]

　　由此可以看出，他特具的強烈禪學史批判性思維。至於他在《武士的宗教》的附錄中，另一巨大成就，就是率先將日本禪學界一直講授的唐代宗密（784-841）的《原人論》全文，不但譯成英文並有詳註，[96]還首次在西方出版，所以值得肯定。

（二）有關《武士的宗教》所引述的日本著述或史籍問題

　　對於此一問題的回答，之所以必要，是忽滑谷快天對於《武士的宗教》的相關註解，雖然已非常詳細，但有些地方則往往徒有提及書名，卻無任何出版相關資訊，頗讓讀者難以查證。因此，本文擬舉五種著作為例，以說明此種情況，其餘更為細微或瑣碎的就省略不提。此種分別是：

　　其一，1902 年森大狂纂輯的《近世禪林言行錄》，[97]此書是匯集日本近世以來，大量日本各宗禪師的言行錄，非常便於從中取材當中日本禪師言行小故事的實例來書寫。所以，在《武士的宗教》中，有多處引用此書。[98]

　　其二，1908 年 7 月，由遠山景福（淡哉）校註的，佐藤一齋（1772-1859）著《言志錄：四志合刊版》。[99]此書，忽滑谷快天在引述時，只提及佐藤一齋的《言志錄》，其他資料從缺。但是，根據臺灣學者陳威緒的研究，「日本儒者佐藤一齋，以同時治朱子學與陽明學而聞名，為江戶時代末期的名儒之一。其所著之四本語錄《言志錄》乃是其代表作，不僅在幕末時期成為武士們的愛

---

[95] 忽滑谷快天著，林錚顗中譯版：《武士的宗教：中國與日本的禪學》，頁 27。

[96] 忽滑谷快天著，林錚顗中譯版：《武士的宗教：中國與日本的禪學》，頁 279-300。

[97] 森大狂纂輯：《近世禪林言行錄》（東京：金港堂書籍株式會社，1902 年）。

[98] 忽滑谷快天著，林錚顗中譯版：《武士的宗教：中國與日本的禪學》，頁 229。

[99] 佐藤一齋（1772-1859）著，遠山景福校註：《言志錄：四志合刊版》（東京：圖書出版合資會社，1908 年）。

讀書之書，至今仍一再出版」。[100]可見此書的重要性。

其三，在《武士的宗教》中的第八章第十節提到《十牛圖》的出處，是一本根本不存在的《禪學寶錄》。[101]其實，此一原著是宋代廓庵師遠，傳到日本後，近代以前，只有兩種手抄版本，一本是室町時代的《五味錄》中的一味。另一本是原田左衛門的《四部錄》之一。[102]但是，是忽滑谷快天在 1906 年 11 月出版的《禪之妙味》上篇第十八節，就是在解析《十牛圖》的內容。[103]可見，他先前就解析過了，只是未註出處。所以在《武士的宗教》中，有關《十牛圖》的出處，只好用《禪學寶錄》來替代了。

其四，他在書中的第八章第十六節，討論關於「禪的至福」時，曾提及一本來歷不明的《奇人錄》當中小故事。[104]但，他在書中的第四章的註 145，已簡明提及是出自《莊子·至樂》了。[105]所以，應是改寫原著中的有趣故事而來。

其五，他在書中第七章第八節討論「因果律運用於道德上」，他特別提及 H·加藤博士對於佛教道德因果律的負面攻擊。[106]但是，他沒指出是哪位 H·加藤博士，以及在何處提出對於佛教道德因果律的負面攻擊？

經過本文實際查證後，發現此位 H·加藤博士，其實就是大名鼎鼎的加藤弘之博士（1836-1916）。[107]

---

[100] 陳威縉：〈佐藤一齋《言志四錄》的「天」思想及其意義〉，《中國學術年刊》第 33 期（秋季號），2011 年 9 月，頁 67-100。

[101] 忽滑谷快天著，林錚顗中譯版：《武士的宗教：中國與日本的禪學》，頁 265。

[102] 原田左衛門編：《四部錄》之第三部，就是十牛圖的漢文與圖的抄錄，沒有註解。這是十七世紀的手抄本，正確年代不詳。

[103] 忽滑谷快天：《禪之妙味》（東京：井洌堂，1906 年），頁 62-74。

[104] 忽滑谷快天著，林錚顗中譯版：《武士的宗教：中國與日本的禪學》，頁 272

[105] 忽滑谷快天著，林錚顗中譯版：《武士的宗教：中國與日本的禪學》，頁 123。

[106] 忽滑谷快天著，林錚顗中譯版：《武士的宗教：中國與日本的禪學》，頁 221。

[107] 而他之所以大名鼎鼎，是因他的顯赫經歷與多重崇高身份所致。他曾先後擔任：東京大學第一任校長、改制後的東京帝國大學第二任校務總理、曾任外務大臣、貴族院議員、日本帝國學士院評議員、樞密顧問、男爵正二位勳一等、東京帝國大學榮譽教授。並且，最重要的是，他率先在東京大學開辦初期，強力引進英國著名的進化論社會學家斯賓塞（1802-1903）的社會學原理及其教育學說者。此後東京大學就成為全日本的斯賓塞進化論社會學說的大本營，之後便風行全日本各學界，影響至

而他的 1900 年 4 月出版的《道德法律進化之原理》（東京博文館）一書，就是對於有神宇宙論的全面否定，以及對於包括佛教或基督教倫理因果律的負面批駁。[108]因此，忽滑谷快天在書中，只是略微提及，而不願詳談或反駁。

六、有關《武士的宗教》全書中的批判禪思想真相：從學術史溯源的發現到其詮釋學的時代特徵解讀

在忽滑谷快天的日文批判禪學著作中，總是維持一大特色，就是他會大量參照西洋的哲學著作，或常將其當代西洋正在流行的熱門新思潮理論，順手拿來融合論述其批判禪學的詮釋體系。

特別是在英文版《武士的宗教》中的全部內容，主要訴求是西方讀者，為讓此讀者群能方便理解，忽滑谷快天不但改變原有的寫作風格，轉而向西方的學術著作論述方式看齊。

並且，他還大量詳註涉及書中相關經籍中的佛學概念或歷史背景。此外，同樣引述不少西洋哲學家，如康德（1724-1804）、費希特(1672-1814)、柏格森(1859-1941)、叔本華(1788-1860)、倭鏗(1874-1920)等人的觀點，或西方著名詩人，如朗費羅(1807-1882)、華茲華斯(1770-1850)、莎士比亞(1564-1616)、阿諾德(1882-1888)等的美麗詩句（稍後詳論）。[109]

為深遠與巨大。[107]而且，加藤弘之不但是進化論學說的忠實信徒，深信「物競天擇，適者生存」的強者生存哲學，同時他也是堅定的無神論者與基督教的批判者。

[108] 此外，他的 1911 年 4 月出版《基督教的毒害》（東京：金港堂書籍株式會社）與 1906 年 12 月出版《自然的矛盾與進化》（東京：金港堂書籍株式會社）兩書，不只是批判基督教，同時也對忽滑谷快天的批判禪宗哲學詮釋，構成強大的否定性壓力。

[109] 忽滑谷快天之所以能夠如此純熟在著作中引用，主要源自他曾先後畢業於曹洞宗大學林與慶應義塾大學的綜合文科。所以他不但英文特別優異，並在慶應大學與曹洞宗大學擔任英語講師，而且他對於西洋哲學、文學、社會科學也都有廣泛的涉獵。所以，若只在書內略僅作有限的局部摘錄引用，

　　再者，由於在其《武士的宗教》的第三章與第四章的標題上，作者曾鮮明地寫道：前者是「禪是宇宙的聖典」，後者是「佛陀，宇宙精神」，並且宣稱：佛，宇宙的生命。而宇宙的生命，就等於宇宙精神。此即意味著，他的詮釋概念，首先是來自 1874 年，日本官方文部省出版箕作麟祥（1846-1897）《泰西自然神教》各卷內容。而箕作麟祥是明治維新時代最高法學權威，所有的明治法律規定、憲法制定、司法審判制度等，幾乎都由他指導進行的。[110]

　　因此，他的經歷與崇高身份，甚至高於之前提及的加藤弘之博士。[111]以如是之法學權威，而規範明治時期的所有宗教信仰，除仍要對天皇所代表的神聖國體象徵禮敬與效忠之外，所有的宗教都要進化，連國家神道都不例外，[112]並朝自然神教的方向發展。而忽滑谷快天當年才八歲，正在讀小學，所以自然神教的觀念，是一路伴隨他成長的。

　　而我們沿著這一宗教思想傾向，便可以清楚並能解釋他不重視原始佛教與歷史印度佛陀，反而只重視的大乘佛教如大日如來一樣的法身佛思想由來。而此一思想取向，他顯然又受到十九世紀末至二十世紀初期兩大主張大乘非佛說的兩巨頭：姊崎正治批判佛經學與村上專精的相關佛學著作之深刻影響才如此。[113]所以，他用來結合禪宗的真如佛性、婆羅教的大梵思想、以及無造物者的自然宇宙生命、宇宙意志、宇宙精神，都可與佛陀法身相通。而他對於

則並不需要哲學的專業訓練，就可勝任，並無特別討論必要。至於有關歐美流行的各類現代印度瑜伽書籍，則因前面已既已多次提及，在此可省略不提。

[110] 有關較詳細的明治法學及司法制度與箕作麟祥的密切關係，可參考此網頁：https://ja.wikipedia.org/wiki/%E7%AE%95%E4%BD%9C%E9%BA%9F%E7%A5%A5

[111] 想了解箕作麟祥的顯赫經歷，建議點閱這個網頁：https://www.weblio.jp/wkpja/content/%E7%AE%95%E4%BD%9C%E9%BA%9F%E7%A5%A5_%E7%95%A5%E6%AD%B4。

[112] 可參考：加藤弘之，《自然的矛盾與進化》以及加藤玄智著，《神道之宗教學的新研究》（東京：大鐙閣株式會社，1922 年）。加藤之書，雖是到 1922 年才出版，但距離《武士的宗教》的出版，其實還不到十年，兩者出版時間很接近。可是此書為加藤在東京帝國大學講授的有名教材，可以視為最具代表性的日本國家神道進化論的經典之作。

[113] 村上專精著：《大乘佛說論批判》（東京：光融館，1903 年）；姊崎正治著：《佛教聖書史論：大乘經典之成立及其批評問題》。此兩書對其影響最大。

自然宇宙的進化論，並不反對，而將其視之為自然律的演化所致。

其間的差別，只是他一直認定，無造物者的自然宇宙生命、宇宙意志、宇宙精神，都可與佛陀法身一樣，是善與良知的意志展現，縱然遇到大自然在肆虐的大災難或戰爭中的苦難時，依然如此。[114]相對於此，他基於閱讀 1902 年由當代日本心理學大家、變態心理學研究先行者之一的竹內楠三所以新著的《人生達觀：厭世哲學》，[115]也注意到書內兩大厭世哲學理論，其一是叔本華，其二是哈特曼（1842-1906）。因而在《武士的宗教》一書中，他提到厭世哲學時，所舉的例子也是同樣這兩者的著作，只是他未提竹內楠三的《人生達觀：厭世哲學》一書，而只註明資料來源是英譯版叔本華著《作為意志與表象的世界》及哈特曼著《無意識哲學》。[116]

但不論如何，其在《武士的宗教》一書中所出現的批判禪學詮釋體系，其源頭至少是可從當時日本學術史的前後發展，回溯至其早期譯著《怪傑穆罕默德傳》[117]或其出版提倡大乘非佛說的日本先驅：德川時期富永仲基的《出定後語》與之後亦持相同主張的服部天遊著《赤裸裸》兩書的合刊本、甚至忽滑谷快天自撰的第一本著作《禪學批判論》、以及之後再於《批判解說：禪學新論》的書前與書後，可以看出其前後的一貫主張。

特別是，他在此階段最晚出的《批判解說：禪學新論》一書，更可清楚看到他於書中所進行批判與詮釋的理論體系，就是：一、唯心論。二、現象即實在論。三、物心合一論。四、萬有一體論。五、安心立命論。[118]而他有關禪宗

---

[114] 忽滑谷快天著，林錚顗中譯版：《武士的宗教：中國與日本的禪學》，頁 216-219

[115] 竹內楠三著：《人生達觀：厭世哲學》（東京：大學館，1906 年）。

[116] 忽滑谷快天著，林錚顗中譯版：《武士的宗教：中國與日本的禪學》，頁 210。

[117] 忽滑谷快天著：《怪傑穆罕默德傳》（東京：井冽堂，1905 年 11 月）。明治時代活躍的英文評論家野口善四郎，也撰寫《穆罕默德傳（原名：年版年土傳）》，收在《大鼎呂》（東京：二酉社名著刊行會，1930）一書的第三種，共 141 頁。

[118] 忽滑谷快天：《批判解說：禪學新論》，頁 6 的「注意十則」之第二則，以及書後所附出版書目廣告之說明。

歷史哲學的論述建構概念，也幾已定型下來了。

　　所以，他在《武士的宗教》所討論的新詮釋系及其概念，並無根本變動，只是改以西洋人更能理解的方式來書寫，並在資料引述時新增大量的相關註解而已。因而，事實上在《武士的宗教》所討論的新詮釋系及其概念，都可以總括在他在書中第 7 章討論「開悟」的核心論述時，所出現在第 18 節有關「一切十方世界盡皆佛陀淨土」的開頭一段，例如其中他曾引述說：

> 宇宙生命的法則是，多重在統一之中，統一在多重之內；差異在同意之中，同意在差異之內；衝突在和諧裡，和諧在衝突之中；好在壞裡，壞在好中；整合在解體內，解體在整合裡；和平在干擾內，干擾在和平中。我們可以在塵世之間找到一些天上的東西，我們可以在卑賤與腐朽之中，注意到某些美好的事情。[119]

　　同時，他在第 7 章的各節中，雄辯地根據此一全體主義的互融論（結合華嚴哲學、自然律、唯物主義），來否定靈魂與永生不朽的存在性，並且認為不可知的上帝與不可認識的物自體本身，是純屬無意義的臆測思維。而且，還還用「宇宙生命、宇宙意志、宇宙精神」的三合一概念，來定義他的「佛陀淨土」。

　　所以他的「佛陀淨土」觀念與宗教信仰無關。因此他可以輕易擺脫宗教迷信與無謂崇拜。[120]而明治時代對於有神教神力祈求保佑，或對於神能擁有賜福及報復的超級宗教權力意志，都認為是迷信或誤導的行為。[121]特別是，有關宗教病態心理學的宗教哲學著作，或來自美國哈佛教授威廉詹姆士的宗教心理

---

[119] 忽滑谷快天著，林錚顗中譯版：《武士的宗教：中國與日本的禪學》，頁 202-203。

[120] 忽滑谷快天著，林錚顗中譯版：《武士的宗教：中國與日本的禪學》，頁 99-100。

[121] 井上圓了著：《解迷信》（東京：哲學館，1904 年）；加藤玄智著：《宗教講話》（東京：隆文館，1905 年）；加藤弘之著：《自然與倫理》（東京：實業之日本社，19011 年）；中村谷俠著：《迷信》（東京：雄山閣，1900 年）；姉崎正著：《宗教學概論》（東京：早稻田專門學校出版部，1900 年）；八濱督郎編纂：《比較宗教：迷信的日本》（東京：警醒社書店，1889 年）。

學或宗教經驗的著名著作，所顯示出所謂宗教人即患有精神疾病者的新主張，也都在大學授課的教材中屢屢出現。[122]

這是西方比較宗教學在日本出現後，日本學者及結合對於基督教的上帝或彌賽亞宗教信仰的強烈拒斥，同時也藉此貶抑西洋基督教徒一向自視高於各種非基督教徒的病態宗教排他性作風。因而，反映在他的「批判禪學論」一書，所要提倡的詮釋概念，就只剩關於現代性的絕對現象論（或心物合一論、現象即實體），同時也否定任何形上學的本體論觀念。所以他的批判禪思想甚至與原始印度佛教的佛陀或教義無關，而是由改大乘佛教的法身觀念結合現代性的自然主義觀念兩者，來表達其宗教道德哲學上的光明自然宇宙新禪學主張。

因此，他的所謂「開悟」就是意指：認知「自我」即在此一自然律全體互融下生存，及其在生物演進遺傳學影響下，又不斷接受源自光明自然宇宙與來自外界各種社會文化影響的新自覺意識。所以，他在書中雖然廣引：叔本華、哈特曼、柏格森(1859-1941)、恩斯特·海克爾(1832-1919)、雨果·閔斯特(1836-1919)等人的著作觀點。但其引述的主要作用，就是一律進行批判。

因而，上述他之批判禪學新詮釋，若將其與同一時期分別在歐洲與日本都出版著作的鈴木大拙相比，他絲毫不像當時正沉溺於瑞典著名神秘哲學家史威登堡獨創的神智靈性體驗及經驗顯示那樣。[123]同時，他也不像鈴木那樣，接

---

[122] 其相關翻譯或自編著作如：1.加藤弘之著：《吾國體和基督教》（東京：丙午出版社，1905年）。2. 加藤弘之著：《基督教的毒害》。3.竹內楠三著：《近世天眼通實驗研究》（東京：大學館，1903年）。4 澀江易軒著：《原理應用：以心傳心術獨習》（東京：大學館，1909年）。5.藤教篤、藤原咲平：《千里眼實驗錄》（東京：大日本圖書株式會社，1911年）。7.福來友吉著：《催眠心理學概論》（東京：成美堂，1905年）。8.福來友吉著：《詹姆士氏心理學解說》（東京：育成會，1900年）。

[123] 史威登堡的神秘基督宗教的驚人透力，雖能吸引西方各國很多追隨者，在英國甚至有「英國史威登堡靈智學會」的強力組織，鈴木大拙就是在英國與該學會接觸的。可是，當時日本研究人格分裂的變態心理學專家、或從事催眠術暗示效能的精神學家等，就將其當成歐洲第一號「天眼通」的案例來研究。其他的通神術、心靈交感術等西洋或日本本土大量案例，也都被相繼討論與實驗。其中，

受其英國協會的委託，費心費力地，譯出多種史威登堡的的神智論日本版著作，陸續在日本出版。[124]並且，他甚至在其首次於西方出版英文著作《武士的宗教》中，還是一樣嘲諷西洋的基督教神職人員的不自然的刻意形象表現。例如以下就是他技巧地提及現代西方基督教傳教人士，其常在生活中所刻意對外營造，其身為傳教士的可笑裝腔作勢模樣，他寫道：

> （前略）與現代傳教士對待其信徒的方式相比，達磨幾乎完全反其道而行。（…）因我們這個時代最受歡迎的基督教傳教人士（…）並不會對其所遇到的每個人露出微笑（…）。他會嚴格地保持個人清潔，剃鬚、梳頭、洗漱、刷髮、抹油、灑香水；（…）以及極其用心撰寫他的佈道講稿，利用修辭的藝術，使其說得既有力又優雅。[125]

他對於西洋基督徒最重視的《聖經》，也以更尖銳的凌厲批判語調，在其英文著作《武士的宗教》中如此寫道：

> 盲目的相信《聖經》是一回事，而虔誠則是另一回事。對於《聖經》中創世紀和上帝的幼稚看法，多少次隱蔽廖科學真理之光：它們的盲目信徒多少次束縛了人類文明的進步；多少次宗教人物阻止了我們認識新的真理，只因它違反《聖經》中古老的民間知識。（中略）沒有什麼比迫害真相追求者，以維持過往時代的荒唐迷信，更為違反宗教。沒有什

美國哈佛大學著名哲學家、心理學家威廉・詹姆士教授的心理學著作與宗教經驗是精神病者體驗的學理依據，也被援用來批判相關宗教迷信與精神妄想的學理依據。

[124] 1.史威登堡原著，鈴木大拙譯：《天界與地獄》（東京：有樂社，1910 年）。2. 鈴木大拙著：《史威登堡傳》（東京：丙午出版社，1913 年）。3.史威登堡原著，鈴木大拙譯：《新耶路薩冷及其教義》（東京：丙午出版社，1914 年）4. 史威登堡原著，鈴木大拙譯：《神智與愛》（東京：丙午出版社，1914 年）。5 史威登堡原著，鈴木大拙譯：《神應論》（東京：丙午出版社，1915 年）。

[125] 忽滑谷快天著，林錚顗中譯版：《武士的宗教：中國與日本的禪學》，頁 26-28。

麼比出自「虔誠的殘忍」的要求——隱藏在上帝和人類之愛的面具下——更不人道。不僅是基督徒，而是整理人類去擁有一部充斥歷史的傳奇、奇蹟的故事、粗糙的宇宙學，且不時與科學牴觸的《聖經》，這難道不是不幸？[126]

顯然地，他的英文禪學著作在西洋問世，其本質上並不是去西方學習或期待西方學者激賞，而是代之以全書充滿批判及其流露著無比自信，來向介紹其具有實質異類挑戰性的「現代日本批判歷史禪（哲）學」。因而，其與西方宗教學者奧圖的神聖論主張是相衝突的。同樣他的批判觀點，對於提倡集體無意識的著名心理學家榮格來說，自然也是格格不入的。

反之，如果西方的唯物論者、無神論者或科學家，會對此批評反彈，那才是值得注意的《聖經》批判學危機。因而，此兩者，對於他所著《武士的宗教》所討論的新詮釋系及其概念批判的負面批評，其實並不令人意外。並且，由此還可以理解：忽滑谷快天的「現代日本批判歷史禪（哲）學」，是明顯反映在此之前數年，日俄戰爭勝利之後的日本民族自信。因而其著作，才迥異其他禪學著作，特別是鈴木大拙的英文禪學著作。[127]

七、結論與討論

在經過以上的長篇相關學術史溯源探索之後，主要發現就是：

其一，忽滑谷快天的《武士的宗教》一書，其實是明治時代進化論主流思

---

[126] 忽滑谷快天著，林鏘頤中譯版：《武士的宗教：中國與日本的禪學》，頁99-100。

[127] 其實，鈴木當時在向西方讀者交心的東方特殊神秘主義者著作，因而其自然可與西方大神秘主義者的理念相容無礙；但同時任何強烈批判性的禪學或神學問題，也就根本不會存在其禪學中。

潮影響下的產物。所以，他的相關詮釋內容，是與明治時代的學習環境、社會環境、世界新思潮之間，交互辯證發展的。特別是日俄戰爭的勝利，所帶來的巨大國族光榮感與無比自信心，促使他於二十世紀初期，第一次世界大戰爆發之前，匆忙考察歐美三年，並藉機出版有強烈反基督教意識的對立性英文新著；此即以傳統武士道日本精神，巧妙融入具批判的新禪哲學意識，並促使此兩者互相輝映而成的英文版《武士的宗教》一書，同時也是其藉以傳達強烈國家文化意識及其無比民族自信心的最佳新福音媒介。

　　所以就其書的出版時間來說，可謂因人而異。但對於忽滑谷快天本人來說，則可謂恰當其時，而無誤置或被誤譯的問題。只是其後，由於世局變化來得太快，不久隨即爆發大規模慘烈歐戰，致使當時西方讀者無暇閱讀如此接近西方思潮、卻又如此異質的特殊東方文化新著作。因此，它立刻被新歷史潮流淹沒了。

　　其二，不過，如今透過上述探討，我們已能知道：在忽滑谷快天著《武士的宗教》中的詮釋體系中，除禪史與日本武士道的部分是他新增補的內容之外，基本上都是改寫其《批判解說禪學新論》一書的內容而來。

　　舉例來說，從其第四章的「萬有一體論」中，既有西洋哲學史上的歷代與其同道的哲學家之名及其哲學主張的簡要列舉，[128]更能看到華嚴三祖法藏的《探玄記》的重要引述：

　　　一即多無礙。多即一圓通。攝九世以入剎那。卻一念而該永劫。[129]

　　但是，到了《武士的宗教》中所引述的，改成華嚴五祖宗密的《原人論》

---

[128] 忽滑谷快天在《批判解說禪學新論》的第一章唯心論、第二章現象即實在論、第三章心物合一論（頁5-134），就是隸屬西洋哲學史上字希臘泰利斯以下、斯賓諾莎、巴克萊、康德、費希特、謝林、黑格爾到海克爾等，都列舉在內。

[129] 此處引文，只是從法藏《華嚴經探玄記》第一卷摘錄而已。

第一章「斥迷執第一（習儒道者）」。第二章「斥偏淺第二（習佛不了義教者）」。[130]在其書的附錄中，更首次英譯註宗密的《原人論》的全文。[131]之所以如此，是宗密的《原人論》的觀念，更接近他書中的現代禪學批判思想。因此，沒有再次引用華嚴三祖法藏的《探玄記》的觀點。

其三，我們也發現：忽滑谷快天在《武士的宗教》中的詮釋體系，第四章「佛陀，宇宙的意志」的討論中，主要認同西方哲學理論的是，十九世紀德國的生物學家、哲學家、醫生和藝術家恩斯特・海克爾的《宇宙之謎》一書。[132]此書 1906 年在日本出版日譯本，是前所未有的隆重。

因書的翻譯是：岡上梁與高橋正熊。可是封面的右上方，赫然出現日本當代最權威的四位博士：一、文學博士、法學博士、男爵加藤弘之校閱序。二、文學博士元良勇次郎（1852-1912）介紹序。三、理學博士石川千代松（1860-1935）序。四、理學博士渡瀨庄三郎（1862-1919）序。而在此書於 1906 年 3 月出版後，忽滑谷快天隨即在同年 6 月，迅速將其引述在《禪學講話》，[133]率先據以論述其書中的禪學新詮。[134]

第二年（1907 年 7 月），他又更進一步，立刻出版其詮釋「批判禪學」的最完整新理論著作《批判解說禪學新論》一書，並且一問世就出現搶購潮，一個月內就連出三版。而書中的第三章「心物合一論」、第四章「萬有一體論」，就有重要引述。[135]所以，到了英文版的《武士的宗教》第四章論「佛陀，宇宙的意志」，自然是繼續引用。[136]

---

[130] 忽滑谷快天著：林錚顗中譯版：《武士的宗教：中國與日本的禪學》，頁 281-294。

[131] 忽滑谷快天著：林錚顗中譯版：《武士的宗教：中國與日本的禪學》，頁 279-300。

[132] 恩斯特・海克爾著，岡上梁與高橋正熊共譯：《宇宙之謎》（東京有朋館，1906 年）。

[133] 忽滑谷快天著：《禪學講話》（東京：積文社，1906 年）。

[134] 忽滑谷快天著：《禪學講話》，頁 2-38。

[135] 忽滑谷快天：《批判解說禪學新論》，頁 124-140。

[136] 忽滑谷快天著，林錚顗中譯版：《武士的宗教：中國與日本的禪學》，頁 128-131。

　　特別是海克爾的著作，正是德國社會達爾文主義的源頭，也是物種優生學與自然生態學的始祖。由此便知，忽滑谷快天在《武士的宗教》中的「禪宗哲學」詮釋體系，也有西方最新科學與哲學理論結合的強力支持。

　　其四，由於忽滑谷快天在《武士的宗教》中，雖出現有多位西方著名文學家的著作引述，[137]但都只片段摘錄引用而已。縱使一一詳註，也意義不人。所以，此處只提其中三位較相關者，來依次加以解說：

　　甲、是英國詩人阿諾德及其詩作。他是因創作歌頌佛陀偉大的動人詩集《亞洲之光》（興教書院、哲學書院），而在西方造成大轟動，同時也在亞洲被高度推崇。日本是在 1890 年中川太郎翻譯出版，也相當受歡迎。[138]所以，忽滑谷快天在《武士的宗教》中加以引述。[139]

　　乙、是英國十九世紀著名的歷史加與文學家的卡萊爾，他的《衣裳哲學(鬼真先生)》[140]（大日本圖書株式會社）一書於 1909 年月 4 被土井晚翠譯成日文出版，所以，也被《武士的宗教》一書引用。[141]其原因，有可能是因新渡戶稻造寫《武士道》一書，就是深受卡萊爾此一著作的影響所致。

　　丙、是忽滑谷快天先在 1910 年月 8 月的《宇宙美觀》一書，引用過的美國名詩人朗費羅的美麗詩句，[142]亦即在於表示他的禪宗美學，就是宇宙美學。之後，又出現在《武士的宗教》的一書中，[143]同樣也是在表達其宇宙美學的觀點。

---

[137] 如彌爾頓、華滋華斯、莎士比亞、阿諾德、朗費羅、費梯爾等人。

[138] 此書出版後隔年，日本佛教學者大內青巒也出版《宇宙之光》（哲學館，1891 年 3 月）。忽滑谷快天在《宇宙美觀》的書名靈感，應是來自此書。但《亞洲之光》是國際名著，當然是引後者的美麗詩句。但，此書有多種譯本，其中最佳譯本是由中川太郎、狩野廣涯、濱口惠璋共譯，《大聖釋尊》（東京：興教書院院、文明堂，1908 年 10 月）。此書特有著名佛教學者文學博士前田慧雲作序、文學博士井上哲次郎與文學博士高楠順次郎分別撰序。

[139] 忽滑谷快天著，林錚顗中譯版：《武士的宗教：中國與日本的禪學》，頁 223。

[140] 卡萊爾著：《衣裳哲學(鬼真先生)》（東京：大日本圖書株式會社，1909 年）。

[141] 忽滑谷快天著，林錚顗中譯版：《武士的宗教：中國與日本的禪學》，頁 132。

[142] 忽滑谷快天：《宇宙美觀》：頁 1-27。

[143] 忽滑谷快天著，林錚顗中譯版：《武士的宗教：中國與日本的禪學》，頁 228。

　　據此可知，有關西洋文學家的引述，其實只是他要增強文學感染力的修辭學需要，以作為點綴其書內的某些段落，有關宇宙美學的象徵而已。

　　因而，以上的相關討論，所要表達的意涵，即在於試圖澄清其書中各類引述的真正源頭何在？所以除能幫助本文讀者對於《武士的宗教》的詮釋學內容更能了解之外，同時也可增加對其個人「早期學思歷程」的深層理解，於是本文才將其放在日本當時明治新思潮的學術視野來觀察。

　　尤其對於《武士的宗教》一書的現代學術史研究來說，如此兼顧雙面性的相關探索，也應是不可或缺的作法才對。

第七章　戰前東亞現代批判禪學思想的日華交涉及其衝擊與爭辯：從忽滑谷快天的批判禪學到胡適禪學思想研究的溯源與擴散激盪

　　本章是接續前一章的相關議題，而所要討論的 20 世紀前期東亞現代批判禪學思想日華交涉及其衝擊與爭辯：就是從忽滑谷快天批判禪學到胡適禪學思想研究的溯源與擴散激盪，就要選擇胡是禪學思想初期開展與忽滑谷快天批判禪學的學術關聯性作為切入點。

　　不過，眾所皆知，有關胡適的禪學研究，日本學者柳田聖山在 1974 年，就曾收集胡適生平關於禪學研究的相關論文、講詞、手稿、書信等，編成相當完整且深具參考價值的《胡適禪學案》，由臺灣的正中書局出版。[1]

　　在同書中，還附有柳田本人所撰的一篇重要研究論文〈胡適博士與中國初期禪宗史之研究〉將胡適一生的禪學研究歷程、學術影響和國際學界交流等重要事蹟，都作了細密而清楚的分析。[2]這是關於此一研究主題的極佳作品。可

---

[1]　對於柳田此書在當代研究的資料使用價值，其不可代替姓，可由大陸新銳學者龔雋的如下的相關比較後，仍肯定之評語看出：「胡適禪學研究的著述，柳田聖山所編之《胡適禪學案》是比較早系統收錄的，但是近年中國大陸在整理出版胡適文集時，發現了更多胡適禪學案》所未曾收錄的有關資料，其中以姜義華主編的《胡適文集・中國佛教史》(北京：中華書局，1997 年)與《胡適全集》第九卷，由樓宇列整理的『哲學・宗教』卷中所收最為詳細，不過，這兩文集所收諸篇亦略有出入，應互為補充。此外，**關於胡適禪學英文佛學論文，仍以《胡適禪學案》收集較全，所以最好是將此三種資料結合參證。**」見龔雋和陳繼東合著：《中國禪學研究入門》，2003 年，頁 14。

[2]　柳田聖山：〈胡適博士與中國初期禪宗史之研究〉，載《胡適禪學案》(臺北：中正書局，1974)，

以說，透過《胡適禪學案》一書的資料和介紹的論文，即不難掌握理解關於胡適禪學研究的詳細情形。可是，在柳田的資料和論文中，仍遺漏不少相關資料。例如胡適和忽滑谷快天的著作關聯性，柳田都沒有作系統的交代。

為了彌補此一缺憾，所以之前，我曾撰文討論過此一重要的關鍵課題。[3]其後，柳田本人看到我的著述之後，也認同和幾度曾在其著作中引用，[4]並實際曾對日本曹洞宗的學者產生重估久被忘懷和屢遭學界貶抑的忽滑谷快天之國際禪學者的應有地位。[5]

亦即，是由於我論證胡適在研究出其確曾受忽滑谷快天的影響，才對神會的研究有突破。這也就是為何胡適雖較矢吹慶輝的發現敦煌的新禪學文獻為晚，卻能發現矢吹慶輝所沒看出的神會問題。其關鍵的轉折點，就是由於胡適從忽滑谷快天最重要的相關新書《禪學思想史》的論述資料線索和問題意識的提供，才能促其因而發現了神會與南北禪宗之爭的問題提示所致。[6]

其後，由於柳田在日本佛教界研究禪宗史的泰斗崇高地位，所以他兩度引述我關於忽滑谷快天對胡適影響的長段談話，又被日本學者山內舜雄在其著的《道元の近代化》〈第一章道元近代化過程〉中，分別照引。在同書中，山內舜雄接著又論述說：是該重估忽滑谷快天的應有崇高學術地位，乃至為其過世百年編全集以為紀念的時候了。[7]

頁 5-26。

[3] 對於此問題，我曾發表〈胡適禪學研究在中國學界的發展與爭辯〉，收在我的《現代中國佛教史新論》（高雄：淨心文教基金會，1994）一書。本文就是對此前文的內容所進行的修訂和和在資料上的最新大量增補。

[4] 柳田本人在晚年完全接受我的看法，特別在他的巨著《禪佛教研究——柳田聖山集第一卷》（東京：法藏館，1999），其長篇的〈作者解題〉的頁 674，680，兩度引述我的看法，並明白註明是根據我書中的看法。

[5] 此因滑谷快天的著作，在敦煌文獻發現後，似乎被大大的貶低其影響力。

[6] 對於我過去的此一論述的最新修訂，請參看我在本章以下所提供的新資料證據之補強和相關的最新說明。

[7] 山內舜雄：《道元の近代化》（東京：大藏出版社、2001），頁 54-55。

　　此外，由於大陸著名學者葛兆光對我的討論忽滑谷快天與胡適的論點，也有部份質疑，又提到我應重視清末沈增植的《海日樓箚叢》關於楞伽宗、法如碑漢神會的資料。[8]所以，本章擬結合新資料和增補長篇新註，再改以今題發表，以回應葛兆光對我的討論的質疑和疏失，並就教於張雪松博士[9]和其他相關學者[10]的對我的各項重要的商榷之處。

一、初期的胡適禪學研究與忽滑谷快天相關的再檢討

　　對於有關胡適一生在中國中古時期的禪學(禪宗史)研究之重大發現、或其之後所以能夠產生對國際學界如此長久的巨大影響，論其最重要的轉折點之所在，特別是在其初期的研究階段，是否曾受益於日本各專業學者忽滑谷快天的著作，是一個頗值得探究的問題。但是幾乎都被歷來關於胡適此一領域的相關研究者所忽略了。

　　可是，根據我自己過去的研究發現來說，我斷定：若對胡適一生的禪學研究之相關學術史的探討，一旦忽略了忽滑谷快天的著作對其實質影響的關鍵部份，則將使胡適在其初期禪宗史料的發現，顯得相當突然。

　　此因，雖然胡適在 1925 年 1 月，已發表其第一篇禪學研究論文〈從譯本

8　當代著名學者葛兆光對於我論忽滑谷快天對胡適影響的看法，說他「不盡同意」，可是沒有直接說明原因何在？他又說我「沒有注意到沈增植《海日樓箚叢》關於楞伽宗、法如碑漢神會的資料，是一缺憾。」見氏撰〈序〉，載江燦騰著，《新視野下的臺灣佛教近現代史》（北京：中國社會科學出版社，2006），頁 2。

9　見張雪松，〈兩岸佛學研究風格比較：以江燦騰與樓宇烈對胡適禪學研究評述為例〉，《哲學門》，總 17 輯，第九卷第一期(北京：2008 年 9 月)。後全文收入《複印資料‧宗教》 2009 年第 4 期。http://www.rendabbs.com/redirect.php?tid=2349&goto=lastpost。

10　臺灣學者黃青萍在其博士論文中，曾說我是用「推測」來推論忽滑谷快天對胡適關於神會研究的最初問題意識和資料線索之提供和相關影響。見黃青萍，〈敦煌北宗文本的價值及其禪法-禪籍的歷史性與文本性〉，國立臺灣師範大學/國文學系/96/博士論文，頁 21。

裡研究佛教的禪法〉，[11]但，此文其實只是根據《坐禪三昧經》的經文，來理解古代印度的「禪法」而已，[12]其全文並未涉及禪宗史的任何重要問題。但是，何以接著下一年(1926)，他會到巴黎國立圖書館和倫敦大英博物館去查敦煌的禪宗的資料？並且因而發現了他生平學術最重大收獲之一的神會資料？難道說，只是一件意外的收獲嗎？

　　根據胡適本人在 1927 年元月所發表的〈海外讀書雜記〉，可以知道，他是在一年(1926)到歐洲參加會議和演講，並順道前往巴黎的國立圖書館和倫敦的大英博物館去尋找敦煌寫本中關於唐代禪宗史的原始資料。在此文的第三節「神會的語錄」中，胡適很清楚地，從開始就作了如下的論斷：

> 在禪宗的歷史上，神會和尚（荷澤大師）是一個極重要的人物。六祖（惠能）死後，神會出來明目張膽地和舊派挑戰，一面攻擊舊派，一面建立他的新宗教，──「南宗」。那時舊派的勢焰薰天，仇恨神會，把他謫貶三次。御史盧奕說他「聚徒，疑萌不利」，初貶到弋陽，移到武當，又移到荊州。然而他奮鬥的結果居然得到最後的勝利。他死後近四十年，政府居然承認他為「正宗」，下敕立神會為禪門第七祖。（貞元十二年，西曆 796）從此以後，南宗便成了「正統」。
>
> 這樣一個重要的人物，後來研究禪宗史的人都往往忽略了他；卻是兩個無名的和尚（行思與懷讓），依靠後輩的勢力，成為禪宗的正統！這是歷史上一件最不公平的事。

---

[11] 胡適：〈從譯本裡研究佛教的禪法〉，《胡適文存》，第三集第四卷(臺北：遠東圖書出版公司，1971)，頁 275-92。

[12] 《坐禪三昧經》是鳩摩羅什所譯，上下兩卷，首尾一貫，敘述繁簡得宜，內容的充實整齊，堪稱南北朝的時期，諸禪經中第一。鳩摩羅什在本經中，綜合印度各種禪法，將其修證次第，作清楚地論釋，影響中國禪學發展的功能甚大。參考佐藤泰舜，〈坐禪三昧經解題〉，收在《國譯一切經印度撰述部・經集 4》（東京：大東出版社，1974 年 3 版），頁 167-273。

神會的語錄與著作都散失了，世間流傳的只有《景德傳燈錄》（卷 30）載的一篇〈顯宗記〉，轉載在《全唐文》（卷 916）裡。…[13]

在其後的敘述中，胡適提到他是因看到〈顯宗記〉載有「西天二十八祖」的傳承說法，他認為此說太早，於是懷疑〈顯宗記〉不是神會的著作。

以這樣的問題點為契機，他到巴黎沒幾天，便發現了一卷無名的語錄，依據內容，他確定為神會的語錄殘卷。過了幾天，又發現一長卷語錄，其中一處稱「荷澤和尚」，六次自稱「神會」，所以他也斷定為神會的語錄。

接著他到了倫敦，發現了一破爛的寫本，後面題有「頓悟無生般若訟一卷」，並從字句發現與〈顯宗記〉類似，經拿兩者細校後，確定果然是〈顯宗記〉古本。而胡適對此殘卷的收獲有二，第一是〈顯宗記〉原題叫〈頓悟無生般若頌〉，第二是此卷無有「自世尊滅度後，西天二十八祖共傳無住之心，同說如來知見」二十四個字。因此胡適斷定原〈顯宗記〉所有的記載，是後人添加上去的。而此卷也可證明是神會的作品了。[14]

可是，我們如就以上〈海外讀書雜記〉的資料來看的話，我們會訝異：何以胡適對神會在禪宗史上的關鍵性地位，會看得那樣清楚？甚至可以說，當他對神會的生平都未見詳考之前，他已道盡了日後他對神會其人的主要評價內涵！為什麼他可以做到這一點？

由於有這樣的疑點在，我們必須再進一步考察，看看他是否另有參考的資料來源？首先，我們就中國當時的禪學論文來看。

在胡適發表〈海外讀書雜記〉之前，中國學者中，關於禪學的學術研究，有兩篇最具代表性，一篇是歐陽竟無(1871—1944)講，韓孟鈞記的〈心學大

---

[13] 胡適：〈海外讀書雜記〉，《胡適文存》，第三集第四卷，頁 350-361。

[14] 按：此卷是〈顯宗記〉的後半篇，而日本學者矢吹慶輝在 1915 年於大英博物館影印了前半篇。但確定此卷為神會作品，並加以校勘解說者，應歸功於胡適。可參考胡適，〈新校定的敦煌寫本神會和尚遺著 2 種〉，收在柳田聖山編，《胡適禪學案》（臺北：正中書局，1974），第 2 部，頁 323-30。

意〉：另一篇是蒙文通撰的〈中國禪學考〉，都是在 1924 年先後發表於「支
那內學院」，以後收在《內學》第一輯。[15]這兩篇文章中，歐陽是純就印度禪
法的各派內涵作分析，但不作歷史發展的考證。蒙文通則從各種傳統的中國禪
宗文獻，來探討禪學的傳承問題，其中到達磨二十八祖的謬誤和諍論，正是全
文的探討核心。所以蒙文通的研究，實際上應是胡適到巴黎和倫敦求證「西天
二十八祖」起於何時的原始動機之一。學術史的研究，有所謂「內在理路」的
發展，蒙文通的禪學研究，正扮演了這樣的功能。事實上不但胡適受影響，即
以當時對中國佛教史最權威的學者湯用彤來說，在提到從達磨到惠能的禪法
演變時，即註明：

> 古今禪學之別，已屬隋唐時代，茲不詳述。參看《內學》第一輯蒙文通
> 〈中國禪學考〉第二段。[16]

可是胡適除到巴黎和倫敦找關於神會資料，以解決所謂「西天二十八祖」
的傳承起於何時的問題之外，更慧眼獨具地，注意到神會的革命性地位就禪宗
史的探討來說，胡適將神會的重要性從被淹沒的歷史塵灰中挖掘出來，可以視為
相當了不起的貢獻。他個人也在日後認為是生平最原創性的學術成就之一。[17]

---

[15] 《內學內刊》，共 4 輯，臺灣版是漢聲出版社於 1973 年影印發行。蒙文通的文章在該刊第 1 輯的頁 37-61。此文也被張曼濤主編的「現代佛教學術叢刊」，收在冊 4，《禪宗史實考辨》（臺北：大乘文化出版社，1977），頁 95-114。

[16] 湯用彤：《漢魏兩晉南北朝佛教史》（臺北：彌勒出版社，1982），頁 789。按此書係藍吉富以「長沙版」影印，收在「現代佛學大系」，冊 27。

[17] 此時間，是指 1957 年至 58 年之間，當時胡適正在從事美國哥倫比亞大學口述歷史計劃中的《胡適口述自傳》，由唐德剛策劃、錄音、整理。胡適的談話──可見於他在第十章第 2 節，談到「研究神會和尚始末」時，其中一段的開場白：「在中國思想史的研究工作上，我在 1930 年也還有 1 椿原始性的貢獻。那就是我對中古時期，我認為是中國禪宗佛教的真正開山宗師，神會和尚的 4 部手抄本的收集『與詮釋』」。可參看唐德剛中譯本，《胡適口述自傳》（臺北：傳記文學出版社，1981），頁 217-26。

可是，這在學術的發展上，卻屬「跳躍式」的突破。亦即，胡適將當時禪宗史研究的問題點，由「西天二十八祖」的傳承問題，轉為禪宗革命家本身的問題。然而，這兩者，在學術的思考層面上，又是差距極懸殊的，故很難視為理所當然的問題焦點之轉移。因為縱使胡適本人當初到巴黎和倫敦後，能立刻發現了一些神會的相關資料，可是就資料的實質內容來說，也不過是和一篇談禪宗思想，並連帶談及傳承世系的簡短文章罷了。

任何學術的天才，都很難從〈顯宗記〉或敦煌殘卷的〈頓悟無生般若頌〉（二者內容相同），發現神會的革命性角色和它有何關係。而胡適在此之前，對禪宗所知甚少，他的第一篇論文〈從譯本裡研究佛教的禪法〉，寫在去巴黎和倫敦的前一年，可以證明他的水準不高。也因此，對於他在〈海外讀書雜記〉裡，能那樣斷然且清楚地凸顯神會的歷史性角色，是令人心中不能無疑的。

既然胡適對神會的認識，令人產生有「跳躍式」的突如其來的感覺，我們又如何去解決這一團謎霧呢？

我們先從胡適在《神會和尚遺集》中的幾段話來看：

> 民國十三年，我試作中國禪學史稿，寫到了惠能，我已很懷疑了；寫到了神會，我不能不擱筆了。我在《宋高僧傳》裡發現了神會和北宗奮鬥的記載，又在宗密的書裡發現了貞元十二年敕立神會為第七祖的記載，便決心要搜求關於神會的史料。但中國和日本所保存的禪宗材料不夠滿足我的希望。我當時因此得一感想：今日所存禪宗材料，至少有百分之八九十是北宋和尚道原、贊寧、契嵩以後的材料，往往經過種種妄改和偽造的手續故不可深信。我們若要作一部禪宗的信史，必須先搜求唐朝的原料，必不可輕信五代以後改造過的材料。
>
> 但是，我們向何處去尋唐朝的原料呢？當時我假定一個計劃，就是向敦煌的寫本裡去搜求。敦煌的寫本，上起南北朝，下訖宋初，包括西曆五百年到一千年的材料，正是我要尋求的時代。況且敦煌在唐朝並非僻造

的地方，兩京和各地禪宗大師的著作也許會流傳到那邊去。

恰好民國十五年我有機會到歐洲去，便帶了一些參考材料，準備去看倫敦巴黎兩地所藏的敦煌卷子。九月我在巴黎發現了三種神會的語錄，十一月中又在倫敦發現了神會的〈顯宗記〉。此外還有一些極重要的禪宗史料。我假定的計劃居然有這樣大的靈驗，已超過我出國之前的最大奢望了。

十六年歸國時，路過東京，見著高楠順次郎先生、常盤大定先生、矢吹慶輝先生，始知矢吹慶輝先生從倫敦影得敦煌本壇經，這也是禪宗史最重要的材料。

高楠、常盤、矢吹諸博士都勸我早日把神會的遺著整理出來，但我歸國之後，延擱了兩年多，始能把這神會遺集整理寫定；我另作了一篇神會傳，又把《景德傳燈錄》卷28所收神會一篇，附錄一卷，各寫兩份，一份寄與高楠博士，供他續刊大藏經之用，一份在國內付印，即此定本。[18]

　　從上述的說明中，我們首先看到胡適本人說他是因試作中國禪學史稿，寫到惠能，他開始懷疑，寫到神會就擱筆寫不下去了。由於胡適的這份草稿內容如何，誰也沒見過，所以無法瞭解他是如何探討的。但是，從他對惠能和神會的懷疑，以及他接著引述的資料順序，我們卻可以明白他的禪學知識來源是什麼？

　　因為在《景德傳燈錄》裡，對於神會的對抗北宗，只有如下的交代：

　　……唐景龍中卻歸曹谿。祖（惠能）滅後二十年間，曹谿宗旨沉廢於荊吳，嵩嶽漸門盛行於秦洛，乃入京。天寶四年方定兩宗，方著〈顯宗記〉

---

[18]　胡適：〈自序〉，《神會和尚遺集》（上海：亞東圖書館出版，1930），頁1-5。

行於世。[19]

假如沒有其他參考資料的話，誰也無法明白其中存在著神會和北宗之間的激烈對抗。〈顯宗記〉也只說明自宗的禪法和「西天二十八祖」的法系罷了，同樣沒有出現和北宗對抗的字樣。

可是胡適說他在〈宋高僧傳〉看到神會和北宗奮鬥的記載，又說在宗密的書裡發現了貞元十二年(796)敕立神會為第七祖的記載。這是屬實嗎？

分析到這裡，我們必須回頭再重提一下，即關於「西天二十八祖」的法系問題，是蒙文通曾質疑在先的，胡適接著問，也理所當然。因為像這樣的問題，並非輕易可以弄得清楚的。可是關於神會的對抗北宗這一重大禪宗問題，胡適的靈感是如何產生的？有無可能參考國外的研究成果呢？

胡適在 1927 年歸國時，路過東京，曾和當時一些著名的佛教學者像高楠順次郎、矢吹慶輝和常盤大定等，談起他在巴黎和倫敦的新發現。這三人之中，以矢吹慶輝對敦煌的古籍最熟，他曾於 1916 年和 1922 年兩度前往大英博物館搜集和影印大批資料回日本。除了著有劃時代的作品《三階教之研究》一書外，並將敦煌的古逸佛典附上解說，以《鳴沙遺韻》出版。[20]

但是，上述三人（包括矢吹慶輝在內）對神會的革命性成就，無深刻認識，所以胡適的同道，不可能是他們。[21]真正稱得上中國禪宗史專家的忽滑谷快天(1867—1934)，胡適經常參考他的著作，卻沒有拜，可以說相當令人訝異。[22]

---

[19] 參考藍吉富主編：《禪宗全書》（臺北：文殊出版社，1988），冊 2，《景德傳燈錄》，卷 6，頁 103。

[20] 矢吹慶輝的《鳴沙餘韻》（東京：岩波書店，1933），在〈自序〉中，清楚地交代收集資料和成書的經過。不過，此書最初，是矢吹慶輝在 1930 年出版的。當時只有圖版 104 幅，而沒有解說。1932 年，他撰寫「解說」的部份，分上下兩卷，在 1933 年刊行。以後一再翻印，銷路甚佳。胡適在寫〈新校定的敦煌寫本神會和尚遺著 2 種〉時（1958 年 11 月），已見到《鳴沙餘韻》的第 78 版。

[21] 根據胡適的說法，矢吹最初並不知此卷為何人所作，後來讀了胡適的說明，才在「解說」中稍作介紹。但胡適仍指出他疏忽致誤之處。見柳田聖山編：《胡適禪學案》，頁 324-29。

[22] 胡適參考忽滑谷快天的著作情形，本文以下有詳述，可加以參考。

因此，我們接著要問：忽滑谷快天有可能提供什麼資料。而要探明這個問題，我們可將其分為兩個步驟：

第一步，先找出忽滑谷快天的書中有何線索，足供胡適參考？

第二步，再求證胡適是否曾參考過忽滑谷快天的著作？

就第一個步驟來說，忽滑谷快天在他的《禪學思想史》（東京：玄黃社，1923 年出版）上卷支那部的第三篇第六章，已清晰地列出〈荷澤の神會と南北二宗の諍〉的標題。在此章的引用文獻中，關於南北二宗的對抗，以及神會的被流放，乃至後來的被德宗立為第七代祖師一事，忽滑谷快天是參考了《宋高僧傳》，卷 8、宗密(780—841)的《圓覺經大疏鈔》，卷 3 和宗密的〈禪門師資承襲圖〉。另外對於神會的〈顯宗記〉，則提到《景德傳燈錄》，卷 30 有載。[23]

假如比對胡適的那篇〈神會和尚遺集—自序〉，即可以看到不論在南北宗對抗的問題意識，或者引用相關資料的種類和資料出現的順序，都和忽滑谷快天的文章相符。所以就第一個步驟來說，是有可能的。接著，是要求證胡適是否引用過忽滑谷快天的著作。

雖然在〈海外讀書雜記〉一文中，胡適並未註明受忽滑谷快天的著作啟發，但是，我們通過精密的相關資料的檢視之後，即可清楚地知道在當初胡適開始研究中國禪宗史的這一早期階段，他其實仍不知道，要先去參考已收在《卍字續藏經》中關於圭峰宗密的重要論述，所以他自然也就無從了解原出《全唐文》的神會〈顯宗記〉與《壇經・頓漸品》的關係如何？亦即不清楚內在的詳細關聯。

而他後來知道要去參考這些資料，有很清楚的證據顯示，他是受到來自忽滑谷快天著作中的相關論述資料提示。

---

[23] 見藍吉富主編：《禪宗全書》，冊 2，《景德傳燈錄》，頁 629-30，有〈顯宗記〉全文。而忽滑谷快天的《禪學思想史》，上卷，則在頁 442-46，交代神會和南北宗之諍的各種資料。

　　不過，我也必須坦白承認，我最初的推斷，只是根據從兩者之間的現有著述資料進行仔細比對的結果，而非能根據最原始的直接證據，即推論出胡適曾受到忽滑谷快天的著作影響。而其後當代學界的一些同道，則對於我的此一發現，依然有些存疑，而未完全被我說服。

　　所以，我最近又根據友人王見川博士所提供的新資料線索，終於在《胡適日記全集之四：1923-1927》（臺北：聯經出版公司，2005）中，[24]發現了當時胡適親撰的一些他曾閱讀過忽滑谷快天所剛出版的《禪宗思想史》中相關資料後的心得筆記和其他有關資料蒐集過程和種類的各種明確記載。所以，我此處將這些胡適的日記資料，分別轉述如下，作為我的此一專題研究的最新補充：

　　一、胡適在其《日記全集之四：1923-1927》的 1926 年 8 月 31 日這天，曾記載說，他當天是先在英國倫敦的中國使館內的會客桌上，看到有一本罕見的中國長沙人朱海璹在上海所刊印的《壇經》滬刻版，並附有校錄，但他不知這位未署名的校錄者是誰，所以他就向英國倫敦的中國使館內的執事者，將此本罕見附有校錄資料的滬刻版《壇經》借回去住處，先行抄了一些其中的相關校錄資料。這對正殷切遠渡重洋到海外來尋找各種《壇經》版本或相關校錄資料的胡適來說，當然如獲至寶，所以立刻在日記本上快速抄下各種他認為可供參考的有用資料。

　　二、根據他的當天日記，我們可以知道，他在那本有校錄資料的朱海璹所刊行的滬刻版《壇經》中，看到：（一）其中附的王維〈六組能禪師碑銘〉，有提到是在五祖臨終之際，才授衣給六祖惠能，而此碑是王維撰於神會受謫之後，卻沒有提到有所謂天天「二十八祖」的說法，甚至也沒有記載「達磨的話」，但文中則已有「世界一華，祖宗六葉之語」。（二）其次是，在另一唐代詩人劉禹錫所撰的〈大鑒第二碑〉中對於惠能的年歷大事記，雖與原《壇經》說法不符，胡適卻願考慮採信。

24　龔雋也曾看到此一胡適日記的相關資料，但是他無我所持的問題意識，所以我和的解釋茶藝甚大。
　　見龔雋和陳繼東合著：《中國禪學研究入門》，2003 年，頁 20-21。

　　三、同年的 9 月 4 日，星期天，日記中的資料又提到：當天胡適本人又到 Bibliottheque Nationale 看敦煌卷子，並發現其中的《禪門祕要訣》全文，有提到「第一迦葉首傳燈，二十八代西天記。入此土，達磨為初祖，六代傳衣天下聞，後人得道何窮數？」但他在那天所發現的 3488 編號的殘缺文件，卻是關於「遠師」和「和尚（按：即神會）」的問答。胡適在日記中說，他看到這一材料之後，「心疑是神會的作品」，又斷定是「八世紀的作品」。於是，他便根據此文獻，對神會當時所提倡的西天八代說，認為那是不能成立的。以後，胡適對於原《壇經》說法的各種質疑，便從此展開。

　　四、但是以後他又再對照新發現的 2634 編號的《傳法寶記》和 3346 編號的《楞伽師資記》，他高興地認為是「重大發現」。他日後所命北宗所代表的「楞伽宗」，就是由那些文獻的發現而展開的。

　　五、不過，他在同年 9 月 25 日，在日記上，明白記下：「到史館，收到家中寄來的（忽滑谷快天著）《禪學思想史》，……可與巴黎所見參看。……回寓後看《禪學思想史》，頗有所得。」首先就是幫他解開敦煌卷子 2104 編號的《禪門祕要訣》的作者是否為玄覺所作之問題。

　　胡適本人當時是傾向於否定的。但，忽滑谷快天的《禪學思想史》(上卷)，對胡適最大的作用是提供了唐代大禪學家圭峰宗密的相關著作資料和有關神會問題的研究線索，所以胡適才會在當天 9 月 27 號的日記上，清楚的寫下：「忽滑谷快天的《禪學思想史》不很高明，但頗有好材料，他用宗密的《圓覺大疏鈔》、《禪源諸詮集都序》、《禪門師資承襲圖》等書，皆極有用。……」(見原書，頁 478。) 由於這些資料是來自《卍字續藏經》，所以胡適在 10 月 2 日，便到 Bibliottheque Nationale 去借讀其中的「宗密《圓覺大疏鈔》，始知他把禪宗分為七派。」(見原書，頁 485)。由此可知，忽滑谷快天的《禪學思想史》上卷，對胡適最大的作用，就是提供宗密的相關資料。

　　然而，忽滑谷快天的《禪學思想史》，上卷是胡適從中國的家中寄來的，

難道他事先都不知道其中的內容嗎？這是第一個疑問。其次是，雖然他當時曾一面參考，又一面批評說，「忽滑谷快天的《禪學思想史》不很高明」。

可是，胡適當時在很多方面的相關知識來源，例如有關禪思想史的長期演變和中印禪法的差異等知識，可以說都是他當年直接閱讀忽滑谷快天的《禪學思想史》書中資料之後，才獲悉的。並且，在同一年稍後撰寫的〈菩提達磨考〉（收在《胡適文存》，集 3 卷 4，頁 293—302）裡，即清楚地註出參考忽滑谷快天的《禪學思想史》上卷和頁數。[25]接著在下一年(1928)撰寫的〈禪學古史考〉（收在《胡適文存集 3 卷 4，頁 255—34）裡，同樣註明參考忽滑谷快天的《禪學思想史》上卷和頁數。[26]

可見胡適在初期的重要禪學論文中，確曾引用過忽滑谷快天的著作。因此，第二步驟的求證也有了著落。

既然第一、第二兩步驟都能獲得實證，則胡適在〈海外讀書雜記〉一文中，所以能如此明白地強調神會的歷史性地位，其知識來源也就可以解明了。

亦即忽滑谷快天的禪學史著作，為胡適提供了關於神會重要性的問題意識，然後胡適才會在巴黎和倫敦的敦煌殘卷中，猛翻有關神會的資料，並且能在其他神會資料未深入研究之前，先能論斷神會的重要性。

雖然胡適和忽滑谷快天之間的學問關聯，已在上述分析裡略有說明，但在胡適的心目中，對忽滑谷快天有何評價呢？根據胡適在 1934 年 12 月於北平師範大學演講〈中國禪學的發展〉時，在開場白的客套話之後，隨即如此描述：

> 〈中國禪學的發展〉這個題目，中國從來沒有人很清楚地研究過。日本

---

[25] 胡適用括弧標出，寫著：「參看忽滑谷快天《禪學思想史》，上卷，頁 307，論『廓然無聖』之語，出於僧肇之〈涅槃無名論〉。」

[26] 此段胡適引用忽滑谷快天的內容，是由於印度禪法來源和《奧義書》(Upanishadas)、數論一派有關：而忽滑谷快天在該書的上卷，有介紹印度的各種「外道禪」（佛教以外的禪法），所以胡適連引二處，並標出該書出處為頁 39-52, 66-84。可見胡適對印度禪法的理解，是參考忽滑谷快天的解說而來。

> 有許多關於禪學的書，最重要的，要推忽滑谷快天所著的《中國禪學
> 史》，因為就材料而言，在東方堪稱為最完備詳細的。這書前幾年才出
> 版。[27]

可見胡適在中、日兩國的佛教學者裡，唯一推崇的關於中國禪學史的著作，只有忽滑谷快天寫的了，並且稱它在材料上，是東方最完備詳細的。而事實上，胡適在那場演講裡，絕大部份的觀點都是出自忽滑谷快天的書內。就此而言，胡適在中國禪宗史的研究，所以能快速提升水準，除了他勤於發掘新史料外，會參考國際間禪學同道的最新研究成果，也是極重要的原因。

而以上雖有一些新發現，旨在找出近代中國禪學研究的學術發展途徑，並非對胡適個人的學術成就作批判。事實上胡適能前往巴黎和倫敦尋找新材料，在學術的突破上，已經超出原先忽滑谷快天的資料格局了。胡適在國際禪學研究，能夠佔有一席地位，也就是為了這個貢獻。[28]

不過，胡適的研究業績初期，早期到底對中國學術界產生何種回應呢？似乎很少人有系統的檢討，底下擬加以說明。

二、初期在大陸學界的衝擊與回應

要檢討胡適的禪學研究，初期在中國學者中產生何種衝擊與回應，我們可以按時間順序以及問題的性質來加以探尋。

---

[27] 胡適的此講稿，是經過二十年後，才由 De Martino 替他找出來，用做論文材料的一部份。胡適花了十元美金，請他多印一份，以留紀念。收文收在《胡適禪學案》，第三部，而此段引文是在該書的頁 459-60。

[28] 胡適的此一學術地位，可參考柳田的宏文，〈胡適博士與中國初期禪宗史之研究〉，載《胡適禪學案》，頁 5-26。日文原文，則在同書，頁 27-45。以下只標中譯頁數，日文頁數省略。

（一）湯用彤的回應

　　胡適的禪學研究在中國學術界產生的第一聲回應，是來自湯用彤。湯用彤是在《現代評論增刊》中，讀到胡適到〈菩提達磨考〉一文後，曾寫了如下的一封信：

> 適之先生：
> 前在《現代評論增刊》中見尊作〈菩提達磨考〉，至為欽佩。茲寄上舊稿一段，係於前年冬日在津所草就。其時手下書極少，所作誤略至多，今亦不加修正，蓋聞臺端不久將發表《禪宗史》之全部，未見尊書，不能再妄下筆。先生大作如有副稿，能寄令先聞，則無任欣感。達磨〈四行〉非大小乘各種禪觀之說，語氣似婆羅門外道，又似《奧義書》中所說。達磨學說果源於印度何派，甚難斷言也。[29]

　　湯用彤是當時治中國佛教史的權威，但是胡適的〈菩提達磨考〉一出，即使得他對昔日所持的禪學史見解，產生動搖，宣稱在未看到胡適發表全部的《禪宗史》之前，「不能再妄下筆」。這樣的信，自然是對胡適禪學研究的一大肯定。

　　可是，在學者間常有客套之辭，湯用彤的此信是否也屬客套之辭呢？其實不然。胡適當時所作的研究，由於新資料的發現，以及善於吸收忽滑谷快天的最新研究成果，在某些方面的確已超過湯用彤。此從胡適的回函中，我們可以有進一步的證實。茲引前面的開場白如下：

> 用彤先生：

---

[29] 收文被收在《胡適文存》，集3，卷4，頁305，當作胡適所撰〈論禪宗史綱領〉的第1部份。《胡適禪學案》也收有此信。見該書，頁235。

七月十六日的手書，已讀過了。

《中國佛教史略》中論禪宗一章，大體都很精確，佩服之至。

先生謂傳法偽史「蓋皆六祖以後禪宗各派相爭之出產品」，此與鄙見完全相同。我在巴黎倫敦發現了一些禪宗爭法統的史料，影印帶回國，尚未及一一整理。先生若來上海，謂來參觀。[30]

　　接著在此封信的後面，胡適除了表示禪宗史稿本尚未寫定，大部份須改作之外，也列出擬撰的「大綱」十三條，將他對中國禪宗史的主要見解和架構交代清楚。他並且將此封信和湯用彤的來信合併，以〈論禪宗史的綱領〉發表。

　　胡適的回信顯示，他在禪宗史的見解方面，大體可以同意湯用彤在《中國佛教史略》的看法。但他提到有新禪宗史料，自海外帶回來，要湯用彤有空到上海參觀。這一點很重要。因在他帶回的敦煌資料裡，有一份關於早期禪宗史傳承的資料特別珍貴，此即由北宗禪僧侶淨覺所撰的〈楞伽師資記〉。[31]因北宗禪係以宋譯的四卷本《楞伽經》為印心依據，所謂「藉教悟宗」；而師徒相傳，各有心得見解，於是有〈楞伽師資記〉的出現，以凸顯本宗的傳承和心法的精要。這對研究達磨一宗的流傳狀況，實在太重要了。可是因久已失傳，研究禪宗史的人只得憑藉南禪宗的傳承資料來探討。湯用彤和胡適的差別就在這裡。因胡適在倫敦和巴黎的禪宗史料堆中，意外發現了〈楞伽師資記〉，他以第一發現者的優勢，將其用在〈菩提達磨考〉一文，[32]這不論在史料依據和

---

[30] 按：〈胡適答湯用彤教授書〉，即〈論禪宗史綱領〉的第 2 部份，本段引文在《胡適文存》，集 3，卷 4，頁 305-06；《胡適禪學案》是在頁 235-36。

[31] 此資料後來借給朝鮮青年學者金九經校寫、出版，卷首冠有胡適的〈楞伽師資記序〉和太虛的〈序〉。金九經是鈴木大拙的學生，所以鈴木大拙也重視此資料，撰有〈楞伽師資記及其內容概觀〉一文，發表於《大谷學報》，卷 12 號 3（1931 年 6 月）。柳田聖山判斷，胡適和鈴木對此資料的看法不同，「逐漸形成學問的立場之爭」。而胡適在 1936 年發表〈楞伽宗考〉，更把諍論帶到影響面最大的狀況。參考柳田：〈胡適博士與中國初期禪宗史之研究〉，《胡適禪學案》，頁 14-20。

[32] 此文收在《胡適文存》，集 3 卷 4，頁 293-304。《胡適禪學案》是在頁 53-64。此文又有一個副題

史實重建方面，都不是未見該項資料的湯用彤所能向背的，所以只能嘆服的份了。湯用彤在信中說的未見胡適的書，「不能再妄下筆」，的確是寫實之語，而非學術界的客套之辭。

在另一方面，湯用彤的《中國佛教史略》，是否包括《漢魏兩晉南北朝佛教史》以及《隋唐佛教史稿》，[33]雖不得而知。可是在胡適信中所提到的關於論禪宗一章的部份，其中所引用的一句話「蓋皆六祖以後禪宗各派相爭之出產品」，迄今仍保留在《隋唐佛教史稿》的第四章第六節〈禪宗〉裡。又由於湯用彤的此一節論斷，特別在標題下註明：「以下半係舊作，無暇增改，讀者鑒之。」[34]雖然現在無從知道，他寄給胡適的舊稿是否有再修正，但是，比對所用的資料和論點，可以發現他和胡適之間有若干差異。茲舉例說明如下：

一、湯用彤的此稿，在論禪宗的部份，全未引用胡適在敦煌寫本中所發現的新史料。換言之，胡適在禪宗史料的新發現，湯用彤雖知道，也表明有將參考胡適的新研究成果（如來信中所說），卻終竟未納入自己的授課教義中。可見胡適的禪宗研究，對湯用彤的實際影響並不明顯。

二、胡適在禪宗史研究中，除了自己發現新史料外，同時也借重忽滑谷快天的禪學研究成果。湯用彤則未見有註明參考忽滑谷快天之處。

三、假如將胡適在稍後(1931—1932)撰寫的《中國中古思想史提要》內容分析的話，我們會發現胡適對佛教思想的探討，基本上是以禪學的演變為主

叫「中國中古哲學史的一章」，可見是有全書寫作計劃的。

[33] 按：湯用彤的《漢魏兩晉南北朝佛教史》，在 1938 出版，與陳寅恪的《唐代政治史述論稿》，同獲抗戰時期教育部學術研究一等獎。但和《中國佛教史略》相比，有多少重複之處，仍不得而知。不過此書，的確是中文著作中，享譽歷久不衰的權威之作。至於《隋唐佛教史論》是湯一介在湯用彤逝後，根據早年他在中央大學和北京大學的授課講義，整理補充後出版的。在書中第 4 章第 11 節的部份，則以湯用彤的另一稿本〈弘宣佛典年表〉，參照其他資料，補了原先有目無文的〈隋唐佛教大事年表〉。至於該節的〈隋唐內外教之爭〉，則仍闕如。湯用彤編授課義的時間，在 20 年代末至 30 年代初，所以是早期的作品。而本文參考的，是收在藍吉富主編，「現代佛學大系」（臺北：彌勒出版社，1984），第 26 冊，湯一介在《隋唐佛教史稿》篇首的「整理說明」。

[34] 見藍吉富主編：《現代佛學大系》，冊 26，頁 274，註 19 的說明。

軸，其他的各宗義裡只是草草交代。[35]反之，在湯用彤的著作中，不論《漢魏兩晉南北朝佛教史》或《隋唐佛教史稿》，禪學的討論都只佔書中極小的一部份。可見胡適的《中國中古思想史》在治學方向上，一開始就被禪學的發展所規範了。而所以如此，應和忽滑谷快天在《禪學思想史》裡，已尋出一條發展的思想脈絡有關。再加上胡適個人在史料上的新發現，於是才出現和一般討論《中國中古思想史》的學者，在取徑上大不相同的情況。

　　由於胡適對中國中古思想的探討，明顯地偏重禪學思想的發展，使他在當時的中國學術界，變成了獨樹一幟的研究進路。但是否有普遍的共鳴呢？卻是大有疑問的。因為連他本人也抱怨過國人對他在禪學研究方面的冷漠態度。[36]如果對照當時國際間對他研究業績的重視，的確是相當被冷落了——最起碼1933 年止是如此。

　　為何會如此呢？底下我們再試著加以解析。

（二）陳寅恪的回應

　　前面曾指出，胡適對禪學思想史的偏重探討，在當時的學術界，是較獨特的情況。因此，在問題意識的提出和史料的解讀方面，也必將是一新出現的情況。這對當時的中國學術界，要如何才能產生普遍的共鳴呢？

　　當時，在中國學術界，對此領域較有可能回應的，除專研中古佛教史的湯

---

[35] 胡適在《中國中古思想小史》的前面，曾提到這是 1931-1932 年在北大授課的「講義提要」。原先以「提要」體寫，文字太簡，後來放手寫下去，故改用《中國中古思想小史》的題名。可是全文寫成的 12 章（原預定 14 章），兩萬八千字，仍然是「講義提要」。因從文章內容看，是大綱式地舉了幾個要點，列舉了幾種參考資料，故只能當作《中國中古思想史提要》罷了。就連影印出來的胡適手稿，在作了一些說明之後，仍在旁邊清清楚楚地靠左隔一行，寫著《中國中古思想史的提要》共十個字。參考《胡適作品集》，第 21 冊，《中國中古思想史長編》，上冊，（臺北：遠流出版社，1986），內附《中國中古思想小史》。

[36] 這是他在 1933 年對來訪的鈴木大拙所說的。鈴木將此種報怨載入他的文章，發表於 1948 年《文藝春秋》，卷 26 號 7。可參考柳田聖山，〈胡適博士與中國初期禪宗史之研究〉，《胡適禪學案》，頁 11-12。

用彤外，應屬精通中古佛教文獻的陳寅恪(1890—1969)。根據汪榮祖在《史家陳寅恪傳》（臺北：聯經，1984）一書第六節的說法，陳寅恪在清華任教時期，用力最多的是中古佛教史研究。他引用陳氏弟子蔣天樞的話說，陳氏在 1927年至 1935 年，於佛經用力最勤。汪榮祖又說，陳寅恪研究佛經，是基於思想史的興趣，而因他精通多種治佛教史的相關語言，以及注意歐美學者的研究成果和當時敦煌學提供的新資料，所以他在佛教史的考證方面，可以發現許多過去中國學者所無法解決的「大問題」。[37]以這樣的條件和興趣，陳氏可以說較胡適更具備探討中國中古佛教思想的實力。可是，陳氏對胡適關心的禪宗史課題，又是如何呢？

　　在陳寅恪的佛教史考證文章裡，關於禪學思想探討的，主要有二篇，一篇是關於天臺宗禪法演變的〈南嶽大師立誓願文跋〉，[38]他認為其中有真史料，可作為研求中國思想史的重要資料；另一篇則是〈禪宗六祖傳法偈之分析〉，討論〈傳法偈〉中關於「菩提樹」和「明鏡臺」的譬喻，是否得當的問題。[39]按此文原載 1932 年《清華學報》，卷 7 期 2，所以已是在胡適出版禪宗史料重要發現之一的《神會和尚遺集》後二年的事了。但在此文中，陳氏雖然使用了胡適首次發現的〈楞伽師資記〉，卻未提到胡適的任何功勞。[40]不只在此文如此，在陳氏文集──《金明館叢稿二編》中，[41]凡提到利用敦煌文獻研究宗教史有成就的學者，即熱烈推崇陳援庵(1880—1971)的成就，而不提胡適的貢獻。[42]在這種情況下，胡適所關心的神會問題，似乎成了陳寅恪有意迴避的課

---

[37]　參考汪榮祖：《史家陳寅恪傳》，頁 94—99。

[38]　此文收在《金明館叢稿二編──陳寅恪先生文集之3》，臺北：里仁書局改為《陳寅恪先生文集》（2），1981，頁 2112-217。

[39]　同前引書，頁 166-70。張曼濤主編《現代佛教學術叢刊》，將《六祖壇經研究論集》列為首冊（臺北：大乘文化出版社，1971），也收入陳寅恪此文，在頁 263-67。

[40]　見《金明館叢稿二編》，頁 169；張曼濤主編：《六祖壇經研究論集》，頁 266。

[41]　《金明館叢稿二編》在《陳寅恪先生文集》七種中，是屬於第 3 種。見徐半痴在 1980 年撰的〈出版前言〉。

[42]　在《金明館叢稿二編》裡，共有 3 篇此類的文章，〈陳垣敦煌劫餘錄序〉（頁 236-37）；〈陳垣元

題。此從關於《壇經》偈語的研究可窺知一二。

　　即以〈禪宗六祖傳法偈之分析〉內容來說，陳寅恪雖運用了新發現的敦煌本《壇經》資料，但他只對〈傳法偈〉的前二偈產生興趣。他指出的堅固永久的「菩提樹」來譬喻變滅無常的肉身，是不當的：以印度禪法和佛藏中習見的記載言，應以易於解剝的植物如芭蕉來譬喻才恰當，可用以說明陰蘊俱空，肉體可厭之意。而在第二偈中，以「心為明鏡臺」作譬喻，再以後二偈「明鏡本清淨，何處染塵埃」釋義，可謂意已完備；然而「身是菩提樹」的首偈，卻無後續說明，所以陳氏批評其「意義未完備」。最後，陳氏綜合其研究意見如下：

　　今神秀惠能之偈僅得關於心者之一半。其關於身之一半，以文法及文意言，俱不可通。然古今傳誦，以為絕紗好詞，更無有疑之者，豈不異哉！予因分析偈文內容，證以禪門舊載，為之說明。使參究禪那之人，得知今日所傳唐世曹溪頓派，匪獨其教義溯源於先代，即文詞故實亦莫不掇拾前修之緒餘，而此半通半不通之偈文，是其一例也。[43]

　　但是陳氏此文的如此探討，和胡適禪學研究中的主題——神會和尚的革命角色，無直接關係。此外，陳氏著重偈語的譬喻不當和意義未備的問題，也很難掌握《壇經》的新舊版本，有何思想上的重大變異。原因在於敦煌本中的〈傳法偈〉，雖然將「身是菩提樹」誤寫為「心是菩提樹」，以及將「心為明鏡臺　」，誤寫為「身為明鏡臺　」，但「身」「心」二字應須互易，是顯而易見的傳寫之誤；除此之外，此二偈的古今版本內容，並無重大差異，所以版本學的校勘在此處無重大意義。而縱使如陳氏所指，此偈為「半通半不通之偈文」，且關於「身」的「意義」說明「未完備」，也不能發掘出對後來禪宗史研究有重大作用的學術問題。事實上，對後來研究有重大意義，是後二偈，亦

　　西域人華化考序〉（頁238-39）；〈陳垣明季滇黔佛教考序〉（頁240-41）。其中主要材料非敦煌史料，但仍重提陳垣考釋摩尼佛教諸文的貢獻。當然，此3篇既是為陳垣作序，似應以陳垣為主，但就學術發展的層面來說，其他學者如胡適等既在此領域也有貢獻，則仍應提及他的姓名才對。

[43] 見陳寅恪：《金明館叢稿二編》，頁170；張曼濤：《六祖壇經研究論集》，頁267。

即從敦煌本的「佛性常清淨，何處有塵埃」？轉變為「本來無一物，何處惹塵埃」？這是所謂從《楞伽經》的如來藏思想到《金剛經》空性思想的重大轉變，也是胡適和其他後來禪宗學者所要探明的重點。[44]陳寅恪的禪宗史課題，和胡適的研究之間，無法形成直接性或有大作用的對話。兩人在禪宗問題上，自此次擦身而過，即永久沒有再產生交集了。

（三）單不庵的回應

在觀察過包括湯用彤和陳寅恪的這樣專家後，接著就較次要的相關學者，也作一些考察。在《胡適文存》，集 3 卷 4 中，有單不庵先生和胡適多次通信，討論史料的版本校勘問題。另外，當時佛教界的太虛，如何看待胡適的禪學研究，也是值得注意。底下先考察單不庵的情況。

單不庵和胡適通信，並不專為禪宗史料的校勘問題，[45]但是作為胡適〈跋宋刻本白氏文集影本〉附錄的九篇信文，[46]卻是專屬校勘上的細節考訂問題。

胡適先在《白氏長慶集》，卷 24，發現〈傳法堂碑〉的碑文，屬於馬祖道一(707-786)的嫡派所造文件，和諸家講法不同，斷定是九世紀的禪宗史料。於是取涵芬樓瞿氏藏本和日本翻宋本（四部叢刊本）互校。[47]

而單不庵則以《全唐文》和四部叢刊本的《白氏長慶集》互相勘對，然後有五次寫信給胡適，報告他的心得。

---

[44] 這裡主要是指胡適和撰寫《中國禪宗史》的印順法師。胡適在〈楞伽宗考〉一文，舉出日本新印出來的《敦煌寫本神會語錄》，有八條史料，是用《金剛經》代替《楞伽經》，所以他論斷說：「看這八條，可知神會很大膽的把《金剛經》來替代了《楞伽經》。楞伽宗的法統是推翻了，楞伽宗的『心要』也掉換了。所以惠能神會的革命，不是南宗革了北宗的命，其實是一個般若宗革了楞伽宗的命。」（載《胡適文存》，集 4 卷 2，頁 235。）印順在《中國禪宗史》（臺北：正聞出版社，1971）一書，也對此一問題有精闢的分析。

[45] 單不庵和胡適的通信，在《胡適文存》，集 3 卷 8，就有〈論長腳韻〉的兩次來書，登在上面（頁690-91；頁 696-707）。

[46] 胡適此文，收在《胡適文存》，集 3 卷 4，頁 314-15。

[47] 胡適此文，收在《胡適文存》，集 3 卷 4，頁 314。

不過，他雖用了像明隆慶刊本《文苑英華》，卷 866 等同一碑文來校勘，基本上對新問題的探討仍作用不大。後來柳田聖山編《胡適禪學案》時，便將這一部份的資料捨棄，只保留胡適論〈白居易時代的禪宗世系〉一文。[48]

對於柳田的處理，我們不能視為一種偏見。

事實上，單不庵其後也未就禪宗史的問題，有進一步的交流。因此對胡適來說，儘管獲有這樣一位熱心回應的難得人士，終竟是無補於大局的，孤立的狀況依然存在。

（四）太虛的回應

單不庵的作用，如上所述。接著考察佛教界的名流太虛，對胡適禪學研究的反應。因為這是目前所能看到的少數佛教界的相關資料，極為難得。

太虛是出家僧侶，在民國以來的中國佛教界，是最具有現代思想又勤奮治學的佛教思想家和改革家。在他早期的進修階段中，是曾有過傳統禪宗叢林的禪法修練的。他本身甚至有過相當程度的禪宗經驗。[49]以這樣的知識背景和豐富的禪修經驗，一旦要涉入現代的學術領域，像關心胡適禪學研究之類的，到底可能產生什麼作用呢？是很耐人尋味的。

太虛對胡適的禪學研究，很早就開始注意了。幾乎和湯用彤寫信給胡適的同一時間，他在自己創辦的佛教月刊《海潮音》，期 2（1928 年 7 月出版）上，發表了一篇〈與胡適之論菩提達磨書〉。由於內容不長，為存真起見，全文引述如下：

　　適之先生：

---

[48] 見柳田聖山編：《胡適禪學案》，第一部，頁 94-97。

[49] 見印順編：《太虛大師年譜》（臺北：正聞出版社，1986 年 5 版），頁 32-33，以及頁 85，共有兩次經驗的記載。太虛並據此內證的經驗，作為闡揚佛學思想的基礎。

在《現代評論》讀了大著的〈菩提達磨（考）〉，因我對於這事，也曾用過一回推考，特寫出寄上。

我以為：《洛陽伽藍記》上所載的菩提達磨，的確是有這個波期胡僧的，但卻不是後來禪宗奉為初祖的菩提達磨。禪宗所奉為初祖的事實上人物，應是先在嵩山少林寺為魏君臣道俗舉國奉為大禪師的佛陀扇多。至其名字，則是後來禪宗的人，為避去佛陀扇多，乃影借達磨波羅與菩提達磨、菩提流支的名字，另用此名立為初祖的。

略言其證據有三種：

奇異的禪風，由佛陀扇多後漸昌。

傳達磨與流支不合，然此實為扇多與流支議地論不合之故事。

二祖神光──慧可，即傳扇多禪的慧光律師，一名折成二名。至於宣律師《僧傳》所載，則出於禪宗傳說流行後，更採《伽藍記》一百五十歲之說而成。這點意見，或可備哲學史的參考。[50]

發表上述看法的太虛，已是創辦了「武昌佛學說」、率團出席過在日本舉行的「東亞佛教大會」之僧界名流。[51]但從此文的論證方式來看，仍屬臆測之詞居多。所以此信對胡適沒有任何幫助。只能說，在當時的佛教界，猶有人留意胡適的禪學研究罷了。

不過，由於太虛在佛教界具有代表性，對外界學術訊息也極敏感，所以1931 年由朝鮮金九經所校勘的〈楞伽師資記〉出版，在前面序文中，即出現太虛和胡適的文學。[52]

太虛對於此一新禪宗史料的出版，在〈序〉中只能指出它與歷來的禪宗語

---

[50] 太虛：〈與胡適之論菩提達磨書〉，載《海潮音》第 2 期（1928 年 7 月），轉引張曼濤主編：《禪學論集》第 4 期（1977 年），頁 167。

[51] 關於此部份的研究，可參看拙著，《太虛大師前傳》（臺北：新文豐出版公司，1993），頁 186─214。

[52] 此項資料，來自矢吹慶輝編著：《鳴沙餘韻解說篇》，第 2 部，頁 500-01。

錄，特別是念佛三昧兼條等的說法，和後代禪風頗有相異之處。因此他斷定，
「此書之出，當為禪宗一重大公案焉」。[53] 雖然如此，就學術的角度來看，仍
嫌太空洞。所以後來的學者在論及〈楞伽師資記〉時，仍以回應胡適的意見為
主。[54] 太虛的意見，幾乎全被擱置一旁。證明太虛在這方面的作用，仍屬有限。

（五）胡適抱怨學界對其禪宗研究冷淡對待的原因分析

但是胡適個人在禪宗史研究方面的困境，也愈來愈明顯了。其原因不外和
自己站在同一陣線的中國學者太少。就像他在 1934 年初夏，對遠道來訪的鈴
木大拙所抱怨的談話那樣—當時，胡適對鈴木說，他的《神會和尚遺集》出版
以來，國內學人並無反應，反而有鄰國的學人遠道來訪，真是令他感慨之至！
他因而對國內學者的缺乏世界性眼光，有所不滿。[55]

不過，胡適的此一反應，存在著一個大疑點：為何中國學者對他的新研究
成果，沒有太大反應呢？對這個大疑點，連最熟悉胡適研究禪學狀況的柳田聖
山，在他的傑出論文裡，同樣沒有任何交代。

要解答胡適所抱怨的問題，我們必須考慮相關的幾個可能因素：

首先，必須考察胡適跟其他主要的中國學者之間，是否普遍地沒有交流？
或僅在禪宗史的部份才反應冷淡？而假如是後者，那麼才可以進一步分析其
中原因是什麼？

其次，關於胡適的抱怨談話，原是指 1930 年出版《神會和尚遺集》以後，
迄 1934 年初夏間和鈴木大拙談話的情況。換言之，是有時間性和特定事物指
涉的。因此我們在運用此一資料時，可否加以擴大或延伸解釋為一向如此呢？

---

[53] 此項資料，來自矢吹慶輝編著：《鳴沙餘韻解說篇》，第 2 部，頁 500-01。

[54] 見柳田聖山，〈胡適博士與中國初期禪宗史之研究〉，《胡適禪學案》，頁 17-18。

[55] 這是他在 1933 年對來訪的鈴木大拙所說的。鈴木將此種報怨載入他的文章，發表於 1948 年《文藝
春秋》，卷 26 號 7。可參考柳田聖山：〈胡適博士與中國初期禪宗史之研究〉，《胡適禪學案》，
頁 11-12。

最後，對於研究者來說，由於時間已屆今年的 1993 年，在當時胡適的抱怨談話之後，是否在中國學界間已有新的變化？假如有，原因又是什麼？

結合上述三個問題加以考察，相信雖不中亦不遠矣。

以第一個問題來說，我們前面已儘量收集到一些柳田聖山在論文中未曾解說的個案，來分析彼等與胡適交流的情形。其中，雖也有像單不庵和太虛這樣的關懷者，但因能夠涉入的程度實在太淺，可以不加以考慮。至於有代表性的專業學者，像湯用彤和陳寅恪，則確實未對胡適關於神會的解釋，有直接回應。但這不能表示在其他方面，他們也不曾和胡適有過交流。

以收在《胡適文存》第四集中的相關佛教文章來說，我們可以看到有佛教學者周叔迦，和他商榷〈牟子理惑論〉的史料證據問題，時間在 1931 年。[56]

在關於〈陶弘景的真誥考〉（作於 1933 年 5 月）這篇文章裡，胡適提到傅斯年曾轉達陳寅恪的話，說在《朱子語錄》中也曾指出《真誥》有抄襲佛教《四十二章經》之處。[57]證明陳寅恪未全然疏忽胡適的佛教研究問題。這和他對《神會和尚遺集》無直接反應，恰成對比。

另外，在關於有〈四十二章經考〉（作於 1933 年 4 月）這篇文章中，更有當時著名的宗教文獻學家陳援庵(1880—1971)兩次來函商榷「佛」、「浮屠」、「浮圖」等名詞，在早期佛教經典中的譯法問題。胡適也在文章中認真地加以反應。[58]

由這些論學的熱切狀況，可以說明第一個問題點中，胡適是否和其他學者在佛教研究方面有普遍交流的情形？答案當然是肯定的。同時也清楚地凸顯出，禪宗史的研究，才是大家對之無反應的問題所在。不過，雖然知道是出在禪宗研究，但進一步探明其中原因為何，仍不太容易。因此仍必須繼續加以考

---

[56] 周叔迦著：〈牟子叢殘〉，送請胡適指教。胡適連寫 2 信，表示自己的看法。見《胡適文存》，集 4 卷 2，頁 149-52。

[57] 見《胡適文存》，集 4 卷 2，頁 171。

[58] 見《胡適文存》，集 4 卷 2，頁 175-93。

察。

　　從前面的比較情形，可以看出胡適在討論禪學研究以外的主題時，仍有不少重量級的國內學者表示關心，或有所商權。此一現象，是否可解釋為胡適的禪學研究，在什麼地方出現了問題，所以大家在態度上有所保留？

　　此外，對於鄰國學者來訪，內心油然激起強烈對比情緒的胡適來說，雖有此強烈的感受，可能並未深入地去分析個中原因為何吧？因為像湯用彤、陳寅恪，乃至當時在「支那內學院」已有很高聲譽的呂澂(1896—1989)，都是精熟國際佛學研究現況的，並非單是胡適的一句缺乏世界性，即可解釋的。所以說，胡適本人可能也未真正瞭解其中原因。

　　就此一問題的可能性來說，不外涉及兩個層面，一是史料的發現和校勘，一是史料的解釋和史實的重建。對胡適當時的情況而言，以第一個層面最無問題。不但國際學術界一直感念他的貢獻，在中國學者裡，也幾乎一致肯定和讚美（關於這一點，稍後我們會再討論）。即以湯用彤和陳寅恪來說，最起碼在他們的著作裡，都引用過〈楞伽師資記〉的材料，[59]而此材料的發現，正是胡適的貢獻。至於後來出現的，許多胡適禪學研究的批評者，也同樣不是針對材料的發現和校勘；史料的解釋和史實重建的方面，才是他們批評的重點。而關於這一部份，在柳田聖山在他的論文中，也不諱言地指出，很多日本學者嫌胡適的解釋過於「武斷」，到最後甚至導致鈴木大拙在國際學術大會上和胡適公開攤牌。[60]所以我們把問題的核心所在，轉移到胡適對禪宗史料解釋和史實重建這方面來考察，是否較之其他的可能性更高呢？

　　據柳田聖山的論文分析，胡適在巴黎發現的〈楞伽師資記〉，經韓國學者

---

[59] 湯用彤在《漢魏兩晉南北朝佛教史》一書，論及北方之禪法時，曾多次引用〈楞伽師資記〉，如頁781，785-86，789。陳寅恪的引用情形，見《金明館叢稿二編》，頁169；張曼濤主編，《六祖壇經研究論集》，頁266。

[60] 按這是指1949年6月，兩人出席在夏威夷的「第2屆東西哲學家會議」，就禪學的研究途徑和理解方式，所引生的激烈爭辯。柳田未提辯論詳情。見《胡適禪學案》，頁19-20。

金九經校刊後出版，是最初發現者胡適對國際學術交流的一大貢獻。而胡適以替金九經寫〈楞伽師資記〉為契機，逐漸固定了他研究初期禪宗史的焦點，而終於促成 1953 年重要論文〈楞伽宗考〉的發表。柳田接著有如下的評論：

> 〈楞伽宗考〉是胡適初期禪宗史研究論文的骨幹，他不僅貫徹主張，而且滿懷信心。這已經到了胡適禪學論證的最高峰，為近代禪宗史的研究歷史，帶進了劃期的時代。（中略）自 1935 年開始，數年之間，中日根據新出的敦煌卷子，不斷的研究初期禪宗，活氣空前，無與倫比。……胡適斬釘截鐵的武斷，強調此說（案：胡適主張初期禪宗為「楞伽宗」），影響了 1935 年以後，中日兩國初期禪宗史的研究，沒有人能脫出他的斷定。[61]

　　但是，在柳田舉例受影響的日本學者裡，宇井伯壽的《禪宗史研究》是從 1940 年開始，接著是鈴木大拙的《禪宗思想史研究第二》，時間在 1951 年，而關口真大的《達磨大師之研究》則更到了 1957 年了。如果對照胡適的禪學研究時間，很清楚地可以發現：他在〈楞伽宗考〉一文之後，研究就告一段落了，他和鈴木大拙在夏威夷第二屆東西哲學會議上爭辯禪學，事實上已是間隔了十四年(1935—49)之後了。換句話說，在胡適將他早期禪宗史研究的成熟主張提出後，縱使在禪學研究最盛的日本學術界，也要有數年之久，才開始回應胡適所提出的禪學課題（以柳田上舉時間為例）。

　　因此，在考慮中國學術界對胡適出版《神會和尚遺集》的冷落反應，也必須將反應的所需時間列入考慮。如此一來，我們除了考察前述中國學者迄 1933 年之前的反應外，接著應繼續追縱是否有胡適禪學研究所引發的「效應」？假如答案是否定的，那麼胡適的禪學研究，的確是始終被國人冷落了。反之，則

---

[61] 見《胡適禪學案》，頁 18。

可以明白：初期的冷落，只是一時還找不到如何來回應罷了；一旦時機成熟，熱潮終將來臨。到底真相如何呢？

三、中期在大陸學界的衝擊與回應

（一）初期胡適禪宗研究的核心見解

　　胡適的初期禪宗研究，是否長期受到大陸學界的冷落，在前節中已作了相當程度的探討。但，那是以 1933 年左右的學界反映為考察對象。

　　同時，在前節的總結中，也提出繼續追蹤考察 1933 年以後的構想。

　　但在展開檢討之前，我們應在此先提示一下，究竟胡適禪學研究的主要新觀點是什麼？為了避免枝蔓起見，以下直接引用兩篇胡適禪學研究的結語，以為代表。

　　第一篇是〈荷澤大師神會傳〉的最後一段，胡適提到：

　　　　南宗的急先鋒，北宗的毀滅者，新禪學的建立者，《壇經》的作者，——這是我們的神會。在中國佛教史上，沒有第二個人有這樣偉大的功勳，永久的影響。[62]

　　第二篇是〈楞伽宗考〉，胡適的結論是：

　　　　從達磨以至神秀，都是正統的楞伽宗。（中略）神會很大膽的全把《金剛經》來代替了《楞伽經》。楞伽宗的法統是推翻了，楞伽宗的「心要」也掉了。所以惠能神會的革命，不是南宗革了北宗的命，其實是一個般

---

[62] 胡適：〈荷澤大師神會傳〉，收在《胡適文存》，集 4，卷 2，此段引文，在頁 288。

　　若宗革了楞伽宗的命。[63]

　　以上兩段結論，可以代表胡適迄 1935 年為止，關於中國初期禪宗史的核心見解。這兩條的見解，都是以神會的革命性成就為主。

　　雖然在第二篇〈楞伽宗考〉的結語部份，有一句「惠能神會的革命」，似乎是用兩人並列敘述，和之前〈荷澤大師神會傳〉裡單凸出神會一個人的作法不同，但這不能算是一種修正。因為胡適在此之前的一段說明，是這樣的：

　　　惠能雖然到過弘忍的門下，他的教義──如果《壇經》所述是可信的話，
　　　已不是那「漸淨非頓」的楞伽宗旨了。至於神會的思想，完全提倡「頓
　　　悟」，完全不是楞伽宗的本義。所以神會的語錄以及神會一派所造的《壇
　　　經》裡，都處處把《金剛經》來代替了《楞伽經》。[64]

　　從這一段敘述裡，可以知道惠能的作用，只是神會之前的一個過渡性的人物罷了。主角還是神會，地位一點也沒有改變。

（二）羅香林的回應

　　對於這樣的研究意見，中國學者的反應又是如何呢？1934 年，惠能出身地的廣東，史家羅香林撰有〈舊唐書僧神秀傳疏證〉，是深受胡適研究影響的。此篇文章的重點，雖是在北宗的神秀，但涉及禪宗世系的討論時，即大段地引

---

[63] 這裡主要是指胡適和撰寫《中國禪宗史》的印順法師。胡適在〈楞伽宗考〉一文，舉出日本新印出來的《敦煌寫本神會語錄》，有八條史料，是用《金剛經》代替《楞伽經》，所以他論斷說：「看這八條，可知神會很大膽的把《金剛經》來替代了《楞伽經》。楞伽宗的法統是推翻了，楞伽宗的『心要』也掉換了。所以惠能神會的革命，不是南宗革了北宗的命，其實是一個般若宗革了楞伽宗的命。」（載《胡適文存》，集 4 卷 2，頁 235。）印順在《中國禪宗史》（臺北：正聞出版社，1971）一書，也對此一問題有精闢的分析。

[64] 見《胡適文存》，集 4，卷 2，頁 234。

用胡適的論文〈荷澤大師神會傳〉的相關看法 ，[65]此外也曾參考胡適發現和校定的《神會和尚遺集・神會語錄》資料。[66]

不過，令人注意的，是同論文中的第五節，討論「惠能事蹟及《壇經》作者問題」，觀點上是反駁胡適的。他從版本、語意和相關史料入手，重新考察之後的結論是：

> ……惠忠，為惠能弟子，（中略）。
>
> 惠忠至京師前一年（即上元元年），神會於洛陽寂滅，二人在北，雖未嘗面值，然時代至近。觀惠忠所論，則神會在日，所謂《壇經》也者，已改換多矣，內容多寡不一，當無待論。神會曾錄《壇經》之說，固言之成理，然不能因此遂謂《神會本》外便無其他記錄，唐本《壇經》之不一其類，意亦如《論語》之有《魯論》、《齊論》乎！
>
> 《壇經》雖非惠能所自撰，然足代表惠能教義與思想，「其說具在，今布天下」，茲不悉錄。[67]

羅香林的此一結論，是重新檢討胡適對《壇經》為神會作的論據問題。他的反駁，在中國學者裡屬最早系統提出的。其中有此質疑是可以成立的。例如胡適在〈神會傳〉中，將韋處厚作的〈興福寺大義禪師碑銘〉裡有句：「洛者會，得總持之印，獨曜瑩珠。習徒迷真，橘枳變體，竟成《壇經》傳宗。」解釋為「韋處厚明說《檀經》是神會門下的『習徒』所作，可見此書出於神會一派，是當時大家知道的事實。」[68]羅香林認為胡適解讀有誤，「竟成《檀經》

---

[65] 羅香林：〈舊唐書僧神秀傳疏證〉，收在《唐代文化史》（臺北：商務印書館，1967）一書。此處引文，是張曼濤主編：《禪宗史實考辨》（臺北：大乘文化出版社，1977），頁 27-272。

[66] 羅香林，前引書，頁 269-70；303-04。

[67] 羅香林，前引書，頁 308。

[68] 胡適：〈荷澤大師神會傳〉，《胡適文存》，集 4 卷 2，頁 280-81。

傳宗」之語，是批評「習徒迷真，橘枳變體」，才將《檀經》作為「傳宗」之據，並非作《檀經》。——類似這種史料解讀的質疑，日後其他學者亦一再提起，[69]因此羅香林此文可謂批胡的先驅作品。

　　另外，羅香林文中曾提到神會的四傳弟子宗密(780—841)，生平著述，未提神會撰《壇經》之事。胡適日後為文批評宗密，[70]也可以看到研究史的演變狀況。我們將於下一節討論時，再交代。

（三）謝扶雅的回應

　　事實上，從地緣的情感來說，六祖惠能是嶺南出身的佛教聖者，胡適的凸顯神會，無疑傷及傳統惠能的崇高形象。故嶺南學者會起而維護之，亦勢所必然。因此，羅香林的論文之外，隔年(1935)的《嶺南學報》，卷4期1‧2，也相繼有探討惠能的論文：一篇是謝扶雅的〈光孝寺與六祖惠能〉，另一篇是何格恩的〈惠能傳質疑〉。[71]

　　此兩篇論文在論點上，雖非直接針對胡適的神會研究意見，但可以自論文看出有所謂胡適研究的「效應」。首先就論文的內容來說，謝扶雅的全文雖在表彰惠能思想的革命性，可與西洋文藝復興初期的蒲魯諾(G. Brund, 1548—1600)相媲美。他認為蒲魯諾是最有力的反中古經院哲學的思想革命家，也是個泛神論者、樂天家，自然主義者。又指出：

　　　　兩個人（惠能和蒲魯諾）都是生在南方，都是感情的，直覺者，抱著美

---

[69] 主要有錢穆和印順二人，前者撰有〈神會與壇經〉，原載於《東方雜誌》，卷41號14（1945年7月，重慶出版）。後來張曼濤將它收在《六祖壇經研究論集》，文中批評胡適誤解之處，詳本文後面的討論。後者亦有〈神會與壇經〉的論文，也收在《六祖壇經研究論集》，批評胡適處，同見本文後面的討論。

[70] 見胡適：〈跋斐休的唐故圭峰定慧禪師傳法碑〉，1962年12月，以「遺稿」的形式，發表在《歷史語言所研究集刊》，第34本，頁1-27；《胡適禪學案》也收入此文，在頁395-421。

[71] 此兩文，已收在張曼濤編《禪宗史實考辨》一書。謝扶雅的論文，在該書的頁313-36。何格恩的論文，在該書的頁337-58。

的世界觀，而對傳統的正宗派不憚為熱烈的反抗，樹起堂堂正正的革命之旗與世周旋，而卒終身不得意或被慘殺者。這個比較，表示惠能在宗教方面已為中國開了「文藝復興」期的曙光。[72]

以上謝扶雅將惠能的思想特徵及革命家的角色，與蒲魯諾相比的觀點，是否有當，暫置勿論。但這種問題意識，和胡適的凸顯神會革命家的角色，有相當潛在的關聯性。

另一個相關的線索，是他在註二十一提到：

何格恩氏近作〈惠能傳質疑〉一文，指出六祖生前並未為當時朝達名公所重，該傳所稱各點，多與事實不符。[73]

然而何格恩的論文，卻是對胡適觀點的一個回應。

（四）何格恩的回應

此因何格恩所提出質疑的，雖是載於宋贊寧(919—1001)《宋高僧傳》，卷8的〈唐韶州今南華寺惠能傳〉 的記載，[74]與事實不符。但論證的參考資料，即引胡適的《神會和尚遺集》，卷一〈菩提達磨南宗定是非論〉：[75]其他的論證南北宗的對抗或荷澤神會的崛起，都可以看到胡適禪學研究的影響效果。[76]

---

[72] 謝扶雅：〈光孝寺與六祖惠能〉，《禪宗史實考辨》，頁 332。

[73] 謝扶雅，前引文，《禪宗史實考辨》，頁 335。

[74] 贊寧：《宋高僧傳》，卷 8，〈唐韶州今南華寺惠能傳〉，收在《大正藏》，冊 50，「史傳部 2」（臺北：新文豐出版社，1983 年修訂版），頁 754，中-755，下。另藍吉富主編，《禪宗全書》，第 29 冊，「史傳部 29」（臺北：文殊出版社，1988），亦收有大字版本的同一傳文，在頁 238-39。

[75] 見何格恩，前引文，《禪宗史實考辨》，頁 338。

[76] 見何格恩，前引文，《禪宗史實考辨》，頁 338。

因此，謝扶雅和何格恩的禪學研究，可以視為胡適出版《神會和尚遺集》之後，在嶺南地區產生的效應之一。雖然不像羅香林前述論文，有那樣強烈對抗的色彩，但作為受胡適影響的判斷，是可以成立的。

（五）李嘉言的回應

和嶺南學者幾乎同樣，在 1935 年 4 月，北方的《清華學報》卷 1 期 2，有李嘉言的論文〈六祖壇經德異刊本之發現〉。[77]此文是由日本宮內省圖書寮藏寫本，[78]與丁福保藏明正統四年(1439)刻本，[79]互相參校考證，而證實在通行的《宗寶本》之外，有《德異本》的存在。這是《壇經》版本的又一新發現。但李嘉言本人坦承在資料上曾受到胡適的協助，他說：

> 今承胡適之先生慨然以他所藏《興聖寺本》，鈴木先生的解說，以及他自己的考證文賜借，我細校一過，不特可證明我的立說不誤，且知《德異本》甚近於《興聖本》。[80]

按：此《興聖寺本》是日本在當時發現較《敦煌本》稍晚的第二古本，在昭和八年(1933)由安宅彌吉影印二百五十部，附有鈴木大拙的解說，鈴木並將此影本致贈給胡適一本。胡適亦撰寫了〈壇經考之二──記北宋本的六祖壇經〉一文，時間在 1934 年 4 月，後收在《胡適文存》，集 4 卷 2。此資料當時國內擁有者甚少，而胡適慨然相借，促成李嘉言的考證得以順利進行。這不能說不是胡適禪學研究中的一段佳話。[81]

---

[77] 此文收在張曼濤編：《六祖壇經研究論集》，頁 143-54。

[78] 李嘉言在論文「註1」和「註4」，說明是參考《大正藏》，第 48 冊，頁 345 的「壇經註」。

[79] 李嘉言在「註2」，引丁福保：〈六祖壇經箋註箋經雜記〉的說明資料。

[80] 李嘉言：〈六祖壇經德異刊本之發現〉，《六祖壇經研究論集》，頁 143。

[81] 李嘉言：〈六祖壇經德異刊本之發現〉，《六祖壇經研究論集》，頁 143。

（六）呂澂的回應

從 1934 年南北出現的文章來看，禪學研究的風氣，在胡適的影響下，似乎漸有起色了。不過自 1934 年後，卻要到 1943 年 9 月，才有呂澂的〈禪學考原〉 和 1945 年 7 月錢穆寫的〈神會與壇經〉，共兩篇要的禪學論文出現，[82] 可見討論熱潮有間歇現象。但由於這兩篇論文，不只和胡適的禪學研究有關，並且以後更開啟了一連串的禪學研究和禪學爭辯，所以有必要再詳加介紹。

以呂澂的論文來說，在文中即多處參考了胡適的新發現。[83]

不過，呂澂在探討禪學思想的變遷時，卻是以所謂「內在理路」的方式，更深入地分析了禪學的思想變遷與當時佛經翻譯不同內涵的關聯性。可謂在詮釋上，亦自成系統的。因此，他的禪學研究和問題意識，與胡適的研究方向之間，是有著頗大距離的。

就研究史的發展來看，呂澂的首篇禪學論文，是發表在胡適的敦煌寫本發現之後的第十六年(1927—1943)；即以〈楞伽宗考〉一文為斷限，也相距有八

---

[82] 按：呂澂的〈禪學考原〉，是從《中國文化研究集刊》，卷 3 期 1-4（1943 年 9 月）選錄的。收在張曼濤編，《禪宗史實考辨》，頁 23-27。但是，呂澂此文，在 1991 年，山東「齊魯書社」出版五大冊的《呂澂佛學論著選集》時，並未收入在內。而《選集》第 1 冊的〈禪學述原〉，卻是因和熊十力辯論後，才興起研究禪學之念的。按呂澂和熊十力的書信辯論，發生在 1943 年 2 月，因歐陽竟無病逝，而熊十力在書信中辱及其師歐陽，才引起呂澂的反駁。我曾撰長文〈呂澂與熊十力論學函稿評論〉，收在《現代中國佛教思想論集》（臺北：新文豐出版社，1990），頁 1-74。照說，〈禪學述原〉才是和此事有關。可是〈禪學考原〉一文，因未見《中國文化研究集刊》，不知是否真為呂澂作品，在此暫時存疑。至於錢穆撰的〈神會與壇經〉一文，原載於《東方雜誌》，卷 41 號 14（1945 年 7 月，重慶出版）。後來張曼濤將它收在《六祖壇經研究論集》，文中批評胡適誤解之處，詳本文後面的討論。

[83] 呂澂在許多談禪宗歷史的文章，都參考了胡適的研究意見和引用胡適在禪宗史料的新發現。可是關於《壇經》是神會的作品，他只是承認局部有改作或添補罷了。對「《壇經》傳宗」一語，他也認為不能當「偽作《壇經》」的證據。但是，他從未直接指名批評胡適。又，呂澂的其他禪學文章，可參考下列資料：（1）〈談談有關初期禪宗思想的幾個問題〉，載《現代佛學》，期 6，1961。（2）〈《起信》與禪─對於《大乘起信論》來歷的探討〉，載《現代佛學》，期 5，1962 年。（3）《呂澂佛學論著選集》，卷 5，《中國佛學源流略講》第 4 講「禪數學的重興」：第九講「南北禪學的流行」；「附錄──禪宗」。

年(1935—1943)之久了。可是，承襲胡適對禪宗新史料的發現與新詮之後的呂澂，其研究意圖，並不在呼應或批判胡適，毋寧說是在釐清「支那內學院」自歐陽竟無發表〈唯識抉擇談〉以來，[84]對中國傳統佛學逐漸世俗化的批判問題。而熊十力(1832—1968)著《新唯識論》，提倡「本覺」思想，和「支那內學院」的力主世親唯識舊說相牴觸，而決裂交惡，[85]也是促成呂澂藉批判傳統中國佛教「本覺說」的致誤之由，來批判熊十力《新唯識論》思想錯誤的主要動機。因此，呂澂的禪學思想研究，是針對以熊十力《新唯識論》思想為批判對象的一種「斷根塞源」舉動，和胡適意在藉禪宗史料的辨假考證，以揭發佛教史中作偽的真相，[86]是大不相同的。

　　儘管如此，兩者──胡適和呂澂──的思想傳承與變遷問題，兩者的岐異點或相似點，都不能視為無關的各自呈現，而必須將兩者視為有互補或訂正作用的相關研究。

---

[84] 歐陽竟無：〈唯識抉擇談〉，收在《歐陽大師遺集》（臺北：新文豐出版公司，1976），冊 2（共 4 冊），頁 1337-402。

[85] 此一經過，請參看拙文，〈呂澂與熊十力論學函稿平議〉，收在《中國佛教思想論集》，頁 6-322。

[86] 胡適的此一立場，在《胡適口述自傳》（臺北：傳記文學出版社，1981），第十章「研究神會和尚始末」的說明中，強烈地流露出來。見該書，頁 217-34。

國家圖書館出版品預行編目（CIP）資料

東亞現代批判禪學思想四百年(第一卷)：從當代
臺灣本土觀察視野的研究開展及其綜合性解
說/江燦騰著. -- 初版. -- 臺北市：元華文創
股份有限公司，2021.03
面；　公分

ISBN 978-957-711-201-9 (平裝)

1.禪宗　2.佛教史　3.文集　4.東亞

226.68　　　　　　　　　　　　　109020674

東亞現代批判禪學思想四百年(第一卷)
──從當代臺灣本土觀察視野的研究開展及其綜合性解說

江燦騰　著

發 行 人：賴洋助
出 版 者：元華文創股份有限公司
聯絡地址：100 臺北市中正區重慶南路二段 51 號 5 樓
公司地址：新竹縣竹北市台元一街 8 號 5 樓之 7
電　　話：(02) 2351-1607　　傳　真：(02) 2351-1549
網　　址：www.eculture.com.tw
E-mail：service@eculture.com.tw
出版年月：2021 年 03 月 初版
定　　價：新臺幣 570 元

ISBN：978-957-711-201-9 (平裝)

總經銷：聯合發行股份有限公司
地　址：231 新北市新店區寶橋路 235 巷 6 弄 6 號 4F
電　話：(02)2917-8022　　　傳　真：(02)2915-6275